Die neue Kommunalverwaltung
Band 8

Landsberg
eGovernment in Kommunen

Die neue Kommunalverwaltung
Band 8

eGovernment in Kommunen
Grundlagen und Orientierungshilfen

von

Willy Landsberg

Vorsitzender der European Society for eGovernment (ESG) e. V.

unter Mitarbeit von

Klaus Brisch, Rechtsanwalt, Köln
Dr. Christian Mrugalla, Dipl. Physiker, Referent bei BSI
Wolfgang Naujokat, Dipl. Kaufmann, Unternehmensberater
Ulf Steinmetz, Dipl. Verwaltungswirt, Stadt Köln

1. Auflage 2004

.::jehle

Die neue Kommunalverwaltung
Band 8

erschienen in der Buchreihe „Die neue Kommunalverwaltung",
die herausgegeben wird von
Dr. Hansjürgen Bals, Dr. Hans Hack, Prof. Dr. Christoph Reichard

---

Bibliografische Information der Deutschen Bibliothek

Die Deutsche Bibliothek verzeichnet diese Publikation
in der Deutschen Nationalbibliografie;
detaillierte bibliografische Daten sind im Internet
über http: // dnb.ddb.de abrufbar.

Bei der Herstellung des Buches haben wir uns zukunftsbewusst für
umweltverträgliche und wieder verwertbare Materialien entschieden.
Der Inhalt ist auf elementar chlorfreiem Papier gedruckt.

ISBN 3-7825-0460-7
Verlagsgruppe Hüthig Jehle Rehm GmbH
Heidelberg/München/Berlin
Satz: TypoScript GmbH, München
Druck und Bindung: Danuvia, Neuburg/Donau

Inhaltsverzeichnis

Seite

Einleitung XI

1	**Generelle Beschreibung**	1
1.1	Umbau der Verwaltung, Änderung der Geschäftsprozesse	1
1.2	Veränderte Wahrnehmung der Verwaltung aus der Sicht der Bürger und der Wirtschaft	7
1.3	Paradigmenwechsel als Erfolgsfaktoren	8
1.3.1	Von der Rationalisierung mit IT zum Medienauftritt	8
1.3.2	Paradigmenwechsel	9
1.3.3	Zwang zur Veränderung	11
1.3.4	Denken im Netz	12
2	**Aspekte des Funktionsmodells eGovernment**	15
2.1	Rationalisierung und eGovernment	15
2.2	Von der klassischen Verwaltung über den Medienauftritt im Internet zu eGovernment	20
2.3	Die neue Rolle des Bürgers und der Wirtschaft bei partizipativen Geschäftsprozessen	26
2.4	Die strategische Steuerung des Informationsmanagements	28
2.5	Auf dem Weg zur Partnerorientierung	31
2.6	Partnerorientierung ersetzt Produktorientierung	34
2.7	Grundsätze zur Finanzierung von eGovernment	35
2.8	Die überörtliche Zusammenarbeit	38
3	**Die verwaltungspolitische Umsetzung von eGovernment**	43
3.1	Die Geschäftsprozessorientierung	43
3.2	Marketing für eGovernment	47
3.3	Horizontale und vertikale Kooperation der Verwaltungsebenen	49
3.4	Die Abstimmung zwischen Politik und Verwaltung über Inhalte und Ziele von eGovernment	52
3.5	Der Masterplan für eine Langzeitstrategie	54
3.6	Die Qualifizierungskampagne für die Akteure	59
3.7	Die Erwartung der Wirtschaft an eGovernment	61

Inhaltsverzeichnis

		Seite
3.7.1	Gestaltungsfelder	63
3.7.2	Externe Treiber	64
3.7.3	Public Private Partnership	65
3.7.4	Lagebewertung	66
4	**Die organisatorische Umsetzung**	**67**
4.1	Regeln und Methoden der Geschäftsprozess- und Kommunikationsgestaltung	67
4.2	Standardisierung der Geschäftsprozesse	70
4.3	Die Bedeutung überregionaler Identität von Benutzerstrukturen	75
4.4	Technisch/organisatorische Regelwerke der elektronischen Kommunikation	78
4.5	Grundsätzliche Überlegungen zur Einführung von eGovernment	82
4.5.1	Von der Pilotierung zum flächendeckenden Regelbetrieb	82
4.5.2	Migrationskonzept zur Überführung von Prozessen nach eGovernment	86
4.6	Geschäftsmodelle zum Betreiben von eGovernment	89
4.6.1	Eigenständige Abwicklung durch die öffentliche Verwaltung	89
4.6.2	Outsourcing von eGovernment	90
4.6.3	Kooperationen	91
4.6.3.1	Regionale Kooperationen/Städtekooperationen	92
4.6.3.2	Überregionale und landesweite Kooperationen	94
4.6.3.3	Bundesweite Kooperation	96
4.7	Die Einrichtung von Call-Centern und Bürgerdiensten	97
4.8	Erfolgskontrolle im Rahmen von eGovernment	102
5	**Generelle Anwendungen**	**105**
5.1	Der Einsatz von multifunktionalen, bankenorientierten Chipkarten	105
5.1.1	Chipkarten und Verwaltungshandeln	106
5.1.2	Cash- und Ausweisfunktionen	106
5.1.3	Signaturkarten	108
5.1.4	Signaturbündnis	109

Inhaltsverzeichnis

		Seite
5.2	eBilling und ePayment	110
5.2.1	Elektronische Rechnung	111
5.2.2	Zustimmungspflicht zum Empfang elektronischer Rechnungen	112
5.2.3	Outsourcing des kommunalen Rechnungswesens?	114
5.2.4	ePayment	115
5.3	Die Einrichtung und die Logistik von Zugangsportalen	115
5.3.1	Mitarbeiterportale	116
5.3.2	Kommunale Portale	117
5.3.3	Fachspezifische Portale	118
5.3.4	Landes- oder regionale Portale	119
5.3.5	Portallösung des Bundes	120
5.4	Elektronischer Briefkasten und virtuelle Poststelle	120
5.4.1	Persönliche Kommunikation zwischen Bürger und Sachbearbeiter mit Ende-zu-Ende-Sicherheit	122
5.4.2	Zentrale Kommunikation und Ende-zu-Server-Sicherheit („virtuelle Poststelle")	123
5.5	Das elektronische Archiv und die Bürgerakte	130
5.5.1	Archivierung von E-Mails	130
5.5.2	Aufbewahrungsfristen	131
5.5.3	Zugriff des Bürgers auf die elektronische Akte	132
5.6	Vom Datawarehouse zum Wissensmanagement	134
5.6.1	Datawarehouse	134
5.6.2	Wissensmanagement	137
5.7	Systeme zur Wissensvermittlung (eLearning)	139
5.7.1	Strategische Ziele	140
5.7.2	Zielgruppen	141
5.7.3	Qualifizierungsziele	142
5.7.4	Vorgehensmodell	143
6	**Fachanwendungen**	**145**
6.1	Der elektronische Einkauf	145
6.1.1	§ 312 e BGB	146
6.1.2	Tele- und Mediendienste	146
6.1.2.1	Teledienst	147

Inhaltsverzeichnis

		Seite
6.1.2.2	Mediendienst	147
6.1.2.3	Individualkommunikation	147
6.1.3	Abgrenzung Fernabsatzvertrag und Vertrag im elektronischen Geschäftsverkehr	147
6.1.4	Vertragsschluss im Internet	148
6.1.4.1	Informationspflichten des Anbieters	148
6.1.4.2	Korrekturmöglichkeit von Eingabefehlern	149
6.1.4.3	Informationspflichtenverordnung	149
6.1.4.4	Transparenzpflichten	150
6.2	Die elektronische Ausschreibung und Vergabe	150
6.2.1	Überblick über das Vergaberecht	151
6.2.2	eVergabe	151
6.3.	Die GEO-Informationswirtschaft	152
6.4	Ratsinformationssystem und Ratsportal	156
6.5	Elektronische Partizipation und Bürgerbeteiligung	161
7	**Rechtsfragen zu eGovernment**	165
7.1	Überblick über die rechtlichen Grundlagen des eGovernment	165
7.2	Der Access zum eGovernment	167
7.2.1	Der Access-Provider-Vertrag	168
7.2.2	Die Domain der Behörde	170
7.2.3	IT-Outsourcing	175
7.3	Die Kommune als Content-Anbieter	178
7.3.1	Urheberrechtliche Fragestellungen	178
7.3.2	Anbieterkennzeichnung/Impressum	180
7.3.3	Haftung	181
7.3.4	Nutzung des Internets durch Mitarbeiter	186
7.4	Die Kommunikationsplattform der Behörde	191
7.4.1	Elektronische Kommunikation und Schriftform	192
7.4.2	Eröffnung des Zugangs	193
7.4.3	Rechtswirksamer Zugang elektronischer Kommunikation	198
7.4.4	Bekanntgabe eines Verwaltungsaktes	199
7.4.5	Einsatz elektronischer Signaturen	200

Inhaltsverzeichnis

Seite

8	**Technische Rahmenbedingungen**	205
8.1	Zur Rolle der Technik im eGovernment	205
8.2	Migrationswege für die vorhandene informationstechnische Infrastruktur	205
8.3	IT-Sicherheit im eGovernment	210
8.4	Exkurs: Kurze Einführung in die Kryptographie	214
8.4.1	Verschlüsselungsverfahren	215
8.4.2	Symmetrische Verschlüsselung	215
8.4.3	Asymmetrische Verschlüsselung	216
8.4.4	Hybride Verschlüsselung	216
8.4.5	Signaturverfahren	217
8.4.5.1	Elektronische Unterschrift	218
8.4.5.2	Authentisierungsverfahren	218
8.4.5.3	PKI und Zertifikate	219
8.5	Das Signaturgesetz und seine Folgen	224
8.5.1	Wozu ein Signaturgesetz?	224
8.5.2	Zur Entstehung des deutschen Signaturgesetzes	225
8.5.3	Das (zweite) deutsche Signaturgesetz	228
8.5.4	Grenzen des Signaturgesetzes	232
8.5.5	Möglichkeiten und Grenzen der Identifizierung durch Zertifikate	233
8.5.6	Welche Signatur soll man nehmen?	234
8.6	Elektronische Kommunikation und Kommunikationssicherheit	236
8.6.1	Kommunikationskanäle	236
8.6.1.1	Input	237
8.6.1.2	Output	237
8.6.2	Kommunikations-Schutzbedarfsfeststellung	240
8.6.3	Hinweise zur Auswahl geeigneter Plattformen und Sicherungsmechanismen für elektronische Kommunikation	246
8.6.3.1	Input-Freitext	247
8.6.3.2	Input-Formular	259
8.6.3.3	Output	266
8.7	Standardisierung von Datenformaten und elektronischer Kommunikation	275

Inhaltsverzeichnis

Seite

9	**Ausblick**	283
9.1	Abbau von Barrieren und Risiken	283
9.2	eGovernment – eine europäische Perspektive	284
9.3	eGovernment als Bestandsschutz einer leistungsfähigen, verlässlichen und bürgerfreundlichen Verwaltung	285
9.4	Schlussbemerkung	286

Literaturverzeichnis 287

Herausgeber- und Autorenverzeichnis 291

Stichwortverzeichnis 293

Einleitung

Mit eGovernment verändert sich die Verwaltungswelt tief greifend und für alle Beteiligten und Betroffenen unausweichlich. Die Instrumente der Informationstechnologie erlauben die schon immer gewünschten Verbesserungen im Ablauf der Geschäftsprozesse zwischen der Verwaltung und ihren Partnern. Nicht nur die Geschäftsprozesse an sich können in ihrer Wahrnehmung transparenter, kundenfreundlicher und wirtschaftlicher gestaltet werden. Die Kommunikation der Geschäftsprozesse verändert sich ebenso fundamental. Hier bilden nicht nur die technischen Veränderungen im Sinne von elektronischen Dokumenten, ausgestattet mit einer elektronischen Unterschrift eine neue Qualität. Noch bedeutsamer ist der mit der elektronischen Kommunikation verbundene kulturelle Wandel in der Handhabung der Geschäftsprozesse und im Umgang miteinander. Die rechtlich fundierte Barrierefreiheit des Zugangs und der Handhabung von Verwaltungsvorgängen für Behinderte, sowie der Grundsatz der Nichtdiskriminierung der Betroffenen – d. h. wegen nicht möglicher Beherrschung durch fehlende technische Ausstattung oder Sprachhindernisse ausgeschlossen zu sein – sind neue Gestaltungsparameter, die im Zuge der neuen Technologien erst möglich geworden sind. Hier stehen wir noch am Anfang der Entwicklung und es muss noch Grundlagenarbeit geleistet werden.

Eine neue Qualität ist auch das vernetzte Denken und Handeln, das dazu führt, dass sich nicht jeder nur in seinem Bereich neu aufstellen muss, sondern dass sich die Partner untereinander abstimmen müssen. Sie müssen Vereinbarungen treffen, deren Dimension bisher nicht bekannt war. Das führt zu neuen Kooperationen – auch in deren Form – und neuen Abhängigkeiten. Verwaltung war schon immer im Wandel, neu ist die Dimension. EGovernment ist keine spontane und kurzfristige Reaktion auf eine neue Technologie, sondern ein lange wirkender Veränderungsprozess, bei dem eine der **Schlüsselfragen, was ist der unverwechselbare Kern der Verwaltung und wo soll oder kann die Verwaltung loslassen,** beantwortet werden muss. Eine Vielzahl von Aussagen, die in den einzelnen Kapiteln zur Zukunft von eGovernment gemacht werden, sind im Vergleich zur heutigen Praxis durchaus ungewöhnlich oder gewöhnungsbedürftig, insbesondere mit Blick auf die Ausbildung der heutigen Akteure und der traditionellen Handlungsmuster. Um die Dynamik der Entwicklung von eGovernment zu erkennen, muss man die aktuelle Gesamtszene der Internetbenutzung im Blick behalten. Die Verhaltensmuster im privaten Umfeld sind signifikant für den öffentlichen Sektor.

Einleitung

Das Internet hat sich vom Informationskanal zum Handelskanal für Waren und Dienstleistungen entwickelt. Konventionelle Vertriebsstrukturen sind durch das Internet ersetzt, mit der Folge, dass sich zwei Preiswelten entwickeln, bei denen Dienstleistungen über Internet günstiger sind als bei konventioneller Handhabung. Wenn im privaten Bereich die digitale Fotografie die Kleinbildkamera verdrängt und statt Fotoalben die Bilder auf Festplatten gebrannt werden, ist das ein Hinweis auf den bevorstehenden Umgang mit elektronischen Dokumenten und der prinzipiellen Bereitschaft der Bürger, neue Medien zu akzeptieren. Wenn man bei aktuellen Schätzungen davon ausgeht, dass in drei von vier Haushalten in Deutschland ein Computer vorhanden ist, wird es bei quantitativer Betrachtung keine „digitale" Spaltung, geben. Wenn man weiter davon ausgeht, dass Beherrschungsdefizite im Umgang mit dem Computer innerhalb des Haushalts weitestgehend kompensiert werden, wird umso deutlicher, welchem Erwartungsdruck die öffentliche Verwaltung ausgesetzt sein wird. Die allgemeine Floskel von der Benachteiligung der Alten und sozial Schwachen im elektronischen Zeitalter stimmt in vielen Fällen nicht so, wie sie benutzt wird; da muss präziser nachgeforscht und begründet werden.

Das vorliegende Buch soll kein Lexikon der Rezepte sein und schon gar keine technische Regieanweisung im Sinne einer linear abzuarbeitenden Checkliste. Es soll einen Überblick über die Veränderungen geben aus der Sicht der Akteure, die die Umstellung gestalten, aus der Sicht des täglichen Umgangs mit eGovernment von Verwaltungs- und Kundenseite und die Rahmenbedingungen, in die dieser Wandel eingebettet ist.

Mit Blick auf die Vielfalt und Komplexität der Komponenten von eGovernment und der in diesem Rahmen nur begrenzt möglichen Beschreibung, soll eine Orientierungshilfe gegeben werden, um je nach der Rolle des Lesers zur weiteren Vertiefung anzuregen. Wenn auch eine umfassende und abschließende Definition: „was ist eGovernment"? hier nicht geliefert werden kann, gelingt hoffentlich der Überblick, woran bei der Ausgestaltung von eGovernment alles gedacht werden muss. Die einzelnen Komponenten von eGovernment müssen aus unterschiedlichen Sichten beschrieben werden – rechtlich, technisch, organisatorisch und aus der Sicht der Akzeptanz. Um Redundanzen weitgehend zu vermeiden, haben die Autoren sich bemüht, diese Komponenten an einer Stelle möglichst abschließend zu beschreiben. Dennoch ist es zum besseren Verständnis der Zusammenhänge sinnvoll, neben der einmaligen Definition durch wiederholtes Zitieren den jeweiligen Kontext herzustellen.

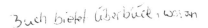

1 Generelle Beschreibung

Bei dem Versuch, eine generelle Beschreibung von eGovernment vorzunehmen, wird deutlich, dass mehrere Dimensionen gleichzeitig beschrieben werden müssen. Es handelt sich nicht nur um einen beschreibbaren Tatbestand oder ein eindeutiges Objekt, sondern gleichzeitig um einen Prozessablauf mit Inhalten und Methoden der Wahrnehmung. Innensicht und Außensicht sind nicht objektiv vorgegeben, sondern das Ergebnis subjektiver Einschätzung. Im Ergebnis geht es um Vereinbarungen über den Grad der Veränderungen.

1.1 Umbau der Verwaltung, Änderung der Geschäftsprozesse

Mit dem Internet als Kommunikationsplattform und den Möglichkeiten der elektronischen Kommunikation waren die Startvoraussetzungen für eGovernment gegeben. Unabhängig von der zu Anfang vielfach verbreiteten Meinung, allein die elektronische Signatur, in dieser Zeit noch digitale Signatur genannt, an sich sei schon eGovernment, liegt der Schwerpunkt der Diskussion heute bei der Veränderung der **Geschäftsprozesse**. Dabei wird allerdings zu wenig unterschieden zwischen dem fachlich inhaltlichen Teil der Prozesse und deren organisatorischer Handhabung auf der einen Seite und der **Kommunikation** der Beteiligten im Ablauf des Geschäftsprozesses. Das betrifft die Kommunikation der Beteiligten innerhalb der Verwaltung ebenso, wie die Kommunikation zwischen der Verwaltung und ihrer Klientel, den Bürgern und Bürgerinnen und der Wirtschaft.

Neuere Erkenntnis ist es, dass trotz großer Anstrengungen die Prozessmodellierung – gemeint ist hier der Austausch oder die Modernisierung vorhandener IT-Anwendungen, wie auch die Veränderung bisher noch nicht automatisierter Geschäftsprozesse – in der Anwendung nicht so schnell weiterkommt, wie erwartet, da die Neuordnung der Kommunikation ihre eigenen Anforderungen und Probleme hat, die erst jetzt richtig sichtbar werden. Im Arbeitskreis „Digitales Rathaus" des Deutschen Städtetages ist im Zuge einer gutachtlichen Stellungnahme zur sog. „Zugangseröffnung" im Sinne des Verwaltungsverfahrensrechtes – das ist die rechtliche Erlaubnis, die physikalischen Instrumente, den elektronischen Briefkasten hinter der E-Mail-Adresse, tatsächlich zu nutzen – deutlich geworden, dass dieser Begriff nur der Platzhalter für die Regelung der elektronischen Kommunikation an sich ist. Diese elektronische Kommunikation wird mit fundamentalen Veränderungen verbunden sein,

1 Generelle Beschreibung

die einerseits technisch gelöst werden müssen, aber gleichzeitig auch eine Änderung in der Umgangskultur bewirken. Das bedeutet für den, der an der eGovernment-Entwicklung im Sinne der Geschäftsprozessveränderung nicht teilnehmen will, dass er dennoch an dem zweiten Teil, der Kommunikation, nicht vorbeikommt. In der Anfangsphase von eGovernment, nachdem nicht nur statische Informationen wie z. B. der Veranstaltungskalender abgerufen werden konnten, sondern auch Anmeldungen zu Veranstaltungen gebucht werden konnten, lag das Hauptaugenmerk auf der Kommunikation zwischen Verwaltung und Kunden. Der eigentliche Geschäftsprozess wurde nicht verändert. Wir sind dann bei der bekannten „1:1-Elektrifizierung" angekommen, bei der der interne Geschäftsprozess fast unverändert blieb und ein Medienbruch unvermeidbar war. Mit zunehmender Kenntnis und Erfahrung über die Dimensionen der elektronischen Kommunikation und dem Aufwand der Realisierung gibt es gute Gründe danach zu fragen, ob die genannte 1:1-Lösung verantwortet werden kann.

Das schließt nicht aus, dass es Geschäftsprozesse gibt, die optimal gestaltet sind oder aus rechtlichen Zwängen nicht verändert werden können, aber in die elektronische Kommunikation eingebunden werden müssen.

Die Diskussion über die knappen bzw. leeren Kassen der öffentlichen Hand – ganz besonders deutlich geworden durch die notwendigen Leistungseinschränkungen der Kommunen – verstellt den Blick auf das Projekt eGovernment. Das ist auch erklärbar, weil in der Vergangenheit eGovernment mit der verkürzten Perspektive der **Bürgerfreundlichkeit** im Sinne von erweitertem Service und zusätzlichem Aufwand für den Komfort des Bürgers gleichgestellt wurde. Dies nicht nur in der öffentlichen Diskussion, sondern auch durch die handelnden Akteure selbst. Bei manchen Produkten war nicht immer ganz klar, ob die Abkürzung „e" für den Begriff „event" stand. (Die elektronische Buchung von Event-Hochzeiten im umgebauten Schlossverließ oder die Trauung auf einem alten Raddampfer der Rheinschifffahrt, sowie die Anforderung des Opernspielplanes sind noch kein eGovernment; das ging schon immer mit dem Telefon). Ein illustres Beispiel sind die Lösungsvarianten für den Erwerb eines KFZ-Wunschkennzeichens. Im Eifer wurde nicht bemerkt, dass das Phänomen Wunschkennzeichen mit dem dazugehörigen Aufwand und Mehrkosten ein Relikt aus einer schwerfälligen konventionellen Organisation der Zulassungsstellen im alten Stil ist. Wegen der populistischen Wirkung und der Möglichkeit höherer Gebühren wurde dabei übersehen, dass es sich auf dem Hintergrund der heutigen Lösungsmöglichkeiten eigentlich um das Normverfahren handeln müsste. Mit diesem Beispiel stoßen wir stellvertretend auf eine Anwendung, die im Zuge von eGovernment viel

Generelle Beschreibung 1

grundsätzlicher hinterfragt werden müsste. Nahe liegende Fragen sind die, warum ein Fahrzeug nicht schon vom Hersteller mit einem Kennzeichen ausgestattet sein kann, warum die Zulassung nicht durch den Händler erfolgen kann oder ob die Anzahl der Zulassungsstellen z. B. in Ballungsräumen durch interkommunale mandantenfähige Dienstleister aus wirtschaftlichen Gründen reduziert werden kann.

Am allerwenigsten ist bei diesem Vorgehen erkannt worden, dass sich im Rahmen von eGovernment-Lösungen die **Kommunikationsstruktur** elementar ändert; dieses sowohl im Sinne der technischen und rechtlichen Bedingungen als auch insbesondere einer neuen Kommunikationskultur im Umgang miteinander. Man hat mit Internetauftritt und Downloads von Formularen damit angefangen, die Außenkommunikation zwischen Verwaltung und Bürgern bzw. der Wirtschaft in neue Formen zu bringen. Wenn beklagt wird, dass man mit der Umsetzung nicht schneller von der Stelle kommt, liegt das erstens nicht nur an technischen Restriktionen und rechtlichen Hindernissen, d. h., dass erst die Fachgesetze angepasst werden müssen, sondern zunächst an der fehlenden internen Praxis. Es macht keinen Sinn, die mangelnde Begeisterung des Bürgers für die elektronische Signatur zu beklagen, gleichzeitig als Verwaltung noch kein Konzept für den internen Umgang und noch viel weniger Praxiserfahrung damit zu haben. Der zweite Grund liegt in der Unterschätzung, was elektronische Kommunikation in der Praxis bedeutet.

Die **innere Erneuerung** der Verwaltung als notwendige Voraussetzung für eine neue Orientierung war in der ersten Phase von eGovernment kein Thema, wenn nicht sogar ein Tabu. Man wollte sich einerseits nicht dem Verdacht aussetzen, die Bürgerfreundlichkeit als Tarnung einer innerbetrieblichen Renovierung zu benutzen. Andererseits fehlte die Einsicht, dass eine erfolgreiche Neugestaltung der Außenwelt nur funktionieren kann, wenn eine innere Neuordnung stattgefunden hat oder zumindest Hand in Hand erfolgt. Das Rationalisierungspotential liegt in der Neugestaltung der Geschäftsprozesse im Back-Office. Darüber hinaus darf auch vermutet werden, dass der eine oder andere in Kenntnis der zu erwartenden Schwierigkeiten und dem zu deren Überwindung notwendigen Zeitbedarf, nicht als Bremser gelten wollte. Die Folge war ein uneinheitliches, heterogenes Erscheinungsbild der öffentlichen Verwaltung. Die Diskussion darüber, dass die Neuordnung auch etwas mit Rationalisierung zu tun haben könnte und auch sollte, wurde vermieden und als Motiv nicht zugelassen.

Unter dem geschilderten Bild heißt eine gefährliche Kurzformel heute: „wegen mangelnder Finanzmittel muss eGovernment etwas zurückgenommen oder verschoben werden", obwohl bekannt ist, dass z. B. der E-

1 Generelle Beschreibung

Mail-Verkehr eskaliert und Rechtsgrundlagen geschaffen worden sind, aus denen der Bürger einen Rechtsanspruch auf elektronische Kommunikation ableiten kann. Wie z. B. im Verwaltungsverfahrensrecht, wo beschrieben ist, wann der Zugang für die elektronische Kommunikation als eröffnet gilt und von der Verwaltung nicht abgewehrt werden kann, selbst wenn sie es wollte. Der Vorteil der aktuellen Situation liegt allerdings darin, dass das Thema eGovernment über die Finanzdebatte endlich da angekommen ist – nämlich bei der verwaltungspolitischen Führung – wo es von Anfang an hätte sein müssen. Bekanntlich sind in Krisenzeiten Einsichten und Veränderungen möglich, die in normalen Zeiten aus vielerlei Gründen scheitern, weil es keinen exekutierbaren Leidensdruck gibt.

 WICHTIG!

Die immer wieder zitierte Notwendigkeit im Rahmen von eGovernment, die Geschäftsprozesse und deren Neugestaltung zum zentralen Veränderungsgegenstand zu machen, bedeutet die Hinwendung von der Produktverantwortung zur Geschäftsprozessverantwortung.

Das bedeutet im Klartext Kompetenz- und Zuständigkeitsveränderung und damit Machtveränderung. Diese Konsequenz von eGovernment ist aber im Zweifel von den unmittelbar Betroffenen weder gewünscht noch gewollt. Selbst wenn die Verwaltung vor hat, sich auf neue Änderungen einzulassen, muss sie hierzu eine Strategie entwickeln. Das Problem löst sich auf keinen Fall durch Nichtstun. Es reicht nicht aus, den Bürger nur als Kunde zu bezeichnen. Die Ernsthaftigkeit des Wandels wird daran gemessen, inwieweit eine Fixierung der Geschäftsprozesse auf die Kunden erfolgt. Die regionale Konzentration von Serviceleistungen an einem Ort, ohne die Zusammenführung der Fachkompetenzen ist nur die halbe Lösung. Es gibt aber auch inzwischen gesicherte Erkenntnisse, dass der private Sektor in Handlungslücken der Verwaltung eindringt und die Verwaltung Gestaltungsspielräume verliert. Das ist insbesondere da der Fall, wo die Verwaltung es versäumt, vermarktbare Dienstleistungen anzubieten, wie z. B. ihre Geodaten oder nicht die marktadäquate Form findet.

Ein anderes Beispiel ist die Vermarktung von Adressen, wie dies die Deutsche-Post-Address mit ihrer Umzugsdatenbank macht. Diese Umzugsdatenbank wird aus den Nachsendeaufträgen der Postkunden gespeist. Daraus entwickelt sich mit Zustimmung der Betroffenen ein Instrumentarium, das für die Kundenrecherchen verlässlicher wird als die Melderegister. An die Stelle mehrerer hundert Meldeämter in Deutschland mit unterschiedlichen Organisationsformen, Gebührensätzen, Zahlungs-

Generelle Beschreibung 1

methoden und Liefermodalitäten tritt ein zentraler privater Dienstleister als Ansprechpartner für die Nachfrager. Unter dem Aspekt der wirtschaftlichen Vermarktung kommunaler Informationen, wie sie im Zusammenhang mit dem Datawarehouse noch beschrieben wird, pflegt die Verwaltung einen qualitativ hochrangigen Datenfriedhof. Im Rahmen von eGovernment müsste eigentlich ein Marketingkonzept entwickelt werden, wie Einwohnerregister möglichst tagesaktuell gemacht werden können. Das ist eine andere Philosophie von Verwaltung als die in den Landesmeldegesetzen angedrohte Geldbuße im Fall einer Ordnungswidrigkeit durch Nichtbeachtung der Meldepflicht.

Der Name „eGovernment" ist ein schillernder Begriff, unter dem sich, wenn man nicht der Speyrer Definition folgt, erstaunlich viel verpacken lässt.

Speyer (Deutsche Hochschule für Verwaltungswissenschaften):

„**Electronic Government bedeutet, die Abwicklung geschäftlicher Prozesse im Zusammenhang mit Regieren und Verwalten (Government) mit Hilfe von Informations- und Kommunikationstechniken über elektronische Medien**".

eGovernment ist demnach ein zweigeteilter Begriff mit „electronic" für die Beschreibung der instrumentalen Wahrnehmung, d. h. dem handwerklichen Teil, und „Government" für den Inhalt der Veranstaltung. Gleichwohl steht der Titel insgesamt für die Vision einer anderen Wahrnehmung von Verwaltung; und zwar nicht in dem Sinne, vorhandene Abläufe auf einem höheren technischen Niveau eins zu eins abzubilden. Fairerweise muss man an dieser Stelle feststellen, dass das Internet als Kommunikationsnukleus nicht auf den technischen Aspekt reduziert werden kann, sondern mit seiner Benutzung automatisch eine völlig neue Qualität der Kommunikation verbunden ist. Eine noch zu beschreibende Qualität ist die neue Umgangskultur der beteiligten Akteure.

Beispiel:

Man beobachte die neue E-Mail Grußformel: „Hallo zusammen" – damit ist exakt geklärt, wer gemeint ist – der vorweihnachtliche Hinweis, bei dem kollegialen Weihnachtsgruß bitte keine Aktionsbilder zu versenden, um sich vor dem Zusammenbruch der Server zu schützen und der ungeregelte Zustand, welche Verbindlichkeit eine E-Mail überhaupt hat. Das wird besonders offenkundig, wenn in einer Verwaltung E-Mails nur als informelle und rechtsunverbindliche Mitteilungen zugelassen sind und die Stadtkasse gleichzeitig die Dienststellen über E-Mail-Rundbrief auffordert, bei Konkursverfahren Anspruchssicherungen über E-Mail mitzuteilen).

1 Generelle Beschreibung

Eine selbstkritische Lagebeurteilung führt zu der Einsicht, dass die bisherigen Aktivitäten im Rahmen von eGovernment mehrheitlich technikgetrieben und weniger organisationsgetrieben sind, ganz zu schweigen davon, ob sie rechtsbasiert oder interessenbasiert motiviert sind. Das ist auch nahe liegend auf Grund der beruflichen Herkunft der Akteure und dem nicht erfolgten Gestaltungsauftrag der Verwaltungsführung hinsichtlich der Geschäftsprozesse. Betrachtet man die Bereiche, die im Zuge von eGovernment einer grundlegenden Änderung oder Beeinflussung unterliegen, sind das:

- das **Verwaltungsmanagement,**
- die **Organisationsstruktur einer Verwaltung,**
- (interne und externe Dienstleister; Betreibermodelle für Dienstleister)
- die **Personalentwicklung,**
- die materiellen **Geschäftsprozesse des Verwaltungshandelns,**
- die **Methoden der Binnenkommunikation,**
- die **Methoden der Außenkommunikation.**

In diesem Zusammenhang ändern sich auch die Kommunikationsmethoden zwischen Verwaltung, Bürgern und der Wirtschaft gravierend, worauf an anderer Stelle noch genauer eingegangen wird.

Für die Kommunalverwaltung ist darüber hinaus wegen ihrer Bürgernähe und ihrer Entscheidungsstruktur die Einbindung der Politik von großer Bedeutung. Das Entwicklungsmodell einer Kommune für eGovernment, der so genannte Masterplan, sowohl für die Veränderung der Geschäftsprozesse, wie für die IT-Infrastruktur, sollte wegen seiner weitreichenden Bedeutung von einem politischen Beschluss getragen sein. Hierzu wird unter dem Begriff eParticipation und Bürgerbeteiligung noch besonders eingegangen. Die IT-Infrastruktur kann nicht mehr allein nach dem internen Verwaltungsbedarf definiert werden, sondern muss entsprechend der Beteiligungsmuster mit den Systemen der Akteure außerhalb der Verwaltung kompatibel sein. Neben dem ohnehin unvermeidbaren Medienbruch zwischen elektronischer Kommunikation und Papierakten – zumindest für eine Übergangszeit und wenn auch nur in Teilen der Verwaltung darf nicht zusätzlich ein Systembruch durch inkompatible technische Systeme eintreten (siehe hierzu auch: Interoperabilität der elektronischen Signatur).

Aus dieser Sicht ergibt sich der Schluss, dass eine finanzielle Krisensituation, die auf den ersten Blick geeignet ist, Investitionen für eGovernment zu reduzieren oder zu verzögern, die Chance eröffnet, eGovernment als das Instrument zur Veränderung von Geschäftsprozessen und Kommunikationsmethoden zu nutzen. D. h. eGovernment als strategisches Instrument

Generelle Beschreibung 1

zur Stabilisierung und Zukunftssicherung einer verlässlichen Verwaltung einzusetzen und dies sowohl unter dem Aspekt der Leistungsverwaltung, wie auch der Gewährleistungsverwaltung. Dabei ist es von hervorragender Bedeutung, dass elementare Kommunikationsbausteine – und zwar interoperabel – in der Fläche der Verwaltungsebenen und zwischen den Verwaltungsebenen entwickelt und realisiert werden müssen.

1.2 Veränderte Wahrnehmung der Verwaltung aus der Sicht der Bürger und der Wirtschaft

Das Bild der Verwaltung ist geprägt durch ihren Auftritt als Hoheitsverwaltung, in dem sie bei einem Anliegen des Bürgers oder der Wirtschaft entweder etwas erlaubt, verbietet oder eine Ausnahme zulässt. Der Primat der Gestaltung der einschlägigen Verwaltungsabläufe lag bisher unangefochten aufseiten der Verwaltung. In neuerer Zeit hat sich das Tätigkeitsfeld der Verwaltung enorm verändert; sie nimmt in einem erheblichen Umfang privatrechtlich begründete Aufgaben wahr – besonders signifikant sind dabei die Bereiche Kultur, Sport und Freizeit –. Sie hat Aufgaben der Daseinsvorsorge, wie die Gas-, Strom- und Wasserlieferung privatisiert oder öffentliche Aufgaben zur Durchführung auf einen privaten Dienstleister übertragen, wie z. B. die Abfallbeseitigung. Diese Entwicklung wird sich fortsetzen und unter dem Begriff der PPP (Public Private Partnership) an anderer Stelle unter dem Aspekt der Finanzierung von eGovernment und der politischen Steuerung behandelt.

Die Verwaltung spricht heute selbst vom Bürger als ihrem Kunden. Dieses durchaus nicht nur im Sinne einer freundlichen Behandlung, sondern im Sinne einer partnerschaftlichen Zusammenarbeit zum Nutzen beider Seiten. Mit Blick auf die Neugestaltung bei eGovernment muss die öffentliche Verwaltung zwei Welten organisatorisch ordnen und zwar die hoheitsrechtlich basierten und die privatrechtlich geregelten Geschäftsprozesse. Aus der Sicht des Bürgers ist das im Rahmen der elektronischen Kommunikation mit der Verwaltung nicht mehr auseinander zu halten. Der Bürger möchte sein Problem gelöst haben und nicht lernen müssen, wie Verwaltung funktioniert. Das gilt für die genannte rechtliche Unterscheidung ebenso wie für die Aufteilung der Zuständigkeiten zwischen den Verwaltungsebenen von Bund, Land und Kommunen. Die Verwaltung erlebt, wie sich im privaten Sektor die rechtlichen Rahmenbedingungen – beispielsweise im „elektronischen Geschäftsverkehr" – europaweit verbindlich, schneller ändern als die nationale Gesetzgebung in den Fachgesetzen und, dass Europarecht auch dann gilt, wenn die nationale Umsetzung noch nicht erfolgt ist oder wenn ganz bewusst statt einer Richtlinie, die der Umsetzung in nationales Recht bedarf, das Rechtsinstrument einer unmit-

1 Generelle Beschreibung

telbar geltenden Verordnung gewählt wird. (Beispiel: Verordnung Nr. 2560/01 über die identischen Gebühren für Abhebungen am Geldautomaten und Bankkartenzahlungen in Euro bei In- und Auslandszahlungen.)

Da die rechtlichen Grundlagen auf eGovernment in vielen Fällen naturgemäß nicht eingestellt sind, andererseits sich daraus keine Blockade entwickeln soll, wird z. B. mit sog. Experimentierklauseln in den Gemeindeordnungen der Länder gearbeitet, um in der Entwicklung mithalten zu können.

Das ist im Übrigen im Rahmen der Euroumstellung und der Zulassung von Bankkarten im öffentlichen Kassenwesen mit Erfolg erprobt worden. Das Haushalts- und Kassenrecht kannte die Bankenkarte als zulässiges Zahlungsmittel nicht. Im Wege der Ausnahmegenehmigung über den einschlägigen Experimentierparagraphen (z. B. § 90 GO NRW) konnten auf diese Weise die Parkautomaten modernisiert werden. Bei eGovernment geht es um die Bezahlfunktion bei elektronischer Kommunikation, da die Ergebnisse der Geschäftsprozesse in der Regel mit einer Zahlungspflicht des Kunden verbunden sind.

Eine große Bedeutung kommt im Zuge von eGovernment und der damit verbundenen elektronischen Kommunikation der Sprache zu, ohne die eine Eindeutigkeit nicht gewährleistet werden kann. Wir kennen die Firmensprache zur Beschreibung der Produkte in der Wirtschaft, die Behördensprache und die ganz andere Sprache der Bürger. Angelschein und Führerschein heißen im Gesetz ganz anders. In einem elektronischen Verständigungsmedium kommt eine Verwaltung nicht darum herum, auch noch mundartliche Begriffe in der Region, wie „Lappen", im Ruhrgebiet für Führerschein zu berücksichtigen. Das ist nicht nur ein Problem der Verwaltung sondern auch der privaten Wirtschaft, wo z. B. für eBusiness eindeutige Beschreibungen in den Produktkatalogen gefunden werden müssen, damit elektronische Beschaffung fehlerfrei möglich wird.

Die neue Wahrnehmung der Verwaltung aus Kundensicht wird noch in verschiedenen Zusammenhängen erklärt. An dieser Stelle soll generell vermittelt werden, dass Bürger und die Wirtschaft davon ausgehen, dass die Verwaltung an den inzwischen verkehrsüblichen Kommunikationsstrukturen teilnimmt. Verkürzt und vereinfacht: was ein Reisebüro kann, muss eine moderne Verwaltung heute auch können.

1.3 Paradigmenwechsel als Erfolgsfaktoren

1.3.1 Von der Rationalisierung mit IT zum Medienauftritt

Die Einführung von eGovernment ist mit einem erheblichen Aufwand und einer großen Anstrengung verbunden. Es handelt sich nicht um eine kurz-

Generelle Beschreibung 1

fristige Aktion im Sinne einer ad hoc-Lösung, die leicht revidierbar wäre oder beliebig zurückgenommen werden könnte. Es geht um einen nachhaltigen Erneuerungsprozess, dessen Erfolg abgesichert werden muss. Es geht in der Tat um eine langfristig angelegte neue Verwaltungskultur, eine ebenfalls notwendige Internetkultur reicht nicht aus und wäre zu kurz gegriffen. Die Schnelligkeit des Technologiewandels zwingt im Internetzeitalter auch zur Schnelligkeit des Organisationswandels. Dabei darf nicht übersehen werden, dass die Einführung der neuen Steuerungsmodelle in der Kommunalverwaltung noch nicht so sehr lange zurückliegt und es sich bei eGovernment nicht um die Fortsetzung auf einem höheren technischen Niveau handelt. eGovernment bewirkt z. B. die Wiederherstellung der durch die Dezentralisierung teilweise verloren gegangenen Einheit der Verwaltung. Das gilt in erster Linie für das Erscheinungsbild der Verwaltung, um dem Bürger die Verlässlichkeit der Verwaltung zu vermitteln und damit automatisch für die interne Positionierung der einzelnen Verwaltungseinheiten, um dieses Ziel zu erreichen. Bezüglich der Dezentralisierung erfolgt durch eGovernment eine Korrektur, in dem sich diese, wie auch ursprünglich gewollt, mehr auf inhaltliche Zuständigkeit und Kompetenz bezieht und nicht auf die Zersplitterung der technischen Ressourcen.

 WICHTIG!

eGovernment ist der Umstieg der Verwaltung von Verwaltungsorganisation mit IT-Unterstützung zur Rationalisierung zum Medienauftritt der Verwaltung im Beziehungsdreieck „Verwaltung – Bürger – Wirtschaft" und dem Internet als Kommunikationsplattform.

Das ist eine andere Verwaltung als bisher. Die neuen Steuerungsmodelle waren auf dem Weg von der Behörde zum Dienstleistungsunternehmen im Vergleich zu eGovernment eine formale Änderung des Innenbetriebes.

Vor eGovernment und dem Medienauftritt im Internet war die Verwaltung gewohnt, die Organisation und die Geschäftsabläufe aus ihrer Sicht umfassend und abschließend zu regeln. Mit dem Medienauftritt im Internet öffnet sie ihre Geschäftsprozesse und schafft somit eine Drittbeteiligung von außen. Das führt zwangsläufig zu tief greifenden Paradigmenwechseln.

1.3.2 Paradigmenwechsel

Paradigma (griech.) bedeutet Beispiel, Muster, Erfahrungsmuster. Mit dem Wechsel werden alte Muster ungültig und durch neue ersetzt. Im Zweifel durch Verwandlung in das Gegenteil, wie die Umkehrung von der Holschuld zur Bringschuld.

1 Generelle Beschreibung

Im privaten Sektor etablierte Standards und Handlungsmuster werden dabei importiert. Sie können in ihrer Ausgestaltung von der Verwaltung u. U. nur noch marginal beeinflusst werden. Zum allgemeinen Verständnis der Dimension der Veränderung soll der folgende Exkurs über die Euro-Einführung dienen:

Eurovergleich

Schon im Zusammenhang mit der Jahrtausendumstellung und mehr noch mit der Euro-Einführung hat die Verwaltung etwas erlebt und gelernt, was sie bis dahin in dieser Form nicht kannte:

- ▶ sie brauchte über die Teilnahme an der Veranstaltung nicht zu entscheiden,
- ▶ sie brauchte nur darüber nachzudenken, wie sie das Ziel ordnungsgemäß und ohne größeren Schaden erreicht,
- ▶ es war keine interne Veranstaltung der Verwaltung, sondern die Verwaltung war Teilnehmer und unter öffentlicher Beobachtung, ob sie ihre Hausaufgaben gut macht.

Die Einführung oder Hinwendung zu eGovernment ist die dritte Veranstaltung dieser Art in Serie mit ziemlich großer Ähnlichkeit:

1. eGovernment kommt unabwendbar, d. h. es ist schon eingeleitet und kann nicht zurückgenommen werden, bestenfalls verzögert und das mit Schaden, wie z. B. die Kosten des Medienbruchs. Die Verwaltungen haben selbst in einem frühen Stadium der neuen Entwicklung und ohne gesicherte Kenntnis der noch zu bewältigenden Leistung bei ihrer Klientel eine hohe Erwartungshaltung erzeugt.
2. Die Verwaltungen auf den Ebenen Bund – Länder – Kommunen – stehen untereinander in einer Qualitätskonkurrenz und werden ständig in Ranglisten vorgeführt. Das führt bei schlechter Platzierung zu Spannungen zwischen der Verwaltung und der Politik.
3. Bei der Euro-Umstellung war anfangs an einen gleitenden Übergang gedacht. Bei zunehmender Beherrschung der Umstellungsorganisation vor allem auf Seiten der Bürger und der Wirtschaft hat es sich als sinnvoll erwiesen, die Übergangszeit zu straffen; überdehnte Projektzeiten verursachen zusätzliche Kosten. Gleichwohl wird es bei der Einführung von eGovernment keinen Big-Bang geben, sondern einen kontinuierlichen Veränderungsprozess. Das bedeutet, dass die Verwaltung über eine längere Zeit mit zwei Qualitäten von Geschäftsprozessen leben muss, den modernisierten Prozessen und den Altlasten. Das wiederum erfordert eine Auswahlstrategie für die Umstellung auf eGovernment-Konformität. Für die Auswahl müssen Kriterien festge-

legt werden. Das können die Kriterien, wie Rationalisierungspotential in den Geschäftsprozessen oder Kommunikationsoptimierung sein. Dabei kann sich ein Konflikt entwickeln, weil die Innensicht der Verwaltung nicht automatisch identisch ist mit der Außensicht der Bürger. Es wird auch dem Bürger und der Wirtschaft nicht einfach zu vermitteln sein, dass man übergangsweise mit zwei Qualitäten leben muss. Im Zusammenhang mit dem „Multikanalzugang", also dem Grundsatz, dass mehrere Wege nach Rom führen, muss zwischen dem Angebot der Verwaltung und den Nutzungspräferenzen der Kunden unterschieden werden. D. h., nach vorne heraus wird es immer die konventionelle und die elektronische Kommunikation geben. Für die Kommunalverwaltung ergibt sich zusätzlich die Besonderheit, dass sie bei der Auswahl der Geschäftsprozesse nach ihren Geschäftsbereichen wie Kultur, Gesundheit, Soziales etc. unterscheiden muss und sehr schnell Gefahr läuft, wegen Bevorzugung oder empfundener Diskriminierung ihrer Kunden in die Medienkritik zu geraten.

4. Die anfängliche Zurückhaltung der Anwender schlägt sehr schnell um in den Druck auf die Akteure, die Umstellung zu beschleunigen.
5. Eine Vertagungsdebatte ist beim Euro bereits ins Leere gelaufen.
6. Alle Maßnahmen mussten bei der Verwaltung aus eigener Kraft ohne finanzielle Unterstützung von außen bewältigt werden.

Im Vergleich mit der Euro-Umstellung kommt bei eGovernment eine neue Dimension hinzu: die Verwaltung muss mit dem Bürger bzw. der Wirtschaft für die Kooperation Spielregeln aushandeln, von der E-Mail-Kommunikation bis hin zu PPP-Betreibermodellen.

1.3.3 Zwang zur Veränderung

In der Vergangenheit hatte die Verwaltung einen Vorsprung vor ihren Partnern; sie war in der Regel besser informiert, sie konnte die Begegnung mit dem Bürger örtlich und zeitlich nach eigenen Vorstellungen und Notwendigkeiten steuern. Die Bürger hatten es schwer, die Zuständigkeiten zu erkennen und zu erfragen. Der Gang zur Verwaltung war beschwerlich und zeitaufwendig, die Verwaltung fand es nicht als ungebührlich, wenn der Bürger von Pontius zu Pilatus geschickt wurde. Laufen musste der Bürger oder der Brief auf dem internen Postweg, ganz im Gegensatz zu dem flotten Spruch: „die Daten sollen laufen, nicht der Bürger". Eine Anfrage nach dem Kontenstand bei der Steuervorauszahlung wurde fast mürrisch beantwortet, weil der Steuerpflichtige seine Akten gefälligst selber in Ordnung zu halten hatte und die Verwaltung schließlich kein Auskunftsbüro ist. Das ist alles noch nicht so sehr lange her. Die Lage hat sich inzwischen stark verändert. Die Verwaltung hat große Anstrengungen unternommen, dem Bür-

1 Generelle Beschreibung

ger mittels Bürgerberatung und Dezentralisierung entgegenzukommen und mit einem positiveren Erscheinungsbild sich selbst Ärger und Aufwand zu ersparen. Während dieses Maßnahmen der Optimierung am alten Modell waren, hat die elektronische Kommunikation neue Fakten geschaffen und die Landschaft gründlich verändert. Der Bürger, in der neuen Sprachregelung als Kunde, verfügt im Zweifel über eine bessere instrumentelle Ausstattung als die Mitarbeiter einer Verwaltung. Er recherchiert im Internet bevor er schreibt, organisiert über das Internet eine Gruppe Gleichgesinnter, während innerhalb der Verwaltung noch darüber nachgedacht wird, welche Mitarbeiter Zugang zum Internet haben sollen. Da dies mit Kosten verbunden ist, führt die dezentrale Budgetverantwortung zu unterschiedlicher Ausstattung in den Ämtern, es sei denn, es gibt eine zentrale Steuerung der Verwaltungsqualität.

Der Bürger zitiert in seinem Brief Dokumente durch Quellenangabe, deren Inhalt dem Verwaltungsmitarbeiter nur zugänglich sind, wenn er Zugang zum Internet hat, u. U. auch die Berechtigung zahlungspflichtige Leistungen in Anspruch zu nehmen. Auch hier löst die elektronische Kommunikation eine kulturelle Veränderung im Umgang miteinander aus, deren Ausgestaltung man nicht den Neigungen und Einschätzungen der allein gelassenen Akteure überlassen kann.

Bei positiver Bewertung der Chance, können Geschäftsprozesse von Anfang an präziser ablaufen und die Bearbeitungsqualität gesteigert werden. In diesem Zusammenhang fordern die neuen Instrumente der Kommunikation die Verwaltung sich zu positionieren, ob sie dem Druck des Marktes folgt und nur nachgibt, wo es anders nicht geht oder ob sie aktiv in den Gestaltungsprozess eingreift. Ganz wichtig ist, dass alle mitkommen und keiner auf der Strecke bleibt. Es darf durch die unterschiedliche Ausstattung und insbesondere der Benutzerqualifizierung keine unterschiedlichen Ergebnisse bei gleicher Sachlage geben. Für eine Kommune stellt sich hier die Frage, ob sie im Sinne der Daseinsfürsorge, wie sie bei Sport und Kultur üblich ist, die Medienkompetenz fördert. Aus der Sicht des Eigennutzens wäre dieses ein Teil des an anderer Stelle genannten begleitenden Marketings.

1.3.4 Denken im Netz

An späterer Stelle wird noch über die Verabredung von Standards zu berichten sein. Das ist das technische Ergebnis einer neuen und notwendigen Grundhaltung, sich als eine Komponente in einem Netz zu begreifen. Man kann trefflich darüber streiten, ob und wenn ja wieweit Kommunen Konkurrenten sind. Ähnliches gilt für die Beziehungen zwischen den Verwaltungsebenen, so z. B. dem Spannungsfeld von landeseinheitlicher

Generelle Beschreibung 1

Kommunikation und kommunaler Organisationshoheit. Wir müssen bei der Gestaltung zwei Pole ernst nehmen: das ist einerseits der Bürger, der nicht unterscheidet und den es nicht interessiert, auf welcher Ebene wir es schaffen, sein Problem zu lösen und wie die Kommunikation sichergestellt wird (er darf unterstellen, dass sie verlässlich gelöst ist). Das andere ist die zunehmende Einbindung in europäische Zusammenhänge und Rechtssysteme mit dem Aspekt Sicherstellung des Standortes Deutschland. Das sind im Prinzip triviale Einsichten, die auf den ersten Blick sehr schnell konsensfähig sind. Ihre Realisierung im Detail geht aber sehr schnell an die Substanz, wie beispielsweise das individuelle und unverwechselbare Erscheinungsbild einer Kommune im Internetauftritt. Eine noch weitergehende Vorstellung von Denken im Netz, – die geradezu einem Umsturz der Verwaltungskultur gleichkommt – wäre, wenn die Kommunen in der Region nicht jede für sich alle Ämter gemäß dem allgemein gültigen KGST-Gliederungsplan betreiben, sondern nach Themen verteilt, ein Einwohnermeldeamt oder die Stadtkasse an nur einer Stelle als Dienstleister für alle vorgehalten würde. Es könnte sogar Sinn machen, sich mit dieser Veränderung der Verwaltungskultur sehr schnell auseinander zu setzen, bevor in einer Zeit der leeren Kassen allein fiskalische Argumente den Ausschlag geben.

Auf die Auswirkungen der Paradigmenwechsel wird noch an Hand von Beispielen und Lösungsszenarien eingegangen. Wichtig für den Erfolg von eGovernment ist es, dass die Paradigmenwechsel einvernehmlich gewollt sind, im Sinne einer Philosophie zum Maßstab der Gestaltung von Details gemacht werden und in ihrer Wirkung auch erfolgsorientiert kontrolliert werden.

Bei allem wohlmeinenden Umgang mit eGovernment darf nicht übersehen werden, dass die neuen Gestaltungsmethoden einen neuen Umgang mit dem Risiko erfordern. Wo mehr gewagt wird, kann auch mehr schief gehen. Im Vergleich mit früheren Automatisierungsprojekten mit der unmittelbaren Umstellung aus der alten in die neue Organisation, sollte bei eGovernment zunächst der Weg der Pilotierung gewählt werden und wegen der gleichzeitigen Beteiligung von Verwaltung und Kunden die neue Lösung erst bei erwiesener Stabilität ausgerollt werden. Bürger und Wirtschaft sind kein Übungsgelände, ein Fehlstart kann wegen Vertrauensverlust irreparable Folgen haben. Andererseits sollten Pilotierungen unterbleiben, wo beim Start schon übersehen werden kann, dass keine Chance besteht, sie in den Regelbetrieb zu überführen.

2 Aspekte des Funktionsmodells eGovernment

Auf den ersten Blick könnte man vermuten, dass eGovernment die Fortsetzung der Verwaltungsautomation mit Hilfe der aktuellen elektronischen Instrumente darstellt. Die Verwaltungsautomation ist immer rationalisierungsgetrieben weiterentwickelt worden. Der Automatisierungsgrad war regelmäßig an das Ergebnis von Wirtschaftlichkeitsberechnungen oder zumindest von Wirtschaftlichkeitsbetrachtungen im Sinne von Kosteneinsparung oder der Umwandlung von Personalkosten in Sachkosten gebunden. Bei eGovernment wurde der prinzipiell mögliche Rationalisierungseffekt in der ersten Phase aus taktischen Gründen nicht genannt und von anderen Zielen überlagert. Die Binnenorientierung der Verwaltungsautomation wurde von der Außenorientierung der Prozessgestaltung und der Kommunikation in einem weltweiten Netz überlagert.

2.1 Rationalisierung und eGovernment

Experten haben in der Regel die Eigenschaft, gründliche und ordentliche Arbeit zu leisten. Sie glauben aber auch oft, das Ergebnis ihrer Arbeit unter dem Aspekt der Bedeutung und des Nutzens für den Anwender nicht moderieren zu müssen, damit es alle verstehen, weil sie davon ausgehen, dass ihr Produkt auf Grund seiner Qualität so selbst erklärend sei, dass es keiner weiteren Akquisition bedarf. Dies gilt auch für den Veränderungsprozess, der mit der Einführung von eGovernment als Rationalisierungspotential verbunden ist; erst recht dann, wenn immer deutlicher wird, dass die organisatorischen Veränderungen für das Unternehmen Verwaltung von weiterreichender Bedeutung sind, als die technischen Veränderungen dies auf den ersten Blick erkennen lassen.

Es wurde bereits darauf hingewiesen, dass es sich bei eGovernment nicht um einen Vorgang nur innerhalb der Verwaltung handelt. Mehr noch als in den vergangenen Jahren der Verwaltungsautomation und der in diesem Zusammenhang schon immer beklagten Produktabhängigkeit und der damit einhergehenden Firmenbindung bzw. Immobilität bei einem gewünschten Produktwechsel entwickelt sich eine bisher nicht gekannte Außensteuerung durch vorgegebene Standards bei Produkten und Methoden. Computer waren immer ein Instrument der Rationalisierung.

Der Durchdringungsgrad der Automatisierung von Verwaltungsabläufen war losgelöst von der Kapazität der Rechner und dem Leistungsstand der am Markt verfügbaren oder selbst entwickelten Software, geprägt von der Innovationsfähigkeit und Innovationsbereitschaft der Beteiligten,

2 Aspekte des Funktionsmodells eGovernment

der wirtschaftlichen Tragfähigkeit der Lösungen (Rationalisierungsgewinn) sowie den rechtlichen möglichen Veränderungen. Die Diskussion über die Abschaffung der nach dem Kassen- und Prüfungsrecht verpflichtenden lückenlosen Kontennummerierung und deren Ersatz durch prüfzifferkonforme Nummerierung ist längst vergessen. Darüber hinaus war die Nutzung der Potentiale Gegenstand der betrieblichen Mitbestimmung – bei der über die Gestaltung von Bildschirmmasken oder die ergonomische Aufstellung der Geräte verhandelt wurde – und in subtilen Dienstvereinbarungen geregelt.

Es ist spannend, den heutigen Umgang mit E-Mail, Internet und Intranet und dem Einsatz des Laptops mit den allerorts verhandelten Dienstvereinbarungen über den Einsatz von PCs und darin z. B. das Verbot der Benutzung privater PCs im Dienst zu vergleichen. Ähnliches gilt für die Regelwerke zum Telearbeitsplatz, bis hin zur Frage des Betretungsrechtes der Personalvertretung in der privaten Wohnung. An diesem Beispiel kündigte sich ein Muster des Paradigmenwechsels von eGovernment an, indem nicht erkannt wurde, dass Telearbeit nicht die einfache Fortsetzung von Heimarbeit darstellt, sondern eine neue Kategorie von Arbeitsplatz. Es darf vermutet werden, dass sich Dienstvereinbarungen durch automatische Verlängerung im Verkehr befinden, die längst durch eGovernment adäquate Regelungen ersetzt sein müssten.

Der Einsatz der Informationstechnologie, davor die klassische Datenverarbeitung, waren Rationalisierungsinstrumente mit dem Ziel, Kosten generell zu senken, Zeit zu gewinnen, Personalkosten zu Sachkosten zu wandeln u. a. Die Ergebnisse von Wirtschaftlichkeitsbetrachtungen waren Maßstab für den Grad der Automatisierung. Die Diskussion über die Anzahl der Bildschirmarbeitsplätze im Verhältnis zur Mitarbeiterzahl sind schon in Vergessenheit geraten, ebenso die in diesem Zusammenhang einem orientalischen Markt ähnelnden Stellenplanverhandlungen.

Auch eGovernment hat eine Rationalisierungskomponente. Sie war aber bisher nicht das Primärziel, sondern die Folge einer anderen Wahrnehmung von Verwaltung, z. B. unter Beteiligung der Bürger als Kunden der Verwaltung. In der ersten Phase der Internetnutzung wurde der Begriff Rationalisierung ausgeblendet, u. a. um dem Verdacht zu entgehen, den Bürgerservice in Wirklichkeit als Tarnung für eine Optimierung der Verwaltungsvorgänge zu nutzen. Zugegebenermaßen ist der Begriff Rationalisierung aus der Sicht der Betroffenen nicht positiv besetzt und seine Benutzung im Rahmen eines innovativen Entwicklungsverfahrens eher kontraproduktiv. Ein neuer Begriff, der des „Mehrwertes" hat sich etabliert. Aber auch unter dem neuen Namen muss erklärt und begründet werden, wo der Mehrwert her kommt und wie er erzeugt werden kann.

Aspekte des Funktionsmodells eGovernment 2

eGovernment ist komplex, ein Teil spielt sich innerhalb der Verwaltung ab, der andere Teil außerhalb der Verwaltung. Ein Teil betrifft die Geschäftsprozesse, der andere Teil die Kommunikation. Ein weiterer Begriff, der an dieser Stelle eingeführt werden muss, ist der Begriff „Bürger-Service-Online". Mit der Bezeichnung ist auf den ersten Blick technische Kommunikation gemeint. Bei genauer Betrachtung handelt es sich um die arbeitstechnische und inhaltliche Mitwirkung des Bürgers oder der Wirtschaft bei der Abwicklung eines Geschäftsvorganges.

Exkurs

> Um die Situation besonders plastisch zu beschreiben, muss man sich vorstellen, dass es auch ohne Technikeinsatz möglich wäre, dass der Bürger ein Büro betritt – z. B. die Hundesteuerstelle -, freundlich grüßt, sich seine Akte nimmt, eine Änderung einträgt und die Akte wieder in den Schrank hängt, ein anderer legt eine neue Akte an und ein Dritter holt sich eine Auskunft aus seiner Akte. Die Arbeit des Mitarbeiters beschränkt sich auf die Kontrolle der Zulässigkeit, d. h. er stellt sicher, dass jeder nur an seine Akte darf. Um das Ganze noch zu steigern, passiert das nicht nur in der gewohnten Dienstzeit, sondern rund um die Uhr, inklusive Sonn- und Feiertage. Aus konventioneller Sicht das perfekte Chaos, im Rahmen der elektronischen Kommunikation der Normalzustand.

In diesem Zusammenhang spielt der Grad der Mitwirkung eine wichtige Rolle. In dem Maße, wie es gelingt, die Arbeit vom Schreibtisch im Rathaus auf den privaten Schreibtisch zu verlagern – und das auf Wunsch und mit vollem Einverständnis des Bürgers –, geht es massiv nicht nur um Rationalisierung, sondern im gleichen Zusammenhang um eine Privatisierung. Das ist vom Grundsatz her eine Möglichkeit, die Verwaltung zu verschlanken, ohne die Leistung – das Ergebnis eines Geschäftsprozesses – wie z. B. eine Sondernutzungsgenehmigung für einen Bürgersteig bei Dachdeckerarbeiten – zu mindern. Ganz im Gegenteil, dieses Beispiel ist typisch für den Fortschritt von eGovernment und den Mehrwert für den Bürger, in diesem Fall den Dachdeckerbetrieb. Der wird auf diese Weise in die Lage versetzt, diese Erlaubnis taggenau nach Wetterlage zu erwerben. Gleichzeitig wird in diesem Fall die Baustellenkontrolle optimiert, weil nur die tatsächlichen und nicht die auf Vorrat erlaubten Baustellen kontrolliert werden müssen.

Dieses Beispiel macht auch deutlich, dass der Rationalisierungerfolg von eGovernment über den konkreten Verwaltungsprozess hinaus an ganz anderer Stelle eintreten kann. Das bedeutet für eine budgetorientierte Verwaltung, dass Investition und Rationalisierungserfolg in zwei verschiedenen Budgets wirksam werden können.

2 Aspekte des Funktionsmodells eGovernment

Als einfaches Beispiel kann die schon genannte Euro-Umstellung der Parkautomaten genannt werden, die von der Straßenbau- oder der Ordnungsverwaltung aufgestellt und technisch betreut werden. Die gleichzeitig ermöglichte bargeldlose Zahlung erspart der Stadtkasse einen enormen Aufwand bei der Einholung und Verwaltung der Parkgelder und deren Schutz vor Diebstahl.

Rationalisierungspotentiale zu ergründen und zu aktivieren, ist ein Routinebestandteil der Organisationsentwicklung. Vor dem Hintergrund der schwierigen Finanzlage der Kommunen ist der Rationalisierungsansatz nicht nur verständlich, sondern auch geboten. eGovernment würde ihn zweifellos in dem Maße beschleunigen und verstärken, wie kassenwirksame Rationalisierungserfolge wieder in den Umstellungsprozess investiert werden könnten. Wird Rationalisierung zum primären Leitkriterium auf dem Weg zu eGovernment gemacht, sind die Anwendungsfelder nur begrenzt mit der Entwicklung aus Sicht der Bürger und des privaten Sektors insgesamt deckungsgleich. Eine Ursache liegt darin, dass Geschäftsprozesse, die aus der Sicht der Verwaltung als Massengeschäfte anzusehen sind, aus Sicht der einzelnen Bürger nur gelegentlich wahrgenommen werden (personenstands- und melderechtliche Vorgänge). Auf Grund des hohen Aufwands, der für die Umstrukturierung geleistet werden muss, dürften sich Rationalisierungsgewinne nicht kurzfristig einstellen. Für die Politik bedeutet dies, dass die Investitionen einer Legislaturperiode frühestens in der nächsten als Rationalisierungserfolg wirksam werden, eGovernment ist eine Großbaustelle und entzieht sich dem Denken in Wahlperioden. Unter Hinweis auf die eingangs erwähnte Zwei-Säulen-Theorie bei eGovernment – Kommunikationsgestaltung und Geschäftsprozesserneuerung – kann hier festgestellt werden, dass in die Kommunikation neu investiert werden muss und als zusätzlicher Dienst keine Rationalisierungspotentiale in sich freisetzt. Die höheren Kosten werden durch die höhere Qualität kompensiert. Der Rationalisierungsgewinn liegt nicht in der Kommunikation. Durch die verbesserte Kommunikation werden die Rationalisierungspotentiale im Geschäftsprozess verfügbar. Mit dem durch eGovernment ausgelösten Wandel von einer bürokratischen Verwaltung zu einer kunden- und dienstleistungsorientierten Verwaltung muss bei langfristiger Betrachtung schon erwartet werden, dass mit den neuen Methoden und Instrumenten eine größere Leistung und höhere Qualität erzielt werden können oder bei gleich bleibender Leistung der Aufwand gesenkt werden kann. Wie bei allen Komponenten von eGovernment gilt auch hier die Langzeitstrategie. Im Vergleich zur internen Rationalisierung, bei der die Umsetzungsgeschwindigkeit von der Verwaltung maßgeblich selbst bestimmt werden kann, spielt bei eGovernment die

Aspekte des Funktionsmodells eGovernment 2

Bereitschaft und der Umfang der Beteiligung durch die externen Partner – Bürger, Wirtschaft und öffentliche Kooperationspartner – eine nicht unerhebliche Rolle.

 WICHTIG!

Unter den Begriff Rationalisierung gehören auch die Stichworte Transparenz, Vertrauenssteigerung und Abbau von Spannungen, weil sie dazu beitragen, Verwaltungsprozesse zu erleichtern und zu beschleunigen.

Bleibt noch darüber nachzudenken, wie nicht nur ressourcenschonender gearbeitet werden kann, sondern inwieweit auch neue Einnahmequellen erschlossen werden können. Dies gilt für neue und bisher nicht bekannte Dienstleistungen, die in Gebührenordnungen aufgenommen werden müssen oder für neue Formen, in denen Leistungen erbracht werden.

Call-Center und Service-Center sind in diesem Zusammenhang ein neues Phänomen, ebenso die Gründung von PPPs, ihnen ist an späterer Stelle ein eigenes Kapitel gewidmet (s. Kapitel 3.7.3).

Ein tragendes Motiv von eGovernment ist der gleichzeitige Nutzen bei der Verwaltung selbst, wie bei ihren Partnern, den Bürgern, der Wirtschaft und der Politik.

Das gilt für:

▶ die Steigerung der Effektivität und Qualität der Geschäftsprozesse,
▶ eine höhere oder u. U. erstmalige Transparenz der Geschäftsprozesse und der Kommunikation,
▶ den verbesserten Zugang und damit die Demokratisierung von Information und Wissen,
▶ die Stärkung des Standortes aus der Sicht der Kommune und der Beteiligten untereinander.

Sichtbar wird dieser Nutzen durch

▶ die bessere Erreichbarkeit (konventionell und elektronisch) der Beteiligten,
▶ die Beschleunigung und damit die Zeitersparnis,
▶ die Verringerung der Redundanz durch Geschäftsprozessvernetzung und -integration.

Ein quantitativ nur sehr schwer zu erfassender, aber erkennbarer Nutzen liegt in der Motivation der Akteure durch leistungsfähige und qualitätssichernde Arbeitshilfen. An anderer Stelle wird auf Qualifizierung eingegan-

2 Aspekte des Funktionsmodells eGovernment

gen. In dem hier vorliegenden Zusammenhang interessiert, dass durch eGovernment die Motivation der Beschäftigten in schwierigen Zeiten und ihr Marktwert erhalten und gefördert werden.

2.2 Von der klassischen Verwaltung über den Medienauftritt im Internet zu eGovernment

Eigentlich bedarf es keines besonderen Hinweises, dass die Beachtung der Zuständigkeiten im Sinne der Verwaltungspolitik und der formalen Dienstwege von existentieller Bedeutung für den Erfolg eines Vorhabens mit der Verwaltung ist. Zwischen einer Fachaufgabe an sich und den Werkzeugen ihrer Bewältigung muss genau unterschieden werden. Bei der Nutzung von IT-Potentialen – der technischen Systeme Hardware, Software und Netze – im Rahmen von eGovernment handelt es sich um Instrumente und nicht um die Wahrnehmung von Fachaufgaben. Die Ausgestaltung der Fachaufgaben hat Vorrang gegenüber ihrer instrumentellen Wahrnehmung. Zur Zeit der klassischen Verwaltungsautomation waren die Instrumente aus wirtschaftlichen Gründen in aller Regel zentralisiert. Das hatte zur Folge, dass bei Systemausfällen und Kapazitätsengpässen mit den Ämtern verhandelt werden musste, wer wegen Schadensbegrenzung mit Vorrang zum Zuge kam. Mit der Nutzung des Internets als Kommunikationsplattform kommen die Kunden der Verwaltung als neue Nutzer ihrer Instrumente hinzu. Damit erhält die Ressourcenbereitstellung – die IT-Instrumente – eine neue Dimension bezüglich ihrer Kapazität, Sicherheit und Verfügbarkeit.

Der Zugang zum Internet an sich ist noch nicht eGovernment. Aus der Sicht einer Kommunalverwaltung bedeutet dies, dass zwar eine geregelte Zuständigkeit für die IT-Dienstleistungen innerhalb der Verwaltung besteht, aber keine originäre Zuständigkeit für eine verwaltungsweite inhaltliche Steuerung von eGovernment gegeben ist.

Nach der eingangs erfolgten Beschreibung von eGovernment wird bereits deutlich, dass die bisher geltenden Regelungen für die Bereitstellung der IT-Dienstleistungen nicht mehr ausreichen und entsprechend einer eGovernment-Strategie neu ausgerichtet werden müssen. Viele Verwaltungen beziehen ihre IT-Dienstleistungen von einem gemeinsam betriebenen Dienstleistungsrechenzentrum in unterschiedlicher rechtlicher Struktur. Nach dem inzwischen ausgeprägten System des Auftraggeber- und Auftragnehmerverhältnisses sind diese Zentren nicht auch automatisch für eGovernment zuständig. Dies allein schon deshalb nicht, weil bei der Trägerverwaltung die Zuständigkeit für IT-Dienstleistung nicht automatisch deckungsgleich ist mit der Zuständigkeit für eGovernment.

Aspekte des Funktionsmodells eGovernment 2

eGovernment ist eine neue Methode und bezüglich der Anwendungen somit zunächst fachneutral. Es gibt keine originäre Zuständigkeit und keine Vorgaben, die unmittelbar aus einem Fachgesetz abgeleitet werden könnten. Der Internetauftritt für die Informationsbereitstellung ist eine typische Aufgabe des Presse- und Informationsamtes. Bei online-Kommunikation und Transaktionen in den fachorientierten Geschäftsprozessen muss zwischen dem fachlichen Teil und der Darstellung unterschieden und entsprechend geregelt werden. Die Verantwortung für den Fachteil bleibt beim Aufgabenträger, der Fachdienststelle, die Darstellung in der online-Kommunikation liegt in der Verantwortung des Presseamtes, das die Einhaltung eines einheitlichen Erscheinungsbildes der Kommune sicherstellen soll.

Damit die Verwaltung für die Einführung von eGovernment überhaupt handlungsfähig wird, muss als Erstes die **Regelung der Zuständigkeit** erfolgen und das sowohl aus

- **rechtlicher Sicht,**
- **organisatorischer Sicht** und
- **technischer Sicht.**

Es geht dabei um die zentrale Steuerung der verwaltungsweiten Veränderungen, der ein eigenes Kapitel (s. 2.4) gewidmet ist. eGovernment ist Chefsache, das nicht nur im Sinne einer einmaligen Entscheidung – z. B. die Ernennung eines Koordinators oder eGovernment-Beauftragten –, sondern im Sinne einer permanenten Projektbegleitung durch die Formulierung von Zielen und deren Erfolgskontrolle. Wenn ein eGovernment-Beauftragter bestellt wird, sollte er mit einem unmittelbaren Vortragsrecht vor dem Stadtvorstand ausgestattet sein.

Mit dem Auftritt im Internet stehen der Verwaltung und ihren Kunden drei Leistungsebenen zur Verfügung. Sie kann das Internet nutzen

- zur Bereitstellung von **Information,**
- für **Kommunikation und Interaktionen** (z. B. Formularservice) und
- für **Transaktionen** (z. B. Homebanking).

Ziel von eGovernment ist es, dass alle Qualitäten praktiziert werden, wobei die Transaktion den Eingriff in den Geschäftsprozess erfordert, der in der Regel auch den Grund für dessen Erneuerung darstellt, wenn ein Mehrwert erreicht und Medienbrüche vermieden werden sollen.

In der Geschichte der Verwaltungsorganisation und der Nutzung von Technologien in den Verwaltungsbüros hat der Vorgang, sich auf das Internet als Kommunikationsplattform einzulassen, eine besondere Quali-

2 Aspekte des Funktionsmodells eGovernment

tät. Es war am Anfang wahrscheinlich nicht allen genau bewusst, welche Veränderung in der Wahrnehmung von Verwaltung mit dem Internet verbunden ist, so z. B. dass die Kommunikationsbedingungen, die außerhalb der Verwaltung entwickelt werden, Bestandteil von Verwalten werden. Mit dem Internet sind die Faktoren Zeit und Entfernung aufgehoben und es muss geregelt werden, wie damit umgegangen werden soll. **Neben das reale Rathaus tritt das virtuelle Rathaus.** Diese Öffnung in der Kommunikation fordert eine generelle Neubesinnung heraus, wie Verwaltung künftig geregelt werden muss und praktiziert werden kann.

Aus dieser Sicht ergeben sich Fragen an die Verwaltungspolitik, die als Vorbedingung für ein eGovernment-Modell geklärt werden müssen, insbesondere wenn die heute noch latent indifferente Erwartungshaltung zu einem Konsens über Inhalt und Wirkung von eGovernment geführt werden soll.

 WICHTIG!

eGovernment ist wegen der umfangreichen Ressourcenbindung und dem Faktor Zeit nicht nur ein großes Projekt an sich, sondern ein tief greifender Reformprozess.

Eine der wichtigsten Fragen zu eGovernment ist die nach der Rolle des Bürgers und in Erweiterung die nach der Rolle der Wirtschaft, um vereinbaren zu können, wer zuständig ist (z. B. die Rollenverteilung zwischen Front- und Backoffice in der Wahrnehmung der Geschäftsprozesse) und worauf man sich verlassen kann. In diesem Zusammenhang sind Einrichtungen wie Bürgerbüro, Call-Center und Wissensmanagement eng miteinander verknüpft (s. 6.2). Dabei geht es nicht darum, was heute oder morgen sein soll oder sein wird, sondern um die Perspektive der nächsten 5 bis 10 Jahre.

Das schützt vor operativer Hektik und Lösungen, die nicht angenommen werden, weil der Konjunkturzyklus des Themas nicht stimmt.

Bis hierhin wurde der Begriff Bürger grob vereinfacht benutzt. Mit Blick auf die Akteure im Sinne von eGovernment ist jedoch eine genauere Betrachtung notwendig, was unter diesem Begriff zu verstehen ist, um eGovernment kundenspezifisch gestalten zu können.

▶ **In welchen Rollen tritt der Bürger auf?**

Er begegnet uns als:

1. Einwohner einer Gemeinde, z. B. im melderechtlichen Sinn, unterschieden nach Haupt- oder Nebenwohnsitz

Aspekte des Funktionsmodells eGovernment 2

2. externer Bürger, z. B. als Einwohner einer anderen Kommune im In- und Ausland, der mit der Verwaltung in Geschäftsbeziehung steht oder kommen möchte
   - im Zuge eines Bauantrages
   - im Zuge einer Gewerbeansiedlung
3. Steuerpflichtiger, in Form des Einwohners oder des Externen, unterschieden nach natürlicher und juristischer Person
4. Student, Schüler
5. Berufspendler, Abonnent im Kulturbereich (Oper, Theater, Konzert, Bücherei, Volkshochschule)
6. Nutzer von sozialen oder medizinischen Einrichtungen der Kommune
7. vorübergehender Gast (Touristik, Messe)
8. Vertreter von Wirtschaft und Verbänden

Diese Aufzählung erhebt keinen Anspruch auf Vollständigkeit, signalisiert aber die Vielfalt der betroffenen Geschäftsprozesse und gibt Hinweise auf Gestaltungsmöglichkeiten und auch Gestaltungsnotwendigkeiten (z. B. Identifizierung und Authentifizierung bei elektronischer Kommunikation).

Wenn der Adressat geklärt ist, auf den die Geschäftsprozesse ausgerichtet werden müssen bzw. wer in partizipative Muster eingebunden werden soll, können Fragen in der Sache gestellt werden:

▶ **Wo darf der Bürger mitwirken?**

Es wird zu prüfen sein, was aus der Sicht eines verlässlichen Verwaltungsvollzugs durchaus vom Bürger – bei zunehmender Medienkompetenz – selbst erledigt werden kann, ohne dass eine Sachbearbeitung notwendig wird. Eine allgemeine Formel lautet: so wenig Verwaltung, wie möglich und nur so viel Verwaltung wie unbedingt notwendig. Wenn Einvernehmen über den Grundsatz besteht, beginnt die Kunst der Grenzziehung.

▶ **Soll der Bürger mitwirken?**

Dabei geht es um einen Rationalisierungsansatz, wie ihn die Banken gegenwärtig durchleben. Während es bei der ersten Frage um einen Genehmigungsvorbehalt ging, steht hier die vorsätzliche und geplante Verlagerung der Aktivitäten vom Rathausschreibtisch auf den des Bürgers im Mittelpunkt.

▶ **Muss der Bürger mitwirken?**

Diese Frage stellt sich nicht bei den Leistungen einer Verwaltung, auf die die Bürger einen Rechtsanspruch haben, solange die einschlägige Rechtsnorm dies nicht vorsieht. Anders verhält es sich, wenn die Verwaltung alternative Lösungen der Kommunikation anbietet

2 Aspekte des Funktionsmodells eGovernment

oder bei freiwilligen Leistungen, die im Regelfall privatrechtlicher Natur sind, wie zum Beispiel die Buchausleihe in einer Gemeindebibliothek oder dem Kartenvorverkauf von Kulturveranstaltungen. Allerdings muss auch sichergestellt werden, dass niemand diskriminiert oder unberechtigt ausgeschlossen wird.

▶ **Welche Beteiligung in welchem Umfang im Falle einer Mitwirkung?**

Inwieweit dürfen Bürger überhaupt eingebunden werden? Zudem müssen viele Verwaltungsleistungen von Bürgern bezahlt werden. Daher müssen an die eigentlichen Verwaltungsprozesse auch automatisierte Zahlverfahren angeschlossen werden.

▶ **Will sich die Verwaltung zurücknehmen?**

Diese Frage hat mehrere Dimensionen. Zum einen stellt sich die Überlegung, wie Verwaltung vereinfacht werden kann, wenn sie ein unternehmerisches Risiko eingeht.

 TIPP!

Ein alter Grundsatz lautet: nur was man selbst macht, ist richtig und keiner will für die Fehler eines anderen haften.

Von eigentlicher Bedeutung im Rahmen von eGovernment ist die Frage, ob Geschäftsprozesse, statt ausschließlich von der Verwaltung selbst abgearbeitet zu werden, auf den privaten Sektor übertragen oder in Form von Public Private Partnerships abgewickelt werden können. Soll der Bürger nicht nur mitwirken, sondern auch Geschäftsvorgänge selbstständig abschließend durchführen können?

Beispiel:

Wenn die Konten beim Steueramt bzw. bei der Stadtkasse so gehandhabt werden, wie bei einer Bank, könnte der Steuerpflichtige im Gegensatz zur bisherigen Regelung selbstständig Auskünfte aus seinem Steuerkonto erlangen.

Reichen dabei Stichproben an Stelle permanenter Kontrollen? Aus dieser Sicht löst eGovernment eine Privatisierung sui generis aus. Die aktuelle und die für die nahe Zukunft überschaubare Finanzlage der öffentlichen Hand, sowie die Vielfalt der Aufgaben und Leistungen, verbunden mit hohen Standards, zwingen die Verwaltung dazu sich zurückzunehmen. In diesem Zusammenhang ist eGovernment eine planvolle Strategie zur Einbindung des bürgerschaftlichen Engagements in einer Public Private Partnership.

Aspekte des Funktionsmodells eGovernment 2

▶ **Wie transparent soll Verwaltung sein?**

Transparenz im Bereich der Information setzt sich mit der Frage nach Vielfalt, Ausführlichkeit und Benutzerführung auseinander. Im dialogisierten Geschäftsprozess stellt sich die Frage nach der Erledigungskontrolle und zwar in dem Sinne, dass der Stand der Bearbeitung nicht nur unter dem Aspekt, an welcher Stelle der Vorgang aktuell bearbeitet wird, sondern auch unter dem Aspekt, Stand der Entscheidung erkannt werden kann. Zum Beispiel kann der Antragsteller eines Bauantrages selbstständig feststellen, an welcher Stelle der Verwaltung sich der Antrag in welchem Bearbeitungszustand befindet. Es gibt nicht nur das virtuelle Rathaus, sondern der Bürger hält sich virtuell im Rathaus auf.

▶ **Was wird getan, damit die Mitarbeiter ihrer neuen Rolle als kompetenter Partner des Bürgers gerecht werden können?**

Hier ist ein Qualifizierungskonzept notwendig, auf das in Kapitel 5.7 noch ausführlich eingegangen wird. Ein solches Konzept für den Erfolg von eGovernment muss mit Blick nach innen und nach außen, auf die externen Partner hin, entworfen und als ein Teil des Marketingkonzeptes gestaltet werden. Dieser vorsorgliche Hinweis ist begründet, weil Erfahrungen vorliegen, dass bei Haushaltsschwierigkeiten die Aus- und Fortbildungsmittel stets die ersten Konsolidierungsopfer sind.

▶ **Ist der Inhalt von eGovernment von der Größenordnung der Verwaltung abhängig?**

Bisher wurde darauf verzichtet, danach zu fragen, ob nicht nach der Größenordnung der Kommune unterschieden werden muss und sich aus der Größenordnung unterschiedliche Modelle ergeben oder ob die Mitwirkung bei eGovernment sehr unterschiedlich ausfällt. Die Beispiele in der Praxis zeigen, dass es keinen Kausalzusammenhang zwischen der Größe der Verwaltungseinheit und dem Entwicklungsstand praktizierter Lösungen gibt. Es darf vermutet werden, dass die Vorstellungen der Bürger – auf der Kundenseite – sich nur marginal unterscheiden und Innovationskraft und Gestaltungswille mit der Größenordnung nicht in eine Formel zu bringen sind. Insbesondere im Bereich der elektronischen Kommunikation liegt die Unterscheidung nicht in der Größenordnung der Verwaltungen. Unterschiede wird es geben aus Gründen der Machbarkeit und Wirtschaftlichkeit zu Betreiberfragen bei den neuen Diensten.

2 Aspekte des Funktionsmodells eGovernment

2.3 Die neue Rolle des Bürgers und der Wirtschaft bei partizipativen Geschäftsprozessen

Eine Besonderheit von eGovernment besteht darin, dass beide Seiten, Verwaltung und Kunden, zusammenwirken müssen, wenn die Innovationspotentiale der neuen Technologien zur Wirkung kommen sollen. An anderer Stelle wurde bereits darauf hingewiesen, dass es sich bei eGovernment um eine Großbaustelle handelt. Wie bei anderen Großprojekten greift auch hier das bewährte Konstrukt einer Arbeitsgemeinschaft, weil die einzelnen beteiligten Akteure mit der ganzen Last überfordert wären und darüber hinaus fachliche Spezialisierungen erfolgt sind, die in der erforderlichen Tiefe in einer Verwaltung allein schon auf dem Hintergrund des geltenden Vergütungssystems nicht vorgehalten werden können. Anders formuliert heißt das, hier entstehen neue Abhängigkeiten, sowohl aus der Sicht der Verwaltung als auch der Sicht der Kunden, mit denen solide und vertrauensvoll umgegangen werden muss.

Exkurs

Der Begriff des „Kunden" ist bereits mehrfach gefallen. Die Verwaltung entdeckt in ihren Bürgern den Kunden und will kundenfreundlich sein. Aus dem Blickwinkel des Bürgers und der Wirtschaft bedeutet das, mit der Verwaltung auf Augenhöhe zu verhandeln und zu kooperieren.

Bei genauerer Definition des Kunden muss man aber wissen, dass der Begriff Kunde aus der privatwirtschaftlichen Sicht bedeutet, dass der Kunde sich mit seinem Partner auf eine Risikogemeinschaft einlässt. Im Fall einer Störung kennt der private Bereich die Kulanzregelung. Beim ehrlichen Umgang mit dem Kundenbegriff muss geklärt sein, dass die Verwaltung sich im Hoheitsbereich so aufstellen muss, dass sie prinzipiell immer richtig, d. h. rechtskonform handelt, weil der Bürger einen Rechtsanspruch darauf hat und im Fehlerfall Sanktionen gesetzlich geregelt sind. Gleiches gilt umgekehrt bei den Rechtspflichten des Bürgers. In diesem Zusammenhang heißt Kundenfreundlichkeit z. B. Hilfestellung für den Bürger oder umfassende Information.

Es mag am Anfang noch so sein, dass die Verwaltung glaubt, den Bürger gestalten zu müssen, in Form von Beplanungs- oder Behütungsstrategien in der ehrlichen Meinung, dass sie dazu verpflichtet ist, damit der Bürger vor Nachteilen oder Schaden bewahrt bleibt. Diese Einstellung hat ihren Niederschlag im Verwaltungsverfahrensrecht gefunden, wonach die E-Mail-Adresse des Bürgers nicht automatisch den elektronischen Zugang erlaubt, nur weil sie bekannt ist. Der Bürger muss erst sein Einverständnis erklären, wenn die Verwaltung die Initiative zur elektronischen Kommunikation ergreifen will, und der Bürger muss sich ausdrücklich erklären, wenn er die Initiative ergreifen will und die Antwort elektronisch erwartet. Diese Regelung ist eine typische Schutzfunktion, bei der davon ausgegangen wird, dass die Bürger die Folgen ihres Handelns nicht übersehen können.

Aspekte des Funktionsmodells eGovernment 2

Die genaue Lage ist, dass die Verwaltung ohne die Mitwirkung des Bürgers eGovernment nur begrenzt praktizieren kann, z. B. in der Kooperation der Behörden untereinander. Der Bürger beklagt sich schon immer über die Verwaltung, da er sie weniger als eine Hilfe empfindet, sondern vielmehr als hinderlich und insbesondere zu langsam, bzw. nie zur Verfügung, wenn man sie braucht (wie beim abgelaufenen Pass am Tag vor Reisebeginn).

So wie die Verwaltung sich prüfen muss, was sie in jedem Fall selbst bewerkstelligen muss oder wo sie loslassen kann, muss der Bürger und die Wirtschaft signalisieren, welche Rolle sie übernehmen wollen und zu welchen Veränderungen oder Investitionen sie bereit sind; z. B. in der Praxis der elektronischen Kommunikation.

Hier wird ein Problem deutlich, dass durch die bisher bekannten Gebührenordnungen ausgelöst wird, wo z. B. in der Verwaltungsgebührenordnung für kommunale Leistungen in einem einfachen Fall der Beglaubigung von Kopien oder einer amtlichen Bescheinigung zu verfahren ist. Bisher ist es unüblich auf Grund der Herstellungsmethode – konventionell oder elektronisch – zwei verschiedene Preise zu haben. Aus der Sicht des Bürgers kann davon ausgegangen werden, dass er im Zweifel bereit ist für die elektronische Lösung eine höhere Gebühr zu zahlen, weil sie für ihn komfortabler und wirtschaftlicher ist als ein Behördengang.

Bürger und Wirtschaft müssen bereit sein, Verabredungen zu treffen, auf die Verlass ist. Das betrifft die Verabredung über technische Standards ebenso wie organisatorische Regeln. Das ist aus der historischen Sicht der Verwaltung eine völlig neue und ungewöhnliche Situation. Wenn hier an vielen Stellen beschrieben wird, wie die Verwaltung sich ändern muss, können die Vorteile für Bürger und Wirtschaft nur erreicht werden, wenn der Bürger und die Wirtschaft in ihrer neuen Rolle auch ein Stück Verantwortung für das Gelingen der neuen Ziele übernehmen.

Andererseits wird der Bürger durch die neue Rechtsentwicklung in Europa in eine neue Rolle gestellt, die ihm neue Rechte verleiht. Ein Beispiel ist die elektronische Unterschrift, der Austausch elektronischer Dokumente und neue Regeln im Vergabewesen.

Auf diesem Hintergrund braucht die Verwaltung Planungssicherheit, d. h. Kenntnis über die Bereitschaft der Bürger und der Wirtschaft, neue Formen des Verwaltungshandelns nicht nur zu akzeptieren, sondern auch zu fördern, um sich marktkonform aufstellen zu können. Das heißt wiederum, dass der Bürger bei Befragungen nicht abstrakt bewertet, was aus seiner Sicht gut wäre, sondern die Dinge nennt, die er auch tatsächlich nutzen wird, wenn sie angeboten werden.

2 Aspekte des Funktionsmodells eGovernment

Wichtig für die Entwickler und Verantwortlichen für eGovernment ist es, dass nicht nur neue Verwaltungsmodelle entstehen, sondern, dass der Vorgang begleitend moderiert wird, das betrifft nicht nur den Inhalt der fachlichen Lösung, wie die elektronische Steuererklärung, die Anmeldung eines Hundes oder die Gewerbeanmeldung, sondern auch Erklärungshilfen für deren praktische Anwendung.

Die Bürgerbeteiligung wird an anderer Stelle (Kapitel 6.5) noch genauer behandelt.

2.4 Die strategische Steuerung des Informationsmanagements

Der Auftritt der Verwaltung im Internet ist älter als die Formulierung von eGovernment und der damit verbundenen Veränderung. Die ersten Auftritte im Internet waren durch unterschiedliche und untereinander nicht immer abgestimmte Aktivitäten einzelner Verwaltungseinheiten geprägt. Lösungen mit Bordmitteln und mit Unterstützung studentischer Hilfskräfte waren kein Einzelfall. Das Ob und Wie des Internetauftritts stand in der Beliebigkeit einzelner Akteure. Die langfristige Verlässlichkeit und Qualität war zunächst kein Thema. Das Verschwinden aus dem Internet, z. B. beim Spielplan der Oper, weil der sachkundige Werkstudent nicht mehr zur Verfügung stand, war kein Einzelfall. Ein einheitliches Redaktionssystem mit dezentralem Zugang war nicht der Anfang, sondern der erste Schritt zur Konsolidierung und das Signal für eine verwaltungsweite Steuerung des Medienauftritts in den Städten und Gemeinden. Nach der gerade etablierten Dezentralisierung der Kompetenzen und Verantwortung einschließlich der Budgetierung war dieser Vorgang kein Selbstläufer, sondern ein wichtiger Eingriff als Voraussetzung für eGovernment, der, soweit er noch nicht Stand der Kunst sein sollte, erfolgen muss, damit die Einheit der Verwaltung sichergestellt bleibt. Vereinzelt wird in diesem Zusammenhang der Vorwurf von der Rückkehr zum Zentralismus alter Art erhoben. Gemeint ist aber die zentrale Steuerung der Instrumente und Methoden. Das liegt im originären Interesse der Verwaltung und erst recht der Politik und aus Gründen der Kalkulierbarkeit und Verlässlichkeit auch im Interesse von Bürger und der Wirtschaft. Was am Anfang für den Informationsauftritt der Verwaltung im Internet schon von elementarer Bedeutung war, gilt für die zukünftige Entwicklung, bei der es um die Onlinekommunikation in den Geschäftsprozessen der Verwaltung geht, in einem noch viel höheren Maße. Dabei geht es nicht nur um Fragen des Designs, sondern, wie in einem späteren Kapitel (7) noch erläutert wird, auch um Rechtsfolgen.

Aspekte des Funktionsmodells eGovernment   2

Eine zentrale Steuerung wirkt nach innen und nach außen als Adressat und Regulativ für eGovernment. Sie ist zuständig für:

- ▶ Inhalt und Qualität des Veränderungsprozesses,
- ▶ Folgeabschätzung für alle Beteiligten
- ▶ Aufwands-Investitionsschätzung- und -planung
- ▶ Zuverlässigkeit, Verbindlichkeit und Rechtskonformität
- ▶ Koordination und Kooperationen

Die an anderer Stelle (s. Kapitel 2.2) schon zitierte Regelung der Zuständigkeiten ist die Startvoraussetzung für die Einrichtung der Steuerung an sich und der sich daraus ergebenden Regulierungskompetenz hinsichtlich der rechtlichen, organisatorischen und technischen Aspekte von eGovernment.

Damit die Steuerung ihrer Verantwortung gerecht werden kann, sollte sie unmittelbar bei der Verwaltungsspitze angebunden sein und möglichst auf der Basis einer politischen Entscheidung gestützt sein; wie überhaupt das eGovernment-Modell der Kommune durch die Politik beschlossen sein muss. Durch eGovernment werden nicht nur vordergründig Verwaltungsprozesse neu geregelt. So wie eGovernment die Beziehung zwischen Bürger und Verwaltung verändert, verändert eGovernment auch die Beziehung zwischen Verwaltung und Politik im Bereich der Steuerung und Kontrolle von interkommunalen Kooperationen und bei einem Mix aus öffentlichen und privaten Partnern. Die Steuerung hat die Aufgabe, die Verwaltung als Einheit bzw. als ein System durchgängig einheitlicher Handlungsmuster darzustellen. Aus dieser Sicht muss sie sich mit folgenden Themen befassen:

1. Moderation der Umstellung auf eGovernment in der Führungsebene der Verwaltung und der Politik.
2. Moderation der Umstellung auf eGovernment hinsichtlich der online-Partizipation der Bürger und Bürgerinnen sowie des privaten Sektors.
3. Entwicklung einer Verwaltungsstrategie hinsichtlich der Durchdringungstiefe des Bürgers bei online-Prozessen und die damit verbundenen Folgewirkungen
(Die unmittelbare aktive Beteiligung des Bürgers bzw. eines Dritten an den Geschäftsprozessen ist für die Verwaltung ungewohnt und u. U. im Einzelfall nicht gewünscht, weil sie mit der Zurücknahme von Verwaltung verbunden ist).
4. Vorgaben für die Entwicklung von Qualifikations- und Qualitätssicherungsstrukturen.

2 Aspekte des Funktionsmodells eGovernment

5. Entwicklung internetbasierter Kommunikationsmethoden zwischen Verwaltung, Bürger und Wirtschaft.
6. Integration der neuen Medien auf der Grundlage der Konvergenzstrategie mit dem Ziel multifunktionaler Nutzung.
7. Entwicklung und Mitgestaltung von Kommunikationsstrukturen im Wirtschaftsraum der Kommune
(Unter dem Aspekt „Virtueller Marktplatz" bzw. „Virtueller Wirtschaftsraum" ist die Verwaltung ein Unternehmen, das an Veranstaltungen wie eBusiness, eProcurement etc. teilnimmt und sich als zuverlässiger Partner ausweisen muss. Das ist eine Komponente der Standortförderung und Standortstabilisierung).
8. Beteiligung an der Entwicklung gesellschaftspolitischer Ziele, wie eDemocracy und eVoting im Zuge informationstechnisch unterstützter Anhörungen und Befragungen wie z. B. „Bürgerhaushalt"
(Die Verwaltung muss nicht nur reagieren auf das Technologieangebot, sondern aktiven Einfluss auf die öffentliche Diskussion nehmen).
9. Beteiligung an meinungsbildenden Veranstaltungen zur Förderung des Erscheinungsbildes der Stadt
(Die öffentliche Verwaltung steht unter Beobachtung, wie sie sich aufstellt – z. B. Rankinglisten in den Printmedien. Die Berichterstattung über den Veränderungsprozess gehört zum modernen Stadtmarketing).
10. Entwicklung von Kooperationsmodellen im Rahmen von PPP
(Im Zusammenhang mit dem nicht unerheblichen Kapitalbedarf für die Umstellung auf eGovernment machen kooperative Entwicklungs- und Betreiberorganisationen Sinn).
11. Kooperation mit dem Universitäts- und Hochschulbereich
(Die Zusammenarbeit mit der Wissenschaft ist bisher unbefriedigend, obwohl Synergieeffekte erzielt werden können. Diese Zusammenarbeit sollte insbesondere da, wo entsprechende Einrichtungen ortsnah zur Verfügung stehen, zur Regel werden und nicht nur im Rahmen von subventionierten Förderprojekten praktiziert werden).
12. Europaprojekte im Zusammenhang mit Themen des eGovernment
(Hier geht es insbesondere darum, Pilotierungen in einen Regelbetrieb zu überführen bzw. die Entwicklung verstärkt unter Praxisbedingungen zu betreiben).

Die Steuerung sollte als eGovernment-Stabstelle organisiert werden, die personelle Ausstattung ergibt sich einerseits aus den zuvor genannten Themen, andererseits aus der Größe der Verwaltung.

Aspekte des Funktionsmodells eGovernment 2

Von großer Bedeutung für die Umsetzungsfähigkeit von eGovernment ist die intensive Beteiligung der Verwaltung insgesamt ggf. in einem Steuerungskreis, in den der Kämmerer, die Rechnungsprüfung, das Presse- und Informationsamt und die Personalvertretung ständig eingebunden sein sollten. Die eGovernment-Welt muss nicht nur gebaut, sondern im Zuge ihrer Entwicklung auch moderiert werden und gelingt nur im Konsens aller Beteiligten.

 TIPP!

Für den Steuerungskreis wird empfohlen, prinzipiell die elektronische Kommunikation anzuwenden; das ist flexibler als Besprechungen und deren aufwändige Terminabstimmung. Daneben gewinnt die Steuerung wertvolle Praxiserfahrungen im Umgang mit den eigenen Ideen.

Zur Unterstützung der laufenden Arbeit dient ein mit der Politik abgestimmter Masterplan, der die organisatorischen und technischen Rahmenparameter und die Ziele des eingangs zitierten Paradigmenwechsels beschreibt.

2.5 Auf dem Weg zur Partnerorientierung

Eingangs wurde bereits erwähnt, dass der Veränderungsprozess, der mit eGovernment verbunden ist, aus mehreren Sichten betrachtet werden muss, um die Dimension von der Veränderung sowohl hinsichtlich dessen, was geleistet werden muss, wie auch als Ergebnis bewerten zu können. Die Verwaltung war schon auf dem Weg zur Partnerorientierung, bevor der Arbeitstitel eGovernment geboren wurde. Dezentralisierung, Bürgerberatung und Bürgerbüro, Befragungen und Beteiligung sind die bekannten Begriffe.

Das Neue an eGovernment ist der Wegfall von technischen Restriktionen. Mit dem Zugang zum Internet und der Entscheidung, das Internet zur Kommunikationsplattform zu machen, sind neuartige Lösungen möglich, die jetzt unter der Fragestellung, ob sie gewollt sind, entschieden werden müssen, und wenn sie nicht gewollt sind, nicht mit dem Argument der technischen Defizite begründet werden können. Das heißt auch, dass im Falle des Nichtwollens, die Begründung, abgesehen von rechtlichen Bedenken oder offensichtlicher Unwirtschaftlichkeit, schwieriger wird.

Bei aller positiver Einschätzung der Gestaltungsmöglichkeiten, die der aktuelle Stand der Technologie bietet, gilt es, die Frage des wirklichen und angemessenen Bedarfs nicht aus dem Auge zu verlieren. Nicht alles, was technisch geht, muss gemacht werden, Technik ist nicht deshalb

2 Aspekte des Funktionsmodells eGovernment

anzuwenden, nur weil es sie gibt. Hier gilt es darauf hinzuweisen, dass es bisher kein Technisierungsgebot bzw. ein Automationsgebot auf Grund gesetzlicher Vorgaben gibt. Das ist von Bedeutung, weil in Schadensfällen oft argumentiert wird, dass der Schaden im Falle einer Automation nicht hätte eintreten können oder unwahrscheinlich gewesen wäre.

Gleichwohl können dann, wenn Technologie eingesetzt wird, Regeln für deren Gestaltung bindend sein, so z. B. die Auswirkung der gesetzlichen Bestimmungen zur Barrierefreiheit in der Informationstechnik.

Diese Feststellung dient auch dem Schutz der handelnden Akteure, weil es in der Praxis nicht um die einfache Alternative – Technik oder nicht – geht, sondern um den Grad der Ausprägung der technischen Lösung bzw. der Durchdringungstiefe in einem automatisierten Geschäftsprozess.

Partnerorientierung heißt nicht vereinfacht, Bürgerorientierung als Hilfe in den unterschiedlichsten Lebenslagen, sondern meint mehr. Partner ist die andere Seite, wenn man kooperiert und Kooperation ist eine Schlüsselfunktion von eGovernment; das gilt für die Partner, die Inhalte und die Methoden.

Ein besonderes Phänomen von eGovernment ist die Gleichzeitigkeit neuer Fragestellungen und deren Regelungsbedarf, wobei eine Verwaltung sich bekanntlich unter Handlungszwang befindet.

eGovernment ist nicht nur eine komplexe Veranstaltung, deren Teile linear abgearbeitet werden können, sondern auch eine vernetzte Veranstaltung, die dazu zwingt, entweder mehreres gleichzeitig zu tun oder z. B. durch Medienbrüche auf den vollen Effekt zu verzichten, so z. B. bei dem Problem der elektronischen Kommunikation in Verbindung mit der Aktenführung im Geschäftsprozess.

Im nachfolgenden Szenario soll versucht werden, einen Überblick über die „Baustellen" von eGovernment zu geben. Damit wird noch einmal die Bedeutung der Steuerung erhärtet und deutlich, an welchen Stellen angepackt werden muss, um die Partnerorientierung zum Erfolg zu führen.

Aus der Sicht der Verwaltung, die sich für eGovernment aufstellt, ergeben sich folgende Fragenkomplexe bzw. Arbeitspakete:

1. Einsatz der neuen Technologien (Internet, Dokumentenmanagement, Signatur u. a.) im internen Bereich und Behördenverkehr

Aspekte des Funktionsmodells eGovernment 2

2. Neugestaltung der Kommunikation zwischen Verwaltung und dem privaten Sektor (Bürger, Wirtschaft, Verbände etc.)
3. Geschäftsprozessauswahl unter dem Aspekt:
   - langfristige Kernaufgabe der Verwaltung
   - Aufgabe mit Privatisierungstendenz
   - kooperative Wahrnehmung (z. B. PPP)
4. Geschäftsprozessanalyse und Optimierung der von der Verwaltung betrauten Geschäftsprozesse
5. Organisation der Beteiligungsstrukturen zwischen der Verwaltung und dem privaten Sektor in den Geschäftsprozessen
6. Technische Abwicklung durch:
   - eigenen Dienstleister
   - technische Kooperation im öffentlichen Bereich
   (beides in öffentlich- oder privatrechtlicher Rechtsform möglich)
   - privater Betreiber am Markt
   - Public Private Partnership
7. Einrichtung und Betreuung von Zugangsportalen
8. Einführungsstrategien für eGovernment
   - interne Moderation
   - projektbegleitendes Marketing
9. Interne und externe Informationsversorgung (z. B. Vernetzung von Portalen)
10. Einsatz der elektronischen Signatur

Exkurs Signatur

Auf rechtliche und technische Zusammenhänge wird in einem eigenen Kapitel eingegangen. An dieser Stelle geht es um die Frage, wie soll aus verwaltungspolitischer Sicht mit der Nutzung der Signatur umgegangen werden, d. h. extensiv oder intensiv. Es wurde schon darauf hingewiesen, dass eGovernment nicht automatisch zu einer durchgängigen Notwendigkeit führt, die elektronische Signatur anzuwenden.

Für eine beschleunigte Umsetzung von eGovernment ist es hilfreich, alle die Bereiche unmittelbar in Angriff zu nehmen, die aus rechtlichen Gründen nicht der sog. Schriftform bzw. der persönlichen Unterschrift bedürfen. Das ist kundenfreundlich, weil es nicht die Vorbedingung der Signatur zur Nutzung von eGovernment gibt. Soweit aus guten Gründen nicht auf die elektronische Signatur verzichtet werden kann, sollten zunächst die Geschäftsprozesse in Angriff genommen werden, für die es eine Vielzahl von Nutzern und dieser wieder mit hoher Benutzerfrequenz gibt (sog. Power-User).

2 Aspekte des Funktionsmodells eGovernment

Das fördert und stabilisiert eGovernment, weil auf beiden Seiten – Verwaltung und Partner – professionelle Akteure tätig sind und aus diesen Anwendungen sehr schnell Erfahrungswissen für alle erworben werden kann.

Partnerorientierung bedeutet für die Verwaltung ein Stück Verzicht auf ihre Regulierungskompetenz (z. B. Termin nach Absprache außerhalb der normalen Dienstzeit oder Dienststelle an Stelle starrer Öffnungszeiten im Rathaus). eGovernment bewirkt den Multikanalzugang zur Verwaltung, d. h. ein Angebot an die Partner der Verwaltung zur persönlichen oder virtuellen Begegnung je nach Neigung.

Die Partner-Kundenorientierung bewirkt gleichzeitig die Abkehr von der Produktorientierung, die bisher die Richtschnur für die Verwaltungsorganisation war.

2.6 Partnerorientierung ersetzt Produktorientierung

Den Wandel, den die Verwaltung zur Zeit vollzieht, haben die Bürger in den letzten Jahren beispielhaft in der Versicherungswirtschaft erfahren. Früher wurden Versicherungsverträge innerhalb einer Versicherungsgesellschaft nach Sparten – Feuer/ Hausrat/ Diebstahl/ Haftpflicht/ Leben etc. – abgeschlossen; mit eigener Police und separatem Inkasso mit dem jeweiligen Betreuer. Heute sind die Sparten in einem gemeinsamen Vertrag und unter einheitlicher Betreuung durch eine Person zusammengeführt. Das hat für den Kunden den Vorzug der Vereinfachung und für die Versicherung neben der internen Optimierung den Vorzug der genaueren Kenntnis des Kunden, als dies bei aufgeteilten Geschäftsprozessen möglich ist.

Was bedeutet dies für eine Verwaltung unter eGovernment? Die Produkte der Verwaltung sind die Orientierung für die institutionelle Organisation in Dienststellen, Ämtern und Abteilungen. Die Produkte der Verwaltung in den einzelnen Ämtern sind nicht auch automatisch die Produkte aus der Sicht des Bürgers oder der Wirtschaft. Eine Baugenehmigung oder die Erlaubnis eines Bistrobetriebes sind aus der Sicht des Kunden zwei Produkte, aus der Sicht der Verwaltung eine ganze Sammlung von Produkten oder das Ergebnis einer Produktkette am Ende eines komplexen Geschäftsprozesses. Wenn die an anderer Stelle formulierte Idee von der kooperativen Beteiligung des Kunden an der Abwicklung eines Geschäftsprozesses stimmen soll, muss an die Stelle der Produktverantwortung aus bisheriger Verwaltungssicht die Geschäftsprozessverantwortung treten (der Geschäftsprozess spiegelt sich heute im sog. Mitzeichnungsverfahren mit Teilverantwortungen wider).

Im nächsten Schritt muss geklärt werden, auf welcher Ebene sich Verwaltung und Kunde treffen. So wie zwischen dem eigentlichen Geschäftsprozess und der Kommunikation unterschieden wird, hat sich das Modell der Aufteilung zwischen „Front"- und „Back"-Office herausgebildet. Die Erwartungshaltung des Kunden besteht darin, dass er möglichst viel und abschließend an einer Stelle erledigen möchte; damit ist der Maßstab für die Aufteilung der Geschäftsprozesse gegeben.

Im Zusammenhang mit dem Einsatz der neuen Technologien im Front-Office kann noch unterschieden werden, inwieweit eine personell-fachliche Betreuung erfolgt oder die Unterstützung für eine selbstständige Benutzung der technischen Kommunikation vorgehalten wird; dies sowohl im Sinne der technischen Ausstattung wie auch handwerklicher Hilfe. Beispiele hierfür sind sowohl eine ganz normale PC-Bereitstellung, wie auch Internetkioske für Internetrecherchen und Online-Anwendungen.

Diesem Front-Office können noch Call-Center vorgelagert werden, die mit Unterstützung einer Wissensdatenbank und dem internen Intranetzugang in einem erheblichen Umfang das Back-Office entlasten können. An dieser Stelle setzt auch der Einsatz von Voice-Portalen an, die mit Hilfe von Spracherkennung und Sprachanalysen die Kommunikation bei eGovernment-Anwendungen erleichtern.

2.7 Grundsätze zur Finanzierung von eGovernment

Die Einführung von eGovernment fällt zusammen mit der Geldnot der öffentlichen Kassen. Die Kommunen müssen unterscheiden zwischen den Teilen von eGovernment, die in Folge rechtlicher Veränderungen, wie beispielsweise die Auswirkung des elektronischen Geschäftsverkehrs oder die europarechtlichen Regelungen des Vergaberechts realisiert werden müssen, und den Teilen, die zur Disposition gestellt werden können, weil deren Ausgestaltung in die Organisationshoheit der Verwaltung fällt. Soweit es darum geht, die Verwaltung funktionstüchtig zu erhalten – z. B. die Bewältigung des E-Mail-Verkehrs, das ist zunächst die Flut einfacher E-Mails, das können aber auch signierte oder signierte und verschlüsselte E-Mails mit und ohne Anhang sein – kommt die Verwaltung zunächst nicht daran vorbei, die anfallenden Kosten aus eigenen Mitteln zu finanzieren, ohne auf Anhieb eine nennenswerte Verbesserung der Wirtschaftlichkeit zu erreichen, wenn sie die anfallenden Aufgaben selbst wahrnimmt. In diesem Teil der elektronischen Kommunikation lässt sich aber z. B. im Zusammenhang mit einem Schließfachkonzept ein Geschäftsmodell entwickeln, mit dem Einnahmen erzielt werden können, vor allen Dingen dann, wenn eine Kooperation mit einem Provider eingegangen wird.

2 Aspekte des Funktionsmodells eGovernment

 TIPP!

Auf das elektronische Schließfach wird im Kapitel Technik noch näher eingegangen. Generell handelt es sich um einen elektronischen Briefkasten für die Kommunikation zwischen der Verwaltung und ihrem Kunden, der von beiden Seiten gemeinsam als Abholfach benutzt wird. Die nahe liegende Idee ist die, dass die Verwaltung den Briefkasten einrichtet. Aus der Sicht des Bürgers, der mit vielen Partnern kommuniziert, ist es allerdings vorteilhafter, wenn der Briefkasten so organisiert ist, dass er sich zwischen der Verwaltung und dem Bürger befindet und generell für alle denkbaren Partner in dieser Funktion zur Verfügung steht. Das hat für den Bürger den sehr praktischen Aspekt, dass er bei der elektronischen Kommunikation wie in der konventionellen Welt nur in einen Briefkasten gucken muss. Gleichzeitig dürfte mit dieser Arbeitserleichterung der Vorteil verbunden sein, dass die Frage, wie regelmäßig der Bürger den Briefkasten leert, sich von selbst erledigt.

Im Zusammenhang mit der Finanzierung wird diese Lösung hier genannt, weil mit der Einrichtung und dem Betrieb des Schließfachs nicht nur nicht unerhebliche Kosten verbunden sind, sondern auch Einnahmen erzielt werden können.

eGovernment hat, weil es nicht nur um die interne Rationalisierung und Effizienzsteigerung geht, von Haus aus die Eigenschaft, für beide Seiten interessant und nützlich zu sein. D. h. beide Seiten, die Verwaltung sowie die Bürger und die Wirtschaft haben ein gemeinsames Interesse und jeder für sich einen originären Vorteil. Damit ergibt sich für die Verwaltung die Möglichkeit, für die Investitionen Verteilungsmodelle zu entwickeln, bis hin zur vollständigen Vorfinanzierung durch private Investoren. Als Geschäftsmodell bietet sich die PPP an, in der die Verwaltung ihren Einfluss im Sinne ihrer Gewährleistungspflichten einbringen kann und auf Grund des wirtschaftlichen Interesses des privaten Sektors im Falle einer Minderheitsbeteiligung das Sagen haben kann.

Im Grundsatz gilt diese Überlegung auch für die Teile von eGovernment, über deren Realisierung die Verwaltung frei entscheiden kann. Da bekanntlich die Rationalisierungspotentiale in der Neugestaltung der Geschäftsprozesse stecken, können nach einer Anlauf- und Stabilisierungsphase erwirtschaftete Mittel wieder in den Umstellungsprozess investiert werden, ohne dass im Idealfall die Haushalte zusätzlich belastet werden müssen und auf diese Weise eine Selbstfinanzierung von eGovernment erreicht wird.

Aspekte des Funktionsmodells eGovernment 2

Ähnlich, wie aus der mit der Dezentralisierung gemachten Erfahrung, die Verwaltungen zzt. dabei sind, dezentralisierungsverursachte Mehrkosten durch Rezentralisierung – beispielsweise durch die Harmonisierung der technischen Infrastruktur – abzubauen, müssen auch bei der dezentralen Finanzhoheit in den Budgets der Ämter Korrekturen am System der Budgetierung vorgenommen werden.

Aus Gründen einer durchgängig einheitlichen Verwaltungsstruktur bei eGovernment kann die Einführung nicht in die Beliebigkeit der Ämter gestellt werden; sowohl aus Gründen lokaler Bewertung von eGovernment als auch aus Gründen der Finanzierung.

Die Einführung von eGovernment kommt ohne eine generelle Kopffinanzierung bei den Startinvestitionen der für alle Beteiligten erforderlichen Komponenten nicht aus (z. B. virtuelle Poststelle). Eine weitere Besonderheit von eGovernment besteht darin, dass der daraus gezogene Nutzen nicht zwingend an der Stelle eintritt, wo investiert werden muss und aus dieser Sicht ist es nur allzu verständlich, dass die Ämter dem eigenen Amtsinteresse einen höheren Rang einräumen. Das ist im Prinzip kein neues Phänomen und zumindest aus der Einführung des Lastschrifteinzugsverfahren allgemein bekannt. Der wirtschaftliche Erfolg liegt bei diesem Beispiel bei der Stadtkasse und weniger bei den Fachämtern.

Das bedeutet für die zentrale Steuerung, dass sie nur da wirkungsvoll steuern kann, wo sie die Finanzierung steuern kann. Im übertragenen Sinne gilt auch hier der Grundsatz, dass ein Parlament ohne Budgetrecht wirkungslos bleibt.

Zu den Grundsätzen der Finanzierung gehört auch die Kompetenz der Steuerung, die Finanzierungsmodelle, wie z. B. PPP, im Verbund mit den Kämmerern zu steuern. Da gilt wieder der Grundsatz der mit der Politik abgestimmten Einheitlichkeit der Verwaltung. Das hat darüber hinaus aber auch praktische Gründe wegen der Komplexität der Vertragsgestaltung, vor allem um sicherzustellen, dass im Krisenfall einer nicht erfolgreichen PPP das Risiko nicht allein bei der Verwaltung hängen bleibt. Das Risiko ist umso größer, wenn nicht nur einzelne Dienstleistungen über eine PPP bezogen werden, sondern ganze Geschäftsprozesse in eine PPP übertragen werden. An dieser Stelle müssen zwei Beispiele der Vollständigkeit halber genannt werden: Werbeeinnahmen und Cross-Border-Leasing. Auf eine Empfehlung zum Umgang mit diesen Möglichkeiten wird hier verzichtet. Grundsätzlich sind sie im Rahmen der Finanzierung von erheblicher Bedeutung. Gleichzeitig ist die Auffassung über ihre Nutzung zzt. noch sehr heterogen, sei es aus emotionalen Gründen bezüglich der Wertschätzung von Werbung oder aus Gründen der rechtlichen Komplexität bei Cross-Border-Leasing.

2 Aspekte des Funktionsmodells eGovernment

> **Cross-Border-Leasing**
>
> Unter Cross-Border-Leasing versteht man ein Vertragskonstrukt, bei dem z. B. eine kommunale Einrichtung auf 99 Jahre an einen amerikanischen Trust vermietet und gleichzeitig mit einer „Kaufoption" für einen kürzeren Zeitraum zurückgemietet wird. Aus der Sicht des amerikanischen Trust handelt es sich um eine steuerrechtlich relevante Auslandsinvestition, bei der das transatlantische Geschäft indirekt vom amerikanischen Staat subventioniert wird. Der amerikanische Hauptmieter zahlt dabei die gesamte Mietsumme in einem Betrag, während die Kommune die sog. Rückmiete in Raten zahlt. Aus der Anlage der Gesamtmiete ergibt sich nach Abzug der Sicherstellung der Rückmiete ein Bargeldvorteil, der der Verwaltung zur Disposition steht.

Nicht zuletzt ist die Finanzierung ein zusätzliches Auswahl- und Priorisierungskriterium bei der Einführung von eGovernment. Das bedeutet, dass kurzfristig umsetzbare Lösungen mit hohem Nutzen für Bürger und Wirtschaft, und kurzfristig umsetzbare organisatorische und technische Maßnahmen mit hohem Nutzen für die interne Effizienz Vorrang haben sollten. Hier ist allerdings darauf zu achten, dass keine Provisorien entstehen, die entweder sich verewigen („Nichts hält länger als ein Provisorium"), oder Übergangslösungen, die nur scheinbar sinnvoll sind, weil bei deren Ablösung der wirtschaftliche Erfolg ins Gegenteil verkehrt wird.

Im Rahmen der eGovernment-Einführung muss in vielen Fällen experimentell vorgegangen werden. Damit das finanzielle Risiko möglichst klein gehalten wird, sollte der umfassenden Anwendung in der Fläche eine Pilotierung vorangehen. Es sollten aber Pilotierungen unterbleiben, bei denen am Start schon übersehen werden kann, dass eine Überleitung in den Regelbetrieb selbst bei einem Erfolg des Piloten finanziell nicht gesichert ist.

2.8 Die überörtliche Zusammenarbeit

eGovernment ist eine Herausforderung zu neuen Kooperationen. Das gilt für die Inhalte und Formen, wie für die Partner, die zusammenwirken. Mit der Auswahl der Partner ist im Regelfall der Standort der Verwaltung überschritten; ein Extrem bildet mit Cross-Border-Leasing im Rahmen der Finanzierung die u. U. internationale Beteiligung, wie sie sich z. B. aus dem amerikanischen Steuerrecht ergibt. Die elektronische Kommunikation und der damit verbundene Regelungsbedarf führen zwangsläufig zur

Aspekte des Funktionsmodells eGovernment 2

überregionalen Zusammenarbeit, teilweise aus der Eigengesetzlichkeit des Mediums, auf die man sich einlassen muss, vornehmlich aber wegen der Ausschöpfung der Optimierungspotentiale, die eGovernment bietet.

Die überörtliche Zusammenarbeit ist kein selbstständiges Unternehmensziel an sich, sondern eine Rahmenbedingung für Optimierung, Qualitätssteigerung und Akzeptanz. Aus der Unterscheidung zwischen dem fachlich inhaltlichen Geschäftsprozess und der Kommunikation ergeben sich zwei Qualitäten in der Notwendigkeit, überörtlich zu kooperieren. Bei den Geschäftsprozessen geht es um eine ressourcenschonende Zusammenarbeit, die durch Leistungsaustausch erreicht werden kann. Gleiches gilt auch für die Kommunikation, bei der jedoch noch eine wichtige Komponente hinzukommt. Der Bürger und die Wirtschaft haben es aus ihrer Sicht nicht nur mit einer Verwaltung zu tun. Gleichzeitig muss bewusst bleiben, dass mit der Benutzung des Internets ein ortsungebundenes Kommunikationssystem eingesetzt wird. Das bedeutet, dass bei der elektronischen Kommunikation etwas Ähnliches entstehen muss, wie dies im Zahlungsverkehr schon lange geregelt ist, nämlich ein einheitliches, regional- und institutsunabhängiges Verfahren. Das kann aber nur erreicht werden, wenn in überregionaler Zusammenarbeit technisch und organisatorisch einheitliche Handlungsmuster erstellt und angewandt werden. Das gilt im Übrigen nicht nur für die erstmalige Erstellung, sondern auch für Wartung und Pflege des Systems. An dieser Stelle muss noch einmal daran erinnert werden, dass es sich bei eGovernment nicht um ein schnell auswechselbares System handelt. Diese Zusammenarbeit muss auf freiwilliger Basis erfolgen, weil der Gesetzgeber, wie z. B. im Verwaltungsverfahrensgesetz, für die Organisation der Kommunikation keine rechtsverbindlichen Verfahren formuliert hat und in der internationalen Kommunikation über Internet verfassungsrechtliche Organisationsgrenzen keine Rolle spielen.

Die überörtliche Zusammenarbeit hat auf dem Gebiet der klassischen Informationsverarbeitung eine lange Tradition. Die Gemeinschaftssoftware in Anwendungsbereichen im Einwohnerwesen, Sozialwesen, Finanzwesen u. a. hat bisher zu einer hohen Ähnlichkeit der Anwendung in den einzelnen Verwaltungen geführt. Korrekterweise muss aber festgehalten werden, dass es im Regelfall eine gemeinsame Basisversion gibt, die keiner einsetzt und vor Ort regelmäßig ortsspezifische Änderungen und ergänzende Anpassungen vorgenommen worden sind. Das wird bei eGovernment in dem Maße anders, wie Dritte in die Abwicklung der Geschäftsprozesse einbezogen werden. Diese Einsicht ist nicht ganz neu, hat aber für die Zusammenarbeit schwerwiegende Folgen, weil es zu einer ganz anderen Form von digitaler Spaltung, als sie schlechthin

2 Aspekte des Funktionsmodells eGovernment

diskutiert wird, kommen kann. Am Beispiel erklärt bedeutet das: Bei der bundesweit geregelten melderechtlichen An- und Ummeldung gibt es keine Unterschiede, während in anderen Bereichen, wie Anmeldung zur Hundesteuer u.ä. verwaltungsunterschiedliche Anwendungen gibt. Wenn man dabei bedenkt, dass sich Bürger und Wirtschaft verwaltungstechnisch nicht immer nur in einer Verwaltung aufhalten, sondern vielfältige Geschäftsbeziehungen pflegen, müssen über den Weg der überörtlichen Zusammenarbeit gemeinsame Lösungen im Sinne standardisierter Geschäftsprozesse geschaffen werden. Wenn das nicht gelingt, wird eGovernment auf der Kundenseite nicht ernst genommen.

Das waren Überlegungen zum einheitlichen Erscheinungsbild von Verwaltung. Weitere Gründe der überregionalen Zusammenarbeit sind aus anderen Sichten schon genannt worden. Das betrifft die ganz prinzipielle Überlegung zur Finanzierbarkeit von eGovernment in der Investitionsphase oder die laufenden Betriebskosten. Hier geht es nicht mehr nur um die überörtliche Zusammenarbeit bei der Nutzung der technischen Ressourcen, sondern um eine technikgetriebene Zusammenfassung unterschiedlicher Institutionen mit identischen Geschäftsprozessen, wie z. B. der Kraftfahrzeugzulassung. Eine spannende aber zzt. noch nicht sicher beantwortbare Frage wäre, inwieweit durch die Gestaltung der Geschäftsprozesse und der Kommunikation die Rationalisierungspotentiale so weit ausgeschöpft werden können, dass die Zusammenlegung von Institutionen keinen gravierenden Mehrwert bewirkt. Der Standort ist aus der Sicht der elektronischen Kommunikation ohne Bedeutung. Andererseits gibt es die subjektive Befindlichkeit des Bürgers, ein Amt in seiner Nähe zu haben, weil es soziale Kontakte gibt, die sich der Automation entziehen.

Mit Blick auf Europa und die europageprägte Rechtsentwicklung bei eGovernment ist mit der überörtlichen Zusammenarbeit natürlich auch die grenzüberschreitende Zusammenarbeit nicht nur gemeint, sondern auch gefordert. Insbesondere in grenznahen Kommunen mit ihren Wechselbeziehungen zwischen Wohn-, Arbeits- und Geschäftsort müssen neue Formen der Zusammenarbeit gefunden werden.

Von steigender Bedeutung sind Geschäftsprozesse, die durch die zunehmende Mobilität in Europa ausgelöst werden, und bei denen eGovernment-Strukturen helfen können, den Dokumentennachweis und Dokumentenaustausch zu verbessern. Davon profitieren nicht nur Reisende im Fall verloren gegangener Papiere, sondern Studenten und Arbeitnehmer von Betrieben, wenn im Gastland versicherungs- oder steuerrechtliche Nachweise vorgelegt werden müssen. Die multifunktionale Chipkarte ist dabei ein Thema internationaler Operabilität.

Aspekte des Funktionsmodells eGovernment 2

Die überregionale Zusammenarbeit findet in den unterschiedlichen Bausteinen von eGovernment statt. Ein mit Tradition behafteter Baustein ist die technische Kooperation in den Rechenzentren, in denen die Verwaltungen der Region ein gemeinsames Dienstleistungszentrum unterhalten. In diesem Bereich muss sich in naher Zukunft eine Änderung ergeben, indem neben dem Regionalaspekt aus wirtschaftlichen Gründen die Orientierung an fachlichen Schwerpunkten hinzukommt. Das kann wiederum bedeuten, dass die Betreiber für die Kommunikation und die Geschäftsprozesse nicht identisch sein müssen. Abstrakt formuliert kann man sagen, die einzelnen Dienstleistungen werden, da wo sie gebraucht werden, aus einem Netz bezogen.

Hierbei ist es wichtig, die Unterscheidung zwischen eGovernment als Methode der Aufgabenwahrnehmung einerseits und die technischen Dienstleistungen andererseits nicht aus dem Auge zu verlieren.

So wie wir gesehen haben, dass es für den Bürger oder die Wirtschaft nicht von Bedeutung sein kann, zu wissen, auf welcher Verwaltungsebene – Kommune-Land-Bund – sein Problem gelöst wird, so gilt dies noch umfassender hinsichtlich der technischen Dienste.

Sowohl im eingangs gemachten Versuch, eine allgemeine Beschreibung von eGovernment zu formulieren, wie unter den speziellen Aspekten, wie hier zur Kooperation, wird immer wieder deutlich, dass die Veränderungen nicht nur technischer oder rechtlicher Natur sind, sondern eine kulturelle Veränderung auslösen, die bewältigt werden muss, wenn eGovernment als Zukunftsmodell gelingen soll.

3 Die verwaltungspolitische Umsetzung von eGovernment

Eingangs wurde schon auf den Unterschied zwischen Verwaltungsautomation und eGovernment eingegangen. Mit eGovernment ist die Verwaltungspolitik und die Politik generell gefordert, welche Ziele erreicht werden sollen. Da geht es um Inhalte, den Grad der Beteiligung der Akteure, das Tempo der Veränderung ebenso wie um Sicherheit, Verlässlichkeit, Akzeptanz und Beherrschbarkeit der neuen Strukturen.

3.1 Die Geschäftsprozessorientierung

Der Erfolg von eGovernment steht und fällt mit der Qualität der Geschäftsprozesse. Die elektronische Kommunikation aller Beteiligten im eGovernment bewirkt die Aufhebung von Entfernung, die ständige Präsenz bzw. Ansprechbarkeit des Partners und beides zusammen führt im Vergleich zur Leistung zu marginalen Kosten.

Die Erwartungshaltung von Bürger und Wirtschaft zielt darüber hinaus auf die Geschäftsprozesse. Wenn die Verwaltung gebraucht wird, wünscht der Kunde sie in guter Verfassung, leistungsstark, verlässlich, in ihrem Handeln begreifbar und da, wo bezahlt werden muss, auch kostengerecht.

Aus der Sicht der Verwaltung sollen die Geschäftsprozesse mit hoher Effizienz und ressourcenschonend abgewickelt werden. Alle Ressourcen, die nicht in die formale Abwicklung der Geschäftsprozesse gesteckt werden müssen, führen zur finanziellen Entlastung des Kunden oder stehen für die eigentlichen Inhalte der Aufgaben zur Verfügung. Die Abwicklung von Geschäftsprozessen über das Internet, das sich inzwischen von einem Informationskanal zu einem Handelskanal für Waren und Dienstleistungen aller Art entwickelt hat, führt zur Kostensenkung und damit zu Preissenkungen für den Verbraucher im elektronischen Geschäftsverkehr. Man kann davon ausgehen, dass sich die Erfolge im privaten Sektor prinzipiell auch im öffentlichen Sektor erzielen lassen.

Optimierte Geschäftsprozesse in einer Bibliothek machen z. B. die Mittel für die Neubeschaffung von Büchern frei, bei elektronischer Beschaffung des Bürobedarfs steht mehr Geld für das Material zur Verfügung.

Die vom Bürger erwartete Transparenz aus Gründen einer leichten Hantierung liegt im Interesse der Verwaltung, weil aus ihrer Sicht Transparenz die Steuerung des Verwaltungsgeschehens erleichtert und das Controlling unterstützt. Daraus ergibt sich, dass die Qualität der Geschäftspro-

3 Die verwaltungspolitische Umsetzung von eGovernment

zessabwicklung einen wesentlichen Erfolgsfaktor von eGovernment darstellt. Diese Bewertung der Bedeutung des Geschäftsprozesses hat sich inzwischen zunehmend verfestigt, nachdem eGovernment in der Startphase einen Touch von „Schönwetterveranstaltung" oder „Wohlfühlveranstaltung" für den Bürger hatte.

In den beiden nachfolgenden Übersichten wird versucht, die Einbettung des Geschäftsprozesses in das Kommunikationsschema zu erläutern.

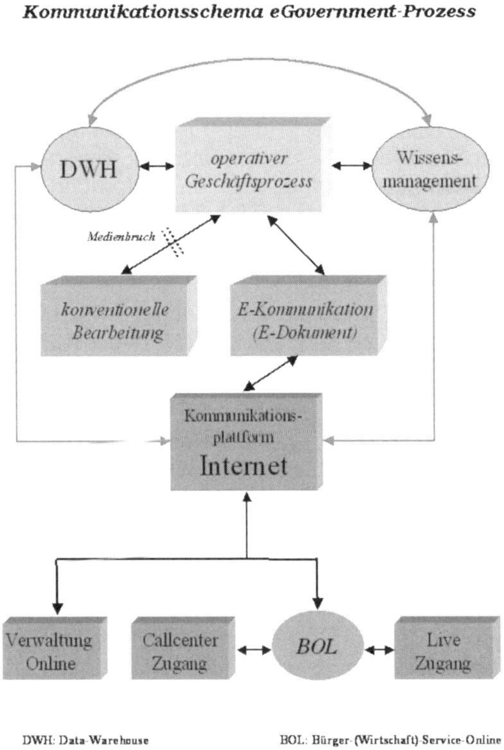

Kommunikationsschema eGovernment-Prozess

DWH: Data-Warehouse   BOL: Bürger-(Wirtschaft)-Service-Online

Abb. 1: Kommunikationsschema eGovernment-Prozess

Auf der Basis der Kommunikationsplattform Internet wird der operative Geschäftsprozess erreicht. Neben den Daten und Regeln der Fachanwendung selbst stehen das Datawarehouse und das Wissensmanagement flankierend zur Verfügung bzw. werden mit Ergebnissen versorgt.

Die verwaltungspolitische Umsetzung von eGovernment 3

Ist die Bearbeitung elektronisch nicht durchgängig möglich, erfolgt ein Medienbruch (zzt. der klassischen Datenverarbeitung gab es den Begriff „manueller Einstieg").

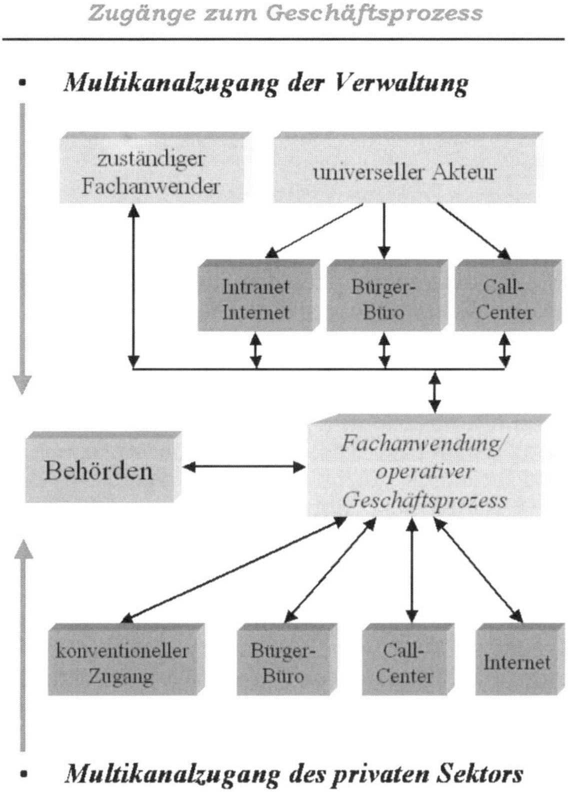

Zugänge zum Geschäftsprozess

- **Multikanalzugang der Verwaltung**

  zuständiger Fachanwender — universeller Akteur

  Intranet/Internet — Bürger-Büro — Call-Center

  Behörden ↔ Fachanwendung/operativer Geschäftsprozess

  konventioneller Zugang — Bürger-Büro — Call-Center — Internet

- **Multikanalzugang des privaten Sektors**

Abb. 2: Zugänge zum Geschäftsprozess

Der Zugang zum Geschäftsprozess ist immer ein Multikanalzugang sowohl aus Verwaltungssicht wie aus der Sicht der Externen.

Während der zuständige Fachanwender quasi als Eigentümer des Geschäftsprozesses betrachtet werden muss und somit über einen unmittelbaren Zugang verfügt, stehen dem universellen Akteur unterschiedliche Wege zur Verfügung. Ein wesentlicher Unterschied zu den Zugängen liegt in den Authentifizierungs- und Identifizierungsverfahren, d. h. in den Sicherheitsstrukturen der Zugangsberechtigung.

3 Die verwaltungspolitische Umsetzung von eGovernment

Was ist zu tun?

Die vorhandenen Geschäftsprozesse müssen daraufhin abgeklopft werden, inwieweit sie in der aktuellen Ausprägung weiterhin Bestand haben oder inwieweit sie modelliert werden müssen. In jedem Fall muss ihre Anpassung an die elektronische Kommunikation geregelt werden, weil sie darauf natürlicherweise nicht eingestellt sind. Eine Charakteristik der Prozesse liegt darin, dass sie extrem unstrukturiert sein können und sich aus ungeplanten Ereignissen ergeben (z. B. Umwelt- oder Hochwasserkatastrophe) oder extrem strukturiert sind, wie die Vorgänge des Personenstandrechts.

In jedem Fall ist es wichtig, den strategischen Wert des Geschäftsprozesses für eGovernment zu erkennen.

Schon aus der Zeit der Verwaltungsautomation hat die Verwaltung Übung in diesem Bereich. Gestartet wird mit der Analyse des Geschäftsprozesses, um seine Schwachstellen, wie zu lange Bearbeitungszeiten, überproportionale Laufzeiten im Vergleich zu den Bearbeitungszeiten, zu viele Beteiligte, Kostendeckungsgrad u. a. zu ermitteln. An die Analyse schließt sich die Soll- und Konzeptionsphase an und schließlich die Umsetzung des erneuerten Geschäftsprozesses. Diese Arbeiten können heute durch anspruchsvolle Tools unterstützt werden. Bei vielen Geschäftsprozessen, besonders im Finanzwesen, gibt es eine Grundähnlichkeit, die dazu genutzt werden kann, ein Referenzmodell eines kommunalen Geschäftsprozesses zu entwickeln. Dies ist ein übergreifendes Modell, aus dem für spezielle Anwendungen individuelle Geschäftsprozesse abgeleitet werden können. Mit der Verwendung von Tools bedient sich die Verwaltung der Unterstützung am Markt; empfehlenswert ist auch die externe Unterstützung bei der Einführung der Tools, und mit der Einführung eine Schulung für den eigenständigen Umgang mit den Tools zu verbinden.

Die Optimierungspotentiale des Geschäftsprozesses liegen in:

- den Prozesskosten je Vorgang
- der Prozesszeit je Vorgang
- der Durchlaufzeit des Vorgangs
- der Personalbindung

Eine toolgestützte Analyse und Modulation liefert automatisch eine übersichtliche Prozessbeschreibung und trägt durch die Visualisierung der Potentiale zur objektiven Einschätzung des Handlungsbedarfs bei.

Die getroffenen Aussagen gelten neben dem organisatorischen Aspekt in gleicher Weise für die technische Abwicklung der Geschäftsprozesse,

Die verwaltungspolitische Umsetzung von eGovernment **3**

d. h. für die Ausprägung der informationstechnischen Infrastruktur. Aus der Sicht des Umgangs mit dem Geschäftsprozess geht Organisation prinzipiell vor Technik. Bei der Ausschöpfung der technischen Potentiale ist es u. U. möglich, diese bei Geschäftsprozessen, die in der Hauptsache intern wirken und weniger Kundenberührung haben, in einem höheren Maße auszuschöpfen. Bei der Gestaltung von Geschäftsprozessen bleibt zu bedenken, dass die Vorgänge aus der Sicht des Kunden in der Regel ein Einzelfall bleiben und sich keine Routine in der Handhabung entwickelt, während aus Sicht der Verwaltung die Summe der Einzelfälle zur Massenverarbeitung wird. Anders ist die Situation bei den sog. „Power-Usern", wie z. B. Vermessungsingenieure, Steuerberater, Ingenieure, Lieferanten u. a. Hier handelt es sich um routinierte Partner mit adäquater Ausstattung, die bei der Gestaltung entsprechend eingeplant werden können, zum Vorteil für beide Seiten.

3.2 Marketing für eGovernment

eGovernment wird an vielen Stellen und in den unterschiedlichsten Zusammenhängen zitiert und in breit gestreuten Anwendungen in unterschiedlicher Qualität praktiziert. Aus der Sicht der Bürger und Bürgerinnen, der Wirtschaft und den Verbänden gibt es noch kein einheitliches Bild, was mit eGovernment alles gemeint oder verstanden wird. An anderer Stelle ist erklärt, dass es nicht nur um Internettechnik geht. Es ist noch nicht deutlich genug im Bewusstsein der Akteure, dass die elektronische Kommunikation im Sinne eines kulturellen Wandels nicht nach Verwaltungsebenen unterschieden werden kann. Es muss sich so etwas wie eine elektronische Amtssprache entwickeln, wenn möglich europaweit.

eGovernment ist kein Selbstläufer. Wer eGovernment zum Erfolg führen will, muss die neue Verwaltungswelt nicht nur erklären, sondern sie auch aktiv bewerben.

Das geht zunächst in die Richtung, den handwerklichen Umgang mit den neuen Medien zu unterstützen. Das hat etwas damit zu tun, Vertrauen in die elektronische Abwicklung zu vermitteln, d. h. dem Bürger zu vermitteln, dass die neue Kommunikation mit der Verwaltung technisch sicher ist, der anstehende Vorgang nicht manipuliert werden kann und der Umgang mit seinen Daten datenschutzrechtlich korrekt erfolgt. Im Zuge der sehr komplexen eGovernment-Einführung wird es unvermeidbar auch Fehler geben, da nicht alles in einem abgeschotteten Labor entwickelt und praxistauglich gemacht werden kann, im Zweifel gibt es Hantierungsfehler. Wenn experimentiert wird, muss es zugelassen werden, Fehler machen zu dürfen, die erklärbar sind, man darf dabei aber nie das Ver-

3   Die verwaltungspolitische Umsetzung von eGovernment

trauen der Kunden enttäuschen. Das ist von Bedeutung, damit in der Praxis die neuen Angebote angenommen werden und die alten konventionellen Formen zur Minderheit, wenn nicht sogar zur Ausnahme werden. Es muss auch vermittelt werden, dass es sich nicht um ein einseitiges Interesse der Verwaltung handelt, sondern dass beide Seiten ihren Nutzen haben. Dabei darf nicht übersehen werden, dass neben einem Marketing in Richtung Kunden eine interne Marketingstrategie für die Beschäftigten entwickelt werden muss, als Leitbild für den Veränderungsprozess. Obwohl sich eGovernment vornehmlich in der elektronischen Welt aufhält, müssen für das Marketing die klassischen Medien genutzt werden. Da gibt es die unterschiedlichsten Aktivitäten. Nahe liegend sind Informationsprospekte, die dem Schriftverkehr beigefügt werden können; besonders bei Großaktionen wie Steuerveranlagung oder die Verteilung der Lohnsteuerkarten. An allen Stellen, wo Bürger in der Verwaltung auftreten, können Flyer ausgelegt werden.

Von ganz besonderer Bedeutung ist die Bekanntgabe der Kommune, wie sie generell elektronisch erreicht werden kann. Da helfen Anzeigen in den Tageszeitungen, Fernsehspots im Regionalfernsehen oder auch Großplakate. Das sind Methoden, die schon bei der Euro-Umstellung mit Erfolg angewendet wurden.

Die Kommunen verfügen über ein großes Potential der Wissens- und Bildungsvermittlung – Büchereien, Volkshochschulen u. a. –, die in ein Marketing mit Veranstaltungen einbezogen werden können.

Eine andere Möglichkeit sind spezielle Infos für ausgewählte Zielgruppen. In der Verwaltung nahe liegend die Personalvertretung, bei der Wirtschaft beispielsweise Hinweise zum Vergabewesen für mittelständische Unternehmen.

Wichtig ist es, den Erfolg und den Fortschritt über die Medien an Hand von praktischen Beispielen zu vermitteln.

Die allgemeine Bürgerbeteiligung an der Entwicklung und Einführung ist eine zwar bisher noch relativ wenig praktizierte Methode, sie sollte aber entwickelt werden. Das kann in Form allgemeiner Befragungen geschehen oder in Form spezieller Zusammenarbeit für ausgewählte Gruppen. Soweit den Verwaltungen in regionaler Nähe Hochschulen zur Verfügung stehen, sollten diese eingebunden werden.

Damit Lösungen der Verwaltung am Markt akzeptiert werden, können sie im Vorfeld mit ihrer Klientel abgestimmt werden, so z. B. in Arbeitskreisen mit der mittelständischen Wirtschaft, den Kammern oder Seniorenbeiräten.

Die Kommunen sind trainiert, in speziellen Fachbereichen Bürgeranhörungen durchzuführen. Ein provokanter Vorschlag wäre es sicher, wenn die Verwaltung ihr eGovernment-Konzept einer Anhörung aussetzen würde. Im Übrigen ist die Qualität des eGovernment-Auftritts bezüglich seiner formalen Regeln und Ausgestaltung selbst Marketing für eine verbesserte Umgangskultur zwischen der Verwaltung und ihren Kunden.

Die Aufzählung möglicher Aktionen ist die Frage nach den Inhalten der Marketingmaßnahmen. Sie machen deutlich, dass Aufwand getrieben werden muss, der in den Investitionen für eGovernment berücksichtigt werden muss. Diese Mittel sind gut eingesetzt, wenn auf diesem Weg Redundanz und Spannungen zwischen den Beteiligten abgebaut werden können.

Man sollte allerdings nicht übersehen, dass eGovernment nicht nur als eine Heile-Welt-Philosophie widerspruchslos begrüßt wird, weil der Einsatz der technischen Potentiale bekanntermaßen auch Risiken des Missbrauchs und der Störung in sich trägt; so gesehen ist mit Marketing mehr gemeint als nur Produktwerbung.

3.3 Horizontale und vertikale Kooperation der Verwaltungsebenen

Bei der Abwicklung der Dienstleistungen einer Verwaltung stand und steht auch heute noch in vielen Fällen die Frage der Zuständigkeit am Anfang aller Überlegungen. Über viele Jahre hinweg wird dementsprechend den Bediensteten einer Verwaltung im Rahmen der Ausbildung vermittelt, dass am Anfang einer Tätigkeit immer eine Antwort auf die Frage:

▸ Ist die sachliche und örtliche Zuständigkeit gegeben?

gefunden werden muss. Das eigentliche Handlungsfeld der beteiligten Personen ist somit immer auf diese eng begrenzte Sichtweise ausgerichtet.

Auf Basis dieser Überlegungen wurden auch die Modelle zur Einrichtung von Aufbau- und Ablauforganisation einer Verwaltung entwickelt und als wesentliche Kernelemente der Verwaltungsstruktur festgelegt. So bildet der Verwaltungsgliederungsplan der „Kommunalen Gemeinschaftsstelle für Verwaltungsvereinfachung (KGSt)" die Basis für die an diesem Gliederungsplan ausgerichteten Geschäftsfelder einer Verwaltung.

Selbstverständlich war und ist es auch in den jetzigen Organisationsformen bekannt und notwendig, mit anderen Behörden/Verwaltungen in

3 Die verwaltungspolitische Umsetzung von eGovernment

allen Ebenen die Zusammenarbeit zu suchen, sofern sich auch am anderen Ort eine meist rechtlich basierte Zuständigkeit ergibt. Die Daten/das Ergebnis eines solchen Verwaltungsprozesses werden dann örtlich begrenzt abgespeichert. Hierbei bildet der ebenfalls zentral vorgegebene und ausgerichtete Aktenplan und die darin getroffenen Festlegungen zur Ablagestruktur der Daten eines Vorgangs eine wesentliche Rolle. Die Daten eines Verwaltungsprozesses werden dementsprechend an einer Stelle geführt und archiviert. Für die Weitergabe von Informationen sind innerhalb der Verwaltung ebenfalls vertikale Regeln fest installiert, die z. B. in den Unterschriftsbefugnissen der einzelnen Verwaltungsebenen (Sachbearbeiter/Gruppen- oder Abteilungsleiter/Amtsleiter bis hin zum Leiter der Verwaltung) beschrieben und festgelegt sind. Die Aufbauorganisation steht somit im Mittelpunkt der Strukturen einer Verwaltung. Auch die elektronische Datenverarbeitung und die damit zu erreichenden Ziele waren zunächst immer an dieser vertikalen Struktur ausgerichtet.

eGovernment lässt sich aber nicht auf einen bestimmten Ort und eine solche vertikale Ausrichtung beschränken.

Mit der Einführung von elektronischen Geschäftsprozessen bedarf die Zusammenarbeit einzelner Behörden und Behördenbereiche einer Neuorientierung sowohl in horizontaler wie in vertikaler Hinsicht:

Der Geschäftsprozess richtet sich nicht nach den „willkürlich" aufgestellten Grenzen einer Verwaltung, sondern ist an einer schnellstmöglichen Ergebnisorientierung ausgerichtet. Ebenso befreien die Digitalisierung und die elektronische Vernetzung nicht nur die Daten, sondern auch die Verfahren und Programme von ihrer Lokalität und Bindung an Verwaltungsvorschriften und Ordnern. In den Mittelpunkt der Überlegungen wird somit die Vernetzung organisatorisch bisher getrennter, aber fachlich zusammenhängender Abläufe zu Prozessketten stehen müssen. Aus diesem Grund gilt es, sich mit den jeweiligen Prozessinhabern, der Prozessdauer und den Prozesskosten zu beschäftigen, um eine Vernetzung von bisher organisatorisch getrennten, aber fachlich zusammenhängenden Abläufen zu erzielen.

Beispiel:

> Als Beispiel für eine solche Neustrukturierung kann die Prozesskette zur Erteilung einer Baugenehmigung herangezogen werden, da hier alle Verfahrensbeteiligten innerhalb der Verwaltung (Bauaufsichtsamt als „Herrin des Verfahrens", Statiker, Wasserbehörde, Feuerwehr, Denkmalschutz, Liegenschaftsamt u. a) frühzeitig und unabhängig voneinander ihren speziellen Teil zur Abwicklung des Geschäftsprozesses beitragen können, um eine schnelle Produktbereitstellung zu erreichen. Wesentlich hierbei ist das Erkennen und Bewusstwerden der grö-

Die verwaltungspolitische Umsetzung von eGovernment 3

ßeren Zusammenhänge, in die die jeweils eigene Tätigkeit eingebettet ist, incl. der Vorleistungen, die man für seine eigene Leistungserbringung benötigt, aber auch der Nachleistung, die andere unter Verwendung der eigenen Leistung erstellen. Dazu gehört auch die gemeinsame Lösung von Problemen in der Prozesskette, ohne dass die „Herrin des Verfahrens" eingebunden werden muss. Um beim Beispiel des Bauantrags zu bleiben, könnte hier eine schnelle Lösung der möglicherweise konträren Auffassungen von Denkmalschutz und Brandschutz erreicht werden. Und der außen stehende Antragsteller und seine Anforderungen an die Prozessgestaltung sind bei dieser Betrachtungsweise noch nicht einmal berücksichtigt worden. Aber bereits bei Aufgabenstellungen, die nicht eine solche Komplexität beinhalten, kann die Bereitstellung von leicht pflegbaren – im Sinne des Zugriffs auf diese Informationen – amts- oder abteilungsübergreifenden Kommunikationsplattformen eine wesentliche Hilfestellung zur Aufgabenbewältigung sein.

Neben dieser internen Betrachtung ergibt sich jedoch vor allem in der behördenübergreifenden Kooperation ein weites Anwendungsfeld. Die Organisationsbemühungen enden dabei nicht mehr an der eigenen „Rathaustür", sondern durch die zur Verfügung stehenden Informationstechnologien lassen sich nunmehr auch in den Außenbeziehungen viele Verwaltungsvorgänge oder Geschäftsprozesse kürzer, flacher, schneller und somit insgesamt produktiver organisieren. Beispiele für die horizontale Kooperation stellen der elektronische Aktenaustausch zwischen Polizei, Gerichten, Staatsanwaltschaft und den Rechtsanwälten, aber auch der Datenaustausch zwischen Katasterverwaltung und Grundbuchämtern dar. Hier steht jedoch noch kein gemeinsam genutzter Datenbestand im Vordergrund der Überlegungen, sondern die Verbesserung des Ablaufs des Gesamtprozesses durch Einsatz von entsprechenden Kommunikationstechnologien. Mit der Schaffung eines einzigen Datenbestandes, auf den alle Prozessbeteiligten zugleich zugreifen können, dürfte das eigentlich anzustrebende Ziel aller Kooperationsbemühungen sein. Dazu sind z. B. verbindliche Regeln zu entwickeln, wie und in welcher Form eine Veränderung des Datenbestandes zu dokumentieren ist, damit für alle rechtzeitig erkennbar wird, an welcher Stelle und aus welchem Grund eine solche Änderung vollzogen worden ist.

Eine weitere Form der Kooperation ergibt sich, wenn die bisher in jeder Verwaltung erbrachten informationstechnischen Leistungen gebündelt und an einer Stelle für eine Vielzahl von Behörden erbracht werden. Diese in der Vergangenheit bereits von kleineren Kommunen in den Rechenzentren der kommunalen Datenzentralen abgewickelten Datenverarbeitungsaufgaben lassen sich durch die Bereitstellung von entsprechend hochwertigen Netzinfrastrukturen wie das zzt. im Aufbau befindliche behördenübergreifende Datennetz TESTA auch auf größere Organisati-

3 Die verwaltungspolitische Umsetzung von eGovernment

onseinheiten übertragen. So dürften Überlegungen, bestimmte rechenintensive und gleichartige Dienstleistungen, wie beispielweise die Berechnung von Sozialhilfe oder die Berechnung von Löhnen und Gehältern im Rahmen von neuen Kooperationen in gemeinsam zu betreibenden „Fachrechenzentren" abzuwickeln, wesentlich zur Verbesserung der horizontalen Kooperation beitragen. Auch auf längere Sicht angelegte Pläne, wie beispielsweise die Umsetzung von „Bund Online 2005", dürften ohne eine enge Kooperation aller Beteiligten Verwaltungseinheiten in Bund, Ländern und Kommunen nicht zu einem gemeinsamen Ziel von eGovernment führen.

Bei der Betrachtung der einzelnen Geschäftsprozesse lassen sich somit eine Vielzahl von Kooperationsfeldern erarbeiten, sofern die relativ starren und unbeweglichen Einstiegshürden überwunden werden können und eine gemeinsame Zieldefinition für den Gesamtprozess entwickelt wird.

3.4 Die Abstimmung zwischen Politik und Verwaltung über Inhalte und Ziele von eGovernment

eGovernment ist das Thema aller Ebenen – Bund – Länder und Kommunen. Neben dem Bund sind 16 Bundesländer, über 400 Kreise und mehr als 13 000 Kommunen in Deutschland beteiligt. In der ersten Phase von eGovernment haben wir erlebt, dass der Bürger und da speziell die Kommunikation des Bürgers mit der Verwaltung der Fixpunkt der neuen Verwaltungswelt waren. Damit war auch die Dominanz der Kommunalverwaltung begründet, denn wer hat schon mehr Bürgerbeziehung als die Kommunalverwaltung. Allein im Meldebereich bewältigt die Kommune ein Massengeschäft und kommt durch die Fluktuation leichter Hand auf Geschäftsprozesszahlen von 30 Prozent ihres Einwohnerbestandes. Aber nicht nur die Vielzahl von Berührungspunkten und auch Reibungsflächen sind für die Kommunalverwaltung typisch, sondern die Nähe der Kommunalpolitik zum Bürger. Der Bürger meint bei seiner Erwartungshaltung mehr die Politik als Problemlöser, der die Verwaltung zu folgen hat. Die Politik befindet sich in der ständigen Bewährung gegenüber dem Bürger. Aus dieser Sicht ist eGovernment nicht ein abstraktes, wissenschaftlich erklärbares und begründbares Instrument der Optimierung der Außen- und Innenbeziehungen in den Geschäftsprozessen an sich, sondern u. a. auch ein Instrument des Abbaus von Spannungen, der Sympathiewerbung und der Vermittlung eines positiven Images einer Kommune. Verwaltungsqualität spricht sich herum, zeigt Wirkung bei der demographischen Entwicklung oder der Gewerbeansiedlung u. Ä.

Die verwaltungspolitische Umsetzung von eGovernment 3

An dieser Stelle haben wir es wieder mit einem Paradigmenwechsel zu tun, der dazu führt, dass mit der verfassungsmäßigen Organisationszuständigkeit der Verwaltung in ihrer Unabhängigkeit von der Politik anders umgegangen werden muss als bisher. Das bedeutet aber nicht, dass erst Gesetze und Satzungen geändert werden müssen, um handlungsfähig zu sein. Neue Kooperationsformen sind nicht nur in Richtung Bürger und Wirtschaft gefragt, sondern auch in der Beziehung zwischen Verwaltung und Politik. Es wurde bereits darauf hingewiesen, dass die Beteiligung bzw. Mitwirkung des Bürgers in einem Geschäftsprozess etwas mit Bestandsschutz oder Privatisierung zu tun haben kann und damit die Frage nach dem Grad der Beteiligung an der Ausgestaltung von eGovernment eine zutiefst politische Frage darstellt. Dies gilt gleichfalls für die neueren Entwicklungen im Rahmen der Finanzierung von kommunalen Leistungen, wie z. B. in Form von Public Private Partnership, wo es nicht nur um Gewährleistungsgarantien gegenüber dem Leistungsempfänger geht, sondern auch um die Wahrung der politischen Steuerung. Wenn diese Lagebeschreibung akzeptiert wird, ist es nur logisch, dass eine enge Abstimmung zwischen Verwaltung und Politik praktiziert wird. In der Vergangenheit war es im Wesentlichen so, dass die Verwaltung Ideen entwickelt hat, sich zu organisieren und dazu die Zustimmung der Politik eingeholt hat. Und die Politik hat sich darauf verlassen, dass ihre Verwaltung nach dem Stand der Kunst verfahren ist, so bei der Entwicklung der Verwaltungsautomation und der damit zusammenhängenden IT-Ausstattung. Zukünftig wird im Zuge steigender Medienkompetenz damit zu rechnen sein, dass die Politik selbst stärker die Erwartung an eGovernment und dessen Ziele formuliert. In diesem Zusammenhang ist es für beide Seiten hilfreich, wenn nicht nur die bekannten Instrumente der Gemeindeordnung oder der Hauptsatzung praktiziert werden, sondern wenn Gremien geschaffen werden, wo Politik und Verwaltung außerhalb formaler Rituale zusammenwirken. Für das Funktionieren von eGovernment ist es z. B. wichtig, dass die Mehrheitsorientierung dabei nicht im Vordergrund steht. Üblicherweise wird zur Vorbereitung von Ratsentscheidungen erst die Meinung der Verwaltung hergestellt, bevor sich die Verwaltung an die Politik wendet. Das Internet zieht Spuren, indem sich die Verwaltung auf eine neue Art der Informiertheit der Politik einstellen muss. Manche Information, die die Politik früher über Anfragen an die Verwaltung bezogen hat, bezieht sie heute schnell und vollständig aus dem Internet. Unter dem Stichwort Partizipation wird darauf eingegangen, dass die Mitwirkung des Bürgers und der Wirtschaft nicht ohne Einfluss auf die Politik sein wird. eGovernment ist gemäß der Definition von Speyer nicht nur eine neue Administration, sondern verändert auch das Regieren. Hierbei kommt es auf ein zwischen der Politik und der Verwal-

3 Die verwaltungspolitische Umsetzung von eGovernment

tung abgestimmtes Leitbild von eGovernment an. In diesem Zusammenhang muss sorgfältig diskutiert werden, inwieweit im Rahmen von eGovernment bestimmend gesteuert werden kann bzw. inwieweit nur reagiert werden kann.

Eine wichtige Ausprägung von eGovernment ist die Kooperation der Kommunen in der Region mit ihren sozioökonomischen Rahmenbedingungen. Diese Kooperation kann nur gelingen, wenn Verwaltung und Politik in einer gemeinsam abgestimmten Strategie operieren. Bei der Umsetzung von eGovernment und den damit verbundenen technischen und gesellschaftspolitischen Veränderungen ist es wichtig und hilfreich, wenn Politik und Verwaltung gemeinsam die für sie spezifischen Plattformen der Moderation nutzen, um zum Erfolg zu kommen.

eGovernment soll Synergien erzeugen, indem Effizienzsteigerung und Kostensenkung bei der Verwaltung mit Kundenorientierung und Bürgerbeteiligung, sowie Standortmarketing und Wettbewerbsfaktoren miteinander verknüpft werden. Deshalb ist eGovernment nicht nur Chefsache in der Verwaltung, sondern auch in der Politik.

 TIPP!

In Verbindung mit der Steuerung der eGovernment-Umstellung kann zugleich eine ständige Clearingstelle zur gegenseitigen Abstimmung eingerichtet werden.

Dabei handelt es sich in aller Regel um eine aus Vertretern der Politik und der Verwaltung besetzte Steuerungsgruppe, die losgelöst von den normalen Geschäftsordnungsritualen schnell und flexibel handeln kann. Es ist eine Überlegung wert, ob an dieser Stelle eine informelle Einbindung externer Beteiligter sinnvoll sein kann, um die Umsetzung von eGovernment bei den Partnern der Verwaltung zu beschleunigen; erst recht unter den genannten Finanzierungsaspekten.

3.5 Der Masterplan für eine Langzeitstrategie

Die Einführung von eGovernment muss definitiv als langfristiger Prozess gesehen werden, wenn die Nachhaltigkeit der angestrebten und vereinbarten Ziele auch umgesetzt und erreicht werden soll. eGovernment zu nutzen, um eine kurzfristige Verbesserung der finanziellen Situation der Verwaltung zu erreichen, dürfte sicherlich nicht angemessen und realistisch sein, auch wenn dies oftmals erklärtes Ziel der Einführung von eGovernment ist.

Die verwaltungspolitische Umsetzung von eGovernment 3

Bereits seit rund acht bis zehn Jahren beschäftigen sich die Behörden mit dem Themenkomplex eGovernment im weitesten Sinne. Die Ergebnisse dieser Bemühungen sind jedoch sehr unterschiedlich. Manche Verwaltungen sind weit fortgeschritten, andere haben die Chancen und die Möglichkeiten von eGovernment erst zur Kenntnis genommen und machen sich auf den Weg, die Welt der bunten Internet-Informationsangebote zu verlassen. Das Ergebnis dieser Vorgehensweise war und ist eine binnenorientierte Sicht auf eGovernment, die dann auch noch von Technikern bzw. IT-Dienstleistern der Kommunen und Behörden überwiegend aus technischer Sicht weiterentwickelt wurde, da die technische Herausforderung am Anfang der Überlegungen stand und die Trennung zwischen technischer und inhaltlicher Lösung nur allmählich vollzogen wurde. Auch heute noch werden, wenn auch unter leicht veränderten Voraussetzungen, technische Fragestellungen – insbesondere zur Sicherheit der Anwendungen – in den Mittelpunkt der Überlegungen gestellt. Aus diesem Grund wird zur Zeit in nur wenigen Verwaltungen das Thema „eGovernment" zur Aufgabe der Verwaltungsführung gemacht. Sofern die Verwaltungsführung aber ihre Rolle als Promoter und gleichzeitig Koordinator in der Verwaltung nicht wahrnimmt, sind isolierte Umsetzungen von einzelnen Personen (-gruppen) oder Organisationseinheiten die konsequente Folge. Durch diese Vorgehensweise wird selbst in der Verwaltung eine Vielzahl von Inseln geschaffen, deren Verbindung zu einem späteren Zeitpunkt nur mit erheblichem Aufwand an zeitlichen und vor allem finanziellen Ressourcen hergestellt werden kann.

Beispiel:

Um beim Vergleich mit den Inseln zu bleiben: Ein Inselstaat entlässt seine einzelnen Inseln in eine nicht gesteuerte Dezentralisierung und trifft auch keine weiteren Festlegungen in Form von Rahmenparametern etc. Darüber hinaus wird die Kommunikation auf das unbedingt notwendige Maß beschränkt. So in etwa wurde vor Jahren vielfach die Einführung von Internet in der Verwaltung betrieben! Zurück zum Beispiel: Nach Jahren soll dann aufgrund neuer Erkenntnisse versucht werden, die einzelnen Inseln miteinander zu verbinden. Dies wird schon auf der Transportebene scheitern, da sich u. U. jede Insel eine eigene, immer gut begründete, Transportinfrastruktur aufgebaut hat, die im Wesentlichen von den jeweils örtlichen Spezifica geprägt ist. Während auf der einen Insel der Transport per LKW über die Strasse erfolgt, ist auf der nächsten Insel die Bahn das wichtigste Transportmittel und auf der dritten Insel erfolgt der Gütertransport aufgrund einer ökologischen Entscheidung nur mit Hilfe von Fahrrädern. Welcher logistische Aufwand, auch zeitlich gesehen, ist nun notwendig, um die Güter des einmal pro Tag verkehrenden Zuges auf die Fahrräder zu verteilen?

3 Die verwaltungspolitische Umsetzung von eGovernment

So ähnlich dürfte es in mancher Verwaltung aussehen, die ohne eine Festlegung von Zielen im Rahmen eines langfristig ausgelegten Masterplans agieren und vor dem Problem bzw. der Aufgabe stehen, diese Insellösungen im Sinne von eGovernment wieder auf der Basis der Kommunikationsplattform Internet miteinander zu verknüpfen. Um solchen „Fehlentwicklungen" entgegenzuwirken, ist zunächst die Schaffung eines Leitbildes, in welches die Verwaltungsführung eingebunden und von dort als Leitbild erklärt wird, als wesentliches Ziel zu schaffen. Mit Hilfe dieses Leitbildes wird ein Orientierungsrahmen vorgegeben, der allen beteiligten Akteuren sowohl innerhalb der Verwaltung, aber auch den externen Partnerinnen und Partnern – hier insbesondere der Wirtschaft – als verlässliche Planungsgrundlage dienen kann. Unter Berücksichtigung dieser Zielgruppen des Leitbildes ist es sinnvoll, das Leitbild als Ergebnis einer breit angelegten Diskussion unter den Akteuren aufzubauen. Hierbei sind die Ergebnisse dieses Prozesses anschließend mit den weiteren Leitbildern der Kommune abzugleichen, um Fehlentwicklungen bzw. unerwünschte Wechselwirkungen zu vermeiden. In der Leitbildbeschreibung sollten vor allem Antworten auf folgende Fragen gefunden werden:

- ▶ Welche Entwicklungen werden auf dem Weg zur Informationsgesellschaft unterstützt, welche nicht weiter verfolgt und welche ohne Anpassungen hingenommen?
- ▶ Wie weit nimmt sich die Verwaltung bei einer elektronischen Abwicklung der Geschäftsprozesse selbst zurück und überlässt dieses Feld dem aktiven Anwender/Nutzer; d. h. wo wird die Verwaltung im engeren Sinne noch benötigt?
- ▶ Welcher Nutzen ergibt sich langfristig aus der Einführung von eGovernment?

Neben der Beschreibung des Leitbildes mit seinen Kernaussagen ist in einem Masterplan aber auch die Strategie zur Bildung und dauerhaften Erhaltung eines virtuellen Rathauses darzustellen. Dabei sind die zu berücksichtigenden Gestaltungsparameter zu beschreiben und festzulegen. Im strategischen Ansatz ist zunächst die allgemeine Ausgangslage aufzunehmen und mit der konkreten Situation in der eigenen Verwaltung zu vergleichen. Hier lassen sich bereits erste Defizite erkennen, die wiederum in neue Ziele umformuliert werden müssen. Es kann dann in der Folge ein Aktionsplan abgeleitet werden, der wiederum in die einzelnen Maßnahmen und die hierfür notwendigen Ressourcen unterteilt wird. Gleichzeitig wird ein für alle Beteiligten verbindlicher Zeitplan sowohl für die einzelne Maßnahme wie auch für die Realisierung der Gesamtstrategie erstellt.

Die verwaltungspolitische Umsetzung von eGovernment

Zusätzlich zu den Entscheidungen auf der rein informationstechnischen Ebene, wie beispielsweise die Harmonisierung der gesamten IT-Infrastruktur einer Behörde oder die Bereitstellung einer entsprechend den Anforderungen ausgelegten Netzinfrastruktur als Basisdienst einer Behörde, sind in den Masterplan aus verwaltungspolitischer Sicht die folgenden Handlungsfelder aufzunehmen und Lösungsszenarien bzw. Vorgaben für die Umsetzung festzulegen:

 WICHTIG!

Ausgestaltung von Bürger-Service-Online
Die bisherigen informationstechnischen Anwendungen sind immer für die Nutzung von Experten innerhalb der Verwaltung entwickelt und gestaltet worden, die diese Anwendung routinemäßig nutzen und insofern auch aus dieser Binnensicht heraus die Anforderungen zur Weiterentwicklung der Anwendung formulieren. Zukünftig ist diese Anwendung einem breiten Zugangskreis bereitzustellen, dem die Nutzung der Anwendung fremd ist und in vielen Fällen auch ein Einzelfall bleibt, der nicht trainiert wird.

Steuerung des eGovernment Einsatzes
Mit der Einführung der Internettechnologie und der darauf aufsetzenden Kommunikationsdienste ist es notwendig, die im Rahmen der Dezentralisierung von Budgets und Kompetenzen zurückgenommene Steuerung der informationstechnischen Infrastruktur wieder zu einer zentralen Steuerung zurückzuführen, um die Einheitlichkeit der Verwaltung unter wirtschaftlich vertretbaren Bedingungen herstellen zu können.
Der Online-Auftritt einer Verwaltung kann nicht in die Beliebigkeit einzelner Dienststellen entlassen werden, wobei die inhaltliche Verantwortung für die bereitgestellten Informationen bei den Fachdienststellen verbleiben muss.

Gestaltung der Geschäftsprozesse
Im Zuge der Einführung von neuen technischen Lösungen wird sich eine Neugestaltung des Verwaltungsvollzugs ergeben, da in der modernen Kommunikation die systemtechnischen Anforderungen nicht zwischen öffentlichen und privaten Aufgaben unterscheiden müssen. Die Auswirkungen lassen sich erst bei einer Risikobetrachtung und der unterschiedlichen rechtlichen Wirkung der Rechtsgeschäfte ermitteln. Insofern ist eine aktive Eigengestaltung der Prozesse notwendig, bevor dies durch den Einsatz fertiger Lösungen zwanghaft geschieht.

3 Die verwaltungspolitische Umsetzung von eGovernment

Öffentlichkeit des Geschäftsprozesses
Im Rahmen der neuen Kommunikationsformen ist, natürlich unter Beachtung der jeweiligen Sicherheitsanforderungen, eine totale Offenlegung der Verwaltungstätigkeit auch im zeitlichen Ablauf möglich. Es sind deshalb tragfähige Begründungen zu formulieren und auch zu kommunizieren, weshalb im Einzelfall eine Begrenzung der Öffnung notwendig ist.

Positionierung des Portals „www.stadt.de"
Unter dem hohen Druck der Forderungen aus der Öffentlichkeit ist festzulegen, wie der Internetauftritt zur Entscheidungsunterstützung, Abwicklung von Geschäftsprozessen, Informationsvermittlung unter Beachtung der notwendigen Kooperationsmöglichkeiten bzw. -notwendigkeiten (z. B. zur Einrichtung eines virtuellen Marktplatzes) genutzt werden kann. Hierbei geht es neben den Inhalten auch um mögliche Betreibersysteme und die sich hieraus ergebenden technischen Realisierungen.

Finanzielle und personelle Ausstattung
Mit der Einführung von eGovernment sind sicherlich keine direkten Rationalisierungsgewinne zu erzielen. Vielmehr bedarf es zunächst einer Investition sowohl in Technik wie auch in Personal, die nicht durch Einsparungen im gleichen Umfeld finanziert werden kann, sondern zunächst zusätzlich bereitgestellt werden muss. Die Investitionsvolumen bei den Media@komm-Siegerstädten lagen für den Zeitraum der dreijährigen Förderung bei rd. 10 Mio. Euro je Kommune. Ähnliche Investitionsvolumina wurden auch bei der Stadt Köln im Strukturplan KölnCard zur Umsetzung der dort beschriebenen Basiskomponenten ermittelt. Diese zusätzliche Finanzierung kann dann Zug um Zug zurückgenommen werden, wenn die anfänglich erzielten Rationalisierungsgewinne ebenfalls wieder dem Investitionsvolumen zugeführt werden. Aus diesem Grund ist eine zentrale Mittelbereitstellung notwendig, die durch die zentrale Steuerung koordiniert und bewirtschaftet wird. Im gleichen Maße ist auch in die Qualifizierung der Mitarbeiter zu investieren, da von dort die wesentlichen Anstöße zur Umsetzung von neuen eGovernment Aktivitäten erwartet werden können. Wer kennt die Feinheiten der Geschäftsprozesse besser als die direkt betroffenen Sachbearbeiter?

Beteiligungen
Aufgrund der tief greifenden und nachhaltigen Wirkungen der Veränderungen der Verwaltung sind auch die Beteiligungen von Politik, Beschäftigten und insbesondere der Personalvertretung neu zu gestalten. So ist beispielsweise die Frage der Gestaltung einer Web-

Die verwaltungspolitische Umsetzung von eGovernment 3

site nicht mehr alleine an den Beschäftigten, sondern vielmehr an den Anforderungen des Online-Kunden auszurichten. Es ist deshalb eine rechtzeitige Einbindung der Beteiligten zur Zielerreichung „eGovernment" notwendig und im Masterplan darzustellen. Der gesamte Masterplan ist letztendlich durch die politischen Gremien zu unterstützen bzw. von dort einzufordern.

Die hier dargestellten Handlungsfelder eines Masterplans sollen die Notwendigkeit für die Erstellung eines solchen Masterplans belegen. Sie sind nicht als abschließende Aufzählung, sondern als Grundlage zu verstehen, auf deren Basis mit der Erstellung eines Masterplans begonnen werden kann. Der Aufbau und der Umfang eines Masterplans muss sich dabei zwangsläufig an die jeweiligen spezifischen Anforderungen der einzelnen Verwaltungen ausrichten, wie sie beispielsweise im Leitbild festgelegt worden sind.

3.6 Die Qualifizierungskampagne für die Akteure

Wie bereits zuvor ausgeführt, ist es unabdingbar, die Mitarbeiterinnen und Mitarbeiter aus den verschiedenen Beweggründen heraus am Aufbau des eGovernment-Angebotes der eigenen Verwaltung zu beteiligen. Aber auch die Führungskräfte der Verwaltung sowie die politische Ebene bedürfen einer motivierenden Qualifizierung, um den eGovernment Ansatz entsprechend zu unterstützen. Hieraus lässt sich die folgende Kernforderung ableiten:

„Es ist ein Konzept zu erarbeiten, wie der **Umgang** mit neuen Technologien im Rahmen von eGovernment unter **Nutzung** von neuen Technologien sichergestellt werden kann."

Auch in der Vergangenheit wurden bereits Qualifizierungsmaßnahmen sowohl verwaltungsintern wie auch extern durchgeführt, um die Mitarbeiterinnen und Mitarbeiter auf neue Aufgaben oder neue rechtliche Anforderungen bei der Aufgabenbewältigung entsprechend vorzubereiten. Dabei wurde aber weitestgehend darauf verzichtet, die Qualifizierungsbedürfnisse der Empfänger der Verwaltungsleistung näher zu berücksichtigen (neue Baurechtsvorschriften wurden zwar verwaltungsintern geschult und vermittelt, aber wer dachte dabei schon an die Qualifizierung der Architekten).

Mit der Hinwendung zu eGovernment in seinen unterschiedlichsten Ausprägungen geht es aber um neue Formen und Methoden der Kommunikation untereinander und dies sowohl verwaltungsintern als auch extern. Der Bedarf an Qualifizierung betrifft also nun zusätzlich auch noch die

3 Die verwaltungspolitische Umsetzung von eGovernment

Bürgerinnen und Bürger, kleine und mittlere Unternehmen, im Prinzip alle Empfänger von elektronischen Verwaltungsleistungen gleichermaßen. Dies ist schon alleine deshalb geboten, um auf Dauer eine digitale Spaltung der Gesellschaft zu vermeiden. Ebenso lassen sich die gewünschten Rationalisierungspotentiale nur dann in vollem Umfang ausschöpfen, wenn auf Dauer das duale Verwaltungshandeln weitestgehend eingeschränkt werden kann. Unter dualem Verwaltungshandeln ist hier die Unterstützung sowohl der bisherigen klassischen Form wie auch parallel dazu die automatisierte Abwicklung des Verwaltungsvorganges zu verstehen. Dabei wird unterstellt, dass sich eine vollständige automatisierte Abwicklung wohl auf absehbare Zeit nicht erreichen lassen wird.

Zunächst müssen alle Beteiligten im handwerklichen Umgang mit den neuen Nutzungsmöglichkeiten vertraut gemacht werden. Hierbei ist zwingend zu unterscheiden zwischen einer Basiskompetenz (z. B. Internet-Kenntnisse, Nutzung von Webtechnologie) und der Vermittlung von Wissen im jeweiligen Anwendungsfall. Die Vermittlung der notwendigen Basiskompetenz wird heute in den meisten Fällen bereits in entsprechenden Einrichtungen (z. B. Volkshochschulen; womit diesen eine neue Rolle im eGovernment zukommen dürfte) vermittelt. Es fehlen hingegen Qualifizierungskonzepte zur Handhabung der einzelnen eGovernment Anwendungen. Sollen beispielsweise im Rahmen von eProcurement auch kleinere und mittlere Unternehmen ihre Angebote auf dem elektronischen Marktplatz der Verwaltung abgeben, so ist neben der Basisschulung ein weitergehender Qualifizierungsbedarf zu erfüllen. Hierzu gehören z. B. die technische Anwendung von elektronischen Signaturen sowie die sich aus deren Anwendung ergebenden Rechtsfolgen ebenso wie die Vermittlung von Sicherheits- und Datenschutzaspekten. Auch das Handling sowie die Beteiligung in diesem Geschäftsprozess müssen vermittelt werden. Soll darüber hinaus über das gleiche System auch noch der spätere Abruf von Waren bis hin zur Liefer- und Rechnungsabwicklung als ganzheitlicher Geschäftsprozess erfolgen, sind gemeinsame Schulungsmaßnahmen sowohl für die in der Verwaltung beteiligten Mitarbeiterinnen und Mitarbeiter wie auch für die Anbieter und Lieferanten unerlässlich. Welche Systeme zur Wissensvermittlung hierbei zum Einsatz kommen können, wird an anderer Stelle dieses Handbuches näher erläutert (s. Kap. 5.7).

Verwaltungsintern besteht neben der Qualifizierung im Umgang mit der Anwendung von Informationstechnik weiterer Qualifizierungsbedarf. Erst das Erkennen und Verstehen von Informatikpotentialen kann dazu genutzt werden, innovative Formen der Aufgabenerledigung und Organisation zu erproben und zu praktizieren. Dieses Wissen und Verständnis wird inzwischen durchgehend in allen Verwaltungsbereichen und Hierarchieebenen benötigt und ist nicht mehr nur auf die Organisations- und Technikberater beschränkt.

Ein weiterer Aspekt des steigenden Qualifizierungsbedarfs ist in der Reaktion auf die immer kürzer werdenden Innovationszyklen zu sehen. Dies spiegelt sich in der Form des Selbstlernens wieder. So muss heute an fast allen Büroarbeitsplätzen einer Verwaltung neben der Fachkompetenz auch noch eine gewisse Medienkompetenz bestehen; denn welcher Arbeitsplatz wird heute noch ohne PC genutzt? Eine Unterstützung dieser natürlichen Form des Strebens nach Selbstbestätigung ist ebenfalls im Rahmen einer Qualifizierungskampagne zu nutzen und in die Überlegungen zum Aufbau eines Qualifizierungskonzeptes einzubeziehen.

Mit Blick auf den mit einer Qualifizierungskampagne verbundenen, nicht unerheblichen finanziellen, technischen und auch personellen Aufwand scheint insbesondere das Thema Qualifikation ein attraktives Feld für Public Private Partnership zu sein.

3.7 Die Erwartung der Wirtschaft an eGovernment

Wenn eGovernment ein Erfolgsmodell werden soll, dann müssen die Ergebnisse und die Wege zum Ziel aus den unterschiedlichen Sichten der beteiligten Akteure weitestgehend übereinstimmen. Die hier vorliegenden Aussagen sind aus der Sicht von außen auf die Verwaltung formuliert.

Die Verwaltung ist gewohnt, sich zu organisieren und sich durch eigene Organisationsentwicklung auf neue Herausforderungen einzustellen. Beispiele aus der jüngsten Zeit sind die neuen Steuerungsmodelle oder die Einführung der Budgetierung, sowie Kosten- und Leistungsrechnung. Diese Aktionen waren auf die interne Optimierung ausgerichtet. Mit eGovernment nun muss als neues Phänomen die Erwartungshaltung der Kunden – und das ist neben dem Bürger auch die Wirtschaft, damit sind insbesondere die Unternehmen und Firmen in der Wirtschaftsregion der Kommunen gemeint – in den Gestaltungsprozess eingebunden werden.

eGovernment bedeutet die große Herausforderung für öffentliche Verwaltungen, mittels moderner Informations- und Kommunikationslösungen ihren Kunden neue attraktive Dienstleistungen bereitzustellen, die jederzeit über das Internet verfügbar sind.

Neben der eigentlichen technologischen Umsetzung sind grundlegende Organisationsänderungen traditioneller Verwaltungen hin zu dienstleistungsorientierten „Unternehmen" die Basis, damit eGovernment überhaupt erfolgreich sein kann. Gelebt wird dies durch die Mitarbeiter öffentlicher Verwaltungen als Dienstleister für Bürger und Wirtschaft.

3 Die verwaltungspolitische Umsetzung von eGovernment

Die modernen Informations- und Kommunikationstechnologien (IKT) erweitern bei Electronic Government die bestehende Kommunikation mit der Verwaltung zu einer neuen Servicequalität. Politische Entscheider wollen mit eGovernment erreichen, dass die Behördengänge optimal vorbereitet sind, um anschließend effizient und in einem Durchlauf durchgeführt zu werden. Darüber hinaus soll der Wirtschaftsstandort attraktiv gestaltet werden.

Erst die Kombination aus Organisation, Prozessen und Technologie unter Einbindung der Bedarfsträger macht den Erfolg von eGovernment aus:

▶ Verwaltungen wandeln sich und damit ihre *Organisation* zu dienstleistungsorientierten „Unternehmen", die für ihre Kunden, die Bürger und die Wirtschaft, optimale Dienstleistungen bereitstellen.
▶ Modernes eGovernment untersucht ganzheitliche *Prozesse* aus Kundensicht und orientiert sich nicht an bestehenden Verwaltungsgrenzen. Organisatorische Schnittstellen sowie notwendige (rechtliche) Rahmenbedingungen stellen sicher, dass nahtlose Teilprozesse verschiedenster Verwaltungen zu einem Gesamtprozess kombiniert werden können. Ein weiteres Merkmal ganzheitlicher Prozessbetrachtung ist die Reduktion auf die wesentlichen Verwaltungspartner im Vergleich mit der Ist-Situation.
▶ eGovernment hat nicht das Ziel, alle bestehenden *Technologien* radikal abzulösen. Vielmehr garantieren offene Datenschnittstellen, dass bestehende Verfahren nahtlos miteinander kommunizieren können. In diesem Sinne ist eGovernment auch Bestandssicherung und Investitionsschutz.

Der Schlussbericht „Vorprojekt eGovernment" der schweizerischen Arthur Andersen AG kritisiert, dass aktuelle eGovernment-Ansätze bisher zu wenig kundenorientiert seien und die Prozesse (Verfahren und Abläufe) deutlich beschleunigt werden müssen. Notwendige Voraussetzungen sei die Schaffung von rechtlichen, finanziellen und technischen Rahmenbedingungen.

Im Memorandum „Electronic Government als Schlüssel zur Modernisierung von Staat und Verwaltung" werden sechs kritische Erfolgsfaktoren für eGovernment klar genannt:

▶ Entwicklung von Strategien auf verschiedenen (Verwaltungs-) Ebenen
▶ klare politische Führung
▶ innovative Finanzierungskonzepte

- Personalentwicklung einschließlich einer Qualifikationsoffensive
- kompetentes Änderungsmanagement
- Schaffung rechtlicher und technischer Rahmenbedingungen.

3.7.1 Gestaltungsfelder

eGovernment bedeutet somit ein komplexes Miteinander unterschiedlicher Akteure: Der Verwaltung(en), der Wirtschaft und der Bürger. Heutige Erkenntnis ist, dass die größten Ratioeffekte in den Prozessen innerhalb und zwischen den Verwaltungen und in den Prozessen zwischen Wirtschaft und Verwaltung zu erzielen sind. Für öffentliche Verwaltungen besteht in Anbetracht der schwierigen Haushaltslage gerade deshalb die Notwendigkeiten schnellen Handelns, um durch eGovernment primär die Kostensituation und die Standortattraktivität zu verbessern. Hierbei sind im Wesentlichen folgende Themenfelder neu zu gestalten:

Budget und Finanzierung: Haushaltszwänge sind das Hauptargument in vielen Verwaltungen zur Modernisierung und Neuausrichtung. Konkretes Ziel ist ein besseres Kosten-Nutzen-Verhältnis bei reduziertem Budget. Maßnahmen sollten aus Wirtschaftssicht die Reduktion auf hoheitliche Kernaufgaben und die Übertragung anderer Tätigkeiten auf Dritte (Outsourcing und Public Private Partnerships) sein.

Serviceorientierung: „Der Bürger als Kunde" aber vor allem auch „Die Wirtschaft als Kunde" sollte immer mehr die Einstellung öffentlicher Verwaltungen sein. Hierzu gehören eine breite Palette umfassender Services ebenso wie die permanente Verfügbarkeit, 24 Stunden am Tag, 7 Tage die Woche, das ganze Jahr über. Erfolgreiche Voraussetzung für Serviceorientierung ist weniger die technologische Umsetzung als vielmehr die Bereitschaft der Mitarbeiter öffentlicher Verwaltungen, die Serviceorientierung gegenüber ihren Kunden umzusetzen.

Neue Geschäftsmöglichkeiten: Integrierte ePublic-Services, das heißt die sinnvolle Kombination einzelner Angebote aus dem eGovernment und dem eBusiness, sind neue Dienstleistungen, für die die Nutzer auch wegen höherer Qualität teils direkt teils indirekt bezahlen, wenn diese attraktiv gestaltet sind. Bürger und Wirtschaftsunternehmen werden hierzu entsprechenden Druck auf die Verwaltungen ausüben. Will die Verwaltung hier mitgestalten, Ratiopotenziale erschließen und auch Geld verdienen, muss sie schnell agieren.

3 Die verwaltungspolitische Umsetzung von eGovernment

Neue Geschäftsmodelle: Neue Geschäftsmöglichkeiten werden sich in der Regel nur dann erschließen, wenn einer gelungenen Kombination aus öffentlich-rechtlichen Angeboten ein Strauß von privatwirtschaftlichen Komponenten zur Seite steht. Umsetzungen entstehen in Partnerschaft von öffentlichen Verwaltungen und kommerziellen Anbietern. Eine Win-Win-Situation für alle Beteiligten (die Nutzer eingeschlossen) führt so zu akzeptierten integrierten eBusiness-Services für die Gesellschaft.

3.7.2 Externe Treiber

Bei der Gestaltungsfrage für eGovernment stellt sich für die Verwaltung nicht die Frage „ob", sondern „wie schnell" wird umgesetzt, da eine Menge „Treiber" auf die Verwaltung einwirken:

Unternehmen der **Wirtschaft,** sowohl „Global Player" als auch der Mittelstand, sind häufige Geschäftspartner von Verwaltungen in zahlreichen Geschäftsprozessen. Diese Unternehmen erwarten, dass sie medienbruchfrei in elektronischer Form Informationen an Verwaltungen übermitteln können, die dort umgehend in die entsprechenden Verfahren einfließen. Darüber hinaus haben diese Unternehmen selbst umfassende eBusiness-Anwendungen eingeführt, neue Prozesse geschaffen und ihre Organisationen darauf abgestimmt. Die entsprechende kundenorientierte Veränderung und Ausrichtung wird zunehmend von den öffentlichen Verwaltungen erwartet.

Ein weiterer Treiber, Bürgernähe und Verwaltungseffizienz umzusetzen, kommt unmittelbar aus der **Gesellschaft** selbst. **Bürger** erwarten zunehmend transparente und wirtschaftliche Geschäftsprozesse der öffentlichen Verwaltungen. Nationale und internationale Konkurrenz – wie Beispiele öffentlicher Verwaltungsdienstangebote aus Großbritannien, Kanada oder Australien beweisen – werden von den Bürgern und der Wirtschaft angenommen und sind Ansporn, auch eGovernment in Deutschland zielgerichteter und effizienter umzusetzen.

Immer mehr **politische Entscheider** aller Verwaltungsebenen, beim Bund, in den Ländern und in den Kommunen, begreifen elektronische Dienste als neue Chance, im Standortwettbewerb zu bestehen, indem sie Bürger und Wirtschaft als Kunden bedienen. Damit lassen sich regionale und lokale Vorhaben (und Unternehmen für deren Umsetzung) deutlich fördern. Kompetenz und Wissen der Mitarbeiter in den Verwaltungen sowie deren Bereitschaft, sich als „Dienstleister der Bürger" zu verstehen, werden zum entscheidenden Faktor für eGovernment.

Die verwaltungspolitische Umsetzung von eGovernment 3

Abb. 3: Treiber für Bürgernähe und Verwaltungseffizienz

3.7.3 Public Private Partnership

Die Public Private Partnership (PPP) bezeichnet die Kooperation von Staat und Wirtschaft bei der Bewältigung besonders kosten- und leistungsintensiver öffentlicher Aufgaben. Ob es um die Behebung des Modernisierungsstaus, insbesondere bei Schul- und Universitätsgebäuden, um den Aufbau von Infrastrukturen oder um Deutschlands Weg in die Informationsgesellschaft geht, immer häufiger trägt der Staat der Wirtschaft die Mitwirkung bei der Aufgabenbewältigung in Form einer PPP an. Das Motiv für solche Anträge ist stets dasselbe: die chronische Leere in den öffentlichen Kassen.

Auch bei eGovernment scheinen „Public Private Partnership" und „Public Private Financing" vielversprechende Ansätze bei der Suche nach geeigneten Organisations- und Finanzierungsformen zum Aufbau und Betrieb neuer attraktiver Verwaltungsdienstleistungen zu sein. Neben der Notwendigkeit, die rechtlichen Voraussetzungen für die „Betriebsgenehmigung" solcher Konsortien zu erlangen, muss der Mehrwert für alle Beteiligten deutlich werden, damit die gemeinsame Umsetzung der Vorhaben gelingt. Der Nachweis einer so genannten „Win-Win"-Situation fällt häufig nicht leicht, denn in vielen Fällen zeigt sich der wirtschaftliche Erfolg durch neue Einnahmen, eigene Einsparungen oder Ähnliches erst nach geraumer Zeit. Eine weitere Schwierigkeit für den positiven Nachweis

3 Die verwaltungspolitische Umsetzung von eGovernment

besteht darin, dass der unmittelbare Mehrwert für die Verwaltungen selbst häufig nicht eindeutig quantifizierbar ist, sondern vielfach durch qualitative Verbesserungen gekennzeichnet ist. Praktizierte Bürgernähe in Bürgerbüros sowie durchgängige transparente und schnelle Verwaltungsprozesse sind dabei entscheidende Faktoren, im Standortwettbewerb zwischen den Kommunen, bei der Ansiedlung von Wirtschaftsunternehmen oder bei der Werbung um neue Mitbürger zu bestehen.

 TIPP!

Um die Realisierung von solchen für eGovernment unverzichtbaren PPP-Projekten zu beschleunigen, zu erleichtern und rechtssicher zu gestalten, wurde von der Initiative D21 ein „Prozessleitfaden Public Private Partnership" – eine Publikation aus der Reihe PPP für die Praxis – entwickelt, auf das hier als weiterführende Hilfe nur verwiesen werden kann.

3.7.4 Lagebewertung

Aus Wirtschaftssicht wird das Thema eGovernment in vielen Verwaltungsbereichen deutlich unterschätzt. Zum einen ist es unabdingbar, innerhalb des Gestaltungsprozesses von eGovernment das Thema, welche Aufgaben von der *Verwaltung selbst* und welche *privatwirtschaftlich* in Zukunft wahrgenommen werden sollten, intensiv zu diskutieren. Zum anderen bleibt man auch in innovativen Verwaltungen teilweise in den Überlegungen bei Kommunikationsdiensten und Formulardiensten stehen und zögert bei der Umsetzung von interaktiven oder automatisierten asynchronen Verfahrensdiensten. Bestehende Rechtsvorschriften werden vielfach als Hinderungsgründe für eine integrative Umsetzung von eGovernment genannt, ohne sich weiter mit eventuell notwendigen Modifikationen dieser Rechtsvorschriften auseinander zu setzen.

Darüber hinaus wird vielfach die Diskussion an besonders schwer umzusetzenden, sehr komplexen Prozessen und Themenbereichen festgemacht, statt eGovernment bei überschaubaren und besonders modernisierungsfähigen Prozessen zu beginnen.

Flächendeckend lässt sich eGovernment aufgrund der eingeschränkten Ressourcen der Öffentlichen Verwaltung und der Notwendigkeit der Integration von öffentlichen und privaten Serviceangeboten nur in Form von Public Private Partnerships lösen. Allerdings ist die erfolgreiche Umsetzung solcher Modelle noch zu wenig erprobt, dauert oft in der Entstehungsphase zu lange und birgt vielfach für Wirtschaft und Verwaltung gleichermaßen noch zu viele finanzielle und rechtliche Risiken.

4 Die organisatorische Umsetzung

Die zuvor dargestellten Handlungsfelder der verwaltungspolitischen Umsetzung von eGovernment bilden die Grundlage für die nachfolgenden Überlegungen, in denen die bei einer organisatorischen Umsetzung durchzuführenden und zu beachtenden Maßnahmen und Gestaltungsfelder anhand ausgewählter Umsetzungsszenarien angesprochen werden sollen.

4.1 Regeln und Methoden der Geschäftsprozess- und Kommunikationsgestaltung

Die Einführung bzw. Umsetzung von eGovernment führt zwangsläufig zu einem Wandel in der Kommunikationsbeziehung sowohl unter den Beschäftigten wie auch in der Außenbeziehung. Um diese Kommunikation auch zukünftig im Rahmen des bereits dargestellten Rechtsrahmens abwickeln zu können, sind eine Reihe von Festlegungen durch die Verwaltung zu treffen. Die Tiefe und die Zahl der regelungsbedürftigen Tatbestände sind sicherlich in jedem Einzelfall neu zu definieren. An dieser Stelle soll nur auf die wesentlichen Maßnahmen eingegangen werden, ohne dass sich hieraus ein Anspruch auf Vollständigkeit herleiten lässt.

Die markanteste und vielleicht auffälligste Änderung ist sicherlich die neue Definition der Empfangsadressen, sowohl auf Seiten der Verwaltung, wie auch auf Seiten des Bürgers. In der papiergebundenen Form des Verwaltungshandelns war und ist die melderechtliche und damit verbindliche Adresse eines Bürgers durch Namen, Ort, Straße, Hausnummer und in Ausnahmefällen noch durch die Wohnungsnummer eindeutig definiert. Sie bildet im Übrigen auch in fast allen Formularen der Verwaltung die Grundlage für die Verarbeitung und Zuordnung der weiteren Inhaltsdaten im Geschäftsprozess. An die hier genannte Adresse richtet die Verwaltung dann auch ihr Antwortschreiben. Im Rahmen der eGovernment-Kommunikation wird diese Adresse vom Bürger durch seine E-Mail-Adresse ausgetauscht und somit auch als Zieladresse für die Verwaltung vorgegeben. Eine Verbindung zwischen dieser elektronischen Zieladresse und den melderechtlich hinterlegten Daten in der Kommune lässt sich nicht (mehr) herstellen und somit auch nicht nachvollziehen. Bei der E-Mail-Adresse kommt des Weiteren noch hinzu, dass es völlig unbedeutend ist, ob sich diese Adresse im Besitz des Bürgers befindet oder ob es sich beispielsweise um eine Adresse, die ihm von seinem Arbeitgeber zur Verfügung gestellt worden ist, handelt. Diese Situation ist für die Verwaltung sicherlich ungewohnt, insbesondere wenn die Rechtsfolgen der

4 Die organisatorische Umsetzung

Mailnutzung nicht allen Beschäftigen bekannt gemacht worden sind. Gegen diese Ausübung eines „Weisungsrechts" durch den Bürger, wie er mit der Verwaltung kommunizieren möchte, kann die Verwaltung nicht vorgehen; sie wird jedoch im Zweifelsfall auf die weitere elektronische Abwicklung des Verfahrens verzichten müssen.

Durch die zuvor beschriebene Nutzung von E-Mail-Adressen greift der Bürger eigentlich erstmalig von außen in die gewohnten und von der Verwaltung festgelegten Geschäftsprozesse ein und verändert insofern seine Beteiligungsform an dem Geschäftsprozess auf eine für die Verwaltung gewöhnungsbedürftige Art und Weise. Inwieweit der Geschäftspartner der Verwaltung aber auch bereit ist, auf eine per elektronischer Kommunikation ergriffene Initiative der Verwaltung zu reagieren, hängt entscheidend von der Frage der Zugangseröffnung ab. Es ist also mit dem Empfänger der elektronischen Kommunikation im Vorfeld eine Vereinbarung darüber zu treffen, ob und wenn ja, an welche Adresse die Verwaltung ihre Ergebnisse eines Geschäftsprozesses elektronisch richten kann. Diese Frage der Zugangseröffnung dürfte vom Bürger im Bereich der begünstigenden Handlungen einer Verwaltung relativ schnell zugunsten der Verwaltung geklärt werden; wie aber verhält es sich umgekehrt bei der Übermittlung von belastenden Verwaltungsakten wie z. B. einer Ordnungsverfügung für falsches Parken oder bei einer Geschwindigkeitsüberschreitung? Hier ist sicherlich die Frage zu stellen, ob in den Fällen, wo die Verwaltung die Kommunikationsinitiative ergreifen muss, zunächst gänzlich auf einen elektronischen Versand verzichtet werden sollte und erst im weiteren Ablauf des Geschäftsprozesses, wie z. B. für die Rücksendung des Anhörungsbogens oder eines Widerspruchs die elektronische Form der Kommunikation mit der betroffenen Person verbindlich vereinbart. Insofern tritt an dieser Stelle zusätzlich noch ein Marketingaspekt zugunsten der elektronischen Kommunikation auf.

Zur Verdeutlichung mag folgendes aktuelle Beispiel dienen:

> Eine solche Marketingmaßnahme wurde in größerem Umfang durch einen regionalen Telekommunikationsdiensteanbieter im Raum Köln/Bonn praktiziert. Zur Vereinfachung der internen Geschäftsabläufe wurde festgelegt, dass der Rechnungsversand an die einzelnen Kunden des Unternehmens nur noch per E-Mail erfolgen soll. Hierzu wird seit mehreren Monaten auf allen Rechnungen sowie im Internetangebot des Anbieters der elektronische Rechnungsempfang beworben. Die damit zu erzielende interne Reduzierung der Geschäftsprozesskosten muss schon erheblich sein, wenn zusätzlich zu diesen Werbemaßnahmen auch noch für jeden Teilnehmer ein Rabatt für den Bezug von anderen Dienstleistungen des Unternehmens eingeräumt wird. Im Gegensatz dazu wird die papiergebundene Rechnungserstellung zukünftig als Zusatzleistung verstanden und deshalb mit einem Preisaufschlag versehen. Der Rechnungsempfänger muss dabei, analog

Die organisatorische Umsetzung 4

zur Frage der Zugangseröffnung im öffentlichen Bereich, vor dem Erhalt der elektronischen Rechnung seine Einwilligung bekunden und eine E-Mail-Empfangsadresse mitteilen.

Dass dieser Vorgang nicht geräuschlos geblieben ist, versteht sich fast von alleine. Die Frage der Zulässigkeit des Preisaufschlags wurde dabei ebenso diskutiert wie die aus Geschäftsprozesssicht interessante Fragestellung, ob denn die Finanzämter den persönlichen Ausdruck der Rechnung im Rahmen der Steuererklärung akzeptieren würden! Hier zeigt sich ganz deutlich, dass ein Geschäftsprozess in den meisten Fällen eben nicht mit dem Versand von Daten endet, sondern dass diese Daten dann in weitere Prozesse eingebunden werden, die wiederum eigene qualitative Anforderung an die Daten stellen. Dies dürfte auch für die meisten Verwaltungsvorgänge gelten.

Dieses „einfache" Beispiel zeigt aber auch die Fülle des Regelungsbedarfs für eine Verwaltung auf. Neben der Zugangseröffnung wäre hier z. B. eine durch das oberste Gemeindegremium zu beschließende Änderung der Gebührensatzung notwendig, wenn der Papierbescheid teurer als der elektronische Bescheid werden soll.

Ein weiterer zu berücksichtigender Aspekt ist die Tatsache, dass eine E-Mail-Adresse im Gegensatz zur melderechtlichen Adresse eine „flüchtige" Adresse darstellt. Sie kann jederzeit, und das ohne weitere Rückkopplung zum Empfänger aufgrund einer fehlenden Anzeigepflicht (die hiermit auch nicht gefordert werden soll), aufgegeben und durch eine neue Adresse ersetzt werden. Diese durch die Verwaltung nicht beeinflussbaren Möglichkeiten lassen die Vermutung aufkommen, dass die Verwaltung in zeitlich längerfristigen Geschäftsprozessen (z. B. Baugenehmigungsverfahren, Ausschreibungen etc.) die Gültigkeit einer Adresse erneut überprüfen sollte. Hiermit würde dann aber der eigentliche Vorteil der elektronischen Kommunikation, nämlich die Geschwindigkeit der Abwicklung, aus „bürokratischen" Gründen ausgehebelt und ad absurdum geführt.

Des Weiteren muss sich die Verwaltung darauf einstellen, dass der Empfänger einer Leistung gleich unter mehreren Adressen agiert, die er aus seiner Sicht geschäftsprozessbezogen einrichtet und nutzt. Hier ist der Vergleich mit den unterschiedlichen Konten im Bereich der Banken und Sparkassen zulässig. Aus diesem Grund kann sich für die Verwaltung die Notwendigkeit ergeben, in analoger Handhabung der Kontoführung ein auf eine Person ausgerichtetes E-Mail-Adressregister anzulegen.

Unter Berücksichtigung der Tatsache, dass es für den Geschäftsverkehr der Verwaltung verbindliche Regelungen gibt, die in den meisten Fällen in den „allgemeinen Dienst- und Geschäftsanweisungen" hinterlegt sind, sind diese daraufhin zu untersuchen, inwieweit sie durch die elektroni-

4 Die organisatorische Umsetzung

sche Kommunikation ergänzt oder fortgeschrieben werden müssen. Hierzu gehören verbindliche Vorgaben für alle Beschäftigten der Verwaltung, um deren Einheitlichkeit nach außen zu gewährleisten (Corporate Identity). Einzelheiten hierzu werden an anderer Stelle (Kapitel 5.4) ausgeführt. Daneben sind die Regeln und Methoden der elektronischen Kommunikation aber auch im Rahmen des Internetauftritts der Verwaltung zu veröffentlichen; hierbei sind insbesondere notwendige technische Einschränkungen zu beschreiben.

Ein weiterer regelungsbedürftiger Tatbestand ist die Frage der Nutzung des Internets sowohl im Rahmen des konkreten Geschäftsprozesses (z. B. zur Recherche nach Gerichtsurteilen) wie auch die Frage der privaten Mitbenutzung eines dienstlichen Internetanschlusses. Insbesondere im letzteren Fall herrscht immer noch die Meinung vor, diese aufgrund der Einhaltungspflicht der geltenden Vorschriften der Telekommunikationsgesetze nicht zu gestatten[1]. Wenn man aber die bereits vollzogene Entwicklung im Bereich der privaten Mitbenutzung des dienstlichen Telefons auf die Nutzung des Internets überträgt, wird schnell klar, dass die Aufhebung dieser Schranken nur noch eine Frage der Zeit sein wird. Dies ist insbesondere dann der Fall, wenn selbst am Inhalt der besuchten Internetseiten nicht eindeutig festgemacht werden kann, ob die Nutzung privat oder dienstlich erfolgt. Beispiele hierfür sind Fahrplanauskünfte bei der Deutschen Bahn oder im Personennahverkehr, die Suche nach Hotels sowie deren Buchung bis hin zur Buchung eines Flugs. Diese Daten können sowohl im Rahmen der Vorbereitung einer Dienstreise, aber auch aus privatem Anlass abgerufen werden. Hier entsteht also zwangsläufig eine „Grauzone" der Nutzung, die nicht oder nur mit sehr großem Aufwand überprüft werden kann. Ebenso kann der tägliche Abruf der Online-Angebote der lokalen Presse dienstlich geboten sein oder aber privat erfolgen. Daneben ist aber auch zu bedenken, dass mit einem sehr restriktiven Umgang der Internetnutzung ein großes Potential an eGovernment-Akteuren verloren geht, und das auch in Richtung der Wirtschaft. Sollte die private Nutzung jedoch erlaubt werden, so sind der Umfang der privaten Nutzung, die Bedingungen sowie die Art und der Umfang der eingesetzten Kontrollmechanismen durch ein Regelwerk eindeutig festzulegen.

4.2 Standardisierung der Geschäftsprozesse

Die Komplexität der in einem Geschäftsprozess anfallenden einzelnen Prozessschritte lassen die Vermutung aufkommen, dass im Rahmen einer dezentralisierten Projektrealisierung gleiche Sachverhalte auf unter-

---
1) 16. Datenschutzbericht 2003 NRW.

Die organisatorische Umsetzung 4

schiedliche Art und Weise informationstechnisch gelöst werden. Daher ist es innerhalb der Verwaltung sicherzustellen, dass die für eine Harmonisierung der Geschäftsprozesse notwendigen Vorgaben im Sinne der Gesamtverwaltung entwickelt und betrieben werden. Es lässt sich auf diese Art und Weise ein Baukasten von einzelnen eGovernment-Modulen entwickeln, die dann bei der Umsetzung eines neuen Geschäftsprozesses genutzt und nicht erneut entwickelt werden müssen. Obwohl diese Vorgehensweise aus Sicht der Informationstechnik nicht neu ist (der Begriff Middleware als einheitliche Schnittstelle zwischen der physikalischen Transportebene und der Applikationsebene mag dafür als ein Synonym anzusehen sein), werden die Vorteile der Standardisierung bei der Umsetzung von eGovernment nur sukzessive erkannt und erste Bausteine als Basisdienste entwickelt und bereitgestellt.

Bei einer systematischen Betrachtung lässt sich das „alte" Grundprinzip der Datenverarbeitung, das E-V-A Prinzip, auch hier zur Ermittlung des Bedarfs an standardisierten Basisdiensten heranziehen.

Im Bereich des Informations**eingangs** lassen sich beispielsweise die folgenden Basisdienste zur Kommunikation ermitteln:

▶ elektronische Post
Hier sind sowohl technische (welches Mailformat wird unterstützt bzw. muss zukünftig unterstützt werden) wie auch organisatorische Festlegungen (wie ist die **einheitliche** Mailadresse aufgebaut, unter der die Verwaltung erreicht werden kann) zu treffen.

▶ Verifizierungsstelle
Die mit den heutigen Signaturlösungen erzeugten Nachrichten lassen sich nur mit einer adäquaten technischen Ausstattung auf Seiten der Verwaltung überprüfen. Hierzu gehört auch der zentrale Zugriff auf die Verzeichnisdienste (Zertifikats- und Sperrlisten) der Zertifizierungsdiensteanbieter sowie die Protokollierung der Ergebnisse der Prüfung für den weiteren Verwaltungsvollzug; nicht hingegen die Prüfung der Frage, ob die Art der Signatur für den konkreten Fall als ausreichend angesehen werden kann. Diese Formalprüfung muss der Fachanwendung bzw. der Sachbearbeitung vorbehalten bleiben.

▶ Identifizierung
Die Identifizierung des „Anfragenden/Antragstellers" muss ebenfalls nicht fachbezogen erfolgen, sondern sollte für alle Geschäftsprozesse der Verwaltung einheitlich festgelegt und dann auch zentral überprüft werden. Damit kann zumindest sichergestellt werden, dass sich der Bürger nicht bei jedem Zugang zur Verwaltung unter anderen Voraussetzungen identifizieren muss; er existiert sowieso nur einmal.

4 Die organisatorische Umsetzung

▶ Entschlüsselung
Die Bereitstellung von öffentlichen Schlüsseln der Verwaltung ist ebenfalls als ein solcher Basisdienst anzusehen. Hierzu gehört insbesondere die Bereitstellung von serverbasierten Schlüsseln für die Kommunikation. Aber auch weitere öffentliche Schlüssel z. B. zur Mailverschlüsselung sind hier vorzuhalten und im Internetangebot an geeigneter Stelle bekannt zu geben. Neben der Schlüsselverwaltung sollte aber auch die Entschlüsselung der eingehenden Informationen zentral erfolgen, bevor die eigentliche Fachinformation in der Verwaltung weitergeleitet wird.

▶ Zeitstempeldienste
In einer Vielzahl von Anwendungsfällen spielt der Zeitpunkt des Eingangs einer Nachricht eine wesentliche Rolle (Widerspruchsbescheid, Angebotsabgaben). Hierbei ist regelmäßig der Zugang zur Verwaltung und nicht der persönliche Zugang beim Sachbearbeiter gemeint, weshalb ein zentraler Zeitstempeldienst aufgebaut werden sollte. Dies ist auch insofern zu fordern, da nicht auf allen Systemen der Verwaltung eine einheitliche Uhrzeit sichergestellt werden kann.

▶ virtuelle Poststelle
Die zuvor dargestellten einzelnen Basisdienste lassen sich zukünftig auch in einer virtuellen Poststelle realisieren. Mit der Entscheidung zum Aufbau einer solchen virtuellen Poststelle ist festzulegen, welche Dienste in der virtuellen Poststelle mit welcher Tiefe zur Verfügung gestellt werden und wie eine einheitliche Schnittstelle zur Weitergabe der Ergebnisse der virtuellen Poststelle in die dahinter liegenden Fachapplikationen sichergestellt werden kann.

▶ Zugangseröffnung
Die Verwaltung kann und sollte aus Gründen der Rechtssicherheit nur an einer einzigen Stelle die Festlegungen publizieren, unter denen sie einen elektronischen Zugang sicherstellen kann.

▶ Formularservice
Es ist ein verwaltungsweit einheitlicher Formularservice zu realisieren. Hierbei steht jedoch nicht die technische Realisierung im Vordergrund der Harmonisierung, sondern die einheitliche Struktur der einzelnen Formulare bezogen auf die Nutzer der Formulare. Aus Sicht der Fachapplikation ist es beispielsweise unerheblich, ob zuerst der Nachname und dann der Vorname im Adressteil eines Formulars erscheint, für den Multi-User solcher Formulare wäre eine Vereinheitlichung zumindest innerhalb einer Behörde mehr als wünschenswert. Von einem bundesweit einheitlichen Formularwesen für gleiche Geschäftsfälle, wie es z. B. bei den Kreditinstituten mit dem einheitlichen Überwei-

Die organisatorische Umsetzung 4

sungsbeleg seit Jahren üblich ist, kann auch zukünftig wohl nicht ausgegangen werden.

Auch auf der **Ausgabe**seite der Kommunikation lassen sich solche Basisdienste ermitteln und verwaltungsweit einheitlich realisieren. Auch hier ist beispielhaft an nachfolgende Umsetzungen zu denken:

▶ Verschlüsselung
Sofern von Seiten des Bürgers der Wunsch nach einer persönlichen Verschlüsselung aufkommt, stellt sich die Frage, an welcher Stelle der Verwaltung die öffentlichen Schlüssel abgelegt, gespeichert und im Bedarfsfall abgerufen werden können. Eine direkte Anbindung an ein Fachverfahren ist sicherlich nicht sinnvoll, da dann ein identischer Schlüssel mehrfach hinterlegt werden müsste. Aus diesem Grund ist ein zentraler Dienst zur Bevorratung dieser Schlüssel aufzubauen.

▶ Zeitstempeldienst
Hier gelten die Ausführungen zum Eingang sinngemäß auch für den Ausgang.

▶ Signatur
Der Einsatz von qualifizierten elektronischen Signaturen, hier insbesondere die Frage, welche technische Lösung verwaltungsweit umgesetzt werden soll, kann ebenfalls nur zentral erfolgen. In letzter Zeit wird auch immer öfter darüber nachgedacht, die elektronische Unterschrift unter einen Verwaltungsvorgang zentral an einer Stelle vorzunehmen, um die immer noch kostenintensive Ausstattung von Mitarbeiterplätzen weitestgehend zu reduzieren.

▶ Zugangseröffnung
Wie bereits in Kapitel 3 dargestellt, ist eine Erklärung der Zugangseröffnung durch den Kunden der Verwaltung notwendig. Da diese Zugangseröffnung aber für eine Vielzahl von Verwaltungsvorgängen genutzt werden kann, bietet sich eine zentrale Bereitstellung einer durchgeführten Prüfung der Zugangseröffnung als Basisdienst an.

▶ Fakturierung/Payment
Der überwiegende Teil der Verwaltungsleistungen ist auch über das Internet nicht kostenlos zu beziehen. Die damit verbundene Frage, wie eine elektronische Rechnungserstellung erfolgt und wie die Bezahlung dieser Rechnung durchgeführt wird, ist ebenfalls unabhängig von einer Fachapplikation zu entwickeln und als Basisdienst bereitzustellen. Es besteht zumindest aus monetärer Sicht kein Unterschied zwi-

4 Die organisatorische Umsetzung

schen der Bezahlung eines Volkshochschulkurses oder der Begleichung einer gebührenpflichtigen Verwarnung wegen Falschparkens. Ebenso können hier die von der Verwaltung unterstützten Zahlsysteme bekannt gemacht werden.

Zu Fragen und Aufgaben einer technischen Realisierung dieser Basisdienste soll an dieser Stelle auf die Ausführungen im Kapitel 8 „Technische Rahmenbedingungen" hingewiesen werden.

Auch bei der verwaltungsinternen **Bearbeitung** der einzelnen Geschäftsvorfälle lassen sich eine Reihe von Basisdiensten identifizieren, deren Realisierung und Umsetzung einer zentralen Steuerung bedarf. Zu nennen sind hier insbesondere Dienste wie

▶ die Bereitstellung eines stadtweiten Redaktionssystems für den gesteuerten und einheitlichen Aufbau des gesamten Internet-Auftritts der Verwaltung. Mit Hilfe des Redaktionssystems ist gleichermaßen das verwaltungsinterne Intranet mit Informationen zu versorgen.

▶ Work-Flow-Systeme, die an den unterschiedlichen Anforderungen der Prozessbeteiligten ausgerichtet werden müssen und in denen die Neuorientierung der verwaltungsinternen Prozessanpassung einheitlich abgebildet wird.

▶ Team-Services, in denen sowohl die verwaltungsinterne wie auch die Zusammenarbeit mit externen Dritten unabhängig von örtlichen und vor allem organisatorischen Zuständigkeiten auf Basis eines gemeinsamen Zugriffs auf entsprechende Dokumente und Informationen ermöglicht wird.

▶ Dokumentenmanagement, in dem eine verwaltungsweit einheitliche Sicht auf die Dokumente und die damit verbundenen Strukturvorgaben wie z. B. Ordnertiefe, Länge des Dokumentennamens etc. beschrieben sind.

▶ Archivierung der Informationen, wobei hier die Antworten auf die besonderen Anforderungen der öffentlichen Archivierung, insbesondere im Hinblick auf den Zeitfaktor bis hin zur u. U. notwendigen Dauerarchivierung gefunden werden müssen.

Auf eine vertiefende Analyse der hier notwendigen Einzelschritte zur Einführung dieser Basisdienste wird an dieser Stelle bewusst verzichtet, da hierzu bereits eine Vielzahl von entsprechenden Fachpublikationen zu den einzelnen Themen existieren.

Die organisatorische Umsetzung 4

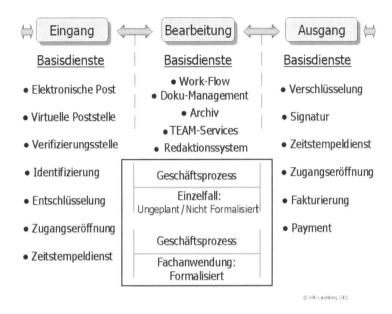

Abb. 4: Standardisierungsbereiche

4.3 Die Bedeutung überregionaler Identität von Benutzerstrukturen

Mit der Nutzung der elektronischen Kommunikation sowie des Internets ist eine wesentliche Barriere für die öffentliche Bereitstellung von Zugängen zur Verwaltung und Arbeitsergebnissen der Verwaltung aufgehoben worden. Während in der Vergangenheit die Ergebnisse der wesentlichen Tätigkeiten der Verwaltung immer mit Hilfe des Trägermediums Papier an den Kunden transportiert worden sind, ist diese Einschränkung heute weitestgehend verloren gegangen. Trotzdem wird sich im Bereich des elektronischen Informationsausgangs nur wenig mit den Gewohnheiten und Gepflogenheiten des Empfängers beschäftigt; Hauptsache die E-Mail ist angekommen. Hier sind nun erste Wege zur Harmonisierung durchaus im Sinne der Einheitlichkeit der Verwaltung erkennbar. Zu nennen sind hier der einheitliche Aufbau von E-Mail-Adressen oder die verbindlichen Vorgaben zum Aufbau eines E-Mail-Textes. Vielfach wird sich dabei an den bereits seit langem bestehenden Vorgaben der Papierform orientiert.

4 Die organisatorische Umsetzung

Leider ist die Situation auf der Zugangsseite zur Verwaltung völlig indifferent. Dies ist durchaus nachvollziehbar, da schon beim ersten Aufbau von behördlichen – insbesondere kommunalen – Internetangeboten der Gedanke zur Nutzung des Internets als örtlich oder behördlich gebundenes Marketinginstrument eine wesentliche Rolle gespielt hat. Natürlich spielt dieser Aspekt auch beim Aufbau von Internetangeboten im eGovernment eine nicht zu unterschätzende Rolle. So ist z. B. die Bereitstellung von Geoinformationen, gekoppelt mit Daten von Verkehrsströmen und/oder Verkehrsanbindungen eine wesentliche Orientierungshilfe für ansiedlungsinteressierte Unternehmen. Ähnliches dürfte auch für die zukünftige Wohnsitzentscheidung von Bürgern (z. B. Flugdaten in Flughafennähe, Darstellung von Einflugschneisen, Nähe zu Geschäften etc.) gelten.

Diese Tendenz wurde dann durch die extern erstellten Rankinglisten von behördlichen Internetangeboten verstärkt und von den Internetbetreibern z.T. dankbar aufgegriffen, um die finanzielle Situation für den eigenen Internet-Auftritt zu verbessern. Hierbei wird aber die möglicherweise völlig andere Sichtweise der Nutzer von transaktionsorientierten Internetangeboten im Rahmen von eGovernment nicht oder nur sehr zurückhaltend umgesetzt. Dabei ist aber aus Sicht der Kunden der Verwaltung die informationstechnische Erreichbarkeit der Verwaltung unabhängig von Zeit, Raum und Zuständigkeiten der eigentliche Grund, eine elektronische Kommunikation mit der Verwaltung aufzunehmen. Versucht man aber heute, einfachste Informationen über mehrere Internetangebote zu finden, so stößt man schnell an die Grenzen des Vertretbaren. Anstelle einer schnellen Antwort auf eine Frage sind mühsam stets neue Navigationsstrukturen zu durchlaufen, bevor man das gewünschte Ergebnis erzielt. So ist beispielsweise die Suche nach Veranstaltungen sowie den dazu gehörenden Informationen wie freie Parkmöglichkeiten in der Nähe der Veranstaltungsstätte oder die Frage nach der günstigsten Verbindung mit dem öffentlichen Personennahverkehr in Ballungsräumen, wo die Ortsfrage keine Rolle spielt, eine teilweise „abendfüllende" eigene Veranstaltung.

Als Lösungsansatz wird hier die immer wieder zitierte Lebenslage in den meisten Überlegungen gefordert. Aber auch die Darstellung der Lebenslage in einem Internetauftritt folgt immer dem Grundprinzip der Ortsgebundenheit und berücksichtigt keine überregionalen Gesichtspunkte. Auf die weiteren, in diesem Zusammenhang auftretenden Fragestellungen, wie z. B. die Reduzierung der Verwaltungs- bzw. Amtssprache oder die Qualifizierung der Nutzer zur eigenständigen Nutzung der Angebote, soll hier nur hingewiesen werden.

Die organisatorische Umsetzung 4

Mit der Erkenntnis, dass die Kunden der Verwaltung – die neben dem einzelnen Bürger, der aus seiner Sicht immer bemüht sein wird, den Kontakt zur Verwaltung auf ein Minimum zu reduzieren, insbesondere aus den sog. „Power-Usern" bestehen – als Zielgruppe einen wesentlichen Anteil an der Ausgestaltung des Internetauftritts haben, stellt sich die Frage, ob der Nutzerkreis dieser Power-User mit einem Angebot in Form des Lebenslagenprinzip überhaupt zufrieden gestellt werden kann. Gerade für diese Nutzer, wie z. B. Unternehmen, Architekten oder Rechtsanwälte, stellt die Ortsgebundenheit der online angebotenen Prozesse ein nicht zu unterschätzendes Problemfeld dar. Die Vielfalt von Konzeptionen und technischen Komponenten tragen dazu in erheblichem Maße bei. Dies soll an zwei Anwendungsbeispielen verdeutlicht werden:

Beispiel Kfz-Händler:

Der Kundenkreis für einen Kfz-Händler lässt sich durch eine Nutzung des Internets in Form eines eigenen Webauftritts vollkommen aus der Ortslage des Händlers lösen, teilweise existieren hier nur noch virtuelle Läden. Gleichzeitig werden durch den Kfz-Händler aber auch weitere Dienstleistungen rund um die Zulassung des Kraftfahrzeuges angeboten. Hierzu gehört die Wunschkennzeichenreservierung ebenso wie der Anstoß zur Zulassung des Kfz am Ort des Autokäufers. Ausgehend davon, dass es sich um ein gut funktionierendes und florierendes Unternehmen handelt, werden von dort aus informationstechnischer Sicht völlig neue Anforderungen an den Online-Auftritt von Kommunen gestellt. Dies beginnt bei dem Wunsch nach einer einheitlichen Benutzeroberfläche, setzt sich in dem Wunsch nach einer einheitlichen Formularstruktur fort und endet bei den gleichen Sicherheitsvorkehrungen, wie beispielsweise einer einheitlichen Datenverschlüsselung. Gleiche Aussagen treffen sicherlich auch für den Bedarf der anderen Berufsgruppen zu.

Beispiel eProcurement:

Ganz ähnlich, aber in Bezug auf die örtliche Ungebundenheit noch weitergehend, stellt sich die Situation im Anwendungsbereich eProcurement dar. Europaweite Ausschreibungen sind hierbei kein Einzelfall, weshalb eine eProcurement-Lösung allein schon aus Gründen des Vergaberechts international zu sehen ist. Hier wachsen die Anforderungen an den Geschäftsprozess um weitere Komponenten wie Fremdsprachigkeit des Angebots (und hier nicht nur eine Fremdsprache) bis hin zur einheitlichen und kompatiblen Nutzung von elektronischen Signaturen. Das vorläufige Ende der Anforderungen dürfte dann erreicht sein, wenn im Rahmen der Ausschreibung die Nutzung eines bestimmten regionalen Marktplatzes mit seinen spezifischen informationstechnischen Anforderungen verbindlich vorgeschrieben wird. Insbesondere die Kopplung der bei den Unternehmen genutzten internen informationstechnischen Infrastruktur wie automatisierte Lagerverwaltung, Fakturierung etc. lässt sich nicht an alle nur bundesweit erstellten Marktplätze mit ihren jeweils spezifischen Ausprägungen herstellen.

4 Die organisatorische Umsetzung

Hier könnten sich somit unter dem Aspekt der Systematisierung von Verwaltungshandeln ganz neue Anforderungen an die Realisierung von eGovernment stellen. Müssen alle Verwaltungen zukünftig noch alle Leistungen selbstständig anbieten und abwickeln? Auf der Grundlage der Vernetzung von Datenbanken lassen sich neue Modelle der Kooperation entwickeln, die an die Tradition der Zusammenarbeit von Datenzentralen mit ihren angeschlossenen Kommunen anknüpfen oder sich sogar auf die Kooperation der Datenzentralen untereinander beziehen können.

So könnte auf diese Art und Weise die Zahl der Zugänge zu diesen **fachspezifischen** Informationsangeboten durch die Bildung von Kompetenzzentren auf ein aus Sicht der Anwender verträgliches Maß reduziert werden. Diese Schritte hin zu einer „Einheit der Verwaltung" stellen somit keine informationstechnischen Hürden dar, die nicht gelöst werden können. Die Probleme dürften vielmehr im organisatorischen und rechtlichen Umfeld zu suchen sein, da hier Fragestellungen wie z. B. die kommunale Selbstverwaltung im Sinne einer Auflösung von räumlichen und organisatorischen Schranken im Rahmen von eGovernment neu zu diskutieren sind.

4.4 Technisch/organisatorische Regelwerke der elektronischen Kommunikation

Die Neugestaltung von Geschäftsprozessen im Rahmen von eGovernment löst neben den neuen rechtlichen Regelwerken auch eine Diskussion darüber aus, ob und wenn ja in welchem Umfang technische und organisatorische Regelwerke benötigt werden, um das Handeln der Verwaltung sowohl intern wie auch in Bezug auf den Kunden der Verwaltung verbindlich zu beschreiben. eGovernment kann keine Bühne sein, auf der die jeweiligen Akteure ihre eigene Vorstellungswelt von Verwaltung entwickeln und nach außen transportieren.

Die Grenzen der individuellen Gestaltungsfreiheit sind deshalb in Abstimmung mit der Personalvertretung insoweit neu zu reglementieren, dass die Sicherheit und Rechtmäßigkeit des Verwaltungshandelns jederzeit gewährleistet werden kann.

Die nachfolgenden Darstellungen sind als Anregung zu verstehen, die unter den jeweils geltenden verwaltungsspezifischen Anforderungen an solche Regelwerke der Konkretisierung im Einzelfall bedürfen und somit keinerlei Anspruch auf Vollständigkeit erheben. Insbesondere im Bereich der Kommunikation fallen dabei Aufgabenstellungen an, die sowohl technisch wie auch organisatorisch einer verwaltungsweit einheitlichen Lösung zugeführt werden müssen:

Die organisatorische Umsetzung 4

 WICHTIG!

Es sind technische Regelwerke (der Kommunikationsbeziehung) für die nachfolgenden neuen Technologien festzulegen:
- *Anwendung der elektronischen Signatur*
- *Verschlüsselungsverfahren*
- *Work-Flow-Systeme*
- *Dokumentenmanagement*
- *Formularserver*
- *behördenweites Redaktionssystem*
- *Firewalls*

Der Einsatz dieser neuen Techniken und die damit einhergehende Verlagerung von (angeblich bekannter, weil im häuslichen Bereich zum großen Teil ebenfalls genutzter) technischer Infrastruktur an den einzelnen Arbeitsplatz machen es notwendig, die technischen Rahmenbedingungen, unter denen diese Systeme betrieben werden dürfen, in entsprechenden Betriebskonzepten zum Einsatz von Informationstechnologie zu beschreiben und festzulegen. So hat beispielsweise die Stadtverwaltung Köln im Jahre 1998 die sich im Vorfeld zu dem Umzug in ein neues Verwaltungsgebäude mit rd. 3500 netzbasierten Büroarbeitsplätzen ergebende Gelegenheit genutzt und ein umfangreiches Regelwerk geschaffen, unter welchen systemtechnischen Voraussetzungen diese Arbeitsplatzrechner betrieben werden dürfen. Hierzu gehören Festlegungen wie ein einheitliches Betriebssystem auf den Client-Systemen, die zentrale Bereitstellung von Kapazitäten zur Datenspeicherung bis hin zu den Anschlusskomponenten an das städtische Datennetz CAN (Cologne Aera Network). Dieses Betriebskonzept unterliegt im Rahmen von neuen technologischen Entwicklungen einem laufenden Anpassungs- und Fortschreibungsbedarf.

Mit der konsequenten Einführung der Webtechnologie auf den Nutzerplätzen ist durch die erweiterten Anforderungen an Datensicherheit und Datenschutz der Bedarf an zentralen Festlegungen zur dezentralen Technikausstattung noch einmal gestiegen. Hierzu gehört der **Einsatz von Filtersystemen** zum Erkennen und Sperren von Internetseiten mit gewaltverherrlichenden, pornographischen oder staatsfeindlichen Inhalten ebenso wie der Schutz vor Viren durch den **Einsatz entsprechender Antivirenprogramme**. Spätestens hier wird deutlich, welchen Stellenwert eine einheitliche technische Infrastruktur hat, da nur auf diesem Weg ein automatisiertes Update der Virenliste und somit ein höchstmögliches Maß an Sicherheit erreicht werden kann. Zukünftig sind die technischen

4 Die organisatorische Umsetzung

Regelwerke um die Festlegungen zur Standardisierung von Verschlüsselung, elektronischer Signatur und dem Einsatz von Open-Source-Produkten zu erweitern.

 WICHTIG!

In gleichem Maße wie die Festlegung von technischen Regelwerken bedarf die Einführung von eGovernment auch der Festlegung von organisatorischen Regelwerken.

Bei den organisatorischen Regelwerken stellt sich die Frage, inwieweit die bereits vorhandenen Regelwerke zur Erledigung der Dienstgeschäfte durch die Einführung einer Kommunikationsordnung fortgeschrieben werden müssen. Wesentlich dürfte sein, nicht für jeden elektronischen Dienst wie E-Mail, Internet, Fax unter Einbeziehung der Sprachkommunikation (Voice over IP wird schon lange nicht mehr nur diskutiert) ein eigenes Regelwerk zu schaffen, sondern die Gemeinsamkeiten dieser Dienste in einem Regelwerk zur Kommunikation zusammenzufassen und so nur die jeweiligen Besonderheiten in der Nutzung des jeweiligen Dienstes zusätzlich festzulegen. Auf Basis einer solchen Vorgehensweise lassen sich auch neue Kommunikationsformen wie z. B. die Nutzung der SMS-Technologie ohne größeren Anpassungsaufwand in die bestehenden Regelwerke integrieren.

An erster Stelle der organisatorischen Regeln dürfte die Aussage zur privaten Nutzung der E-Dienste und die damit verbundenen Festlegungen wie die Dauer der privaten Nutzung, die Sicherstellung des Datenschutzgeheimnisses, die Protokollierung der privaten Nutzung etc. stehen. Auch der Download von ausführbaren Dateien aus dem Internet sollte aus Sicherheitsgründen eingeschränkt werden und einem definierten Personenkreis vorbehalten bleiben.

Die Festlegungen im Bereich des E-Mail-Dienstes sind weitergehend, da diese Form der Kommunikation direkten Einfluss auf die Führung der Dienstgeschäfte hat. So kann der Aufbau der E-Mail-Adresse nur nach einem verwaltungsweit einheitlichen Muster erfolgen. Daneben ist die Festlegung einer zentralen E-Mail-Adresse für die Verwaltung zu treffen. Auch die Einrichtung von E-Mail-Adressen in Bezug auf die jeweilige Organisationseinheit auf Basis der Aufbauorganisation sind hier verbindlich zu regeln. Des Weiteren ist festzulegen, in welchen Zeiträumen eine Sichtung des elektronischen Posteingangs durch die sachbearbeitende Ebene erfolgen muss und wie die Posteingänge aktenkundig zu machen sind. In der „alten" Zeit ist hierzu auch eine denkbar einfache Regelung getroffen worden, indem zentral festgelegt wurde, zu welchem Zeitpunkt

Die organisatorische Umsetzung 4

und wie häufig die Postverteilung im Laufe eines Arbeitstages zu erfolgen hatte. Diese Festlegung war gleichzeitig der früheste Zeitpunkt, an der die Sachbearbeitung möglich wurde. Es stellt sich somit die Frage, ob die Muster auch auf die E-Mail angewandt werden sollen oder ob hier nicht eine Erwartungshaltung auf eine schnellere Reaktion vorhanden ist. Dabei wird völlig übersehen, dass die eigentliche Beschleunigung bereits durch den Wegfall der Laufzeit einer Papierinformation gegeben ist und die Frage, wie schnell eine Beantwortung erfolgt, unter diesem Aspekt in den Hintergrund gedrängt werden dürfte. Auch Umfragen – wie die der Fa. SirValUse Consulting[1] – mit einem schlechten Urteil für die meisten Kommunalverwaltungen stellen nur auf die Reaktionszeit der Verwaltung ab dem Zeitpunkt des Versands einer E-Mail ab und fordern eine erhebliche Beschleunigung der Beantwortung von E-Mail-Anfragen. Diese Untersuchungen zeigen aber auch deutlich, das es bei den Regelwerken noch erheblichen Handlungsbedarf gibt. Dieser kann zum einen darin bestehen, überhaupt einen solchen Regelungsrahmen festzulegen, zum anderen darin, die vorhandene Regelungen auch an die Mitarbeiterinnen und Mitarbeiter zu kommunizieren und die Beachtung dieser Regelungen zu fordern.

Der **Versand** von E-Mails ist an die bestehenden Unterschriftsregelungen zu koppeln, da diese auch hier weiterhin gültig sind und durch den elektronischen Postversand sicherlich nicht automatisch außer Kraft gesetzt werden. Um dem Charakter der E-Mail als einer Art offener, im Grundsatz von jedermann lesbaren „Postkarte" nicht einzuschränken, sollten elektronische Schriftstücke wie interne Verfügungen oder Schreiben der Verwaltung an externe Stellen als Attachment beigefügt werden. Die Notwendigkeit einer solchen Festlegung soll am folgenden Beispiel verdeutlicht werden:

Beispiel:

> Eine E-Mail wird aufgrund der personifizierten Adressstruktur in der überwiegenden Zahl der Fälle zur gleichen Zeit an mehrere Empfänger gesendet. Daneben erhalten weitere Kommunikationspartner die gleiche Mail auch noch als Kopie. Solange es sich um eine rein informelle Mail handelt, dürften sich auf der Empfängerseite kaum Fragestellungen ergeben. Was aber sind die Folgen, wenn mit der Mail weitere Aktivitäten von Teilen der E-Mail Empfänger erwartet werden? Wer übernimmt welche Aufgabe und was sollen die Empfänger der Kopie im Zweifelsfall machen? Diese Fragen würden sich klären, wenn der Absender hierzu in der Mail Handlungsanweisungen hinterlegen würde, wie dies bei einer papiergebundenen Form der Verfügung der Fall ist. Hierauf wird aber in der überwiegenden Zahl der Fälle verzichtet. Dabei sind die wirtschaftlichen

---

1) S. Heise Newsticker von 30.6.2003 12:01 unter www.heise.de

4 Die organisatorische Umsetzung

Gesichtspunkte – auch E-Mails stellen einen nicht zu unterschätzenden Kostenfaktor dar – wie sie inzwischen bei einer Anfertigung einer Kopie auf dem Kopierer immer betrachtet werden, noch nicht berücksichtigt worden.

Auch auf den Einsatz und die inhaltlichen Festlegungen von Autosignaturen sollte nicht verzichtet werden, da nur hierbei der Absender und seine organisatorische Zugehörigkeit für jedermann sofort und ohne Recherchen erkennbar wird.

Neben diesen Festlegungen sind auch Vorkehrungen für den Urlaubs- oder Krankheitsfall zu treffen, damit eine Mail, insbesondere wenn sie an eine personenbezogene Adresse gesandt wird, nicht unbeantwortet bzw. -bearbeitet bleibt. Wie häufig erhält man als Absender an dieser Stelle den sicherlich hilfreichen Hinweis auf die Abwesenheit der Personen. Verbunden ist diese Mitteilung aber mit der Information, dass die Mail nicht weitergeleitet wird und aus diesem Grund eine Bearbeitung bzw. Beantwortung nicht vorgenommen wird. Wozu sind dann die E-Mail-Adressen von Organisationseinheiten eingerichtet worden?

Weitere Einzelheiten und Festlegungen können Musterdienstanweisungen entnommen werden, wie sie z. B. vom Deutschen Städtetag[1] entworfen worden sind.

4.5 Grundsätzliche Überlegungen zur Einführung von eGovernment

Die Einführung von eGovernment ist anspruchsvoll, anstrengend und vor allem finanziell ein nicht zu unterschätzender Prozess. Im Folgenden soll deshalb dargestellt werden, wie sich eine Umsetzung der komplexen Aufgabenstellung „eGovernment" erreichen lässt. Generelle Zielsetzung muss es dabei sein, dass unter Beachtung der Anforderungen an Sicherheit und Datenschutz die Informationstechnik die ermittelten Prozesse optimal unterstützt und die Prozesse die Technologie und deren Möglichkeiten optimal ausnutzen.

4.5.1 Von der Pilotierung zum flächendeckenden Regelbetrieb

 WICHTIG!

Die fortschreitende Ausprägung der knappen Ressourcen erfordert schon „Feldherrnkunstfertigkeiten" und somit ein strategisches Vorgehen, um alle Auswirkungen auf Organisation, Prozesse, Dienstleistungen, Technologie, Mitarbeiter und den Empfängern der Verwaltungsleistungen gleichermaßen zu berücksichtigen.

1) www.staedtetag.de

Die organisatorische Umsetzung 4

Der Reichtum besteht nicht im Besitz von Schätzen, sondern in der Anwendung, die man von ihnen zu machen versteht.
(Napoleon Bonaparte)

Abb. 5: Feldherrnfertigkeiten

In der öffentlichen Diskussion über eGovernment wird als Hauptsache auf die Außenkommunikation zwischen Verwaltung und Bürger/Wirtschaft und die damit verbundenen Schwierigkeiten hingewiesen. Für viele Kunden der Verwaltung ist es heute schon fast alltäglich, mit der Verwaltung per E-Mail zu kommunizieren oder Formulare über das Internet zu beziehen. Aber macht das schon eGovernment aus? Sicherlich nicht, da der Umbau der Verwaltung strategisch ebenso, wenn nicht sogar wichtiger ist, um die gewünschte Kundenorientierung zu erreichen.

An dieser Stelle sollte die Verwaltung verstärkt anfangen, neue Strukturen und Techniken zur Gestaltung der Prozesse zunächst selbst zu beherrschen, bevor diese geöffnet und den Kunden der Verwaltung zur Verfügung gestellt werden. Die Bürgerinnen und Bürger werden auf Dauer kein Verständnis dafür aufbringen, wenn sie von der Verwaltung als „Versuchskaninchen" benutzt werden, um insbesondere neue Technologien einzusetzen.

Beispiel Signaturen:

Ein Beispiel hierfür dürfte der Einsatz und die Nutzung von elektronischen Signaturen darstellen. Die Verwaltung sollte hierbei zunächst im Rahmen eines internen Pilotbetriebs alle Problemfelder aufzeigen und die zur Lösung erarbeiteten

4 Die organisatorische Umsetzung

Ansätze auch in konkrete Handlungsempfehlungen für Dritte einfließen lassen. Schon aus diesem Grund heraus sollten Pilotierungen ernst genommen werden. Sie sollten immer so angelegt und auch mit der eGovernment-Strategie abgestimmt sein, dass eine lückenlose Überführung aus dem Zustand der Vorläufigkeit in einen praktischen Regelbetrieb möglich ist. Dies ist allein schon deshalb zwingend, damit die im Rahmen der Pilotierung getätigten Investitionen hinterher auch den erwarteten Rationalisierungseffekt erzielen und sich von daher amortisieren.

Da sich eine Verbesserung der Servicequalität einer Verwaltung nicht mit einer Eins-zu-Eins-Übertragung der alten Abläufe ins Internet erreichen lässt[1], sind auch Pilotierungen nicht nur aus der Sicht der Einführung einer neuen Technologie zu betrachten. Die technische Lösung stellt sicherlich einen wesentlichen Faktor bei der Umsetzung von Pilotierungen dar, aber erst mit der Nutzung dieser Technologie in einem Geschäftsprozess lassen sich sowohl die Problemfelder, aber ebenso die Vorteile und Rationalisierungsaspekte aufdecken und bewerten. Aus diesem Grund sind die von der Realisierung betroffenen Mitarbeiterinnen und Mitarbeiter zu einem möglichst frühen Zeitpunkt in die Untersuchungen und darauf aufbauenden Planungen aktiv einzubeziehen. Obwohl ihnen die neue Technik nicht oder nur sehr rudimentär bekannt ist, sind ihnen die Anforderungen an den neu zu gestaltenden Geschäftsprozess sowie dessen Hintergründe am besten bekannt. Die im Rahmen der Pilotierung erzielten Erfolge haben darüber hinaus eine positive Auswirkung auf die tägliche Arbeit. Es lassen sich entweder vorhandene „Anwendungsstaus" beseitigen oder es werden Freiräume geschaffen, die für qualifizierte Aufgabenlösungen genutzt werden können.

Die Identifikation solcher Prozesse, die sich für Pilotierungen eignen, sollte durch die für eGovernment zuständige Stelle in enger Kooperation mit dem Amt für Informationsverarbeitung bzw. dem Bereitsteller der technischen Infrastruktur und dem Organisationsamt/der Organisationsabteilung durchgeführt werden.

Der zuvor beschriebene Lösungsweg soll anhand eines Vorgehensmodells, wie es beispielsweise bei der Landeshauptstadt Stuttgart ausgewählt worden ist[2] oder auch bei anderen Kommunen als Lösungsalternative angedacht ist, skizziert werden:

---

1) Staatssekretärin Brigitte Zypries, BMI am 21.3.2001.
2) Im Rahmen des Projektes eVAS (siehe www.staedtetag.de/imperia/md/content/veranstalt/kommon2002/8.pdf).

Die organisatorische Umsetzung 4

Vorgehensmodell am Beispiel Dienstreise

Der Geschäftsprozess, der zukünftig automatisiert abgewickelt werden soll, ist die Genehmigung einer Dienstreise eines Mitarbeiters der Verwaltung. Ziel ist es dabei, eine möglichst komplette elektronische Abwicklung des gesamten Geschäftsvorgangs zu erreichen.

Bereits bei der ersten Analyse dieses Prozesses sind Fragen hinsichtlich des Umfangs einer solchen Pilotierung unter allen Beteiligten zu treffen, da schon bei einer ersten Grobanalyse die Komplexität dieses auf den ersten Blick doch recht einfachen Geschäftsprozesses erkennbar wird. Wo beginnt denn der Geschäftsprozess „Dienstreise" üblicherweise? Sicherlich nicht, wie es auf den ersten Blick vermutet werden könnte, mit dem Ausfüllen des entsprechenden Antragformulars. Da die Dienstreise nicht aus sich heraus veranlasst wird, muss der Initiator für eine solche Dienstreise ermittelt werden. Dies ist entweder ein vorliegendes Seminarangebot oder eine Einladung zu einem Kongress, einer Tagung etc. Gründe für eine Dienstreise gibt es sicherlich viele. Wesentlicher ist aber schon die Frage, wie diese Information vorliegt, denn bei der weiteren Betrachtung des Geschäftsprozesses stellt man schnell fest, das Teile dieser Information im Antragsformular benötigt werden (so z. B. der Veranstaltungsort und das Datum der Veranstaltung), ein anderer Teil dieser Information hingegen die Begründung für die Dienstreise abgibt und deshalb im Genehmigungsteil der Dienstreise vorliegen muss. Wünschenswert wäre deshalb eine Vorlage in elektronischer Form, ansonsten ergibt sich hier der erste Teilprozess „Digitalisierung von Papierdaten". Auf eine weitere Darstellung der in diesem Teilprozess zu lösenden technischen und organisatorischen Fragen soll hier bewusst verzichtet werden.

Unter der Annahme, dass alle Informationen elektronisch vorliegen und in den Workflowprozess eingebunden sind, steht als nächster Teilprozess die Bearbeitung des Antragsformulars im Vordergrund. Hier können erste Erfahrungen mit dem Thema „Formularservice" gesammelt und dokumentiert werden, wenn das Formular über das verwaltungsinterne Intranet als Online-Formular angeboten wird und nicht lediglich als druckfähiger Download bereitgestellt wird. Abgeschlossen wird dieser Vorgang mit einer für viele Verwaltungen immer noch neuen Technologie, nämlich der elektronischen Signatur, deren Qualitätsstufe (fortgeschrittene oder qualifizierte Signatur) an eine rechtliche Bewertung des Unterschriftserfordernisses gekoppelt ist. Hier lassen sich neben Erfahrungen im Umgang mit elektronischen Signaturen auch pilothaft Erfahrungen in der Einbindung der elektronischen Signatur in den Formularservice machen, wie sie im virtuellen Rathaus ebenfalls benötigt wird.

Im nun folgenden Teilprozess „Genehmigung" ist eine Rückkopplung in das Buchhaltungssystem notwendig, damit automatisiert geprüft werden kann, ob noch ausreichend Haushaltsmittel für die Dienstreise zur Verfügung stehen. Nachdem alle Informationen vorliegen, kann die Dienstreise durch die Schlusszeichnung des Unterschriftsberechtigten genehmigt und anschließend der oder dem Dienstreisenden zur Verfügung gestellt werden. Mit der Genehmigung werden dann weitere Prozesse angestoßen, deren Abwicklung am schnellsten über

4 Die organisatorische Umsetzung

das Internet erfolgt. Hierzu gehört die Buchung von Fahrkarten ebenso wie die Reservierung von Hotelzimmern.

Nach Abschluss der Dienstreise erfolgt dann als letzter Teilprozess die „Abrechnung der Dienstreise", in der von der erneuten Datenerfassung wie Reisezeiten, Fahrtkosten bis hin zur Auszahlung des Erstattungsbetrags auf das Konto des oder der Dienstreisenden wiederum eine Vielzahl von Schritten beachtet werden müssen, wie sie auch bei anderen, auf Antrag erfolgten, Auszahlungen an Kunden der Verwaltung in einem Online-Prozess auftreten werden.

Bei einer Analyse eines solchen Geschäftsprozesses ist die Frage, wo und wie verwaltungsintern eine Veränderung des Prozesses erreicht werden kann, von wesentlicher Bedeutung. Hier kann beispielsweise eine Änderung des Genehmigungsteils eine erste Maßnahme darstellen. Warum kann z. B. ein Mitarbeiter bzw. eine Mitarbeiterin im Rahmen von zeitlichen und/oder finanziellen Vorgaben nicht eigenständig entscheiden, ob eine Dienstreise notwendig wird? Mit einer Eins-zu-Eins-Umsetzung dürfte sicherlich nicht der gewünschte Rationalisierungsgewinn erzielt werden können, sondern es ist zu erwarten, dass die Kosten die möglichen Einsparungen überschreiten. Aus diesem Grund gehört schon bei Pilotierungen eine Wirtschaftlichkeitsbetrachtung[1] zu den festen Bestandteilen, in die aber die für die Umsetzung des virtuellen Rathauses erzielten Ergebnisse (Formularservice, Einsatz elektronischer Signatur etc.) einfließen müssen.

 WICHTIG!

Insofern liegt der eigentliche Wert solcher Pilotierungen nicht in dem ausgewählten Prozess selber, sondern in der Sammlung von Erfahrungen im Einsatz von neuen Technologien und deren Einbindung in solche Geschäftsprozesse der Verwaltung, die zu einem späteren Zeitpunkt im Rahmen von eGovernment angeboten werden.

4.5.2 Migrationskonzept zur Überführung von Prozessen nach eGovernment

Neben der zuvor erfolgten Forderung, mit internen Pilotierungen zu beginnen, und der anschließenden Nutzung der gemachten Erfahrungen, kann ein stabiles und auf einem gesunden Fundament basierendes virtuelles Rathaus nur stufenweise aufgebaut werden. Dies ist einer der Gründe, weshalb eine Realisierung von eGovernment immer als Langzeitprojekt (größer 5 Jahre)[2] anzusehen ist und nicht, auch wenn so dem

---

1) Zur Durchführung s. insbesondere www.kbst.bund.de.
2) Im Jahre 2000 wurde erstmalig von „Bund Online 2005" gesprochen.

Die organisatorische Umsetzung 4

Wunsch und manchmal auch den verständlichen Forderungen aus dem politischen Raum nicht entsprochen wird, als Stichtagsmodell aufgelegt werden kann.

Mit einem stufenweisen Ansatz zur Realisierung von eGovernment lässt sich neben einem schnellen Erfolg für die Beteiligten auch die laufende Ausrichtung anhand der Ziele des eGovernment-Masterplans erreichen. Ebenso kann angemessen auf neue technische Komponenten reagiert werden. Aufgrund der Dezentralität der Fachverantwortung ist darüber hinaus über eine zentrale Koordinierung die Integration der einzelnen Fachanwendungen rechtzeitig und entsprechend den vorgesehenen Umsetzungsstufen festzulegen. In einem solchen Realisierungsplan bieten sich dann 4 Umsetzungsstufen an, an denen die einzelnen Projekte zu spiegeln sind.

In der Stufe 1 sind die Projekte anzusiedeln, die sich für schnelle Anfangserfolge eignen und auf bereits getätigten Vorleistungen aufsetzen können. Zusätzlich ist in die Betrachtung die Zielgruppe der angebotenen Leistungen aufzunehmen. Je größer die Zahl der zu erreichenden Personen und Gruppen ist, desto höher ist der Mehrwert eines solchen Angebotes. Typische Angebote in dieser Phase sind die Darstellung von Zuständigkeiten und Öffnungszeiten der Verwaltung im Internet, aber ebenso die statische Bereitstellung von Tourismus-Informationen, ohne das hiermit weitere Prozesse ausgelöst werden können. Im Vordergrund steht hier somit die Nutzung der Webtechnologie zur Informationsbereitstellung, wobei aus diesen Informationen kein unmittelbarer Rechtsanspruch abgeleitet werden kann und die Darstellung insofern als unkritisch einzustufen ist. Auf Seiten der Verwaltung kann in dieser Stufe in Abhängigkeit von den technischen Möglichkeiten festgelegt werden, wie die Information in den Web-Auftritt integriert wird. Beginnend mit der manuellen Pflege bis hin zur Datenpflege über ein Redaktionssystem, welches in einen Genehmigungsworkflow eingebunden ist, lassen sich hier alle denkbaren Zwischenstufen umsetzen.

In einer zweiten Stufe sind die Dienstleistungen anzubieten, die über den Einsatz von neuen Technologien zu einer Unterstützung von kritischen Prozessen führen. In dieser Stufe dürften überwiegend Geschäftsprozesse anzusiedeln sein, die erweiterte Anforderungen an die Datensicherheit stellen. Hierzu gehört die Erweiterung des Formularangebotes durch den Einsatz von elektronischen Signaturen zu einem medienbruchfreien Antragsverfahren ebenso wie das Angebot, mit der Verwaltung abgewickelte Dienstleistungen durch die Nutzung von Online-Bezahlverfahren zu begleichen. Typische Anwendungsfälle dieser Stufe sind die Buchungen von Kursplätzen in der Volkshochschule, die Reservierung von Wunsch-

4 Die organisatorische Umsetzung

kennzeichen oder die Online-Bestellung von Theaterkarten. In dieser Realisierungsphase dürfte sich die Vielzahl der heutigen Internetauftritte des öffentlichen Bereichs befinden.

In der dritten Stufe steht die Gestaltung neuer Geschäftsprozesse im Vordergrund. Kernelement dieser Ausbaustufe ist die Integration der Verwaltungsleistung in einen Prozess aus Sicht des extern Betroffenen, der vielfach als Lebenslage definiert wird. Hierzu gehört die immer wieder angesprochene Lebenslage „Umzug" mit all ihren Facetten ebenso wie die Integration der Bürgerinnen und Bürger in die Prozesse der politischen Willensbildung durch das Angebot von moderierten Chats und Diskussionsforen. Dabei ist darauf zu achten, dass die Ergebnisse solcher Prozesse auch bei späteren Beschlüssen berücksichtigt werden, da ansonsten das Interesse an dieser Form von eDemocracy schnell aufgegeben werden dürfte. Ebenso sollten in dieser Stufe Angebote realisiert werden, die eine vollständige Abwicklung eines Geschäftsprozesses durch die Kunden der Verwaltung ermöglichen. Anbieten würden sich Prozesse wie die An- und Abmeldung von Hunden ebenso wie der Einblick in die Arbeitsergebnisse der Verwaltung durch die Möglichkeit zur Abfrage des Bearbeitungsstatus eines Antrags.

In der abschließenden Stufe sind die Prozesse anzubieten, für deren selbstständige Abwicklung ein Höchstmaß an innovativer Technologie vorausgesetzt werden kann. Insbesondere die Integration von elektronischen Geschäftsprozessen unterschiedlicher Partner zu einem einzigen medienbruchfreien Prozess ist das Ziel dieser abschließenden Realisierungsstufe von eGovernment. In diesem Bereich wäre beispielsweise die vollständige Geschäftsprozesswahrnehmung einer Beschaffung über die Online-Abwicklung des gesamten Vergabeverfahrens auf einem elektronischen Marktplatz über den elektronischen Vertragsabschluss, die Bestellung von Waren bis hin zur elektronischen Rechnungsstellung und -bezahlung anzusiedeln.

 WICHTIG!

Dieses Beispiel zeigt ebenso deutlich, wie wichtig ein Migrationskonzept zur Überführung der Prozesse nach eGovernment ist, da sich Teilaspekte eines solch hoch komplexen Vorgangs bereits in früheren Umsetzungsstufen realisieren lassen.

So ist die Online-Bereitstellung von Ausschreibungsunterlagen heute schon vielfach praktiziert, während die elektronische Rechnungsabwicklung eher die Ausnahme darstellen dürfte.

Die organisatorische Umsetzung **4**

Insofern ist die Einführung von eGovernment eine auf eine Langzeitperspektive ausgerichtete Migration von einzelnen Teilstufen, mit denen durchaus zu unterschiedlichen Zeitpunkten begonnen werden kann, zu einem ganzheitlichen Geschäftsprozess und nicht ein einmaliger Vorgang, der kurzfristig abgeschlossen werden kann.

eGovernment-Umsetzungsstufen

- *Stufe 1:*

    Geschäftsunkritische Prozesse mit neuer Technologie unterstützen, allerdings noch nicht mit Ausnutzung aller innovativen Möglichkeiten

- *Stufe 2:*

    Geschäftkritische Prozesse durch moderaten innovativen Technikeinsatz unterstützen

- *Stufe 3:*

    Gestaltung neuer Prozesse auf der Basis neuer, nicht allzu innovativer Technologien

- *Stufe 4:*

    Gestaltung völlig neuer Serviceangebote auf der Basis innovativer Technologien

Abb. 6: eGovernment-Stufen

4.6 Geschäftsmodelle zum Betreiben von eGovernment

Der Aufbau und der Betrieb von eGovernment, die aktuelle Finanzsituation der öffentlichen Hand sowie die Beteiligung von Dritten führen zwangsläufig zu der Fragestellung, wie ein auf Dauer angelegter Betrieb von eGovernment gewährleistet werden kann.

Grundsätzlich lassen sich drei Geschäftsmodelle ermitteln, unter denen eGovernment möglich ist. Die wesentlichen Vorteile, aber auch Nachteile dieser Modelle sollen nachfolgend dargestellt werden.

4.6.1 Eigenständige Abwicklung durch die öffentliche Verwaltung

Der eigenständige Betrieb des Internet-Portals *„www.staedtename.de"* wurde in der Vergangenheit als wesentliches Merkmal angesehen, um

4 Die organisatorische Umsetzung

eine aktuelle und authentische Bereitstellung von elektronischen Informationen der Verwaltung sicherstellen zu können. Dies wird auch belegt durch die sicherlich zu begrüßende Entscheidung der Gerichte, dass Städtenamen einen geschützten Domänenbereich darstellen, auf den sogar ein Rechtsanspruch besteht[1].

Insbesondere die Möglichkeit, mit dem eigenen eGovernment-Angebot die alleinige Steuerungsgewalt zu besitzen, war für viele in dieser Frühphase der Internet-Angebote ein verlockender Gedanke. Sehr schnell wurde aber den Beteiligten klar, dass diese Betriebsform eines Web-Auftritts sowohl finanziell wie auch technisch höchste Anforderungen an die Betreiber dieser Plattform stellt. Die Grenzen dieses Vorgehens wurden deshalb ebenso schnell deutlich.

Dies war immer dann der Fall, wenn für die Bereitstellung neuer Dienste kein oder nur wenig eigenes Know-how vorhanden war und dieses teuer auf dem freien Markt erworben werden musste. Auch rechtliche Gründe, wie das Verbot der wirtschaftlichen Betätigung entsprechend der Gemeindeordnung und die damit verbundenen Einschränkungen bei der Angebotserstellung, führten zu der Überzeugung, dass ein solches Geschäftsmodell alleine nicht tragfähig sein dürfte.

Beispiel: Dienstleistung elektronische Signatur

> Als Beispiel für eine solche durchgehend festzustellende Praxis kann die Bereitstellung der Dienstleistungen rund um die elektronische Signatur gelten. Obwohl sich zu Beginn der Einführungsphase eine Reihe von Kommunen mit dem Gedankenmodell des Betriebs eines solchen Trust-Centers beschäftigt haben, ist mit Ausnahme der rechtlich notwendigen Realisierung bei der Regulierungsbehörde für Telekommunikation und Post (Reg TP) keine Umsetzung erfolgt. Die anfängliche Euphoriephase wich sehr schnell der Erkenntnis, dass bei den einzelnen Kommunen weder das notwendige Know-how noch die technische Infrastruktur vorhanden war. Ebenso fehlte die zur Rechtfertigung der notwendigen Investitionen notwendige Möglichkeit, diese Leistung bundesweit anbieten zu können. All dies geschah aber mit dem Wissen, dass die elektronische Signatur zukünftig eine wesentliche Rolle bei der rechtsverbindlichen Umsetzung von eGovernment sein würde.

4.6.2 Outsourcing von eGovernment

Das entgegengesetzte Betriebsmodell impliziert die vollständige Aufgabe jeglicher eGovernment-Aktivitäten durch den öffentlichen Sektor. Hier war allen handelnden Akteuren aber unmittelbar verständlich, dass mit Ausnahme von wirtschaftlichen Gründen die Vielzahl der Argumente

---

1) Einzelheiten siehe Kapitel 7.2.2.

Die organisatorische Umsetzung 4

gegen ein solches Betreibermodell sprechen. Insbesondere die Verlagerung von Aufgaben der Hoheitsverwaltung in den privaten Sektor ist aus rechtlicher Sicht nicht zu vertreten. Auch die grundsätzliche Ausrichtung von allen eGovernment-Aktivitäten unter das Kernziel der Privatwirtschaft – der Verbesserung der Gewinnsituation –, lässt sich mit den Aufgabenstellungen einer Verwaltung wie Daseinsfürsorge, Förderung der Kultur etc. nicht oder nur sehr eingeschränkt in Einklang bringen.

Eine Umsetzung eines solchen Betriebsmodells dürfte deshalb nur schwer zu finden sein, zumindest ist dem Autor kein solches Modell bekannt.

4.6.3 Kooperationen

Durch die Nutzung des Internets als technologische Basis für die Weitergabe von Informationen ist eine der größten Barrieren, die starke Ortsgebundenheit von Rechnerleistungen, weitestgehend in den Hintergrund getreten. Dies liegt im Wesentlichen an der veränderten Kostensituation, da das Transportmedium Datennetz nicht mehr entfernungsabhängig zur Verfügung gestellt und abgerechnet wird. Natürlich spielt auch heute noch die zu transportierende Datenmenge eine nicht zu vernachlässigende Größe, gleichzeitig wurde aber auch die Übertragungsgeschwindigkeit in einem Maße gesteigert, dass hier kaum noch Beschränkungen bei der Realisierung von eGovernment-Anwendungen zu erwarten sind.

Es stellt sich somit die Frage, ob die Technologie nicht die Möglichkeit einer veränderten Kooperationsform zwischen einzelnen Verwaltungen, aber auch zwischen Verwaltung und Wirtschaft, ermöglicht, und wie eine solche Kooperation zu einer Win-Win-Situation für die beteiligten Partner umgesetzt werden kann. Grundsätzlich zu unterscheiden sind dabei lokale und überregionale Kooperationen. Das nachfolgende Schaubild soll die allgemeine Ausgangssituation noch einmal verdeutlichen.

	regionale Kooperation	überregionale und landesweite Kooperation	bundesweite Kooperation
Government to Government (G2G)	Datenzentralen Städtepartnerschaften	Dachverbände Landesdatenzentralen	Koop ADV (Bund/Länder/Kommunen Bund Online 2005 Deutschland Online
Government to Business (G2B)	lokale Internetbetreiber	Landesweite Online-Angebote	Signaturbündnis bundesweite Dienste

Abb. 7: Kooperationen

4 Die organisatorische Umsetzung

4.6.3.1 Regionale Kooperationen/Städtekooperationen

Die Bereitstellung und Verarbeitung von Informationen war im kommunalen Umfeld immer schon eine Aufgabe, die insbesondere in kleineren Gemeinden aus betriebswirtschaftlicher Sicht nicht in einem angemessenen Kosten-Nutzen-Verhältnis betrieben werden konnte. Die Gründe hierfür lagen einerseits im fehlenden informationstechnischen Fach Knowhow vor Ort, andererseits war der Aufbau und der Betrieb der Mainframe-Infrastruktur nur mit einem hohen Kostenaufwand möglich. Die Lösung wurde durch die Einrichtung von kommunalen Datenzentralen gefunden, in denen die notwendige Rechenkapazität für die angeschlossenen Gemeinden zur Verfügung gestellt wurden, um die lokal anfallenden Verwaltungsaufgaben informationstechnisch zu unterstützen. Hierbei handelte es sich im Wesentlichen um die Aufgaben:

- Einwohnerwesen
- Finanzwesen
- Sozialwesen
- Personalwesen
- Ausländerwesen
- Liegenschaftswesen,

also im Wesentlichen um Verfahren, bei denen größere Datenmengen verwaltet werden mussten.

Mit der Einführung der mittleren Datentechnik (Amts-/bzw. Abteilungsrechner) stand die Frage einer dezentralen Bereitstellung von Rechnerleistungen im Vordergrund der Überlegungen, gleichwohl waren die hohen administrativen Aufwände für die dezentrale Bereitstellung von Personal und Einsatzreserven immer noch Grund genug, den wirtschaftlichen Betrieb dieser Rechner mit Hilfe der Datenzentralen sicherzustellen.

Mit der Einführung der Internettechnologie wurde der bis zu diesem Zeitpunkt hohe Kostenfaktor „Datennetz" bei gleichzeitiger Erhöhung der Durchsatzmengen auf Größenordnungen reduziert, die eine zentrale Bereitstellung von Ressourcen auch für den lokalen eGovernment-Auftritt z. B. durch die Nutzung eines gemeinsamen Redaktionssystems ermöglichen. Auch die Aufgabenstellungen rund um die Themen Datenschutz und Datensicherheit, Archivierung etc. lassen sich insbesondere für kleinere Kommunen nur durch Nutzung dieser Kooperationsform weiterhin betriebswirtschaftlich angemessen nutzen.

Die organisatorische Umsetzung 4

Beispiel Regionale Datenzentralen

Typische Beispiele für solche regionalen Datenzentralen finden sich insbesondere im Land Nordrhein-Westfalen
- Gemeinschaft für Kommunikationstechnik, Informations- und Datenverarbeitung Paderborn
- gemeinsame kommunale Datenverarbeitung Rhein-Sieg/Oberberg
- Infokom Gütersloh
- kommunale Datenverarbeitungszentrale Rhein-Erft-Rur
- Zweckverband KDVZ Hellweg-Sauerland
- kommunales Rechenzentrum Niederrhein

In jüngster Vergangenheit mehren sich die Anzeichen, dass auch die bisher eigenständig aufgetretenen Großstädte zunehmend das offene Feld der Kooperationsmöglichkeiten betreten, um neben dem technischen Bereich auch Aufgaben wie Tourismus, Kultur, Organisation oder die Fort- und Weiterbildung gemeinsam zu bearbeiten. Da die grundsätzliche Sinnhaftigkeit solcher Kooperationen außer Frage stehen sollte, dürfte die Beobachtung der weiteren Entwicklung dieser Kooperationen angebracht sein, vor allem wenn alle Beteiligten als gleichberechtigte Partner angesehen werden.

Mit der Deregulierung des Telekommunikationsmarktes haben sich lokale Netzbetreiber für die Kommunikationstechnik etabliert, die sich insbesondere größeren Städten als Kooperationspartner für die Realisierung von eGovernment anbieten. Das ist umso verständlicher, da diese Firmengründungen vielfach durch die Städte selbst initiiert worden sind und im weiteren Verlauf Bestandteil des Stadtwerke-Konzerns geworden sind. Neben der Bereitstellung von Angeboten im Bereich der Sprachkommunikation bieten diese stadtnahen Unternehmen auch Dienste sowohl für die Bürgerinnen und Bürger, aber auch für die Wirtschaft und die Verwaltungen rund um das Thema Internet an. Die Angebotspalette reicht dabei vom technischen Betrieb eines Internetangebotes über den Aufbau eines Marktplatzes für Unternehmen bis hin zum Mailservice für die Bürgerinnen und Bürger.

Insbesondere für die größeren Kommunen eröffnet sich in der Realisierung einer öffentlich-privaten Kooperation (Public Private Partnership) mit diesen Unternehmen die Möglichkeit, den Betrieb und auch einen Teil des Angebotes der Domäne www.städtename.de auf den Kooperationspartner zu verlagern, um sich selbst auf das eigentliche „Kerngeschäft" im Rahmen von eGovernment zu beschränken. Die Zusammenarbeit ist dabei auf Basis rechtlicher Vereinbarungen zu definieren und im Rahmen einer regelmäßig stattfindenden Redaktionskonferenz zu konkretisieren.

4 Die organisatorische Umsetzung

Eine ähnlich gelagerte Kooperationsmöglichkeit lässt sich auch zwischen den kleineren Gemeinden und den Datenzentralen herstellen, wenn die Datenzentralen unter Nutzung des eigenen Know-hows und der Ressourcen definierte Dienstleistungen gegen Entgelt sowohl für die Verwaltung, aber auch für Gremien, Vereine, Verbände und Unternehmen zur Verfügung stellen. Beispielhafte Realisierungen solcher Kooperationen lassen sich bei der Stadtverwaltung Köln (www.stadt-koeln.de und www.koeln.de) ebenso wie in den Angeboten einiger Datenzentralen finden.

Auch im Rahmen des Projektes Media@komm haben sich fast alle Städte zu Kooperationen mit der Wirtschaft bekannt, wobei auch das Ziel der Partnerschaften überwiegend technische Unterstützungsleistungen beinhaltet und weniger auf eine gemeinsame Entwicklung von eGovernment setzt[1].

4.6.3.2 Überregionale und landesweite Kooperationen

Die Zusammenarbeit von Datenzentralen und kommunalen Gebietsrechenzentren ist ein seit Jahrzehnten bewährtes Kooperationsmodell zum Erfahrungsaustausch und zur gemeinsamen Entwicklung von Anwendungsverfahren auf Basis der Kieler Beschlüsse des KoopA ADV vom 24./25. 9. 1979[2], wobei der Betrieb dieser gemeinsamen Entwicklungen unter den im vorhergehenden Punkt beschriebenen Modellen eigenständig durchgeführt wird. So kann die Anwendergemeinschaft der kommunalen Datenverarbeitung NRW (KDN) als ehemals Siemens-orientierte Gemeinschaft ebenso wie die Arbeitsgemeinschaft Kommunale Datenverarbeitung (AKD) als ehemals IBM-orientierte Anwendergemeinschaft auf 30 und mehr Jahre der erfolgreichen Zusammenarbeit in der Entwicklung von Host-basierten Verfahren zurückblicken.

Inzwischen handelt es sich dabei um Anwendergemeinschaften, deren einzelne Teilnehmer als kommunale IT-Dienstleister einem erhöhten Kostendruck im Rahmen der Konsolidierungsmaßnahmen der kommunalen Träger unterworfen sind. Gleichzeitig steigen die Anforderungen an diese IT-Dienstleister durch die Einführung von eGovernment oder der technischen Umsetzung von Maßnahmen der Legislative (wie z. B. die Änderung des Meldewesen oder die Einführung des neuen kommunalen Finanzmanagements) weiter an. Diese äußeren Rahmenbedingungen führen dazu, dass die einzelnen IT-Dienstleister unter hohem Aufwand für

---

1) Einzelheiten s. eGovernment in Deutschland – Profile des virtuellen Rathauses (Berlin 2003).
2) Einzelheiten: www.koopa.de/Schwerpunktthemen/Kieler_Beschluesse.

Die organisatorische Umsetzung 4

Ihre Träger ein immer größer werdendes Spektrum an Fachanwendungen betreiben. Gleichzeitig wächst der Außendruck auf diese Dienstleister ebenso stetig an, da private Anbieter immer häufiger Angebote aus dem Dienstleistungsspektrum für Kommunen, aber auch der Fachämter auf dem freien Markt anbieten.

Um diesem Trend entgegenwirken zu können, müssen die bisherigen Strukturen der Zusammenarbeit geprüft und durch Ausnutzung der neuen technologischen Rahmenparameter neu geordnet werden. So können vorhandene Rechenzentren zukünftig als Fachrechenzentren auftreten, bei denen an einer Stelle sowohl die technischen Ressourcen, aber auch das notwendige fachliche Know-how gebündelt und den anderen Kooperationspartnern als Dienstleistung angeboten wird.

Dies gilt sowohl für die klassischen Großrechnerverfahren wie zukünftig auch für die Leistungsbereitstellung im Rahmen von eGovernment. Hierbei kann es sich gleichermaßen um die Einrichtung und den Betrieb von themengebundenen Fachportalen (z. B. überregionale Veranstaltungsdatenbank) wie auch um die Zusammenfassung mehrerer Einzelangebote zu einem Regionalportal handeln, um die unter Punkt 4 dargestellten Aspekte eines einheitlich strukturierten Zugangs zu den Verwaltungsdienstleistungen über die unterschiedlichen Internetauftritte zu garantieren[1]. Daneben lassen sich weitere Dienstleistungen aus dem eGovernment-Umfeld, hier beispielsweise die Verwaltung von öffentlichen Schlüsseln oder die Nutzung von Zeitstempeldiensten bis hin zur virtuellen Poststelle mit ihren Einzelaufgaben als Handlungsfelder für Kooperationen definieren.

Aus strukturpolitischen Erwägungen heraus – Stärkung der jeweiligen Wirtschaftsregion – werden durch die Bundesländer verstärkt Anstrengungen unternommen, im Rahmen von Kooperationen mit der Wirtschaft Dienstleistungen aus dem Bereich eGovernment „aus einer Hand" und vor allem flächendeckend anzubieten. Beispiele finden sich in Bayern mit der vom Freistaat Bayern ausgeschriebenen und finanzierten Plattform „Bayern-Online[2]" ebenso wie in der im Aufbau befindlichen Plattform „Digitales Ruhrgebiet[3]" im Land Nordrhein-Westfalen. Die kommunale Beteiligung an diesen Landesinitiativen muss für die Entscheidung, welches Geschäftsmodell in Frage kommt, im jeweiligen Einzelfall unter Abwägung aller Vor- und Nachteile näher betrachtet und in der eGovernment-Strategie beschrieben und festgelegt werden.

1) Beispiele: www.digital-ins-rathaus.de oder www.gt-net.de.
2) www.baynet.de.
3) www.digitales-ruhrgebiet.de.

4 Die organisatorische Umsetzung

4.6.3.3 Bundesweite Kooperation

Hier ist an erster Stelle das Programm **„Bund Online 2005**[1]**"** zu nennen, in dem der Handlungsrahmen und die Vorgehensweise zur Online-Bereitstellung der Dienstleistungen aller Bundesbehörden einheitlich festgelegt wird. Neben der Darstellung des Finanz- und Zeitrahmens werden hier Basiskomponenten definiert und beschrieben, deren Einsatz als einheitliche Grundlage für die Realisierung der Online-Angebote der einzelnen Dienststellen zur Verfügung gestellt wird. Hierzu gehört ein gemeinsames Eingangsportal www.bund.de ebenso wie die Bereitstellung einer Zahlungsplattform oder eines Formularservers. Die technischen Voraussetzungen werden durch die für alle Behörden nutzbaren **S**tandards und **A**rchitekturen für e**G**overnment **A**nwendungen **(SAGA)** dokumentiert und konkretisiert.

Für die Abwicklung der Kooperation zwischen Bund/Länder/Kommunen wurde im Jahr 1970 der Kooperationsausschuss ADV (KoopA ADV) gegründet. In diesem Gremium werden gemeinsame Grundsätze des Einsatzes der Informations- und Kommunikationstechniken (IT) und wichtige IT-Vorhaben in der öffentlichen Verwaltung diskutiert und abgestimmt. Primäres Ziel dieser Vorgehensweise ist es, die Interoperabilität der IT in der öffentlichen Verwaltung zu gewährleisten und somit eine einheitliche Grundlage für die Kooperationsfelder und damit auch die Geschäftsmodelle zum gemeinsamen Betrieb von eGovernment zu schaffen. Daneben steht auch die Beachtung der Wirtschaftlichkeit von IT-Vorhaben.

Um in bestimmten Bereichen, die entweder durch den rechtlichen Rahmen und/oder die technologische Entwicklung vorgegebenen Rahmen auch praktikablen Lösungen zuzuführen, werden in enger Kooperation mit der Wirtschaft die Vor- und Nachteile solcher Lösungen diskutiert. Als ein Beispiel aus jüngster Vergangenheit ist hier das Signaturbündnis von Anfang 2003 zu nennen, mit dem diesem wichtigen Baustein von eGovernment hoffentlich der von vielen gewünschte Durchbruch gelingen wird.

 WICHTIG!

Zusammenfassend wird somit deutlich, dass eine Realisierung von eGovernment nur durch die konsequente Nutzung von Kooperationen erfolgreich umgesetzt werden kann. Welches Geschäftsmodell der Kooperation dabei in Frage kommt und welche Kooperation der Verwaltung durch Dritte „aufgedrängt" werden, hängt von vielen

---

1) www.bundonline2005.de.

Die organisatorische Umsetzung **4**

regionalen oder überregionalen Einzelelementen ab, die im Rahmen der eGovernment-Strategie einer Bewertung zuzuführen sind. Zu erwarten ist, dass sich am ehesten Mischformen der Kooperation durchsetzen werden, da bei einer solchen Vorgehensweise die wesentlichen Nachteile der einzelnen Lösungen reduziert werden können.

4.7 Die Einrichtung von Call-Centern und Bürgerdiensten

Der Zugang zur Verwaltung und deren Dienstleistungen wird durch die Einrichtung von Call-Centern um einen weiteren Zugangsweg ergänzt. Die moderne Konzeption von Call-Centern erhöht die Servicequalität der Verwaltung in einer neuen und vielversprechenden Form. Über das Call-Center soll den Bürgerinnen und Bürgern der Zugang zu den unterschiedlichen und vielfältigen Produkten der Verwaltung vereinfacht werden. Gleichzeitig sollte in einem Call-Center aber auch eine abschließende Antwort auf die Fragen und Wünsche der Kunden gefunden werden, um eine spürbare Reduzierung der telefonischen Anfragen in den Dienststellen der Verwaltung zu erreichen. Hierzu ist es notwendig, dass die Geschäftsprozesse neben der sachbearbeitenden Stelle auch beim Call-Center bzw. im Bürgerbüro zugänglich gemacht werden. Für die weitere Abwicklung einer Vielzahl von unterschiedlichen Anfragen sind zusätzlich im Rahmen eines Berechtigungskonzepts die Einhaltung von datenschutz-, steuer- und sozialrechtlichen Bestimmungen zu beachten, wie dies bei einer räumlichen Trennung der sachbearbeitenden Stellen von vorneherein als gegeben angesehen werden kann.

Unter Beachtung dieser Anforderungen können mit der Einrichtung eines Call-Centers somit die Wartezeiten in den Dienststellen mit direkten Bürgerkontakten erheblich reduziert werden. Auch der mehrmalige Weg zu einer Behörde, der oftmals durch fehlende bzw. falsche Unterlagen bzw. Formulare hervorgerufen wird, kann mit einem aussagefähigen Call-Center vermieden und so eine spürbare Entlastung vor Ort erreicht werden.

Der Prozess zur Einrichtung eines so ausgestatteten Call-Centers kann nicht alleine durch die kurzfristige Ablösung der Telefonzentrale mit den darin vorhandenen reinen Vermittlungsplätzen durch Einsatz von neuer Technologie umgesetzt werden. Es müssen hingegen im Rahmen der eGovernment-Strategie die

▶ organisatorischen,
▶ personellen,
▶ räumlichen,

4 Die organisatorische Umsetzung

▶ technischen und
▶ finanziellen

Voraussetzungen beschrieben und verabschiedet werden. Die wesentliche Rolle dürfte dabei die Beschreibung der zukünftigen Zusammenarbeit von Fachdienststelle und Call-Center spielen, damit die fachlichen Inhalte in einer gemeinsamen Wissensdatenbank aufgebaut und zur Sachbearbeitung bereitgestellt werden können.

Die Einführung eines solchen Call-Centers zur Verbesserung der Servicequalität und damit auch der telefonischen Erreichbarkeit der Verwaltung ist ebenfalls kein kurzfristig zu erreichendes Ziel, sondern bedarf einer abgestimmten Vorgehensweise.

 WICHTIG!

Die Ziele lassen dabei wie folgt zusammenfassen:
▶ *Ausweitung der Erreichbarkeit der Verwaltung in Ergänzung zum 24-Stunden-Internet-Auftritt der Verwaltung durch die Öffnung eines weiteren Kommunikationskanals*
▶ *Sicherstellung einer qualifizierten Weitervermittlung der anfragenden Person in die Fachverwaltung*
▶ *eine möglichst abschließende Sachbearbeitung und Beratung bereits im Call-Center mit dem Ziel der Entlastung der Fachverwaltung von einfachsten und vor allem wiederkehrenden Aufgabenstellungen*

Zur Umsetzung dieser Kernziele ist zunächst festzulegen, mit welchem **Ansatz** ein Call-Center eingerichtet werden soll:

Mit einer Erweiterung der bisherigen Telefonzentrale zu einer qualifizierten Telefonzentrale lassen sich über die Telefonzentrale Anfragen von geringer Komplexität abschließend bearbeiten. Gleichzeitig ist eine schnelle und qualifizierte Weiterleitung an die sachbearbeitende Stelle anzustreben. In diesen Ansatz fällt beispielsweise die Weiterleitung von Öffnungszeiten bzw. Zuständigkeiten oder die genaue Adresse eines Amtes. Ebenso sollten hier im Call-Center die genauen Aufgabenstellungen der Ämter und Abteilungen der Verwaltung bekannt sein.

Ein weiterer Ansatz ist die Integration des Call-Centers in die vorhandenen Bürgerbüros. Auch hier steht die qualifizierte Weitervermittlung im Vordergrund der Überlegungen, während sich die abschließende Sachbearbeitung im Call-Center auf die speziellen Aufgaben der Bürgerbüros beschränkt. Hierzu gehören zum Beispiel die Weitergabe von Zeitdaten zur Personalausweisbeantragung ebenso wie die Beantwortung von Fragen rund um die Änderung von Lohnsteuerkarten. Mit einem Datenzugriff auf das Einwohnerverfahren lassen sich so über das in das Bürgerbüro integrierte Call-Center auch Auskünfte auf Basis der einfachen Melderegisterauskunft geben. Die Aufgabenstellungen der zentralen Fachverwaltung können hier jedoch nicht abschließend bearbeitet werden. Insofern findet hier im Gegensatz zum ersten Lösungsmodell eine Erweiterung des Aufgabengebietes um die Aufgabenstellungen der Bürgerbüros statt.

Die sicherlich höchsten Anforderungen, aber auch die größten Optimierungsgewinne ergeben sich, wenn das Call-Center ein **Kompetenzzentrum mit fachlicher Zuständigkeit** wird. Hier werden Anlaufstellen geschaffen, die eine weitestgehend abschließende Sachbearbeitung in den Fällen vornehmen, wo es sich um standardisierte Abläufe mit einem klar definierten Lösungsansatz handelt. Lediglich die Beantwortung von sehr komplexen Anfragen wird in die Fachverwaltung weitervermittelt. Hierzu gehört neben der Weiterleitung von Informationen zum Ausfüllen der Vielzahl der Antragsformulare einer Verwaltung auch die Erteilung von einfachen Bescheiden oder die Entgegennahme und Bearbeitung von Anfragen und Anträgen bei standardisierbaren Geschäftsprozessen der Verwaltung.

Auch wenn die drei dargestellten Einrichtungsansätze nicht aufeinander aufbauen und somit auch nicht im Rahmen eines Stufenkonzepts realisiert werden können, wird nachfolgend ein mögliches Lösungsszenario für die Realisierungsstufe „Kompetenzzentrum" dargestellt, da diese Stufe am ehesten geeignet erscheint, die mit dem Aufbau eines Call-Centers zwangsläufig auftretenden organisatorischen Anpassungen, insbesondere aber auch die Investitionen schnellstmöglich zu amortisieren.

Im Kompetenzzentrum wird dabei ein Front-Office Bereich eingerichtet, der als zentrale Anlaufstelle für alle eingehenden Anrufe fungiert. Diese Anrufe werden so weit wie möglich einer abschließenden Bearbeitung zugeführt. Unterstützt wird dieser Weg von einer Softwarelösung zur schnellen und sicheren Informationsbereitstellung. Die Grundlage für diese Informationsbereitstellung sollte das Internet-Angebot der Verwaltung sein, da hier die aktuellsten Informationen der Verwaltung angeboten werden. Ergänzt wird dieses Informationsangebot durch weitere Informationen aus der Fachverwaltung, die für den Einsatz und die Bedürfnisse im Call-Center entsprechend aufbereitet sind. Da die Pflege und die Aktualisierung dieser Informationen ebenfalls nur durch die Fachverwaltung erfolgen kann, ist zur Vermeidung von Mehrfacheingaben auch hier das Redaktionssystem für die Aufbereitung des Internetangebotes zu nutzen und entsprechend zu ergänzen.

4 Die organisatorische Umsetzung

Mit der Speicherung der Daten der anrufenden Person, ergänzt um die konkrete Anfrage oder die Problembeschreibung des Anrufers, werden komplexere Vorgänge aus dem Front-Office Bereich in einen ebenfalls zentral angelegten Back-Office Bereich weitergeleitet. Auch hier sollte nach Möglichkeit das Ziel einer abschließenden Bearbeitung erreicht werden können. Es findet jedoch eine Spezialisierung auf Basis von festgelegten Aufgaben bzw. Fragestellungen statt. Das Ergebnis der Wissensrecherche wird dann wiederum elektronisch gespeichert, um auf diese Art und Weise eine sich ständig erweiternde und damit „selbst lernende" Informationsquelle aufzubauen. In einer solchen „Wissensquelle" sollten demnach zumindest die nachfolgenden Informationen enthalten oder im Zugriff für den Back-Office Bereich sein:

▶ allgemeine Informationen wie Öffnungszeiten, Adressen, Erreichbarkeit der Dienststelle mit dem öffentlichen Personennahverkehr

▶ das aktuelle Telefonverzeichnis mit allen Mitarbeitern sowie ergänzende Informationen zu den Mitarbeitern wie Anwesenheit oder die Vertretungsregelung zur Sicherstellung einer qualifizierten Weitervermittlung

▶ die konkreten Aufgabenstellungen der einzelnen Verwaltungsbereiche

▶ die für eine abschließende Bearbeitung notwendigen Zugriffe auf die einzelnen Fachverfahren

▶ der Zugang zum Internet für eine erste Informationsrecherche zu Produkten, die nicht im Aufgabenspektrum der eigenen Verwaltung liegen

Sollte die Bearbeitung im Call-Center nicht abschließend möglich sein, erfolgt eine elektronische Weitergabe des Vorgangs in die Fachverwaltung, wo über entsprechende Ansprechpartner auch eine Überwachung des jeweiligen Bearbeitungsstatus des Vorgangs möglich sein sollte.

Neben der Verbesserung des Kundenservice durch eine möglichst frühe und abschließende Sachbearbeitung lassen sich mit Hilfe eines Call-Centers aber auch erste Prozessanalysen über den Ablauf eines Geschäftsvorfalls innerhalb der Verwaltung aufnehmen und möglicherweise – auch aufgrund von Wünschen und Bedürfnissen der Kunden der Verwaltung – eine Änderung von Bearbeitungsabläufen initiieren.

Inwieweit ein solches Modell eines Call-Centers im Bereich der öffentlichen Verwaltungen, insbesondere im Hinblick auf die zur Zeit zur Verfügung stehenden knappen finanziellen Ressourcen, eine für jeden Verwaltungstyp tragfähige Lösung darstellen wird, bleibt abzuwarten.

Die organisatorische Umsetzung **4**

Call-Center Ansätze

Erste Ansätze zur Realisierung finden sich sowohl auf Bundesebene (Call-Center als Basiskomponente im Konzept Bund-Online 2005), der Ebene der Bundesländer (Call-Center in Nordrhein-Westfalen oder im Land Niedersachsen) wie auch auf kommunaler Ebene (Call-Center-Projekt bei der Stadtverwaltung Köln).

Da auch beim Call-Center eine räumliche Bindung durch die eingesetzte Technologie eine mehr oder weniger untergeordnete Rolle spielt, bietet sich auch das Call-Center in idealer Weise für Kooperationen an.

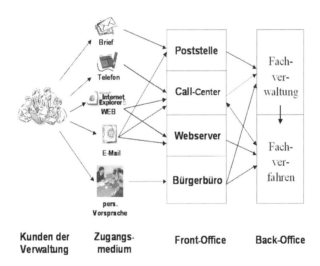

Abb. 8: Zugangskanäle zur Verwaltung

Langfristig dürfte davon ausgegangen werden, dass sich das Call-Center als einer der Zugangskanäle zur Verwaltung etablieren wird und sich somit auf Dauer zu einem **Customer Care Center** weiterentwickeln kann.

4 Die organisatorische Umsetzung

4.8 Erfolgskontrolle im Rahmen von eGovernment

Der Erfolg der Umsetzung der eGovernment-Strategie in neue Dienstleistungen, neue Produkte und der Anpassung der Geschäftsprozesse hängt von einer Reihe von Faktoren ab. Diese Faktoren lassen sich einerseits unter **betriebswirtschaftlichen Gesichtspunkten** ermitteln und anschließend zur Bewertung heranziehen, sie können aber auch aus **Prozesssicht** definiert werden. Des Weiteren stellt der weltweite Zugang mit seiner permanenten Erreichbarkeit ebenfalls, wenn auch nicht direkt, einen beeinflussbaren Faktor zur Kontrolle der Ergebnisse dar.

Um bei der Erfolgskontrolle nicht in eine rein reagierende Situation zu gelangen, müssen bereits bei der Beschreibung der eGovernment-Strategie die Parameter und damit auch die Erfolgskriterien definiert werden, unter denen sich das jeweilige eGovernment-Angebot zu entwickeln hat. Ebenso ist organisatorisch festzulegen, wer für die Kontrolle zuständig ist, damit alle Einflussfaktoren in ihrer Abhängigkeit zueinander bewertet werden und nicht aus einer möglicherweise fachbezogenen Sichtweise heraus ein eGovernment-Projekt als erfolgreich eingestuft wird, dies aber an einer anderen Stelle der Verwaltung zu einem erhöhten Aufwand führt. Der Grund hierfür liegt in der überwiegend dezentralen Verantwortung – vor allem in finanzieller Sicht – von Fachdienststellen für die Einführung von neuen Verfahren mit IT-Unterstützung.

Beispiel Meldeämter als Registrierungsstellen

> Als ein Beispiel aus der Vergangenheit dürften die in einer Reihe von Kommunen und Datenzentralen angestellten Überlegungen zur Einrichtung der Meldeämter als Registrierungsstellen (Registration Authority) für elektronische Signaturen entsprechend dem Signaturgesetz stehen. Die hiermit verbundenen Investitionen sowohl in die technische Infrastruktur wie auch in die Qualifizierung der Mitarbeiter konnten aber nur aus einer verwaltungsweiten Sicht amortisiert werden und nicht alleine durch die Verwaltungseinheit, die im Rahmen der dezentralen Mittelbereitstellung die entsprechenden Ressourcen zur Realisierung der Registrierungsstellen aufbringen mussten. Selbst der anschließenden verwaltungsinternen Verrechnung im Rahmen einer Refinanzierungsmöglichkeit der Ausgaben durch Übernahme der Einsparpotentiale in einer anderen Verwaltungseinheit wurden durch die haushaltsrechtlichen Vorgaben und vor allem durch die Sparzwänge enge Grenzen gesetzt, da die eingesparten Finanzmittel bereits zum damaligen Zeitpunkt nicht wieder eingesetzt werden konnten. Dies dürfte einer der Gründe gewesen sein, weshalb sich die Idee der Beteiligung der Verwaltung an dem Geschäftsmodell elektronische Signatur nur schwer realisieren ließ.

Ein weiterer kritischer Faktor bei der Bewertung des Erfolgs einer eGovernment-Realisierung ist der Vergleich der in der Kommunalverwaltung zu erbringenden Online-Dienstleistungsangebote mit denen der Länder

Die organisatorische Umsetzung 4

oder der Bundesverwaltung. Dieser Vergleich dürfte aufgrund der unterschiedlichen Aufgaben einerseits und der verschiedenen Verwaltungsstrukturen andererseits nur sehr begrenzt möglich sein. Es mangelt aber insgesamt immer noch an allgemein verbindlichen und objektiven Qualitätsmerkmalen. Es ist vielmehr so, dass jeder Initiator einer Umfrage andere Schwerpunkte setzt und in seine Beurteilungen von eGovernment-Angeboten einfließen lässt. Für den einen ist die Zahl der online bereitgestellten Verwaltungsprozesse, für andere die Tiefe der Öffnung des Verwaltungshandelns ein zu untersuchender Aspekt. Bei weiteren Untersuchungen steht dann der Umfang und die Schnelligkeit der Bearbeitung einer Anfrage im Vordergrund, ebenso wird aber auch das Design als zu bewertendes Qualitätskriterium herangezogen. Dies ist einer der Gründe, weshalb ein unverändertes Internetangebot einer Verwaltung die gesamte Spannbreite der Platzierungen in solchen Untersuchungen belegen kann.

Was somit fehlt, ist vor allem der direkte Vergleich mit den in der eGovernment-Strategie festgelegten Zielen und der, der jeweiligen Verwaltung zur Verfügung stehende, finanzielle Rahmen, der sich in naher Zukunft immer mehr reduzieren dürfte, da die Realisierung von eGovernment im Rahmen von Haushaltssicherungskonzepten sicherlich nicht zu den Pflichtaufgaben mit unaufschiebbarem Charakter gehören wird. So dürfte eine vom Tourismusangebot „beherrschte" Kommune auch in der attraktiven Darstellung ihrer touristischen Höhepunkte und einem gut funktionierenden Hotelbuchungssystem den Schwerpunkt ihres Online-Angebotes legen, während eine andere Kommune zunächst einen Schwerpunkt auf die Wirtschaftsförderung legt und dabei bewusst eine Reduzierung des touristischen Bereichs in Kauf nimmt. Ein solcher Vergleich muss also zwangsläufig zu einem verfälschten Ergebnis führen, wenn beispielsweise der Online-Verkauf von Tickets für Veranstaltungen der Gegenstand der Untersuchung ist.

Wenn also auf diesem Weg keine objektive Erfolgskontrolle erfolgen kann, sind andere Wege zur Überprüfung notwendig. Zunächst einmal dürfte hier die rein verwaltungsinterne Evaluierung der mit den einzelnen Projekten verfolgten Ziele im Vordergrund stehen. Dabei sind in die finanzielle Betrachtung alle Faktoren aufzunehmen, die verwaltungsweit zur Prozessabwicklung notwendig sind. So lassen sich beispielsweise die Prozesskosten für eine einfache Melderegisterauskunft bereits mit Erfolg reduzieren, wenn der Postweg sowohl für die Antragstellung wie auch für die Übermittlung des Ergebnisses durch eine elektronische Form ersetzt wird. Hierbei handelt es sich sowohl um Personalkosten (Wegfall der Postöffnung und des verwaltungsinternen Postdienstes), wie auch um

4 Die organisatorische Umsetzung

Sachkosten (Wegfall von Portogebühren), wobei der Zeitgewinn zu weiteren Einsparungen auf beiden Seiten führen dürfte.

Des Weiteren ist es notwendig, die ausgewählten Prozesse und Projekte einem regelmäßigen Abgleich mit der Gesamtstrategie zu unterziehen, so dass bei Bedarf die Ziele der Gesamtstrategie den Projekterfahrungen angepasst werden können. Ein zuverlässiger Indikator ist hier die durch das Online-Angebot angesprochene Nutzergruppe oder der Empfänger, an der der Erfolg einer Prozessumstellung gemessen werden kann. Geeignete Maßnahmen stehen dabei in ausreichendem Maß in elektronischer Form zur Verfügung. Sie reichen von Online-Fragebogen über moderierte Diskussionsforen bis hin zur Rückkopplung über das Medium E-Mail und können im Bedarfsfall durch externe Beratungsleistungen unterstützt werden. Aber auch die Rückkopplung mit der sachbearbeitenden Ebene innerhalb der Verwaltung ist vielversprechend, da hier in den meisten Fällen als Erstes die Reaktion auf eine Prozessanpassung anfällt.

 WICHTIG!

Erfolgskontrolle ist somit ein ebenso fortlaufender Prozess wie die Aktualisierung und die Erweiterung des jeweiligen Online-Angebots und sollte unter den jeweils spezifischen Aspekten, wie sie in der eGovernment-Strategie der einzelnen Verwaltungen festgeschrieben worden ist, erfolgen, damit sie aussagekräftige Ergebnisse erzeugt.

5 Generelle Anwendungen

Die Komplexität von eGovernment wird besonders durch die generellen Instrumente, die für die Abwicklung der Fachaufgaben benötigt werden, deutlich. Unterschätzungen in diesem Bereich sind der Grund dafür, dass der Veränderungsprozess langsamer abläuft als am Anfang vermutet und erhofft. Andererseits erfolgt aber auch eine Standardisierung im Sinne allgemein gültiger Bausteine, die in den Fachanwendungen immer wieder verwendet werden können und z. B. die Gesetzesänderungen nur an einer zentralen Stelle einmal gewartet werden müssen.

5.1 Der Einsatz von multifunktionalen, bankenorientierten Chipkarten

Durch die allgemeine technische Weiterentwicklung im Chipbereich – kleinere Chips mit einer gleichzeitig immer höher werdenden Leistungskapazität – steht nunmehr der Einsatz von multifunktionalen Chipkarten im Vordergrund. Hierbei werden zunächst die bisherigen Funktionen aus der Geldkarte auf eine einzige Karte integriert, wie es heute auf fast allen bankenorientierten Kartenlösungen der Fall ist. Dies wurde mit der Ausgabe der neuen Chipkarten-Generation der EC-Karten bereits Ende 1996/Anfang 1997 begonnen, wo auf diese Art und Weise rund 58 Mio. Karten mit integriertem Chip in Umlauf gebracht worden sind. Das Netz der für den Einsatz dieser Chipkarten benötigten Kartelese- und Kartenladestationen hat sich aber nicht in dem Umfang umgesetzt, wie es ursprünglich erwartet werden konnte. Auch die Verbreitung der mit dieser Technologie möglichen Zusatzfunktionen wie elektronischer Fahrschein, Zugangsberechtigung, Rabattfunktionen bis hin zur Realisierung einer City-Card ist nur in Einzelfällen im Rahmen von Pilotierungen umgesetzt worden.

Die Landschaft ist heute geprägt von nicht oder nur ansatzweise kompatiblen Einzellösungen. So existieren heute z. B. eine Vielzahl von Kundenbindungskarten im Einzelhandel, die Patientenkarte im Gesundheitswesen, Mitgliedsweise oder Kartenlösungen im Rahmen von Zugangskontrollsystemen bis hin zu Zahlsystemen in Kantinen. Im Wesentlichen lassen sich die Nutzungen in die drei Bereiche einteilen:

- ▶ Chipkarten als Zahlungsmittel
- ▶ Chipkarten als Grundlage zur Identifikation
- ▶ Chipkarten als multifunktionale Karten.

5 Generelle Anwendungen

5.1.1 Chipkarten und Verwaltungshandeln

Um eine Aussage über die mögliche Anwendbarkeit innerhalb der Verwaltung zu erhalten, muss man zunächst die Art des Verwaltungshandelns näher betrachten und aus dieser Sicht die Anforderungen an eine multifunktionale Chipkarte definieren. Grundsätzlich ist auch hier die Unterscheidung zwischen privatrechtlichem und öffentlich-rechtlichem (hoheitlichem) Handeln zu treffen, da die Kommune beim privatrechtlichen Handeln die Art und den Umfang der Leistung selbst bestimmen kann, während sie im öffentlich-rechtlichen Bereich in der Regel an die Vorgaben des Gesetzgebers gebunden ist. Die nachfolgende Übersicht soll diese Abhängigkeiten noch einmal verdeutlichen:

	privater Bereich	öffentlicher Bereich	
		privatrechtlich	hoheitlich
Aufgaben	▶ Zutrittskontrolle ▶ Zugangskontrolle am Rechner ▶ Zeiterfassung ▶ Zahlsysteme ▶ Job-Ticket	▶ Rabattierung von Leistungen ▶ Zahlsystem ▶ Zutritt/Eintritt (z. B. Museen)	▶ Buchausweis ▶ Parkplatzgebühr ▶ Zutritt/Eintritt (Museen, Konzerte etc.) ▶ Ticketing ▶ Zahlsystem	▶ Meldebescheinigung ▶ Steuerauskünfte ▶ Kfz-Zulassung ▶ Bauanträge ▶ Genehmigungen ▶ ....
Zielgruppen	Mitarbeiter/-innen	Touristen	Bürger/-innen, Einwohner/-innen	
Funktionen	Ausweis- und Cashfunktion	Ausweis- und Cashfunktion	Ausweis- und Cashfunktion Identifikation	Cashfunktion Identifikation elektr. Unterschrift

Abb. 9: Abhängigkeit von Aufgabe, Zielgruppe und Funktion

5.1.2 Cash- und Ausweisfunktionen

Die weiteste Verbreitung der Chipkartentechnologie ist auch heute noch im Bereich der Cashfunktionen zu finden, auch wenn die Nutzung dieser Technologie in Form der elektronischen Geldbörse nicht den erwarteten kurzfristigen Erfolg gebracht hat. Insbesondere der Nutzungsgrad im kommunalen Bereich kann immer noch als verschwindend gering eingestuft werden, obwohl im Rahmen der Euroumstellung durchgeführte Analysen gezeigt haben, dass die in der Verwaltung anfallenden Leistungen zu mehr als 90 % mit Hilfe der Cashfunktion (der Geldkarte) bezahlt werden könn-

Generelle Anwendungen 5

ten, da die hierfür zu entrichtenden Entgelte/Gebühren unter dem Ladelimit von 200 Euro liegen. Des Weiteren ist die Geldkarte das einzige Zahlungsmittel, das eine sichere und anonyme Zahlung im Internet mit einer Bezahlgarantie für den Händler verbindet. Auch das Marktpotenzial ist beachtlich: Mehr als 62 Millionen Geldkarten sind bereits im Umlauf.

Beispiel Geldkartenanwendung

> Insbesondere im Bereich der Automatenzahlung (z. B. am Getränke- oder Süßwarenautomaten, dem Zigarettenautomaten und den Fahrkartenautomaten im gesamten öPNV) wird die Nutzung angeboten.

Das Beispiel der Nutzung des Zigarettenautomaten zeigt aber gleichzeitig auf, wie eine Verbindung mit der Ausweisfunktion, bei dem auf dem gleichen Trägermedium zusätzliche Informationen hinterlegt werden, erreicht werden kann. Entsprechend der Vorstellung der Bundesregierung (*Interview mit Bundesministerin Ulla Schmidt in der ZEIT vom 18. Dezember 2002: „Außerdem lassen wir alle Automaten auf Chipkarten umrüsten, damit Kinder keinen Zugang zu Zigaretten aus den Automaten bekommen"*) sollen mit Hilfe der Chipkartentechnologie vor dem Bezahlvorgang am Zigarettenautomaten zukünftig auch noch das Alter des Chipkarteninhabers geprüft werden. Ähnliche Nutzungsszenarien lassen sich auch im kommunalen Umfeld, hier vor allem im Bereich des Mitarbeitereinsatzes, finden. Beispielhaft sind hier die elektronischen Zeiterfassungssysteme in Verbindung mit dem Zahlvorgang in der Kantine zu nennen. Ebenso kann aber auch der mit einer Personenidentifikation versehene Zugang zu öffentlichen Bibliotheken als Ersatz für den bisherigen Bibliotheksausweis eine Anwendung zwischen Verwaltung und Bürgerinnen und Bürgern darstellen und die Bezahlung der zu entrichtenden Benutzungsgebühr mit Hilfe des Geldkartenchips erfolgen. Auch in diesen Anwendungsfällen ist ein Rückgang von inkompatiblen Einzellösungen hin zum Einsatz des Geldkartenchips zu verzeichnen. Weitere denkbare Anwendungsszenarien könnten sich durch den Einsatz als Touristenkarte oder als Studentenkarte (ermäßigter Eintritt in Museen, Bädern etc.) ergeben. Eine wesentliche Forderung dürfte hierbei sein, die Karte nicht als Trägermedium für die jeweils unterschiedlichen Informationen zu nutzen, da hier wesentliche Nachteile entstehen können wie:

- Nutzung ist auf einen Anwendungsfall eingeschränkt
- es steht nur ein begrenztes Datenvolumen auf der Karte zur Verfügung
- höhere Anforderungen an die Datensicherheit
- höhere Anforderungen an den Datenschutz
- möglicher Verlust von Daten bei Verlust der Karte

5 Generelle Anwendungen

Die Chipkarte sollte stattdessen als Zugangsmedium zu Hintergrundsystemen dienen, wobei diese Systeme sowohl intern wie auch in der Verbindung mit Dritten auch noch mittels Webtechnologie miteinander gekoppelt sein können oder müssen. So könnte mit Hilfe eines solchen Ansatzes der Zugang zu einer Vielzahl von Dienstleistungen der Verwaltung ermöglicht werden, ohne dass die persönliche Identifikation in jedem Einzelfall erneut durchgeführt werden muss. Erste Ansätze in dieser Richtung werden zur Zeit in den Pilotierungen einer Bürgerkarte in Ulm, Passau und Bremerhaven gemacht, bei der die benötigten Identifikationsdaten in der Chipkarte hinterlegt sind und einen vereinfachten Zugang zur Meldeauskunft, Meldebestätigung und Wunschkennzeichenreservierung ermöglichen.

Tendenziell ist somit sicherlich festzustellen, dass die Zusammenführung von Cash- und Identifikationsfunktionen auf einer Chipkarte konkrete Züge angenommen hat und wesentlich zur selbstverständlichen Nutzung dieser Technologie beitragen wird.

5.1.3 Signaturkarten

Mit dem zum 1. August 1997 in Kraft getretenen und am 22. Mai 2001 novellierten Signaturgesetz wurden erstmalig die rechtlichen Voraussetzungen geschaffen, Online-Transaktionen beweisfähig und rechtsverbindlich zu machen. Hintergrund dieser Entwicklung ist die wachsende Nutzung von elektronischen Kommunikationsmöglichkeiten durch Wirtschaft, Verwaltung und auch im privaten Bereich[1]. Einer der wesentlichen Regelungen des Gesetzes betrifft die Festlegungen, welche Anforderungen an das Trägermedium für den privaten Schlüssel, die Signiertechnik und das Zertifikat des Besitzers zu stellen sind, damit diese sicher und unveränderbar gespeichert werden. Der Einsatz der Chipkartentechnologie wird in diesem Zusammenhang in der Signaturverordnung vom 16. November 2001 zwar nicht explizit genannt, muss aber anhand der legalisierten Anforderungen als notwendig erachtet werden.

Aufgrund der hohen Sicherheitsanforderungen an die technischen Komponenten, die eine Manipulation von Signatur- und Verifikationsprozessen verhindern soll, konnte die hier zum Einsatz kommende Chipkarte lange Zeit nicht mit anderen Anwendungen in einem einzigen Chip kombiniert werden. So wurde bei einer Reihe von Media@komm-Wettbewerbsbeiträgen die „Dual Chipkarte", eine Chipkarte mit zwei unabhängig voneinander arbeitenden Chips, in den Mittelpunkt der Überlegungen gestellt. Diese technologische Sonderform von Chipkarten sollte so

---

1) Einzelheiten s. Kapitel 3.

Generelle Anwendungen 5

gestaltet werden, dass auf der einen Seite der SmartCard der zu diesem Zeitpunkt fertig gestellte Geldkartenchip und auf der anderen Seite der Karte der Signaturchip eingebracht werden sollte.

Diese Idee auf dem Weg zur multifunktionalen Chipkarte wurde aber wegen fehlender Anwendungsfelder nie weiterentwickelt und produziert. Die damit verbundene Vorstellung der möglichen Nutzung einer einzigen SmartCard in mehreren unterschiedlichen Anwendungsszenarien wurde jedoch auch weiterhin aufrechterhalten, wobei insbesondere die Kombination von Bezahlfunktion und Signaturfunktion aufgrund der zu diesem Zeitpunkt entwickelten Vorstellung des Lebenslagenprinzips[1] (Anpassung der Inhalte der kommunalen Web-Auftritte an die Lebenslagen der Bürgerinnen und Bürger wie Geburt, Umzug, Heirat etc...) als Basis dieser Kartentechnologie gesehen wurde.

Realisiert worden sind bisher aber nur Chipkarten, mit deren Hilfe man elektronische Geschäftsprozesse bzw. E-Mails rechtsverbindlich und nachweisbar elektronisch unterschreiben kann. Diese Einschränkung auf den Anwendungsfall „elektronische Unterschrift" sowie der verhältnismäßig hohe Einstiegspreis im Vergleich zu anderen Chipkartenlösungen dürfte mit zu dem geringen Verbreitungsgrad beigetragen haben, auch wenn heute auf den Signaturchipkarten zusätzlich die Möglichkeit der Datenverschlüsselung angeboten wird.

5.1.4 Signaturbündnis

Durch die in den letzten Jahren geführte Diskussion um das Thema „Online-Identifikation von Personen" gewinnt die Zusammenführung der verschiedenen Chipkartentypen an entscheidender Bedeutung, da mit einer multifunktionalen Chipkarte alle in einem Geschäftsprozess entstehenden Anforderungen an

► Sicherheit,
► Rechtsverbindlichkeit und
► Zahlungsfähigkeit

erfüllt werden können. Die Vorstellung, zur Abwicklung in einem Online-Geschäftsprozess zunächst zur Identifikation eine Identifikationskarte, zur rechtsverbindlichen Unterschrift eine Signaturkarte und zum abschließenden Bezahlvorgang eine Geldkarte einsetzen zu müssen, dürfte nicht zur Verbreitung dieser Anwendung führen. Zu hoffen ist dabei, dass die Nutzung von nur einem Chipkartenlesegerät ausreichend ist.

---
1) Einzelheiten siehe Kapitel 5.3.2.

5 Generelle Anwendungen

Ein erster Schritt in diese Richtung wurde durch die am 4.3.2003 vollzogene Gründung des „Bündnisses für elektronische Signaturen (Signaturbündnis)" eingeleitet. Ein Schwerpunkt der Arbeit des Bündnisses ist die gemeinsame Nutzung vorhandener Infrastrukturen. Für den Anwender bedeutet dies: Die Vielzahl von Signaturanwendungen wird übersichtlicher und die Nutzung verschiedener Anwendungen mit einer Karte möglich. Gründungspartner von öffentlicher Seite sind das Bundesinnenministerium, das Bundeswirtschafts- und Arbeitsministerium, das Bundesfinanzministerium, das Informatikzentrum des Landes Niedersachsen, die im Rahmen des Städtewettbewerbs MEDIA@Komm ausgewählten Gemeinden Bremen, Esslingen und Nürnberg sowie die Bundesversicherungsanstalt für Angestellte. Auf Seiten der Wirtschaft beteiligen sich Siemens, die HypoVereinsbank, der Deutsche Sparkassenverlag, das Informationszentrum der Sparkassenorganisation (SIZ), der Deutsche Sparkassen- und Giroverband sowie die Deutsche Bank an dem Bündnis.

Im Detail einigten sich die Bündnispartner insbesondere über:

▶ technische Standards für die eingesetzten Anwendungen und Produkte,
▶ den Einsatz multifunktionaler Chipkarten,
▶ einheitliche Sicherheitsvorgaben und
▶ die Verwendung fortgeschrittener und qualifizierter elektronischer Signaturen.

Das starke Interesse der Kreditinstitute an dem Wirtschaftsbündnis darf als Indiz dafür gesehen werden, dass die Verbreitung der von diesen Institutionen herausgegebenen Chipkarten unter Aufrechterhaltung der bereits jetzt auf dem Chip integrierten Funktionen die Basis für eine weitere Verbreitung von Signaturkarten sein wird und insofern eine Hürde zur Realisierung von eGovernment genommen werden kann.

5.2 eBilling und ePayment

Für Wirtschaft und Unternehmen von erheblicher Bedeutung sind die durch den Einsatz der elektronischen Signatur eröffneten Möglichkeiten im Bereich des sog. eBillings, dem medienbruchfreien Rechnungswesen. Mit dem Steuersenkungsgesetz vom 23.10.2000 (BGBl 2000 I, Seite 1433) hat der Gesetzgeber für den elektronischen Geschäftsverkehr im Steuerrecht die relevanten Regelungen getroffen.

Generelle Anwendungen 5

5.2.1 Elektronische Rechnung

Durch den neu eingeführten § 147 Abs. 6 AO ist es der Finanzverwaltung ermöglicht, seit dem Jahr 2002 elektronische Betriebsprüfungen durchzuführen. Diese Neuregelung stellt die betroffenen Unternehmen vor die nicht unbedeutende Herausforderung, ihre steuerlich relevanten Daten elektronisch so aufzuarbeiten, dass sie der Finanzverwaltung im Rahmen einer Betriebsprüfung auf elektronischem Wege zugänglich gemacht werden können. Der Unternehmer ist verpflichtet, auf seine Kosten diejenigen Hilfsmittel zur Verfügung zu stellen, die erforderlich sind, um die Unterlagen lesbar zu machen. Auf Verlangen der Finanzbehörde hat er zusätzlich und auf seine Kosten die Unterlagen unverzüglich ganz oder teilweise auszudrucken oder ohne Hilfsmittel lesbare Reproduktionen beizubringen. So ergibt sich aus § 22 Abs. 1 UStG die Verpflichtung des Unternehmers, zur Feststellung der Steuer Aufzeichnungen vorzuhalten, die bestimmten inhaltlichen Voraussetzungen unterworfen sind.

 WICHTIG!

Aufzeichnungen müssen so beschaffen sein, dass es einem sachverständigen Dritten (d. h. insbesondere dem Steuerprüfungs- und Finanzamt) innerhalb einer angemessenen Zeit möglich ist, einen Überblick über die Umsätze des Unternehmens und die abziehbaren Vorsteuern zu erhalten sowie die Grundlagen für die Steuerberechnung festzustellen.

Aus den Grundsätzen zum Datenzugriff und zur Prüfbarkeit digitaler Unterlagen (GDPdU – Schreiben des Bundesministeriums für Finanzen vom 16. 7. 2001 IV D 2 – S 0316–136/01 – sowie Schreiben des Bundesministeriums für Finanzen vom 29. 1. 2004 IV B 7 – S 7280 – 19/04 zur Umsetzung der Richtlinie 2001/115/EG [Rechnungsrichtlinie] und der Rechtsprechung des EuGH und des BFH zum unrichtigen und unberechtigten Steuerausweis durch das Zweite Gesetz zur Änderung steuerlicher Vorschriften [Steueränderungsgesetz 2003]) ergibt sich, dass die mit Hilfe eines Datenverarbeitungssystems erstellte Buchführung des Steuerpflichtigen durch Datenzugriff zu prüfen sein muss. Es ist erforderlich, dass die Prüfungsmethoden der Finanzbehörden den modernen Buchführungstechniken angepasst werden.

Dies gilt umso mehr, als im zunehmenden Maße der Geschäftsverkehr papierlos abgewickelt wird und ab dem 1. 1. 2002 der Vorsteuerabzug aus elektronischen Abrechnungen mit qualifizierter elektronischer Signatur und Signatur mit Anbieter-Akkreditierung nach dem Signaturgesetz möglich ist. Von entscheidender Bedeutung ist dabei § 14 Abs. 4 Satz 2

5 Generelle Anwendungen

UStG. Ursprünglich lautete er dahingehend, dass eine Rechnung nur dann zum Vorsteuerabzug berechtigt, wenn diese mit einer qualifizierten elektronischen Signatur mit Anbieter-Akkreditierung versehen ist (§ 14 Abs. 4 Satz 2 UStG alt). Die Wahl der akkreditierten Signatur erfolgte, um das gleiche Sicherheitsniveau wie bei den digitalen Signaturen nach dem Signaturgesetz alter Fassung (d. h. im Signaturgesetz aus dem Jahr 1997) zu erreichen. Elektronische Abrechnungen sind nach der Begründung des Gesetzes sowohl Abrechnungen, die im Wege des Datenträgeraustausches ausgetauscht werden, als auch solche, die über das Internet (E-Mail) übermittelt werden. Die elektronische Abrechnung ist damit neben die herkömmlichen „Papierrechnungen" getreten.

Die jetzt gültige Fassung des § 14 Abs. 4 Satz 2 UStG lässt neben der elektronischen Signatur mit Anbieter-Akkreditierung auch die qualifizierte elektronische Signatur genügen, damit eine Rechnung zum Vorsteuerabzug berechtigt. Diese Regelung war ein erster Schritt zur Umsetzung der Richtlinie 2001/115/EG des Rates vom 20. 12. 2001 (Amtsblatt der Europäischen Gemeinschaften vom 17. 1. 2002 Nr. L 15/24). Die Richtlinie legt unter anderem einen gemeinsamen europäischen Rechtsraum für elektronisch übermittelte Rechnungen fest: Nach Artikel 2 Abs. 3 lit. b) werden elektronisch übermittelte Rechnungen von den Mitgliedstaaten unter der Voraussetzung akzeptiert, dass die Echtheit der Herkunft und die Unversehrtheit des Inhalts gewährleistet werden. Dieses Ziel soll insbesondere durch den Einsatz einer fortgeschrittenen elektronischen Signatur im Sinne des Artikels 2 Nr. 2 der Richtlinie 1999/93/EG des Europäischen Parlaments und des Rates vom 13. 12. 1999 über gemeinschaftliche Rahmenbedingungen für elektronische Signaturen erreicht werden, wobei sie jedoch ausdrücklich den Mitgliedstaaten überlässt, höhere Qualitätsanforderungen zu stellen. Damit können die Mitgliedstaaten festlegen, dass fortgeschrittene elektronische Signaturen auf einem qualifizierten Zertifikat beruhen und von einer sicheren Signaturerstellungseinheit erstellt werden (Artikel 2 Nr. 6 und 10 der vorbezeichneten Richtlinie). Der Bundesgesetzgeber hat durch das Steueränderungsgesetz des Jahres 2002 und der damit verbundenen zweiten Fassung des § 14 Abs. 4 Satz 2 UStG den Regelungsbereich der Richtlinie zur Harmonisierung der mehrwertsteuerlichen Anforderungen an die Rechnungsstellung ausgeschöpft.

5.2.2 Zustimmungspflicht zum Empfang elektronischer Rechnungen

Elektronische Rechnungen können übersandt werden, wie dies Artikel 2 Abs. 3 Buchstabe c der Mehrwertsteuerharmonisierungsrichtlinie ausdrücklich vorsieht, „vorbehaltlich der Zustimmung des Empfängers". Bemerkenswert ist allerdings, dass unklar bleibt, in welcher Form und bis wann die Zustimmung zum Empfang elektronischer Nachrichten zu erteilen ist. Eine ausdrückliche Zustimmung des Leistungsempfängers zum Empfang einer elektronischen Rechnung würde den Geschäftsverkehr erheblich belasten und zudem für eine Rechtsunsicherheit auf Seiten des abrechnenden Unternehmers sorgen. Auf der anderen Seite gibt es u. U. keine für den Absender erkennbaren Anhaltspunkte für eine solche konkludente Zustimmung. Die vorherige Einwilligung dürfte im Massenverkehr die einzig praktikable Lösung darstellen. Dem schließt sich auch die Finanzverwaltung an. Denn sie erkennt eine Verpflichtung des Rechnungsempfängers, eine Überprüfung der Signatur durchzuführen, die mit der Pflicht einhergeht, den Eingang elektronischer Abrechnungen sowie deren weitere Verarbeitung zu protokollieren. Nur so werde er zum Vorsteuerabzug berechtigt (Bundessteuerblatt I, 2001, 415, 416).

Dies bedeutet für die öffentliche Verwaltung als Rechnungsempfänger, dass sie keine elektronischen Rechnungen für erhaltene Waren oder Dienstleistungen akzeptieren muss, wenn sie deren Empfang nicht ausdrücklich zugestimmt hat. In Anbetracht der Tatsache jedoch, dass Unternehmen ihre gesamte Buchhaltung – nebst Rechnungen – zunehmend elektronisch gestalten, ist damit zu rechnen, dass diese an die öffentliche Verwaltung mit den entsprechenden Anforderungen herantreten. Sie muss dann in der Lage sein, die empfangenen Rechnungen nicht nur hinsichtlich der elektronischen Signatur zu überprüfen, sondern auch in das interne Rechnungs- und Buchungssystem zu integrieren.

Gemäß §§ 21, 145, 146 AO muss das über 10 Jahre aufzubewahrende Datenmaterial nach §§ 146 Abs. 5 Nr. 2, Nr. 3, 147 Abs. 2 Nr. 2 AO jederzeit verfügbar und unverzüglich lesbar gemacht werden können. Die elektronisch übermittelte Abrechnung wird wirksam, wenn sie derart in den Machtbereich des Empfängers gelangt, dass dieser bei Annahme gewöhnlicher Umstände die Möglichkeit ihrer Kenntnisnahme hat. Dies ist der Fall, wenn die elektronische Nachricht abrufbar auf dem Access-Server des Empfängers ist.

Auf Seiten des Rechnungsstellers ist die Kopie der Rechnung ebenso vorzuhalten, damit dieser seinen Aufbewahrungspflichten genügt. Unterstellt, dass eine auch in Kopie übersandte signierte Datei prüfbar ist, genügt der Rechnungssteller den Anforderungen der Aufbewahrungspflichten nach der Abgabenordnung dadurch, dass der Prüfschlüssel de facto online abrufbar ist.

5 Generelle Anwendungen

5.2.3 Outsourcing des kommunalen Rechnungswesens?

Mit dem gesetzgeberischen Willen zum eBilling geht der Aufruf an die öffentlichen Verwaltungen einher, im Bereich des Rechnungswesens ebenso die Voraussetzungen zur medienbruchfreien Bearbeitung von Eingangs- und Ausgangsrechnungen zu schaffen – nicht zuletzt, damit Rechnungen der Verwaltung in Wirtschaft und Unternehmen in deren Warenwirtschafts- und Buchführungssysteme – medienbruchfrei – einfließen können. Zu diesem Zweck könnte sich die öffentliche Verwaltung eines externen „Rechnungsstellers" bedienen. Artikel 2 Abs. 3 a der Richtlinie zur Vereinfachung, Modernisierung und Harmonisierung der mehrwertsteuerlichen Anforderung an die Rechnungsstellung sieht diese Möglichkeit ausdrücklich vor:

„Jeder Steuerpflichtige stellt für die Lieferungen von Gegenständen oder Dienstleistungen, die er an einen anderen Steuerpflichtigen oder an eine nicht steuerliche juristische Person bewirkt, eine Rechnung entweder selbst aus oder er trägt dafür Sorge, dass eine Rechnung von seinem Kunden oder in seinem Namen und für seine Rechnung von einem Dritten ausgestellt wird".

Die Richtlinie geht damit selbstverständlich davon aus, dass der tatsächliche Leistungserbringer nicht auch Rechnungssteller sein muss. Vielmehr kann sich der Leistungserbringer – so die Formulierung der EU-Richtlinie – eines Dritten bedienen, der für ihn die eigentliche Rechnung ausstellt. Dieser Grundsatz findet sich ebenso im UStG wieder. Gemäß Artikel 2 Abs. 3 c der Steuerrichtlinie werden elektronisch übermittelte Rechnungen dann akzeptiert, wenn die Echtheit der Herkunft und die Unversehrtheit des Inhalts gewährleistet ist. Die Funktion der elektronischen Signatur ist damit nicht die eines Substituts für die eigenhändige Unterschrift, wie dies etwa in § 126a BGB festgelegt ist. Dies ist auch nur systemimmanent, da eine Rechnung keiner eigenhändigen Unterschrift bedarf.

Unproblematisch ist, dass die elektronische Signatur nach Maßgabe des § 14 Abs. 4 Satz 2 UStG – unabhängig davon, von wem diese tatsächlich dem elektronischen Dokument hinzugefügt wird – den Nachweis über die Unversehrtheit eines elektronischen Dokuments gewährleisten kann. Es stellt sich mithin die Frage, ob die „Echtheit der Herkunft" – wie dies die Mehrwertsteuerharmonisierungsrichtlinie verlangt – dann gegeben ist, wenn eben nicht der Leistungserbringer, sondern ein Dritter die Rechnungsdaten mit einer elektronischen Signatur versieht. Aus § 14 Abs. 4 UStG ist nicht ablesbar, wer elektronische Daten zu signieren hat, damit sie den Ansprüchen einer elektronischen Rechnung genügen. Wesentlich

Generelle Anwendungen 5

ist jedoch, dass nach dem Wortlaut des UStG vor dem Signaturvorgang noch gar keine Rechnung vorliegt. Dies bedeutet, dass erst durch die Verknüpfung von Rechnungsdaten mit der elektronischen Signatur eine Rechnung entsteht, die zum Vorsteuerabzug berechtigt. Die Mehrwertsteuerharmonisierungsrichtlinie verlangt nach ihrem Wortlaut, dass der Dritte im Namen und auf Rechnung des Steuerpflichtigen die Rechnung ausstellt. Der Dritte tritt insoweit als Vertreter für den Leistungserbringer auf. Nach § 5 Abs. 2 Signaturgesetz kann ein qualifiziertes Zertifikat Angaben über seine Vertretungsmacht für eine dritte Person enthalten (Attribut). Im Rahmen der Antragstellung zum Erhalt des Hauptzertifikats bzw. des gesonderten Attributszertifikats ist es nach § 5 Abs. 2 Satz 2 Signaturgesetz erforderlich, dass die Angaben über die Vertretungsmacht durch Einholung einer Einwilligung der dritten Person nachzuweisen sind.

 WICHTIG!

Die Gesetzeslage ermöglicht damit der öffentlichen Verwaltung, sich für das elektronische Rechnungswesen der Hilfe eines Dritten zu bedienen, der insbesondere die Voraussetzungen erfüllen muss, Rechnungsdaten mit der elektronischen Signatur und dem elektronischen Zeitstempel im Sinne des Signaturgesetzes zu versehen.

Der öffentliche Sektor würde so den Anforderungen von Wirtschaft und Unternehmen zur medienbruchfreien Bearbeitung des Rechnungswesens entsprechen und damit zu einer treibenden Kraft im Bereich des eBillings werden.

5.2.4 ePayment

Eine einheitliche rechtliche Regelung des elektronischen Zahlungsverkehrs ist bislang nicht erfolgt. Zu beobachten bleiben vor allem die Bestrebungen auf Seiten der Europäischen Union. Mit Empfehlungen und Mitteilungen versucht die EU-Kommission, zur Förderung des elektronischen Zahlungsverkehrs beizutragen, ebenso wie die Bundesregierung. Wichtig war für die Akzeptanz elektronischer Bezahlsysteme, dass auf nationaler Ebene mit der am 1. Januar 1998 in Kraft getretenen Sechsten Novelle des Kreditwesengesetzes sowohl vorausbezahlte Karten als auch Netzgeldgeschäfte der Aufsicht des Bundesamtes für das Kreditwesen unterstellt wurden.

5.3 Die Einrichtung und die Logistik von Zugangsportalen

Der Zugang zu den Dienstleistungen des eGovernment besteht aus weit mehr als dem Besitz eines Internet-Anschlusses. Er besteht aus einer

5 Generelle Anwendungen

Vielzahl von zu beherrschenden technischen Einzelelementen wie Modem oder Chipkartensysteme, gekoppelt mit Suchmaschinen zum schnellen Erhalt von Orientierungsinformationen über die Medienkompetenz zur Auswahl der richtigen Informationen. Insbesondere die Orientierungsunterstützung gewinnt dabei in der letzten Vergangenheit ein immer größeres Maß an Bedeutung, da die Informationsvielfalt im Internet zu einer Informationsflut geführt hat. Aus diesem Grund gewinnt die Einrichtung von Portalen mit der Möglichkeit der gesteuerten Selektierung von Informationen über entsprechende Filterfunktionen eine immer größere Ausprägung. Im Folgenden soll der Versuch unternommen werden, die Portale aufgrund von räumlichen Aspekten zu unterteilen und die Entscheidungskriterien bzw. die Anforderungen zur Einrichtung der jeweiligen Portalebene kurz darzustellen. Innerhalb der einzelnen Portaltypen wiederum können über zusätzliche Kriterien weitere Abgrenzungen getroffen werden. Zu diesen Kriterien gehören ganz allgemein solche von regionaler Art (meist direkt standortbezogene Informationen), solche mit sachlichen Bezügen, wie beispielsweise das Themengebiet der Kfz-Angelegenheiten bis hin zur Zugehörigkeit zu einer bestimmten Benutzergruppe, beispielsweise die Ratsmitglieder einer Gemeinde. Da die Anzahl der Kriterien praktisch unbegrenzbar ist, lässt sich auch eine feste Zuordnung von Zugängen auf Dauer nicht erreichen. So ist der Mitarbeiter einer Behörde während der Arbeitszeit im Mitarbeiterportal aufgehoben, während er am Abend auf seinem heimischen Rechner eine gänzliche differente Portalsituation in Abhängigkeit von der ausgewählten Leistung benötigt. Hierunter fallen Einkaufsportale ebenso wie Sportportale oder die kommunalen Portale, falls er gerade online Leistungen seiner Verwaltung in Anspruch nehmen möchte. Aus diesem Grund dürfte sich der Gedanke der lernenden Portale, d. h. der Portale, die sich aus dem Benutzerverhalten heraus entwickeln werden, zukünftig von immer größerem Interesse sein.

5.3.1 Mitarbeiterportale

Die heutige Oberfläche der Vielzahl der am Arbeitsplatz eingesetzten Rechner orientiert sich mehr oder weniger an den Standardkomponenten, wie sie von der Struktur her durch das jeweilige Betriebssystem vorgegeben werden. Diese im Prinzip standardisierten Oberflächen werden dann noch um die speziellen Zugänge zu Hintergrundsystemen auf der Basis von „startfähigen" Symbolen erweitert. Auf die fallbezogenen und damit sehr individuellen Bedürfnisse der Mitarbeiter wird dabei nicht oder nur in den wenigsten Fällen eingegangen. Dabei hat sich in den meisten Verwaltungen, aber auch bei den Wirtschaftsunternehmen, das Intranet zu einem Medium entwickelt, das gerade diesen Anforderungen in einem

Generelle Anwendungen 5

hohen Maß entsprechen kann. Die meisten Intranetangebote haben dabei aber den Nachteil, dass die in ihm enthaltenen Informationen immer allen Personen, die einen Zugang zu diesem Medium erhalten haben, zur Verfügung stehen. Von daher kommt es auf Dauer zu einer Informationsüberflutung, die das Finden der jeweils relevanten Informationen erheblich erschwert. Hier ist ein erster Ansatz für eine Portallösung gegeben, wenn der Zugang zu bestimmten Informationen durch eine Personalisierung des Angebotes auf bestimmte Benutzergruppen eingeschränkt wird. Hierunter können beispielsweise Informationen fallen, die lediglich für alle Mitarbeiter der Personalabteilung für Ihre Arbeit von Belang sind und die ansonsten überhaupt nicht oder nur rudimentär für die restliche Verwaltung zur Verfügung stehen müssen. Die Steuerung des Zugangs erfolgt dabei aber immer durch die Stelle, von der die Informationen letztlich bereitgestellt werden. Des Weiteren hängt die Informationsbeschaffung immer noch vom einzelnen Mitarbeiter oder der Mitarbeiterin ab, da die Informationsbeschaffung eine Art Holschuld bedeutet. Solange die Person diese Information nicht aktiv aufsucht, bleibt sie ihr auch verborgen. Insofern sollte auch ein personalisierter Zugang zu Intranetinformationen mit einem automatisierten Hinweis auf neue Informationen verbunden werden. Dies kann beispielsweise über Newsticker realisiert werden. Ziel muss es jedoch sein, dass die Mitarbeiterinnen und Mitarbeiter sich ihre persönliche Arbeitsumgebung, also ihr Portal, auf der Desktopoberfläche des Rechners weitestgehend variabel einrichten können, um entsprechend ihrer Aufgabenstellung in der Verwaltung mit Informationen versorgt zu werden.

5.3.2 Kommunale Portale

Die kommunalen Portale gehören heute unter räumlichen Gesichtspunkten sicherlich mit zu den am besten genutzten Zugängen zur jeweiligen Verwaltung. Bedingt durch die einheitliche und einprägsame Nutzung der Domain-Namen nach dem Muster www.staedtename.de hat sich hier eine typische Zugangssituation entwickelt. Spätestens beim Aufruf des Portals hören aber die Gemeinsamkeiten auf. Die Informationsvielfalt in den einzelnen Angeboten wird ergänzt durch jeweils andere Strukturen bei der Informationsaufbereitung bis hin zu unterschiedlichen Designs. Dies dürfte aber ein Indiz dafür sein, dass sich die kommunalen Portale in einer Art Wettbewerbssituation entwickelt haben und somit in der ersten Phase nicht an den Bedürfnissen der Portalnutzer ausgerichtet wurden. Diesem Trend wird aber durch die verstärkte Ausrichtung der kommunalen Portale an bestimmten Aufgabenstellungen oder Lebenslagen inzwischen mehr oder weniger intensiv entgegengewirkt. Sie werden somit zu einer ersten Anlaufstelle für alle Arten von Interessenten und sollten des-

5 Generelle Anwendungen

halb ohne weitere Hindernisse auf dem kürzesten Weg zu den gewünschten Dienstleistungen und Informationen führen. Hierzu ist es technologisch notwendig, die einzelnen Daten- und Informationsquellen der Verwaltung unter Beachtung von Aspekten der Datensicherheit und des Datenschutzes im Sinne des Anfragenden zu erschließen, das Ergebnis an einer Stelle zu sammeln und inhaltlich aufbereitet zu präsentieren. Ein weiterer und wesentlicher Aspekt dürfte sein, inwieweit es gelingen wird, über ein solches Portal auch „verwaltungsfremde" Dienstleistungen auf Dauer zu integrieren. Hierbei kann es sich sowohl um die Dienstleistungen von anderen Behörden, aber auch um Dienstleistungen von Businessanbietern handeln. Als denkbares Anwendungsbeispiel mag hier der Geschäftsprozess einer Kfz-Zulassung stehen, über den sich in der Vor- und Nachbereitungsphase zumindest die Internetangebote der Kommune, der Finanzämter und der Schilderhersteller miteinander verbinden lassen. Erst bei einer solchen Betrachtungsweise wird verständlich, welche Aufgaben anfallen, wenn die kommunalen Internetauftritte zu Portalen für durchgängige Dienstleistungsangebote ausgebaut werden sollen.

Im Hinblick auf die Möglichkeiten zum einheitlichen Design und zum einheitlichen Aufbau von Formularen, aber auch zur Erreichung von Vertrauenswürdigkeit und zur Einhaltung der Anforderungen der Datensicherheit sollte deshalb auf weitere, fachspezifische Internetauftritte unter einer eigenen Domain zugunsten eines einheitlichen Portals verzichtet werden. Für bereits vorhandene Angebote ist ein Migrationskonzept zur Überführung dieser Angebote in das kommunale Portal zu entwickeln.

5.3.3 Fachspezifische Portale

Eine spezielle Form von Portalen stellen die sich insbesondere im privaten bzw. kommerziellen Bereich entwickelnden fachspezifischen Portale dar. Hierzu gehören häufig themenbezogene Portale, die teilweise in Konkurrenz zu den öffentlichen Portalen der Verwaltung aufgebaut werden. Mit diesen Angeboten werden primär Dienstleistungen aus einer Hand angeboten, die sich auch auf kommunale Aufgaben beziehen können, auch wenn die verwaltungsmäßige Abwicklung des Geschäftsprozesses weiterhin bei der Verwaltung verbleibt. Auch hier können als Beispiel Dienstleistungsangebote rund um das Kraftfahrzeug aufgeführt werden, die teilweise sogar suggerieren, dass dort die Abwicklung der Verwaltungsleistungen vorgenommen wird. Es dürfte für beide Seiten von Nutzen sein, wenn hier im Rahmen einer Kooperation eine Kopplung der jeweiligen Dienstleistungen erreicht werden könnte.

Aber auch auf Seiten der Verwaltung entwickeln sich gerade in der jüngsten Vergangenheit fachspezifische Angebote, die über einen Portalzu-

Generelle Anwendungen 5

gang erreicht werden können. Insbesondere für die Mandatsträger werden dabei Ratsportale in den unterschiedlichsten Ausprägungen entwickelt und angeboten. Neben diesem Fachportal dürfte sich gerade der Bereich der Geoinformationen in idealer Weise für den Aufbau eines weiteren fachspezifischen Portals anbieten. Zum einen kann auch hier die Nutzergruppe unter fachlichen Aspekten zusammengestellt werden, zum anderen kann die Informationsaufbereitung unter spezieller Berücksichtigung der Anforderungen aus dieser Benutzergruppe erfolgen. Daneben lassen sich spezifische technische Anforderungen wie beispielsweise eine hohe Bandbreite für die Datenübertragung realisieren. Inwieweit solche Fachportale unter überregionalen Gesichtspunkten weiterentwickelt und betrieben werden müssen, wird sicherlich in naher Zukunft beantwortet werden können.

5.3.4 Landes- oder regionale Portale

Auch auf Ebene der Bundesländer wird die Entwicklung von Portalen immer stärker vorangetrieben. Hierbei steht neben der Informationsbereitstellung von landesspezifischen Informationen in eigenen fachbezogenen Portalen auch der Ausbau von gemeinsam mit der Kommunalverwaltung betriebenen Portalen für eine Region oder ein Bundesland im Focus der Überlegungen. In erster Linie soll mit diesen Portalen ein einheitlicher Zugang zu den Dienstleistungen der einzelnen Kommunen hergestellt werden. Ein Beispiel hierfür ist das Angebot unter www.baynet.de zu nennen, bei dem über einen Zugang auf die speziellen Dienstleistungen der jeweiligen Kommunen verzweigt wird. Ähnliche Überlegungen werden inzwischen auch bei einigen Datenzentralen – hier insbesondere im Land Nordrhein-Westfalen – angestellt, um den Zugang zu bestimmten gleichartigen Informationen über einen Informationskanal für eine bestimmte Region sicherzustellen. In dieses Angebot werden dann beispielsweise Hinweise auf Veranstaltungen oder eine gemeinsame Darstellung von Wahlergebnissen bis hin zur Bereitstellung von einheitlichen Formularen über das regionale Portal integriert. Erst wenn über solche Portale auch interaktive Dienste überregional einheitlich angeboten werden und von dort automatisiert der Zugriff auf die jeweils örtlich zuständige Kommune erfolgt, dürften sich diese Portale auf Dauer etablieren. Dies gilt umso mehr, als dass für diese Portale das Problem des Bekanntheitsgrades nicht direkt über die Webadresse hergestellt werden kann und insofern diese Portallösung beworben werden muss.

5 Generelle Anwendungen

5.3.5 Portallösung des Bundes

Der Portallösung des Bundes unter www.bund.de dürfte es vorbehalten bleiben, die Zusammenfassung der Informations- und Transaktionsangebote der Kommunen sowie der Landes- und Bundesbehörden unter ein einheitliches Informationssystem zu stellen. Hierbei dürfte sicherlich nicht die vollständige Dienstleistungsabwicklung im Vordergrund der Überlegungen stehen, sondern es sollte ein einheitlicher Zugang zu allen Bereichen der Verwaltungsdienstleistungen unabhängig von örtlichen und formalen Zuständigkeiten angestrebt werden. Dies ist beispielsweise mit dem @amtshelfer Online unter www.help.gv.at in Österreich bereits umgesetzt worden. Daneben werden über dieses Portal die speziellen Dienstleistungen der Bundesbehörden angeboten, wie sie im Rahmen der eGovernment-Initiative „Bund Online 2005" definiert und beschrieben werden.

 WICHTIG!

Insgesamt ist somit die Frage der Beteiligung am Aufbau von Portalen auch im Hinblick auf die notwendige Kommunikation der Behörden untereinander im Rahmen der eGovernment-Strategie aufzugreifen und die sich aus der Beteiligung ergebenden Anforderungen an die Einrichtung und die Logistik der einzelnen Portalebenen darzustellen.

5.4 Elektronischer Briefkasten und virtuelle Poststelle

Die elektronische Kommunikation im eGovernment ist von zwei wesentlichen Faktoren geprägt, die insgesamt die Struktur und den Ablauf der Kommunikation beeinflussen. Dies sind

▶ die Kommunikationspartner
▶ der Kommunikationskanal.

Beide Aspekte werden uns – unter dem Blickwinkel der Kommunikationssicherheit – in Kapitel 8.3 beschäftigen. In diesem Kapitel wollen wir uns mit dieser Fragestellung noch eingehender beschäftigen und dabei insbesondere die Frage beleuchten, wie die verschiedenen Kommunikationstypen mit ihren spezifischen inhaltlichen und sicherheitstechnischen Anforderungen durch technisch-organisatorische Kommunikationsmittel unterstützt werden können. Bezogen auf den Kommunikationstyp lassen sich bei den Kommunikationspartnern zwei grundsätzliche Arten der Kommunikation unterscheiden:

1. die persönliche (oder direkte) Kommunikation und
2. die organisationsbezogene (oder zentrale) Kommunikation.

Generelle Anwendungen 5

Diese Kommunikationstypen sind aufs engste (aber nicht zwangsläufig!) mit zwei gegensätzlichen Paradigmen der elektronischen Kommunikationssicherheit (vor allem bezogen auf Vertraulichkeit und Verbindlichkeit) verknüpft, nämlich der

▶ Ende-zu-Ende-Sicherheit und
▶ Ende-zu-Server-Sicherheit.

Bei der direkten Kommunikation wird zwischen Bürger(in) und Verwaltungsmitarbeiter(in) ein Kontakt hergestellt, im zweiten Falle erfolgt die eigentliche Kommunikation zwischen Bürger(in) und nicht **einem** bestimmten Mitarbeiter, sondern einer Behörde als solcher bzw. einer Organisationseinheit der Behörde.

Bei jeder Kommunikationsart kann dann der Kommunikationskanal

▶ unstrukturierter Mail-Verkehr
▶ formularbasierter Datenaustausch

zur Anwendung kommen (vgl. Kap. 8.6.1). Allerdings kann man ohne allzu grobe Vereinfachung der Sachverhalte davon ausgehen, dass der bevorzugte Kommunikationskanal der persönlichen Kommunikation die E-Mail ist, während sich für die zentrale Kommunikation besonders (aber nicht ausschließlich) der Web-Kanal anbietet.

 ACHTUNG!

Es sei an dieser Stelle ausdrücklich hervorgehoben, dass die Betrachtungen über Kommunikationstypen in diesem Abschnitt durchweg aus Sicht der Behörde vorgenommen werden. Dies ist insofern natürlich, da die Optionen für die technische Ausstattung der Behörden im Mittelpunkt des Einflusses stehen. Die kundenseitigen Infrastrukturen sind in aller Regel jenseits der Einflussmöglichkeiten einer Behörde und darüber hinaus – abgesehen von Zeichnungsbefugnissen in speziellen eGovernment-Transaktionen mit Wirtschaftsunternehmen – auch meist ohne Belang für die Abwicklung der eGovernment-Dienstleistungen.

Unter Berücksichtigung der allgemeinen sicherheitsspezifischen Anforderungen sind in dem vorgenannten Kontext zwei weitere Hauptfelder zu berücksichtigen. Dies sind die kryptographischen Techniken

▶ Verschlüsselung und
▶ Signatur.

5 Generelle Anwendungen

Beim Einsatz von elektronischer Signatur und Verschlüsselung wird stets summarisch davon gesprochen, dass „der Empfänger" Nachrichten entschlüsselt oder Signaturen prüft. Während auf Bürgerseite klar sein dürfte, dass dieser Empfänger der Bürger persönlich ist, ist die Frage, wer auf Seiten der Verwaltung als „Empfänger" einer Bürgernachricht fungiert, mit großen technischen und organisatorischen Konsequenzen behaftet. Die Verwaltung muss hierbei frühzeitig entscheiden, welche der beiden gegensätzlichen Ansätze für welche Anwendungsfälle zum Einsatz kommen soll. Es ist intuitiv klar, dass Ende-zu-Ende-Sicherheit mit behördenseitiger Anwendung der kryptographischen Technik durch den Sachbearbeiter idealerweise in Verknüpfung mit persönlicher Kommunikation auftritt, während die Anwendung der Ende-zu-Server-Sicherheit ein „natürlicher Kandidat" für die Absicherung der zentralen Kommunikation ist. Obwohl diese Verknüpfung wie erwähnt keine zwangsläufige ist und andere Kombinationen durchaus realisierbar sind, wollen wir uns in der weiteren Darstellung auf die beiden „Haupttypen" beschränken.

5.4.1 Persönliche Kommunikation zwischen Bürger und Sachbearbeiter mit Ende-zu-Ende-Sicherheit

Dieses Szenario ist zunächst dadurch gekennzeichnet, dass die Adresse – also in der Regel die Mailadresse – des Empfängers der Nachricht entsprechend den Regeln der annehmenden Stelle bekannt ist. Wird darüber hinaus eine Verschlüsselung der Informationen notwendig, muss der Absender der Information zusätzlich den öffentlichen Schlüssel des zuständigen Sachbearbeiters kennen. Hierzu wird der Behördenmitarbeiter mit einem individuellen Verschlüsselungspaar ausgestattet. Verschlüsselte Nachrichten des Bürgers werden von diesem unmittelbar an den zuständigen Sachbearbeiter gesendet, der sie auf seinem Arbeitsplatz-Rechner entschlüsselt und weiterverarbeitet. Diese Form der Kommunikation bietet ein Höchstmaß an Vertraulichkeit bis zu den Endpunkten der Kommunikation. Sie ist die etablierte Form der persönlichen E-Mail-Kommunikation im Internet, auch wenn der Aspekt der Verschlüsselung der Information bisher nur in den wenigsten Fällen zur Anwendung kommt. Der dabei gegebene Personenbezug hat aber zur Folge, dass die noch immer hinsichtlich ihrer Bedienbarkeit oft nicht völlig ausgereifte kryptographische Technologie an den Sachbearbeiter-Plätzen zum Einsatz kommen muss, und dass Vorkehrungen notwendig werden, um eine Nachricht auch dann entschlüsseln zu können, wenn der Sachbearbeiter – aus welchen Gründen auch immer – nicht selbst verfügbar ist. Denkbar ist hier beispielsweise die Hinterlegung des privaten Schlüssels bei einer vertrauenswürdigen Stelle in der Verwaltung. Es bleibt aber festzuhalten, dass jede denkbare Lösung dieses Konflikts immer mit einem

Aufbrechen der strengen Ende-zu-Ende-Philosophie verbunden ist, die stets das Risiko von – allerdings selbstverständlich durch technisch-organisatorische Maßnahmen kontrollierbare – Verletzungen gerade der Vertraulichkeit in sich birgt.

5.4.2 Zentrale Kommunikation und Ende-zu-Server-Sicherheit („virtuelle Poststelle")

Klassische Verwaltungskommunikation ist häufig nicht durch persönliche Kontakte geprägt. Das gängige Kommunikationsmodell beruht vielmehr darauf, dass sich der Bürger an „das Amt" richtet und dieses als „unpersönliche" Institution auf diese Anfrage reagiert und antwortet. Es liegt daher nahe, diese Interaktionsform durch eine zentrale Kommunikation auch in der elektronischen Welt nachzubilden. Hier richtet der Bürger seine (ggf. verschlüsselte und signierte) Nachricht an eine zentrale Eingangsstelle auf einem Kommunikationsserver in der virtuellen Amtsstube. Dabei ist denkbar, dass entweder ein Server – vor allem ein Web-Server – als zentrale „Posteingangsstelle" der Behörde fungiert oder mehrere fachbezogene Stellen parallel zur Verfügung zu stellen.

Die Nachricht wird im Server entschlüsselt und – sofern erforderlich – eine Signaturprüfung vorgenommen und das Ergebnis sicher archiviert. Die entschlüsselte Nachricht steht dem für dieses „Postfach" zuständigen Sachbearbeiter (dieser wird ggf. über eine Datenbank automatisch ermittelt) zur weiteren Bearbeitung zur Verfügung. Der Abruf kann in aller Regel innerhalb des gesicherten Hausnetzes der Behörde unverschlüsselt erfolgen (auch heute werden Anträge etc. in aller Regel ohne besondere Absicherung innerhalb der Behörde im Postumlauf weitergeleitet). In den (wenigen) Fällen, wo dies nicht hinnehmbar erscheint, kann eine weitere hausinterne Verschlüsselung der Kommunikation zwischen Server und dem Rechner des Sachbearbeiters erfolgen.

Eine typische **virtuelle Poststelle** benötigt aber auch Schnittstellen zu den operativen Verfahren im Hausnetz der Verwaltung (ggf. auch zu Workflowmanagement- und Archivierungssystemen etc.). Diese Schnittstellendienste können auf einem Kommunikationsserver implementiert werden. Im Zusammenwirken mit den angebundenen Fachverfahren und Kommunikationssystemen kann eine virtuelle Poststelle *beispielsweise* folgende Funktionen abdecken:

Eingehende Nachrichten:

▶ Die Nachricht wird gemäß einem der von der Verwaltung zum Zweck der Verschlüsselung zur Verfügung gestellten öffentlichen Zertifikat entschlüsselt.

5 Generelle Anwendungen

- Die automatische Überprüfung des verwendeten Signaturzertifikats durch eine Online-Abfrage beim Zertifikatsaussteller.
- Prüfung der Unversehrtheit des Dokumentes (Datenintegrität).
- Durchführung von Authentisierungsverfahren (sofern realisiert und erforderlich) beispielsweise für Bürgerabfragen zum Status eines Verwaltungsvorgangs.
- Die Prüfung der Nachricht auf Schadinhalte (nach Entschlüsselung).
- Die Registrierung des Vorgangs und Dokumentation mit Zeitstempel.
- Die Bestätigung des Eingangs gegenüber dem Absender.
- Die Generierung und Versendung von Benachrichtigungen bei fehlerhaften Eingängen (z. B. Nachricht nicht zu entschlüsseln).
- Die Weiterleitung der Nachricht an ein operatives Verfahren oder einen Sachbearbeiter (ggf. unter Verwendung verwaltungsinterner Verschlüsselungszertifikate).

Ausgehende Nachrichten:

- Die mit dem verwaltungsinternen Nachrichtensystem verschlüsselten Nachrichten entschlüsseln (Gatewayfunktion).
- Die Nachricht an den Bürger verschlüsseln (sofern gewünscht/erforderlich und möglich). Das Verschlüsselungszertifikat des Bürgers könnte dazu mit oder ohne vorausgegangenem Authentisierungsverfahren bei seiner Antragstellung gespeichert werden.
- Mit angemessener und fallbezogener Authentisierung könnten dann auch ohne den Einsatz von Verschlüsselungszertifikaten Anfragen zum Stand eines Verwaltungsverfahrens automatisiert beantwortet werden. Hier kann dem Nachfragenden mit Hilfe einer dem konkreten Verwaltungsvorgang zugeordneten Kennung in Form von Aktenzeichen und Passwort der Einblick in den Sachstand gegeben werden.

Beispiel:
> Ein Beispiel für eine solche Lösung ist bei der Stadtverwaltung Köln realisiert worden; Informationen finden sich unter http://www.stadt-koeln.de/bol/bauen/bauonline.

- Eine vollautomatische Signierung aller Nachrichten bzw. Dokumente ist nicht unproblematisch. Einerseits ist es erforderlich, elektronische Texte zu signieren oder mit einem Zeitstempel zu versehen, wenn man ihre Fälschung verhindern will. Andererseits verbindet man mit einer Unterschrift stets auch eine gewisse Verantwortung für den Inhalt des Dokuments. Eine automatisierte Erstellung gerade qualifizierter Signaturen erfordert in jedem Fall die Einhaltung bestimmter technisch-

Generelle Anwendungen 5

organisatorischer Rahmenbedingungen, wie zum Beispiel die Einrichtung eines besonderen Zugriffsschutzes für die Signaturkarte oder die Freischaltung für eine begrenzte Anzahl von Signaturen.
▶ Je nach Anforderung des Verfahrens kann entweder ein verwaltungsinterner oder ein qualifizierter Zeitstempel der Nachricht beigefügt werden.
▶ Die erzeugten Nachrichten auf Schadinhalte zu prüfen und dies dem Empfänger gegenüber bestätigen, könnte ein zusätzlicher Service sein.
▶ Die Registrierung des Versandvorgangs ggf. mit Schnittstelle zu einem Dokumentenmanagement-System.

Nicht jedes Verwaltungsverfahren und erst recht nicht jeder Nachrichtenverkehr erfordert alle vorgenannten Dienste. Vorteilhaft für die Umsetzung von Prozessabläufen wäre es allerdings, wenn man sich je nach Bedarf derer Module bedienen könnte, die für den umzusetzenden Bürgerservice notwendig oder hilfreich sind.

Ein Bürger wendet sich in aller Regel nicht deshalb an die Verwaltung, um einen persönlichen Kontakt mit einem bestimmten Sachbearbeiter zu pflegen, sondern um eine konkrete Dienstleistung *der Verwaltung* zu erhalten. Diesem Gedanken folgend bietet sich für den Einsatz im eGovernment ein eigener Kommunikationsserver in einer „virtuellen Poststelle" in besonderer Weise an. Dies ist sowohl für die Verwaltung als auch für den Bürger mit einer Reihe von Vorteilen verbunden. Es sei schon an dieser Stelle darauf hingewiesen, dass bei Einsatz einer (SSL-abgesicherten) Web-Verbindung der Web-Server der Behörde quasi automatisch die Rolle einer (ggf. rudimentären) virtuellen Poststelle einnimmt.

 WICHTIG!

Ein Ende-zu-Ende-Szenario ist hier quasi von vorneherein ausgeschlossen.

Der Einsatz einer Ende-zu-Server-Kommunikation darf andererseits die Ende-zu-Ende-Kommunikation nicht unmöglich machen. Sie ist in Einzelfällen durchaus erforderlich, sowohl für standardisierte Arbeitsabläufe als auch für die individuelle Kommunikation Einzelner.

Nachstehend sollen die **Vorteile** einer solchen Ende-zu-Server-Strategie herausgestellt werden:

1. **Einfacheres Schlüsselmanagement (intern)**
Die Anzahl der innerhalb der Verwaltung auszugebenden und zu administrierenden Entschlüsselungsschlüssel wird minimiert. Schlüssel-

5 Generelle Anwendungen

wechsel etwa aufgrund von unbrauchbar gewordenen Chipkarten oder nicht mehr geeigneter Schlüssellängen lassen sich wesentlich einfacher durchführen.

2. **Einfacheres Schlüsselmanagement (extern)**
   Dem Bürger müssen nur einer oder wenige öffentliche Verschlüsselungsschlüssel für die Server bekannt gegeben und aktualisiert werden, nicht jedoch die Schlüssel für alle Mitarbeiter der Behörde. Es würde sich anbieten, die wenigen öffentlichen Schlüssel auf der Web-Site zum Down-Load anzubieten.

3. **Geringerer Kostenaufwand**
   Die Kosten einer nahezu umfassenden Ausstattung der Beschäftigten mit Chipkarten und Lesegeräten, sowie die Ausbildungskosten können minimiert werden. Es wird mindestens eine gleitende Entwicklung ermöglicht, die sich organisatorisch und finanziell steuern lässt.

4. **Reduzierter Administrations- und Bedienungsaufwand**
   Die technisch oft nicht unkomplizierten Programme zur Entschlüsselung und Signaturprüfung müssen nicht auf jedem einzelnen Mitarbeiter-PC installiert und gepflegt werden, sondern nur auf wenigen Serversystemen. Die in bestimmten Fällen durchaus nicht einfache Entscheidung darüber, ob etwa eine bestimmte Signatur wirklich gültig ist, kann automatisiert werden und muss nicht vom Sachbearbeiter getroffen werden. Umfangreiche „Massenschulungen" werden vermieden, das Risiko durch Bedienungsfehler von ungeübtem Personal minimiert.

5. **Unkomplizierte Umsetzung von Vertretungsregelungen**
   Bei planmäßigem oder ungeplantem „Ausfall" von einzelnen Mitarbeitern oder bei Umbesetzungen innerhalb der Verwaltung ist es lediglich erforderlich, die entsprechenden Datenbankeinträge anzupassen um eine automatische Weiterleitung auf den Arbeitsplatz des jetzt (vertretungsweise) zuständigen Bearbeiters zu veranlassen. Dem hingegen müssen bei Ende-zu-Ende-Kommunikation aufwendige Maßnahmen zur Schlüsselhinterlegung bzw. Schlüsselrekonstruktion umgesetzt werden, die obendrein immer zunächst ein potentielles Sicherheitsrisiko mit sich bringen.

6. **Möglichkeit zur Prüfung auf Schadinhalte**
   Die in Firewall-Systemen integrierten Mechanismen zur Prüfung eingehender Dateien (und damit auch Mails) auf Viren, Trojanische Pferde und andere möglicherweise schädliche Software werden bei Verwendung einer Ende-zu-Ende-Verschlüsselung außer Kraft gesetzt, da sich verschlüsselte Inhalte natürlich nicht entsprechend überprüfen lassen.

Generelle Anwendungen 5

7. **Entlastung der Mitarbeiter/innen**
Auch dem einzelnen Beschäftigten wird ein Kommunikationsserver eine Menge Zeitersparnis bringen. Er muss auch nicht besonders in der Handhabung dieser für ihn in der Regel fachfremden Thematik geschult werden.

8. **Bürgerfreundlichkeit:**
Dem Bürger kann durch das Angebot der Kommunikation mit zentralen Posteingangsstellen nicht nur die Suche nach dem passenden öffentlichen Schlüssel, sondern im selben Zug auch die Suche nach der zuständigen Stelle abgenommen werden, was ja für etliche ein Ärgernis ist.

Insgesamt betrachtet, sprechen somit eine Vielzahl von Argumenten für den Aufbau einer virtuellen Poststelle durch die Verwaltung, auch wenn im Einzelfall eine Ende-zu-Ende-Kommunikation auch weiterhin benötigt wird, obwohl sie aus Sicht des Bürgers sicherlich im Rahmen des Erstkontakts zur Verwaltung als entbehrlich angesehen werden kann. Erst im weiteren Verlauf eines konkreten Verwaltungsvorgangs kann es dann notwendig werden, die Ende-zu-Ende-Kommunikation einzusetzen. Da hier aber die Kommunikationspartner weitestgehend bekannt sind und dieser „persönliche" Kontakt auch notwendig ist, ist auch der Austausch der bei der Kommunikation benötigten Zusatzinformationen wie z.B. der öffentliche Schlüssel relativ unproblematisch und zeitnah möglich. Die Entscheidung zur Nutzung der Kommunikationsform sollte immer von der Verwaltung vorbereitet und nicht in das Belieben eines jeden Antragstellers gestellt werden.

In jedem Fall sollte die Einrichtung von virtuellen Poststellen nicht dahingehend missverstanden werden, dass die ausschließliche Ende-zu-Ende-Sicherheit, die für viele eGovernment-Anwendungen in dieser starren Form ungeeignet sein dürfte, durch eine ebenso unflexible reine Ende-zu-Server-Sicherheit abgelöst werden soll. Vielmehr sollte die Einführung einer virtuellen Poststelle die Möglichkeit öffnen, flexible Kommunikationsstrategien mit für die jeweiligen Dienstleistungen angepassten Kommunikationstypen und Sicherheitsmodellen zu definieren und umzusetzen.

Ähnliche Argumente für die Umsetzung der Initiative BundOnline 2005 im Bundesinnenministerium bewogen, die Konzeption und Realisierung virtueller Poststellen als Kernelement der Basiskomponente „Datensicherheit" vorzusehen. Unter fachlicher Projektleitung des Bundesamts für Sicherheit in der Informationstechnik (BSI) sollen virtuelle Poststellen für die Bundesbehörden zur Verfügung gestellt und als zentrale Elemente den jeweiligen Kommunikationsstrategien angepasst werden können.

5 Generelle Anwendungen

Als Input bzw. Output der Poststelle werden sowohl E-Mails, elektronische Dokumente (etwa in Form von E-Mail-Attachments) als auch Datenstrukturen aus einer Web-Schnittstelle angesehen. Dabei sollen sowohl Mail- als auch Web-Anwendungen unterstützt werden und Schnittstellen zu Archivsystemen, Workflow- oder Dokumentenmanagement-Systemen bzw. zur Anbindung von verschiedenen Fachverfahren bedient werden.

Als zentrales Security-Gateway und zentraler Kommunikations-Server soll die Poststelle über standardisierte Schnittstellen Sicherheitsdienste für die gesicherte Kommunikation bereitstellen. Sie wird bei Bedarf darüber hinaus weitere Sicherheitsprüfungen zur Verfügung stellen.

Elektronische Postfächer für den Postausgang

▶ Virtuelle Poststellen erleichtern es vor allem der Verwaltung, ihren Posteingang zu kontrollieren und zur Absicherung kryptographische Technologien einzusetzen. Hierdurch lassen sich gerade im Bereich des Posteingangs viele praktische Probleme vereinfachen.

Neue Schwierigkeiten entstehen allerdings bei der Gestaltung des Postausgangs an den Verwaltungskunden. Einige wesentliche Ursachen sind: Es fehlen im Internet verlässliche Mechanismen, die eine zuverlässige Zustellung einer Nachricht der Verwaltung an ihre Kunden gewährleisten. Daher sind auch die für den klassischen Postverkehr etablierten Annahmen über den Zugang einer schriftlichen Verwaltungsnachricht zumindest derzeit – trotz einiger Versuche, verschiedener Anbieter hier eine „Marktnische" zu besetzen – nicht auf die elektronische Kommunikation übertragbar.

▶ E-Mail-Adressen sind im Gegensatz zu Wohnungsanschriften hochgradig „flüchtig". Ein Kommunikationspartner kann diese Adresse – ohne Meldepflicht – praktisch ständig verändern und beliebig viele davon besitzen.

▶ Bei der Nutzung von E-Mail kann ein Verwaltungskunde nur dann verschlüsselte Nachrichten empfangen, wenn er über entsprechende Schlüssel und Software verfügt (und die Verwaltung über sein Zertifikat verfügt).

▶ Verwaltungsseitig stellt eine verschlüsselte Kommunikation zum Kunden hin nicht unerhebliche Anforderungen an das Schlüsselmanagement. Die Verschlüsselung kann selbstverständlich nur dann ihre gewünschte Wirkung entfalten, wenn die Behörde stets einen *aktuellen* Schlüssel des Bürgers verwendet. Da sich diese Schlüssel unvorhersehbar ändern können, muss die Verwaltung wirksame Prüfmechanismen etablieren. Hierzu bietet sich natürlich in erster Linie die Nut-

Generelle Anwendungen 5

zung von Verzeichnisdiensten an, in denen Sperrungen nachgehalten werden. Allerdings gibt es auch hier derzeit noch zahlreiche Unsicherheiten über die Zuverlässigkeit und Vollständigkeit dieser Dienste.

Ohne hier abschließend über eine adäquate Zustellungsvermutung für elektronische Kommunikation urteilen zu wollen, lässt sich doch festhalten, dass sich die genannten Probleme durch die Einführung elektronischer Postfächer zumindest auf pragmatischer Ebene wesentlich „entschärfen" lassen.

Das Grundprinzip des elektronischen Postfachs liegt darin, dass die Antwort dem Bürger nicht unmittelbar per E-Mail zugestellt, sondern auf einem Web-Server der Verwaltung zur Abholung bereitgestellt wird. Dem Kunden selbst wird diese Tatsache durch eine „inhaltsarme" Mail, etwa der Form: „Eine Antwort auf Ihren Antrag vom xx.yy. kann von Ihnen unter https://www..... abgeholt werden." Durch diese Formulierung dürften datenschutzrechtliche Bedenken bei der unverschlüsselten Übertragung weitgehend ausgeschlossen werden. Der Kunde kann sich diese Nachricht nun nach erfolgter Authentisierung (s. Kapitel 8.4.5) vom Postfachserver herunterladen. Zur Absicherung der Vertraulichkeit kann dann etwa das in seiner Anwendung unproblematische SSL-Verfahren (s. Kapitel 8.4.5) eingesetzt werden.

Aus Verwaltungssicht liegt ein besonderer Vorteil der Zustellung über elektronische Postfächer darin, dass es überprüfbar ist, ob der Kunde die Nachricht abgerufen hat oder nicht. Sofern dieser Abruf zu lange (in Abhängigkeit von der Art und Relevanz der Mitteilung) nicht erfolgt ist, kann die Behörde die Nachricht ausdrucken und auf den üblichen Postweg ausweichen.

Weitergehende Überlegungen in dieser Richtung gehen dahin, dass „verlässliche" Dienstleister für ihre Kunden dauerhafte elektronische Postfächer einrichten und ggf. in Kooperationen mit der Verwaltung ein elektronisches Substitut einer Postanschrift einrichten. Zum Zeitpunkt der Erstellung dieses Artikels sind diese Überlegungen allerdings noch nicht so weit realisiert worden, dass sich Abschließendes über die Erfolgsaussichten dieser Ideen sagen ließe.

Letztlich bleibt noch die Feststellung, dass die Idee einer Postfachlösung für die elektronische Kommunikation nicht völlig neuartig ist. Im Grunde wird diese Lösung von den Anbietern im Free-Mail-Bereich realisiert, die die E-Mail auf bestimmten Web-Servern bis zum Abruf durch den Kunden bereitstellen. Für eine Einbindung entsprechender Anbieter in eGovernment-Anwendungen müssten allerdings noch zahlreiche Fragen zur Gewährleistung bestimmter Qualitätsstandards gelöst werden. Dies

5 Generelle Anwendungen

betrifft insbesondere die Einhaltung der datenschutzrechtlichen Anforderungen an diese potentiell besonders sensitive Form der Auftragsdatenverarbeitung.

5.5 Das elektronische Archiv und die Bürgerakte

Zentrale Vorschrift für das Thema elektronischer Archivierung ist § 29 VwVfG. Daraus ergibt sich schlicht die Verpflichtung zum Führen von Akten. Diese Verpflichtung erstreckt sich unstrittig auch auf die elektronische Kommunikation innerhalb der Verwaltung. Mit dem Gebot der sog. Aktenmäßigkeit geht das Gebot der Vollständigkeit sowie das Gebot zur Führung wahrheitsgetreuer Akten einher. Daraus ist abzuleiten, dass auch E-Mails in Akten eingehen müssen. Dem Grundsatz nach ist jedes schriftliche Dokument zu den Akten zu nehmen. Telefonate oder auch Besprechungen gehen in die Akten ein, sofern der Sachbearbeiter dies für erforderlich und sachdienlich erachtet. Es obliegt damit seinem Ermessen, zu beurteilen, ob die entsprechende Notiz Einfluss in die Akten nimmt oder nicht. Gleiches gilt im Zusammenhang mit der E-Mail. Auch hier kommt es auf das Ermessen des Sachbearbeiters an.

5.5.1 Archivierung von E-Mails

In der Praxis kann festgestellt werden, dass zahlreiche Kommunen die Tendenz haben, im Rahmen der Dienstanweisung zur Benutzung von E-Mail niederzulegen, dass jede einzelne elektronische Kommunikation auszudrucken und tatsächlich auch zu archivieren ist. Dies führt mitunter dazu, dass Ketten-E-Mails, also solche, denen die Antwort auf die ursprüngliche E-Mail jeweils vorangestellt wird, mehrfach in den Akten auffindbar sind. Folge ist eine erhebliche Zunahme des Umfangs der Akten. Dieses Ergebnis bedeutet zusätzlich, dass von einem medienbruchfreien Verwaltungshandeln oder gar der Führung elektronischer Akten nicht die Rede sein kann, sondern dieses Ziel in zunehmende Ferne rückt.

Wird die Akte elektronisch geführt, ist darauf zu achten, dass sämtliche Unterlagen auch wieder auffindbar sind und dementsprechend organisiert und abgespeichert werden müssen. Eine eindeutige Zuordnung elektronischer Dokumente muss möglich sein. Die verschiedenen elektronischen Dokumente müssen, sofern sie zu ein und demselben Verfahren gehören, auch als zu diesem Verfahren gehörig erkannt werden können. Wesentlich ist, dass Ergänzungen zur Aktenführung oder Nachträge zu den elektronischen Dokumenten nachvollzogen werden können müssen. In diesem Zusammenhang ist der Einsatz elektronischer Signaturen sowie elektronischer Zeitstempel im Sinne des SigG unausweichlich.

Generelle Anwendungen **5**

5.5.2 Aufbewahrungsfristen

Akten unterfallen bestimmten Aufbewahrungsfristen. Diese sind in der jeweiligen Aktenordnung bzw. Aktenplänen innerhalb der Verwaltung niedergelegt. Elektronische Dokumente, die Bestandteil dieser Akten sind, insbesondere der elektronischen Akten, müssen langzeitig sicher aufbewahrt und gesichert werden können. Weder das SigG noch die Signaturverordnung geben Erkenntnisse zur Frage der Langzeitsicherung. Vielmehr ist es die Aktenordnung, die mitunter Aufbewahrungsfristen von bis zu 30 Jahren oder im Einzelfall auch darüber hinaus vorsieht. In der Richtlinie für die Bearbeitung und das Verwalten von Schriftgut in Bundesministerien heißt es allein, dass im Rahmen der Aufbewahrung die Vollständigkeit, Integrität, Authentizität und Lesbarkeit des elektronischen Schriftguts durch die geeigneten Maßnahmen der Verwaltung zu gewährleisten ist, wie sich dies aus § 18 Abs. 1 S. 2 der Richtlinie ergibt.

Nicht fern liegend wird in diesem Zusammenhang als geeignete Maßnahme das Signieren des Dokuments mit einer qualifizierten oder akkreditierten elektronischen Signatur angesehen. Um dann eine möglichst langfristige Datensicherung zu erreichen, bietet § 17 Signaturverordnung die Möglichkeit des sog. Übersignierens an. Darunter ist zu verstehen, dass bereits signierte Daten bei der technischen Novellierung des Signaturverfahrens mit diesem Verfahren nochmals mit einer entsprechenden elektronischen Signatur versehen werden. In technischer Hinsicht wird dabei die vormalige Signatur von der Übersignatur mit umschlossen und sollte gleichzeitig einen qualifizierten Zeitstempel tragen, der den Zeitpunkt des Übersignierens festhält. Dem übersignierten Dokument haftet weiterhin der Anschein der Echtheit an, wie sich dies aus § 292 a ZPO ergibt, der über § 173 VWGO in die verwaltungsrechtliche Beweiswertung Eingang findet.

Die Vorschrift bestimmt den Anscheinsbeweis als Form der Beweiserleichterung für elektronische Dokumente mit qualifizierter elektronischer Signatur. Dies führt dazu, dass elektronische Dokumente, die mit einer qualifizierten elektronischen Signatur, also erst recht mit einer Signatur versehen sind, die von einem akkreditierten Zertifizierungsdiensteanbieter stammt, einen höheren Beweiswert erfahren. Der Anscheinsbeweis kann nur dadurch erschüttert werden, dass ernstliche Zweifel daran begründet werden, dass die Erklärung mit dem Willen des Signaturschlüsselinhabers abgegeben worden ist. Dabei ist beachtlich, dass in diesem Zusammenhang die Frage keine Rolle spielt, ob das elektronische Dokument auch

5 Generelle Anwendungen

einem Schriftformerfordernis Genüge leisten sollte oder nicht. Denn im Bereich der Formfreiheit verwaltungsrechtlichen Handelns ist es den Behörden nicht genommen, dennoch die Schriftform einzuhalten.

5.5.3 Zugriff des Bürgers auf die elektronische Akte

Die elektronische Interaktion zwischen Verwaltung und Bürger, die mit der fortschreitenden elektronischen Archivierung der Kommunikation als solcher und des Verwaltungsvorgangs im Besonderen einhergeht, eröffnet die Frage, ob und inwieweit der Bürger Zugriff auf seine „Elektronische Bürgerakte" haben wird.

Mit In-Kraft-Treten etwa des Informationsfreiheitsgesetzes Nordrhein-Westfalen (IFG NRW) am 1. Januar 2002, wurde dem wachsenden Bedürfnis nach Informationen und Transparenz der öffentlichen Verwaltung Rechnung getragen. Vergleichbare Gesetze finden sich auch in anderen Bundesländern. Nach Auffassung des NRW-Gesetzgebers erhöht der freie Zugang zu Informationen nicht nur die Nachvollziehbarkeit, sondern auch die Akzeptanz behördlicher Entscheidungen. Er dokumentiert das Prinzip einer offenen Verwaltung, die im Dienst der Bürgerinnen und Bürger steht.

Ziel der Einführung eines Informationszugangsrechtes ist es darüber hinaus, die Mitsprache der Bürgerinnen und Bürger in Bezug auf das Handeln staatlicher Organe dadurch zu optimieren, dass ihnen eine verbesserte Argumentationsgrundlage an die Hand gegeben wird. Transparenz staatlichen Handelns und das Ziel einer bürgerschaftlichen Gestaltung des Gemeinwesens setzen voraus, dass die zur Verfügung gestellten Informationen möglichst originär, direkt und unverfälscht sind.

§ 3 IFG NRW definiert als Informationen alle in Schrift-, Bild-, Ton-, Datenverarbeitungsform oder auf sonstigen Informationsträgern vorhandenen Informationen, die im dienstlichen Zusammenhang erworben wurden. Informationsträger sind alle Medien, die Informationen in Schrift-, Bild-, Ton- oder Datenverarbeitungsform oder in sonstiger Form speichern können.

Das Informationsfreiheitsrecht steht jeder natürlichen Person zu. Sie hat mithin einen Anspruch auf Zugang zu den bei öffentlichen Stellen vorhandenen amtlichen Informationen. Das Recht auf freien Zugang zu amtlichen Informationen ist an keine speziellen Voraussetzungen geknüpft. Ein rechtliches oder berechtigtes Interesse ist nicht nachzuweisen. Die Informationsfreiheit wird als Bürgerrecht allein um ihrer selbst willen gewährt.

Einschränkungen ergeben sich zum einen aus Gegenansprüchen etwaiger Betroffener, zum anderen können öffentliche Interessen dem Informationsanspruch entgegenstehen. Das IFG NRW enthält daher einen Katalog eng umrissener Ausnahmetatbestände, die die Ablehnung eines Informationsbegehrens rechtfertigen. Im Übrigen gehen spezialgesetzliche Bestimmungen, die den Zugang zu amtlichen Informationen gesondert regeln, den Vorschriften des IFG NRW vor. Richtet sich das an eine Behörde gerichtete Informationsbegehren beispielsweise auf die Mitteilung eigener personenbezogener Daten, so bestimmt sich der Anspruch nach den maßgeblichen Vorschriften des Datenschutzgesetzes NRW.

Der Zugang zu amtlichen Informationen wird (nur) auf Antrag gewährt. Er kann nach § 5 des Gesetzes mündlich, schriftlich oder auch in elektronischer Form gestellt werden. Dieser Antrag muss hinreichend bestimmt sein, das heißt, es müssen einzelne Fälle oder Vorgänge etc. bezeichnet werden, in deren Zusammenhang Informationen vorhanden sein sollen.

Weist eine öffentliche Stelle das Auskunftsersuchen zurück, so hat jede Bürgerin/jeder Bürger das Recht, die Landesbeauftragte für den Datenschutz als Beauftragte für das Recht auf Information anzurufen. Daneben besteht die Möglichkeit, gegen die Ablehnung mit Widerspruch und Klage vorzugehen.

Gemäß § 14 IFG NRW sind die Auswirkungen des Gesetzes und der Verwaltungsgebührenordnung hierzu nach einem Erfahrungszeitraum von zwei Jahren (Stichtag: 31. Dezember 2003) durch die Landesregierung zu überprüfen. Dabei wirken neben den kommunalen Spitzenverbänden auch die Landesbeauftragte für den Datenschutz mit.

Mit der Entwicklung des Auskunftsanspruchs wird der Bürger jedoch nicht „Verwalter" seiner Akten. Aus Gründen des Bestandsschutzes und dem Erfordernis der Unverfälschtheit der Akten, mithin aus dem Grundsatz der Aktenmäßigkeit heraus, ist die Überlegung über die Befugnis des Bürgers, seine Akten zu führen, streng von einem Recht auf Zugriff auf seine Akten zu trennen. Würde ihm der Zugriff gestattet, wäre der „Access" abzusichern und zu verhindern, dass unbefugte Dritte fremde Daten abrufen können. Mithin sind hier die Aspekte der Authentifizierung und Identifizierung des Bürgers von zentraler Bedeutung. Die elektronische Signatur kann auch hier ein Konzept darstellen, dass den Sicherheitsbedürfnissen der Verwaltung einerseits und des Bürgers andererseits zukünftig gerecht wird.

5 Generelle Anwendungen

5.6 Vom Datawarehouse zum Wissensmanagement

Die Informationsbereitstellung und Informationsversorgung der Öffentlichkeit mit Hilfe des Internets stand am Anfang der eGovernment-Entwicklung und hat neben dem notwendigen Umbau der Geschäftsprozesse nicht an Bedeutung verloren. Im Gegenteil, der Anspruch an die Qualität der Information und ihrer Erreichbarkeit mittels intelligenter und leicht hantierbarer Suchstrategien nehmen ständig zu. Die Schnelligkeit und der Verbreitungsgrad üben einen zusätzlichen Druck auf die Qualität der Information hinsichtlich ihrer Aktualität aus; d. h. eine bisher übliche monatliche oder vierteljährliche Fortschreibung muss auf eine wöchentliche oder u. U. tägliche Aktualisierung umgestellt werden.

> Beispielgebend ist der elektronische Veranstaltungskalender. Mit den Printmedien konnte bestenfalls Tagesaktualität erreicht werden. Bei einem elektronischen Kalender muss erwartet werden, dass z. B. der Ausfall einer Sitzung oder die Veränderung des Sitzungsortes stundenaktuell eingestellt und abgerufen werden kann.

Die bereits vorhandene Informationsversorgung von Verwaltung und Politik muss um die neuen Zugangstechniken erweitert werden. Dabei kann man davon ausgehen, dass sich der bessere Zugang zur Information auf die Kosten-Nutzen-Relation für die Bewirtschaftung der Information positiv auswirkt.

Zwei unterschiedliche Instrumente spielen eine wichtige Rolle,

▶ das Datawarehouse und
▶ das Wissensmanagement.

5.6.1 Datawarehouse

Während im Datawarehouse „fertige Informationen" oder Informationspakete mit Beschreibung realer Tatbestände – z. B. nach unterschiedlichen Kriterien definierte Einwohnerinformationen oder ein Raumbezugssystem – vorgehalten werden, geht es beim Wissensmanagement über Faktenwissen hinaus um Rechtskenntnis, Bearbeitungsregeln, Zuständigkeiten, Mustererkennung von Geschäftsprozessen und deren Handhabung. Da wo früher persönliche Kontakte und Schriftverkehr mit einer Verwaltung Entscheidungen bewirkt oder beeinflusst haben, erfolgt dies heute schon im Vorfeld im Zuge einer Internetrecherche.

Das Datawarehouse ist ein datenbankbasierter Informationspool, der mit Daten aus Fachanwendungen oder Erhebungen und Befragungen sowie

Generelle Anwendungen 5

dem Import von externen Informationen versorgt wird. Vor der Einstellung in die Datenbank erfolgt eine Plausibilisierung und Bereinigung der Daten und deren Standardisierung sowie Besorgung ihrer rechtlichen Konformität, z. B. im Sinne von Datenschutz oder Steuergeheimnis. Während das Datawarehouse im privaten Sektor primär der Unternehmenssteuerung im Sinne der Marktsicherung und der Marktüberlegenheit dient, ist das Datawarehouse einer Kommune von vornherein mit der Doppelfunktion der internen Steuerung und der externen Informationsversorgung angelegt.

Die interne Benutzung des Datawarehouse erfolgt über Intra- oder Internet, die öffentliche Benutzung über Internet, Call-Center oder Bürgerbüros. In dem Maße, wie das Datawarehouse über die interne Benutzung durch die Verwaltung hinaus zum Bestandteil des eGovernment-Konzeptes einer Verwaltung wird, müssen aus Gründen der Verlässlichkeit bezüglich der Aktualität und Informationsintegrität noch höhere Ansprüche als bisher gestellt werden. Aus externer Kundensicht erhält das Datawarehouse die Vertrauenswürdigkeit eines öffentlichen Registers. Gleiches gilt für die verwaltungsinterne Nutzung. Hier kommt noch hinzu, dass ein Datawarehouse Potentiale enthält, die für die Öffentlichkeit nicht oder noch nicht freigegeben sind. Das bedeutet für die Praxis einen schnelleren Datenaustausch zwischen Fachverfahren und Datawarehouse.

Aus der Beobachtung des Nachfrageverhaltens der öffentlichen Kunden werden sich vermutlich Änderungen und Ergänzungen zur Konzeption des Datawarehouse ergeben, so z. B. bei den Instrumenten der Visualisierung. Andererseits können mit einem Datawarehouse – das ja nicht selbstverständlich durchgängig kostenfrei zur Verfügung gestellt werden muss – im Rahmen eines Geschäftsmodells Einnahmen erzielt werden. Die verstärkte öffentliche Benutzung des Datawarehouse über das Internet stellt neue Ansprüche an die sprachliche Beschreibung und die Hantierung, so z. B. an die Visualisierung am Bildschirm und beim Publishing. Während die bisherigen Benutzer in der Regel geübte Verwaltungspraktiker waren, steigert sich die Akzeptanz in der Öffentlichkeit in dem Maße, wie ungeübte und sporadische Anwender das System erfolgreich handhaben können. Die Bedeutung des Datawarehouse für eGovernment sollte dazu führen, dass ähnlich der strategischen Steuerung von eGovernment an sich, dieses als ein zentrales Element bei der Verwaltungsführung aufgehangen sein sollte. Überlegungen, wie sie zum Thema Finanzierung angestellt werden, gelten auch hier. In dem nachfolgenden Systemschema wird ein Überblick über die Konstruktion eines Datawarehouse gegeben:

5 Generelle Anwendungen

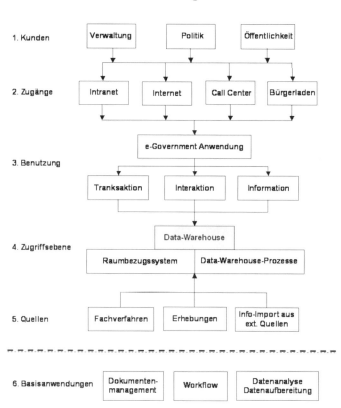

Abb. 10: Data-Warehouse-Systemschema

Grundsätzlich wird eine Verwaltung ein Datawarehouse für die gesamte Verwaltung errichten. Für bestimmte Bereiche der Verwaltung, wie z. B. Statistik oder Wirtschaftsförderung, kann es bei großen Verwaltungen Sinn machen, Subsysteme auf Amts- oder Abteilungsebene einzurichten. Bei der Realisierung eines Datawarehouses ist es auch gut vorstellbar, dass bei der Ausstattung mit Informationsinhalten bereichsweise vorgegangen wird.

Generelle Anwendungen 5

Mit Blick auf die entsprechenden Softwareprodukte am Markt stehen Systeme mit spezieller Ausrichtung auf den Anwendungsschwerpunkt zur Verfügung; insbesondere Systeme für:

- Unternehmensführung
- Qualitätsmanagement
- Kostenrechnung/Controlling
- Vertriebsunterstützung
- Call-Center.

5.6.2 Wissensmanagement

Während das Datawarehouse schon eine Tradition hat und nur an die Bedürfnisse von eGovernment angepasst werden muss, steht unter dem Begriff Wissensmanagement ein neues Instrument zur Verfügung, das dazu dient, eGovernment zu flankieren. Eine wissenschaftlich abschließende Definition kann hier noch nicht gegeben werden, vielmehr geht es um einen pragmatischen Ansatz. In Anlehnung an einen Slogan aus der Wirtschaft gilt: „Wenn die Verwaltung wüsste, was ihre Mitarbeiter wissen!" Wissensmanagement ist der Versuch, hier eine Annäherung zu erreichen, indem das Wissen der Beschäftigten in allen Sparten der Verwaltung auf der Ebene des Instituts Verwaltung zusammengeführt und nutzbar gemacht wird. Die Summe des Verwaltungswissens stammt aus höchst heterogenen Quellen von unterschiedlichster Qualität.

Es geht darum, das Wissen aus den Köpfen der Beschäftigten in ein computergestütztes System zu übertragen. Damit wird es allgemein verfügbar für alle und zu jeder Zeit. Urlaubsabwesenheit führt zu keiner Unterbrechung und beim Ausscheiden eines Mitarbeiters geht das Wissen nicht verloren. Da es nicht nur um Faktenwissen geht, sondern auch um Erfahrungswissen und Bewertungen, erzeugt die Zusammenführung des Einzelwissens neues Wissen.

Die Entwicklung eines Softwaresystems ist, wenn auch anspruchsvoll der leichtere Teil der Arbeit. Bei der Weitergabe bzw. der Dokumentation des Wissens müssen zwei Schwierigkeiten überwunden werden. Die nachvollziehbare Beschreibung des Wissens erfordert einen Mehraufwand über die normale Sachbearbeitung hinaus, das muss anerkannt sein und bei der Kapazitätsbemessung berücksichtigt werden. Es muss sehr genau bedacht werden, welche Qualität man in der Wissensdokumentation erreichen kann oder will; das ist die Frage nach einer zitierfähigen Sicherheit bei der Verwendung des Systems. Danach bemisst sich die Kapazität, die eingeplant werden muss.

5 Generelle Anwendungen

Der andere Punkt ist zumindest aus subjektiver persönlicher Sicht eines Mitarbeiters der Bedeutungsverlust seiner Person, wenn er Spezialwissen abgibt, damit alle Bescheid wissen. Das lässt sich auf den ersten Blick damit entkräften, dass jeder, der das Wissensmanagement beliefert, gleichzeitig auch der Nutzer dieses Systems ist und somit auch einen persönlichen Gewinn hat, weil es seine Arbeit erleichtert. Es muss an dieser Stelle aber auch der Hinweis erlaubt sein, dass es Risiken und Probleme geben kann, weil man nicht einfach davon ausgehen darf, dass alle gleichermaßen motiviert und zielorientiert sind, es gibt auch die Trittbrettfahrer.

Eine eigene Facette beim Aufbau eines Wissensmanagements ist die Recherche, z. B. in der Fachliteratur oder die Beobachtung der Rechtsprechungspraxis in besonders relevanten Aufgabenfeldern der Verwaltung. Hier kann es sinnvoll sein, anstelle der über die Dienststellen verstreuten Wahrnehmung einen professionellen internen Dienstleister zu installieren. Daneben ist es sinnvoll, die Zuständigkeit für das Wissensmanagement eng mit der Verantwortung für den Internetauftritt der Verwaltung zu verzahnen, weil hier in Teilen gleiche Inhalte angesprochen werden. Ein prägnantes Beispiel ist die Zugangseröffnung der Verwaltung für die elektronische Kommunikation, bei der einzelne Fachdienststellen u. U. auf Anhieb nicht erkennen, welche Rechtsfolgen die Veröffentlichung einer E-Mail-Adresse hat, da ihnen die Änderungen im Verwaltungsverfahrensrecht nicht bekannt sind.

Unabhängig von den Schwierigkeiten, die vor allem am Anfang auftreten können, muss anerkannt werden, dass Wissensmanagement auf Dauer einen zentralen Baustein von eGovernment darstellt. eGovernment ist kein Selbstzweck, sondern hat etwas mit Standortsicherung und Konkurrenzfähigkeit zu tun.

Bei der Benutzung des Systems wird man zwischen der internen Nutzung im Intranet einer Verwaltung und dem Zugang über das Internet Unterschiede machen müssen. Auch in einer Verwaltung gibt es im wohlverstandenen Sinn besonders in Planungs- und Beratungsphasen so etwas wie Geschäftsgeheimnis.

Von einem funktionierenden Wissensmanagement profitiert insbesondere die bei eGovernment übliche Gliederung in ein Front- und Back-Office. Besonders immer dann, wenn die Kunden Fragen an die Verwaltung haben, kann das Front-Office oder ein Call-Center das Back-Office in Abhängigkeit von der Qualität des Wissensmanagements erheblich entlasten.

5.7 Systeme zur Wissensvermittlung (eLearning)

Obwohl die Notwendigkeit von Qualifizierung im Bereich der Informationstechnik inzwischen von niemandem mehr bestritten wird, herrscht hier noch ein großes Defizit hinsichtlich des Umfangs, der Inhalte und Methoden, des Zeitpunktes der Qualifizierung sowie an einer Unterstützung in der Einarbeitungsphase. Dass der Bereich der Weiterqualifizierung in den meisten Unternehmen zu den Stiefkindern zählt, zeigt beispielsweise ein Blick auf die Budgets der vergangenen Jahre. Der Bereich der Qualifizierung hat dabei immer noch einen Anteil im unteren einstelligen Prozentbereich am Gesamtausgabeansatz für Technologie. Diese Diskrepanz ist auch in den Verwaltungen nachvollziehbar. Da sich die grundsätzliche Einstellung gegenüber dem Technikeinsatz durch die Möglichkeiten des eGovernment in der letzten Zeit jedoch erheblich gewandelt hat, dürfte feststehen, dass sich die Investition in eine neue Technologie nur dann lohnt, wenn gleichzeitig auch für eine adäquate Ausbildung der Mitarbeiter gesorgt wird.

Dies gilt insbesondere, da insgesamt eine Veränderung der Gesellschaft hin zu einer Wissensgesellschaft zu verzeichnen ist. Das einmal erworbene Wissen unterliegt dabei massiven und schnelllebigen Veränderungsprozessen. So sind beispielsweise die Grenzen zwischen einer Erstausbildung und der darauf aufbauenden Weiterbildung fließend. Der Trend zum lebenslangen Lernen hält damit unvermindert an. Eine weitere Veränderung betrifft die Lernformen, in denen Wissen heute vermittelt wird bzw. werden kann. Das klassische Präsenzseminar wird dabei ergänzt durch Lernformen wie Teleteaching, die Nutzung von Webbasierten Kursen (WBT) bis hin zu den aktuellsten Formen des hybriden oder Blended Learning. Gleichzeitig zeichnet sich eine Individualisierung der Lernprozesse ab. Die Lernenden verlangen nach individuellen Lernmethoden und Lerninstrumenten sowohl in didaktischer, technologischer und auch inhaltlicher Sicht. Die Ursache hierfür ist sicherlich in einer Verkürzung der technologischen Innovationszyklen und der steigenden Nutzung von Informations- und Kommunikationstechnologien sowohl im Privat- wie auch im Berufsleben zu finden. Bereits in der Vergangenheit war ein fundiertes Wissen zur Erstellung von DV-Verfahren erforderlich. Im Vergleich zum heutigen technischen Standard waren die Konzepte dabei noch recht einfach ausgeprägt. Die Forderungen nach Interoperabilität von Systemen auf den unterschiedlichsten Ebenen sowie die ergonomischen Anforderungen spielten dabei eine wesentliche Rolle.

Den Anwenderinnen und Anwendern werden heute universelle Werkzeugkästen zur Verfügung gestellt, mit denen die unterschiedlichsten Aufgabenstellungen gelöst werden können. Somit gehen die Anforderun-

5 Generelle Anwendungen

gen weit über die reine Bedienungsfunktion von schematischen Abläufen und Befehlsfolgen am Rechner hinaus. Die Anforderungen liegen auch in der Nutzung von unterschiedlichen informationstechnischen Möglichkeiten und reichen dabei von der Verwendung in verschiedenen Ebenen integrierter Anwendungen über das Zurechtfinden in den verschiedensten Netzen bis hin zu neuen kooperativen Arbeitsformen wie Foren und Multimediasystemen (bspw. der Teilnahme an Videokonferenz). Für die Anwender bedeutet dies, dass auch Gestaltungswissen notwendig ist, um die heutigen Anwendungen sinnvoll nutzen zu können.

Auf Basis dieser Vorüberlegungen soll im Folgenden dargestellt werden, welche Aspekte bei einer Umsetzung der allgemeinen Anforderungen aus Sicht der Verwaltung und damit auch aus Sicht der eGovernment-Realisierung zu beachten sind.

5.7.1 Strategische Ziele

Im Rahmen der Entwicklung der eGovernment-Strategie ist auf den Bedarf nach einer Verbesserung der Qualifizierungsstruktur einzugehen. Dieser Bedarf hat sich an den allgemeinen strategischen Grundsätzen der Verwaltung auszurichten, die im Wesentlichen aus den Grundsätzen der Dienstleistungsorientierung, der Wirtschaftlichkeit, der Prozessoptimierung, der Mitarbeiterorientierung und der Infrastrukturfestlegungen bestehen dürften.

Die technischen Möglichkeiten können dementsprechend dazu genutzt werden, neue Arbeitsformen zu erproben und zu praktizieren, die zur Zufriedenheit der Mitarbeiterinnen und Mitarbeiter beitragen. Schließlich stellt sich die Zufriedenheit umso schneller ein, je besser diese Personen für ihre Aufgaben qualifiziert sind. Denn nur qualifizierte, für ihre Aufgaben hinreichend ausgebildete Mitarbeiter schaffen qualitativ hochwertige Produkte in einer wirtschaftlichen Art und Weise. **Mitarbeiterzufriedenheit** als Grundsatz der Mitarbeiterorientierung ist somit die Voraussetzung von effizienten Dienstleistungsangeboten und damit die Voraussetzung für die Qualität von Produkten und Prozessen.

Innovative Formen der Aufgabenerledigung und Organisation – insbesondere Formen des mobilen Arbeitens – zu erproben, dürfte im Rahmen der Nutzung einer aufgabenangemessenen Informations- und Kommunikationstechnik im Mittelpunkt der **Infrastrukturfestlegungen** stehen und sich in den Qualifizierungszielen widerspiegeln.

Neben der Qualifizierung der Mitarbeiterinnen und Mitarbeiter besteht im Rahmen von eGovernment auch ein Qualifizierungsbedarf an Stellen außerhalb der Verwaltung, um den Umgang mit den online bereitgestell-

Generelle Anwendungen 5

ten Angeboten und Dienstleistungen der Verwaltung zu unterstützen. Insofern dient eLearning dem Ansatz der **Dienstleistungsorientierung** in idealer Weise, da hier eine gleichartige Unterstützung aller in einem Prozess Handelnden erreicht werden kann.

eLearning in seinen unterschiedlichen Ausgestaltungsformen von Webbased Training und Computer-based Training über hybride Lernformen bis hin zum Lernen in Lern- und Wissensgemeinschaften bietet bei einer gemeinsamen und abgestimmten Vorgehensweise unter den Beteiligten in einer Verwaltung eine wesentliche Grundlage, um den Qualifizierungsleitbildern zu entsprechen. Als beteiligte Anbieter sind dabei insbesondere die Volkshochschulen und die Fortbildungsträger innerhalb der Verwaltung zu berücksichtigen. Bei einer Realisierung kann so einerseits auf die bereits vorhandenen Erfahrungen zurückgegriffen werden, zum anderen ist aber im Hinblick auf den weiteren Aufbau eines umfassenden e-Learning-Angebotes für alle Zielgruppen unter Beachtung der rechtlichen, organisatorischen und vor allem der **wirtschaftlichen Aspekte** (Kosten/Nutzen) ein gemeinsames und abgestimmtes Vorgehen notwendig. Unter diesen Aspekten sind auch die sich durch Kooperationen und strategische Partnerschaften ergebenden Vorteile zu erschließen und in die Realisierung zu integrieren.

5.7.2 Zielgruppen

Auf Basis von Abfragen und sonstigen Erhebungen lassen sich, bedingt durch die unterschiedlichen Aufgabenstellungen, eine Reihe von Zielgruppen identifizieren. Die gröbste Unterscheidung lässt sich dabei durch die Einteilung in interne und externe Zielgruppen erzielen. Die internen Zielgruppen lassen sich dann wiederum nach dem Schulungsinhalt (z. B. die Teilnehmer an einer Winword-Schulung) wie auch nach der Zugehörigkeit zu einer bestimmten Gruppe von Mitarbeitern (wie beispielsweise Ausschusssachbearbeiter oder Führungskräfte) unterscheiden. In den meisten Fällen dürfte aber eher eine Betrachtung einer Kombination der beiden Zielgruppen angebracht sein, da nur ausgesuchte Qualifizierungsziele explizit für eine der beiden Zielgruppen in Frage kommen dürften. Ergänzt werden die Zielgruppen um die Auszubildenden in der Verwaltung, die zunächst als externe Nutzer anzusprechen sind, im Laufe der Ausbildungszeit aber zu intern zu schulenden Mitarbeitern werden.

Die Einführung bzw. die Nutzung von eGovernment-Angeboten macht es aber erforderlich, auch externe Zielgruppen in die Qualifizierungsüberlegungen mit aufzunehmen. Hierbei sind in erster Linie die Bürgerinnen und Bürger – und damit die primär von den Volkshochschulen angesprochenen Benutzergruppen – unabhängig von ihrer Stellung bzw. ihrer Aufgabe

5 Generelle Anwendungen

zu nennen. Auch diese auf den ersten Blick sehr große und nicht homogene Zielgruppe kann aber bei näherer Betrachtung in einen direkt aufgabenbezogenen Kontext gestellt werden. Mit dieser Sicht lassen sich dann wiederum Zielgruppen definieren, für die ein entsprechendes eLearning-Angebot erbracht werden kann. Hierzu gehören Mandatsträger ebenso wie kleine und mittlere Unternehmen, die eine spezifische Erwartungshaltung an die Qualifizierung stellen.

5.7.3 Qualifizierungsziele

Obwohl die eigentlichen Qualifizierungsziele von einer Vielzahl von Faktoren abhängig sind, soll nachfolgend versucht werden, eine systematische Zusammenfassung dieser Ziele vorzunehmen. Es lassen sich dabei folgende Gruppen ermitteln:

▶ Anwendungsunterstützung bei der Nutzung von IT-Technologie

Mit diesem Qualifizierungsziel werden sowohl die internen wie auch die externen Zielgruppen gleichermaßen angesprochen. Während bei der externen Schulung eine vollkommen kontextunabhängige Wissensvermittlung im Vordergrund steht, liegt bei der verwaltungsinternen Schulung auch immer die Anwendung der Technologie in Bezug auf den Einsatz innerhalb der Verwaltung mit im Qualifizierungsziel. Im Hinblick auf die gemeinsame Nutzung von Web-Technologie kann hier aber von einer weiteren Annäherung der internen und externen Qualifizierungsziele ausgegangen werden.

▶ Sprachen

Die Schulung von Fremdsprachen ist immer schon ein Lernsegment gewesen, dass sich für moderne Lernformen angeboten hat (Sprachlabor). Auch im Rahmen von eGovernment bietet dieser Bereich ein erhebliches Potential, um hier eine elektronische Unterstützung anzubieten. Insbesondere die beim Einsatz von Informationstechnologien verwandten Anglizismen ergeben einen Fortbildungsbedarf, der einem individuellen eLearning-Angebot zugeführt werden kann.

▶ Umgang und Befähigung zur Nutzung von eLearning

Auch der Umgang im Einsatz von eLearning-Systemen ist ein zu einem frühen Zeitpunkt anzustrebendes Qualifizierungsziel. Hierbei reicht die Anwendungsspanne von dem Ziel der Förderung der Selbstlernkompetenz bis hin zur Frage der inhaltlichen Aufbereitung der Schulungsangebote. Zielgruppen dieses Angebotes sind in einer ersten Stufe die Trainer und Tutoren, die am Aufbau des eLearning-Angebotes inhaltlich eingebunden sind.

Generelle Anwendungen 5

▶ Fachspezifische Fortbildung

Die fachspezifische Fortbildung kann ebenfalls mit Hilfe von eLearning unterstützt werden. Hierunter sind die Bereiche zu verstehen, in denen unabhängig von der Notwendigkeit des Einsatzes von IT-Technologie ein Fortbildungsbedarf besteht. Hierzu gehört vor allem die Vermittlung von Rechtswissen (wie beispielsweise im Datenschutz oder im neuen Verwaltungsverfahrensgesetz) bei der Zielgruppe der Beschäftigten der Verwaltung.

▶ eGovernment-Nutzung

Ein weiteres, wenn nicht gar das wesentliche Kernqualifizierungsziel ist der Bereich eGovernment. Dieses Qualifizierungsziel erstreckt sich wiederum auf beide Zielgruppen, auch wenn die Lerninhalte bei einer differenzierten Betrachtung sicherlich in Teilbereichen voneinander abweichen dürften. Daneben können hier vollständig neue Formen der gesteuerten Wissensvermittlung wie Chat und Netmeeting unter Beteiligung von Lernnetzwerken aus Wirtschaft und Wissenschaft zukünftig einen wesentlichen Platz einnehmen.

TIPP!

Die hier vorgestellten Qualifizierungsziele sind als Anregung zu verstehen und bedürfen im Hinblick auf die spezifischen Erfordernisse der jeweiligen Verwaltung einer laufenden Fortschreibung und Anpassung. Diese Anpassung ist auch im Hinblick auf die technologische Unterstützung notwendig. Zur Zeit dürften dies die beiden Plattformen Internet und Intranet sein, so dass eine einheitliche Entwicklung für die beiden Plattformen erfolgen sollte. Hierzu sind beispielsweise zur Nutzung im Intranet die Fragen zur einzusetzenden Technik wie Lautsprecher bzw. Kopfhörer oder die Formate zur Bildübertragung unter Berücksichtigung der Festlegungen in den Betriebskonzepten zu entscheiden und in die Standards aufzunehmen.

5.7.4 Vorgehensmodell

Auch der Bereich des eLearnings lässt sich wie die gesamte eGovernment-Einführung am besten durch Pilotierungen erschließen. Insofern gelten hier die Ausführungen in Kapitel 4.5 analog. Bei der Pilotierung sollte nach Möglichkeit sowohl die externe wie auch eine interne Zielgruppe beteiligt sein, um bereits hier die technologischen Fragestellungen weitestgehend zu beantworten. Damit kann in der Folge eine Fokusierung auf die Inhalte der Angebote erfolgen. Die bereits erzielten Ergebnisse sind zu dokumentieren und im Rahmen des Erfahrungsaustauschs und bei Kooperationen zur Verfügung zu stellen.

5 Generelle Anwendungen

 WICHTIG!

Unter Berücksichtigung der dargestellten Aspekte dürfte gerade die Nutzung von eLearning ein wesentlicher Baustein zur Einführung von eGovernment sein. Mit Blick auf die Bürgerinnen und Bürger sowie die kleinen und mittleren Unternehmen helfen diese flankierenden Maßnahmen zur Qualifizierung und Kompetenzerweiterung, die zu befürchtende „digitale Spaltung" innerhalb der Gesellschaft zu vermeiden. Insofern braucht eGovernment die Komponente eLearning, um erfolgreich elektronische Dienstleistungen auf dem Markt zu platzieren.

6 Fachanwendungen

Die nachfolgenden Beispiele sind nur ein Ausschnitt aus der Vielfalt kommunaler Aufgaben, wie sie aus den Aufgabengliederungsplänen bekannt sind. Die Auswahl ist unter zwei Aspekten erfolgt. Zum einen handelt es sich um Anwendungen von einem hohen und für eGovernment typischen Innovationsgrad, sowohl in der Sache selbst, wie in der Bedeutung für die Kommunen und ihrem Umgang mit eGovernment. Zum anderen handelt es sich um Anwendungen, bei denen im Gegensatz zu fachspezifischen Einzelanwendungen innerhalb einzelner Ämter ein großer Kreis der Beteiligten verwaltungsübergreifend involviert ist.

6.1 Der elektronische Einkauf

Der Bereich des elektronischen Einkaufs, regelmäßig im Zusammenhang mit der öffentlichen Hand auch als „Public Procurement" bezeichnet, ist eine der typischen Anwendungen, in denen das Internet der Effizienzsteigerung und Kostenoptimierung dienen kann. Der Zugriff auf Anbieter der nachgefragten Ware oder Dienstleistung ist jederzeit möglich. Das Internet schafft die gewünschte Vergleichbarkeit der Angebote, schon weil der Anbieter nach den Rechtsregeln über den Vertragsschluss im elektronischen Geschäftsverkehr und der Informationspflichtenverordnung gezwungen ist, seine Preise in transparenter Weise darzustellen.

Die öffentliche Verwaltung muss den gesetzlichen Anforderungen über den elektronischen Rechts- und Geschäftsverkehr ebenso wie die Wirtschaft und jedes Unternehmen entsprechen, wenn sie Leistungen über das Internet anbietet und deren Bezug durch einen Vertragsschluss über dieses Medium ermöglicht. Umgekehrt jedoch sollte es für die Verwaltung ein Prüfungskriterium sein, ob diejenigen Anbieter, derer Leistungen sie sich über das Internet bedient, den rechtlichen Anforderungen genügen. In Anbetracht der Tatsache, das es sich beim „Internetrecht" um einen weitgehend europäisch harmonisierten Rechtsbereich handelt, spätestens mit In-Kraft-Treten der Richtlinie 2000/31/EG des Europäischen Parlaments und des Rates vom 8.6.2000 über bestimmte rechtliche Aspekte der Dienste der Informationsgesellschaft, insbesondere des elektronischen Geschäftsverkehrs im Binnenmarkt („Richtlinie über den elektronischen Geschäftsverkehr", Abl. EG Nr. L 178 S. 1), sollte es für jeden Anbieter im Internet eine Selbstverständlichkeit sein, den Rechtmäßigkeitsvoraussetzungen zu genügen.

Die Richtlinie schafft die wesentlichen wirtschafts- und zivilrechtlichen Rahmenbedingungen für den elektronischen Geschäftsverkehr. Die

6 Fachanwendungen

Regelungen zum Vertragsschluss wurden in § 312 e BGB niedergelegt, die weiteren Vorgaben der ecommerce-Richtlinie in dem Gesetz über die rechtlichen Rahmenbedingungen für den elektronischen Geschäftsverkehr („EGG, Elektronischer Geschäftsverkehr-Gesetz", BT-Drucks. 136/01) umgesetzt.

6.1.1 § 312 e BGB

§ 312 e BGB setzt die Vorgaben der Art. 10 und 11 der ecommerce-Richtlinie um und normiert die Voraussetzungen des Vertragsschlusses im Internet. Bedient sich ein Unternehmer zum Zwecke des Abschlusses eines Vertrags über die Lieferung von Waren oder über die Erbringung von Dienstleistungen eines Tele- oder Mediendienstes (Vertrag im elektronischen Geschäftsverkehr), hat er dem Kunden

▶ angemessene, wirksame und zugängliche technische Mittel zur Verfügung zu stellen, mit deren Hilfe der Kunde Eingabefehler vor Abgabe seiner Bestellung erkennen und berichtigen kann,

▶ die in der Rechtsverordnung nach Art. 241 des Einführungsgesetzes zum Bürgerlichen Gesetzbuch bestimmten Informationen rechtzeitig vor Abgabe von dessen Bestellung klar und verständlich mitzuteilen,

▶ den Zugang von dessen Bestellung unverzüglich auf elektronischem Wege zu bestätigen und

▶ die Möglichkeit zu verschaffen, die Vertragsbestimmungen einschließlich der Allgemeinen Geschäftsbedingungen bei Vertragsschluss abzurufen und in wiedergabefähiger Form zu speichern.

6.1.2 Tele- und Mediendienste

Im Gegensatz zum traditionellen Fernabsatzrecht, wie dies bis zum 1.1.2002 im Fernabsatzgesetz und nunmehr in § 312 b ff. BGB niedergelegt ist, ist Grundvoraussetzung für den Vertragsschluss im elektronischen Rechtsgeschäftsverkehr, dass dieser mittels eines Tele- oder Mediendienstes im Sinne des Teledienstegesetzes bzw. des Mediendienste-Staatsvertrages der Länder (MDStV) zustande kommt. Die ecommerce-Richtlinie spricht von „Diensten der Informationsgesellschaft". Der Deutsche Gesetzgeber hat diesen Terminus nicht in deutsches Recht eingeführt. § 312 e BGB greift vielmehr auf die im Teledienste-Gesetz (TDG) bzw. Mediendienste-Staatsvertrag niedergelegten Begriffe der Tele- bzw. Mediendienste zurück. Diese Gesetze erfassen entsprechend des Anwendungsbereichs der ecommerce-Richtlinie nur solche Angebote und Dienstleistungen, die auf Abruf im Fernabsatz und in elektronischer Form erbracht werden.

Fachanwendungen **6**

6.1.2.1 Teledienst

Der Begriff „Teledienst" ist in § 2 TDG definiert. Danach sind Teledienste elektronische Informations- und Kommunikationsdienste, die für eine individuelle Nutzung von kombinierbaren Daten wie Zeichen, Bilder oder Töne bestimmt sind und denen eine Übermittlung mittels Telekommunikation zugrunde liegt. Darunter fallen insbesondere Angebote zur Nutzung des Internets (§ 2 Abs. 2 Nr. 3 TDG), Angebote von Waren und Dienstleistungen in elektronisch abrufbaren Datenbanken mit interaktivem Zugriff und unmittelbarer Bestellmöglichkeit (§ 2 Abs. 2 Nr. 5 TDG) oder Angebote zur Information und Kommunikation wie Datendienste zur Verbreitung von Informationen über Waren und Dienstleistungsangebote (§ 2 Abs. 2 Nr. 2 TDG).

6.1.2.2 Mediendienst

In Abgrenzung zu den Telediensten sind Mediendienste gemäß § 2 MDStV Informations- und Kommunikationsdienste in Text, Ton oder Bild – mit Ausnahme von Rundfunk – zu verstehen, die sich an die Allgemeinheit richten und unter Benutzung elektromagnetischer Schwingungen ohne Verbindungsleistung oder längs oder mittels eines Leiters verbreitet werden.

6.1.2.3 Individualkommunikation

Die Vorschriften des § 312 e BGB greifen nicht ein, wenn die Vertragsanbahnung ausschließlich mittels Individualkommunikation erfolgt (§ 312 e Abs. 2 Satz 1 BGB), wie dies etwa bei E-Mail der Fall ist. Dabei ist allerdings anzunehmen, dass die Bestellung mittels einfacher elektronischer Post im elektronischen Geschäftsverkehr eine untergeordnete Rolle spielt. Unternehmen und auch die öffentlichen Verwaltungen dürften sich im Internet regelmäßig Formularserver bedienen, die in komplex ausgestaltete Online-Anwendungen implementiert sind. Sie halten für den Kunden elektronische Formulare vor, die dieser online oder offline ausfüllt und dann auf elektronischem Weg rückübersendet. Diese Vorgehensweise eröffnet für die Verwaltung die Möglichkeit, die eingehenden Informationen unmittelbar elektronisch zu erfassen und weiterzuverarbeiten.

6.1.3 Abgrenzung Fernabsatzvertrag und Vertrag im elektronischen Geschäftsverkehr

Sowohl der Teledienst als auch der Mediendienst ist Fernabsatzmittel im Sinne des § 312 b BGB. Dies bedeutet, dass dann, wenn ein Vertrag im elektronischen Rechtsverkehr im Sinne des § 312 e BGB einschlägig ist, stets auch die Vorschriften des weiteren Fernabsatzrechts der §§ 312 b ff. BGB zu beachten sind.

6 Fachanwendungen

Allerdings können sich die Vorschriften zu § 312 b ff. BGB sowie § 312 e BGB auch ausschließen. So finden die Vorschriften zum Vertrag im Fernabsatz keine Anwendung, wenn der Vertrag zwischen zwei Unternehmen geschlossen wird. Denn insoweit verlangt § 312 b BGB, dass der Vertrag stets zwischen einem Unternehmen als Anbieter und einem Verbraucher als Vertragspartner zustande kommt. Demgegenüber sieht die Vorschrift des § 312 e BGB vor, dass der Vertrag zwischen einem Unternehmen und einem Kunden geschlossen wird.

Der Kundenbegriff ist jedoch im deutschen Zivilrecht nicht näher definiert. Daher ist darauf abzustellen, dass Kunde sowohl der Unternehmer als auch der Verbraucher sein können. Dies bedeutet, dass im gesamten Bereich des elektronischen kommunalen Beschaffungswesens, bei dem davon auszugehen ist, dass auf Kundenseite stets ein Unternehmen als Zulieferer zur Kommune tätig wird, alleine die Vorschriften des § 312 e BGB, nicht jedoch die der §§ 312 b ff. BGB einschlägig sind. Anders gewendet ist zu folgern, dass dann, wenn die Verwaltung an den Bürger als „Verbraucher" Waren oder Dienstleistungen über das Internet veräußert, die Vorschriften über den Fernabsatz neben denjenigen über den Vertrag im elektronischen Geschäftsverkehr zur Anwendung kommen.

6.1.4 Vertragsschluss im Internet

Zentraler Aspekt der rechtssicheren Gestaltung eines Internetauftritts ist die Beachtung der verschiedenen Transparenz- und Informationspflichten durch den Anbieter.

6.1.4.1 Informationspflichten des Anbieters

Über die allgemeinen Informationspflichten nach § 6 TDG hinaus hat die Behörde im Internet weitergehende Informationspflichten aus § 312 e BGB in Verbindung mit § 3 InformationspflichtenVO zu beachten. Voraussetzung der Anwendbarkeit des § 312 e BGB ist zunächst, dass sich der Unternehmer eines Dienstes der Informationsgesellschaft (Artikel 2 a der eCommerce-Richtlinie) zum Zwecke des Vertragsschlusses bedient. Die Bereiche Rundfunk und Telekommunikation sind entsprechend der Richtlinie vom Anwendungsbereich ausgeschlossen, ebenso wie Brief oder Telefonverkehr. Damit fallen auch alle bloßen Verteildienste, das heißt Tele- oder Mediendienste, die im Wege einer Übertragung von Daten ohne individuelle Anforderung gleichzeitig für eine unbegrenzte Anzahl von Nutzern erbracht werden, aus dem Anwendungsbereich des § 312 e BGB heraus. Dies ergibt sich zwangsläufig aus § 312 e Absatz 2 BGB. Entscheidend ist, dass sich die Verwaltung eines Dienstes der Informationsgesellschaft (also Teledienste- oder Mediendienste) bedient, um mit dem Kunden einen Vertrag abzuschließen.

6.1.4.2 Korrekturmöglichkeit von Eingabefehlern

§ 312 e BGB will gewährleisten, dass Anbieter von Waren und Dienstleistungen ihre Geschäfte auch im Internet bzw. im Zusammenhang mit elektronischen Medien insgesamt rechtssicher auf- und ausbauen können. Zu diesem Zweck legt § 312 e Absatz 1 Nr. 1 BGB zunächst fest, dass der Unternehmer seinem Kunden angemessene, wirksame und zugängliche Mittel zur Verfügung stellen muss, mit deren Hilfe er beim Vertragsschluss unter Einsatz von Tele- oder Mediendiensten (Vertragsschluss im elektronischen Geschäftsverkehr) Eingabefehler vor Abgabe seiner Bestellung erkennen und berichtigen kann.

6.1.4.3 Informationspflichtenverordnung

§ 312 e Absatz 1 Nr. 2 BGB schließlich verweist auf die nach Artikel 241 EGBGB errichtete Rechtsverordnung, die bestimmte Informationspflichten normiert, die der Unternehmer gegenüber seinem Kunden gewährleisten muss. Die Regelungstechnik entspricht der bereits in § 312 c BGB gewählten Form: Im Gesetzestext wird lediglich die generelle Unterrichtungsverpflichtung des Unternehmers geregelt, während die einzelnen zu erteilenden Informationen in der InformationspflichtenVO bestimmt werden. Nach der Systematik unterscheiden § 312 e BGB und § 3 InformationspflichtenVO nicht ausdrücklich – anders als im Bereich des Fernabsatzrechts – zwischen vor- und vertraglichen Informationspflichten.

Schließlich hat der Unternehmer den Kunden über sämtliche einschlägigen Verhaltenskodizes zu informieren, denen er sich unterwirft. Zusätzlich hat der dem Kunden die Möglichkeit eines elektronischen Zugangs zu diesen Regelwerken (§ 3 Nr. 5 InformationspflichtenVO) zu verschaffen. Diese Regelung entspricht den in Artikel 10 Absatz 2 eCommerce-Richtlinie vorgesehenen Vorgaben.

Nach dem Wortlaut ist davon auszugehen, dass es sich bei den hier angesprochenen Verhaltenskodizes um Verhaltensregelwerke des Unternehmens handelt, denen er sich unabhängig vom eigentlichen Vertragsschluss mit den einzelnen Kunden freiwillig „unterwirft". Daher ist daraus keine umfassende Pflicht des Unternehmens abzuleiten, über solche Kodizes zu verfügen oder sie für den Kunden auch bereitzuhalten. Diese Regelung dürfte für die Verwaltung nicht einschlägig sein.

Bezieht sich ein Unternehmen jedoch zu Werbezwecken auf Verhaltenskodizes, wodurch es sich offensichtlich Vorteile im Wettbewerb verspricht, da die Waren und Dienstleistungen durch Hinweise auf die Kodizes als von besonderer Qualität in transparenter Weise dargestellt werden können, ist die Sachlage anders zu beurteilen. Erst recht ist davon auszu-

6 Fachanwendungen

gehen, dass der Unternehmer die Informationspflicht über die Kodizes, denen er sich unterwirft, zu erfüllen hat, wenn er sich etwa denen von Unternehmensverbänden unterworfen hat und mit der Mitgliedschaft wirbt. Auch diese Aspekte sind aus Sicht der Verwaltung Anhaltspunkte zur Seriosität von Unternehmen, über die Waren oder Dienstleistungen eingekauft werden sollen.

Nach § 312 e Absatz 3 BGB bleiben weitergehende Informationspflichten aufgrund anderer Vorschriften unberührt. Da weder § 312 e Absatz 1 BGB selber noch § 3 InformationspflichtenVO explizit den in § 1 Informationspflichten VO niedergelegten Informationskatalog aufweisen, ist für den Unternehmer in jedem Fall beachtlich, dass er diesen auch bei einem Vertrag im elektronischen Geschäftsverkehr berücksichtigen muss. Diese Folgerung ergibt sich im Übrigen schon daraus, dass ein Vertrag im elektronischen Geschäftsverkehr in aller Regel die Voraussetzungen des Vertrages im Fernabsatz erfüllt.

6.1.4.4 Transparenzpflichten

Es stellt sich dabei die Frage, ob es ausreichend ist, eine Webseite zu benennen, aus der die vorgenannten Inhalte ersichtlich werden oder darauf ein Link zu setzen. Aus der Formulierung des § 3 Nr. 5 InformationspflichtenVO, nach der der Unternehmer „die Möglichkeit eines elektronischen Zugangs zu diesen Regelwerken" zu schaffen hat, ist ersichtlich, dass jedenfalls das Setzen eines Links ausreichend ist. Damit ist es nicht erforderlich, dass die Behörden diese Informationen selber auf ihrer Internet-Präsenz vorhalten müssen. Zu beachten ist allerdings, dass das Setzen eines Links auf die verschiedenen berufsrechtlichen Vorschriften alleine nicht ausreichend sein dürfte, um den Informationspflichten zu genügen. Vielmehr ist auch hier § 312 e Absatz 1 Nr. 4 BGB einschlägig. Danach hat die Behörde zusätzlich dafür Sorge zu tragen, dass die Inhalte in wiedergabefähiger Form gespeichert werden können. Denn dieses Erfordernis gilt für alle „Vertragsbestimmungen einschließlich Allgemeiner Geschäftsbedingungen". Damit müsste das Link in der Weise ausgestaltet sein, dass dort die berufsrechtlichen Vorschriften heruntergeladen und gespeichert werden können.

6.2 Die elektronische Ausschreibung und Vergabe

Wesentlicher Anwendungsbereich des eGovernment, in dem erhebliche Kosten- und Prozessoptimierungspotentiale liegen, ist der Bereich der öffentlichen Ausschreibung. Insgesamt vergibt die öffentliche Hand Aufträge im Wert von rund 250 Mrd. Euro pro Jahr, EU-weit sogar 720 Milliar-

Fachanwendungen 6

den Euro. Rechnet man diese Zahlen auf das Bruttoinlandsprodukt (BIP) um, so erreicht die öffentliche Beschaffung national einen Anteil von 13 % bzw. 11,5 % EU-weit am BIP. Es werden bundesweit Leistungen von über 30 000 öffentlichen Auftraggebern nachgefragt. Allein von 1996 bis 2000 ist das Auftragsvolumen national um 172 % gestiegen. Die Tendenz setzt sich auch EU-weit fort. Die Liste der nachgefragten Leistungen ist sehr heterogen. Die Beschaffung der öffentlichen Hand umfasst das gesamte Spektrum von Waren- und Dienstleistungen, die Dritte auf Bestellung der Verwaltung liefern.

6.2.1 Überblick über das Vergaberecht

Das Vergaberecht umfasst alle Regeln und Vorschriften, die das Verfahren für die öffentliche Hand beim Einkauf von Gütern und Leistungen vorschreibt. Einschlägig sind zunächst die §§ 97, 99 GWB. Denn danach gilt für entgeltliche öffentliche Aufträge, dass Vergabeverfahren durchzuführen sind. In Betracht kommen hier insbesondere die Vergabeverordnung (VgV), die Vergabe- und Vertragsordnung für Bauleistungen (VOB) und die Verdingungsordnung für Dienstleistungen (VOL). Die darin niedergelegten Schwellenwerte, so etwa 200 000,00 € für die Vergabe einer Dienstleistung, können leicht überschritten werden, so dass die Durchführung eines Vergabeverfahrens erforderlich wird.

6.2.2 eVergabe

Von erheblicher Bedeutung ist zukünftig die elektronische Vergabe (eVergabe). Dahinter verbirgt sich die elektronische Abwicklung des gesamten Ausschreibungs- und Vergabeprozesses eines öffentlichen Auftraggebers. Damit geht einher der Bereich des öffentlichen Beschaffungswesens, das „Public Procurement".

Ziel der eVergabe ist die schnellere Vergabe von Aufträgen, Transparenz für Wirtschaft und Bedarfsträger, Steigerung der Effizienz der Verwaltungsverfahren, Nutzung der Rationalisierungspotentiale und Minimierung der Prozess- und Transaktionskosten. Für die Bieter ist der Online-Zugriff auf die Ausschreibungsdokumente möglich ebenso wie die elektronische Übersendung der Angebote.

Haupthindernis für ein elektronisches Vergabeverfahren stellte in der Vergangenheit das Erfordernis der Sicherheit der Ausschreibung dar, die nunmehr durch die elektronische Signatur gewährleistet wird. Konsequenterweise folgte die Neufassung der Verordnung über die Vergabe öffentlicher Aufträge (Vergabeverordnung), womit ein erster Schritt in Richtung elektronische Ausschreibungsprozesse getan wurde. Wichtige Neuregelung der Vergabeverordnung ist die Zulassung der Abgabe elek-

6 Fachanwendungen

tronischer Angebote im Vergabeverfahren. Nach § 15 der Vergabeverordnung können die öffentlichen Auftraggeber zulassen, dass die Abgabe der Angebote in anderer Form als schriftlich per Post oder direkt erfolgen kann, sofern sichergestellt ist, dass die Vertraulichkeit der Angebote gewahrt bleibt. Digitale Angebote sind mit Signatur im Sinne des Signaturgesetzes zu versehen und zudem zu verschlüsseln; die Verschlüsselung ist bis zum Ablauf der für die Einreichung der Angebote festgelegten Frist aufrechtzuerhalten. Zur Prüfung und Wahrung der Fristen ist der Einsatz elektronischer Zeitstempel zum Nachweis der Rechtzeitigkeit von erheblichem Beweiswert.

Beispiel:

> Das Bundesbeschaffungsamt unterhält seit 2002 ein zentrales elektronisches Beschaffungssystem. Ziel ist es dabei, für den gesamten Vergabeprozess Informationstechnologien in gesetzeskonformer Weise einzusetzen. Die Funktionalität ist geprägt durch ein sicheres Client-Server-System. Der Datenaustausch findet unter Einsatz der elektronischen Signatur statt.
>
> Hamburg schrieb als erste deutsche Stadt seine öffentlichen Aufträge via Internet aus. Einsparpotenziale betragen 3 bis 5 Prozent der vormaligen Einkaufskosten – für Hamburg bei einem Beschaffungsvolumen von rund 1 Mrd. Euro bis zu 50 Mio. Euro, für die Finanzbehörde bei einem Volumen von rund 70 Mio. Euro zunächst bis zu 3,5 Mio. Euro jährlich. Als Ziele waren definiert die Erhöhung der Wirtschaftlichkeit bei der öffentlichen Auftragsvergabe durch breiteren Wettbewerb sowie größere Transparenz und Verfahrenssicherheit.

Für Unternehmen, die sich an öffentlichen Ausschreibungen beteiligen, ergeben sich Zeitersparnisse und der Wegfall von Wegen durch sofortige jederzeitige Verfügbarkeit und direkten Zugriff auf entscheidungsrelevante Dokumente und Informationen, eine höhere Flexibilität bei der Erfassung, Bearbeitung und Abgabe von Angeboten sowie eine verbesserte Prozessgeschwindigkeit, die einfachere und schnellere Kommunikation mit der öffentlichen Verwaltung und eine Minimierung von Fehlern durch klare Angebotsstrukturen und -formulare. Die Vorteile für die öffentliche Verwaltung liegen im IT-unterstützten Workflow, mit der eine verbesserte Prozessgeschwindigkeit durch standardisierte und wiederholbare Vergabeverfahren, Nutzung von Archiven, elektronische Bekanntmachungen, automatisierte Auswertungen, sowie eine sukzessive Ablösung des papierbasierten Verfahrens und Archivs einhergehen.

6.3. Die GEO-Informationswirtschaft

Das Thema der Geoinformationen war lange Zeit ein Nischenthema nur für Spezialisten. Erst seit Mitte der 90er-Jahre werden Geoinformationen

Fachanwendungen 6

zunehmend als ein Wirtschaftsgut betrachtet, das über ein beträchtliches Potenzial verfügt, um neue Märkte zu aktivieren und neue wirtschaftliche Aktivitäten zu initiieren. Raumbezogene Daten werden immer mehr zu einem entscheidenden Faktor für die Ansiedlung von Unternehmen. Hier nun erschließen sich für die öffentliche Verwaltung und insbesondere für die Kommunen nicht nur neue Märkte, sondern auch neue eigene Anwendungsgebiete.

Bund, Land und Kommunen sind derzeit (noch) die wichtigsten Produzenten von Geoinformationen. Dies hat historische Gründe: Viele wichtige staatliche und kommunale Aufgaben sind ohne Geoinformation nicht zu bewältigen. Dies gilt insbesondere für die Aufgabenbereiche zum Schutz vor innerer (Polizei, Feuerwehr, Katastrophenschutz) und äußerer Bedrohung (Militär), der Sicherung des Eigentums und der Grundbesteuerung (Kataster und Grundbuch) und den vielfältigen, meist kommunalen Aufgaben bei der Zuordnung von Personen, Ressourcen und Rechten. Allerdings ist kritisch zu beobachten, dass teilweise für die einzelnen Aufgabenbereiche eigenständige isolierte Einzelplanwerke existieren.

> Folgt man aktuellen Marktstudien, so sind die Nachfrage und das Marktpotenzial zur Nutzung dieser raumbezogenen Informationen erheblich. Der derzeitige Umsatz der Geoinformationswirtschaft in Deutschland wird je nach Branchenabgrenzung auf 65 Mio. bis 110 Mio. € geschätzt. Allein in Nordrhein-Westfalen werden nach einer aktuellen Marktuntersuchung der Firma Micus 50 Mio. € umgesetzt. Dabei ist davon auszugehen, dass diese gegenwärtigen Umsätze nur einen kleinen Teil des tatsächlichen Marktpotenzials ausmachen. Für Nordrhein-Westfalen wird das zurzeit ausgeschöpfte Potential auf 17 % geschätzt. Weitergehende Untersuchungen gehen von einem bisher unerschlossenen Marktpotenzial in Deutschland von ca. 6,8 Mrd. € aus.

Dies ist zum einen dadurch zu erklären, dass entsprechende Verarbeitungswerkzeuge – Geographische Informationssysteme – nicht mehr teure und hoch komplizierte Spezialtechnologien darstellen, sondern von Sachbearbeitern bedienbar und auf Arbeitsplatzrechnern oder sogar als WebMapping-Anwendung über das Internet nutzbar sind. Zum anderen ist digitalisierte Geoinformation im Gegensatz zu ihren papiergestützten Vorgängern Karte und Tabelle vielfältig verknüpf- und integrierbar. Beispiele wie GPS, Routenplaner und Autonavigationssysteme zeigen, dass diese Technologie einfach beherrschbar in den Alltag der Menschen Einzug findet. Vor allem aber steht hinter der zunehmenden Nachfrage nach digitaler Geoinformation die zunehmende Bedeutung von Planung und Entscheidungsoptimierung in Wirtschaft, Freizeit und bei der Wahrnehmung öffentlicher Aufgaben. Geoinformationen sind in erster Linie ein Vorprodukt in Planungs- und Entscheidungsprozessen. Man geht davon

6 Fachanwendungen

aus, dass ca. 80 Prozent der Prozesse in Wirtschaft und Verwaltung in irgendeiner Form mit einem Raumbezug zu tun haben.

Viele aktuelle Studien zeigen, dass die tatsächliche Nutzung und wirtschaftliche Vermarktung der Geodaten in einem krassen Missverhältnis zu den unterstellten Wertschöpfungspotentialen stehen. Es kann davon ausgegangen werden, dass weniger als 20 % des Wertschöpfungspotenzials gegenwärtig genutzt wird. Allerdings haben sich neben einer noch wenig ausgeprägten Transparenz um die wirtschaftliche Bedeutung der Geoinformationen insbesondere in Deutschland, aber auch in anderen europäischen Staaten, Marktstrukturen ausgeprägt, die eine Nutzung dieses Potenzials erheblich behindern.

Festzustellen ist, dass bereits ein breites Angebot an kommerziell verwertbaren und qualitativ sehr hochwertigen Geodaten existiert. Allerdings deckt dieses Angebot längst nicht den erkennbaren Bedarf. Dies liegt unter anderem darin begründet, dass die Produzenten von Geodaten – vor allem staatliche und halbstaatliche Einrichtungen und wenige sehr große Anbieter aus der Privatwirtschaft – traditionell zunächst nur für Großabnehmer von Geoinformationen produzieren. Ein wesentlicher Teil des festgestellten Marktpotenzials besteht aber aus kleineren, spezialisierten Nachfragern, die zur Lösung ihrer Aufgaben nur kleine Mengen von besonders aufbereiteten Geoinformationen benötigen. Die Aufbereitung der Daten, die branchenbezogene Datenauswahl und Kontextanreicherung, erfolgt hier in der Regel nicht beim Nachfrager, sondern muss von spezialisierten branchenspezifischen Datenveredlern und Vertriebsagenturen für Spezialinformationen in komplexen Wertschöpfungsketten durchgeführt werden. Die besonders qualitativ hochwertigen und umfangreichen, allerdings auch sehr heterogenen Datenbestände auf dem deutschen Markt erweisen sich hier oft als Markthindernisse. Daraus folgende hohe finanzielle und technische Einstiegshürden in den Markt machen es neuen Anbietern und Nachfragern von Geoinformationen sehr schwer, sich zu etablieren. Hier sind neben der Schaffung infrastruktureller Voraussetzungen (Geodateninfrastruktur) vor allem auch markt- und nutzungsorientierte Gebührenstrukturen gefragt.

Auf dem D21-Kongress Geoinformationswirtschaft 2002 wurde die Statusbeschreibung der Geoinformationswirtschaft in Deutschland in fünf Thesen zusammengefasst:

1. Das Potential ist nur zu einem kleinen Teil ausgeschöpft
2. Wachstums- und Entwicklungschancen liegen insbesondere in neuen (unbekannten) Feldern
3. Technik ist kein Hemmschuh der weiteren Entwicklung

Fachanwendungen 6

4. Der Markt für Geodaten ist stark angebots- und großhandelsdominiert
5. Wir brauchen mehr Datenveredler und Zwischenhändler für spezialisierte Information

 WICHTIG!

Für die Verwaltung bedeutet dies, diesen „Milliardenschatz" der Geoinformationen nicht selbst, denn dafür fehlt die Erfahrung, sondern über Content-Provider der Wirtschaft anzubieten, die die branchenspezifische Veredelung und professionelle Vermarktung ihrer Daten übernehmen. Wichtig ist hierbei, dass das Angebot einer Kommune mit den Angeboten anderer Kommunen, mit den Angeboten der Länder und des Bundes vernetzt wird.

Ob man hier nun Partnerschaften in Form einer Public Private Partnership eingeht oder lediglich einem oder auch mehreren Unternehmen beziehungsweise Providern auf Vertragsbasis die Geodaten zur Verfügung stellt, ist sicherlich im Einzelfall zu diskutieren.

Darüber hinaus stellt die Öffentliche Verwaltung selbst als eigenständige „Branche" ein großes Marktpotenzial für die Geoinformationswirtschaft dar. Zwar werden sicherlich schon in vielen Bereichen der Verwaltung Geodaten eingesetzt. Doch finden sich hier auch noch große Rationalisierungsmöglichkeiten und „Spielwiesen" für neue kreative Anwendungen. Diese kommen letztlich auch dem Bürger durch optimierte Ergebnisse im Verwaltungshandeln zugute.

Um die Marktbarrieren zu überwinden und die Marktpotenziale besser zu entwickeln, ist nach Meinung von Experten die Entwicklung eines nachfrageorientierten Marktes erforderlich. Stärker nachfrageorientierte Markt- und Versorgungsstrukturen entstehen, wenn die Anbieterseite ihr Angebot transparent und mit marktorientierten Gebührenstrukturen gestaltet und dann vermehrt Datenveredler und Zwischenhändler für spezialisierte Geoinformation aktiv werden und so komplexe Wertschöpfungsketten zwischen Geoinformationserzeugern und Geoinformationsnutzern entstehen.

Auf dem bereits erwähnten D21-Kongress Geoinformationswirtschaft 2002 wurden die Handlungsnotwendigkeiten wie folgt zusammengefasst:

1. Der Geoinformationsmarkt in Deutschland ist so strukturiert, dass sich die Potenziale nicht im Spiel der Marktkräfte entfalten können.
2. Wir brauchen eine technische und organisatorische Geodateninfrastruktur, in der sich Wertschöpfungsketten, Datenveredler und Zwischenhändler für spezialisierte Information etablieren können.

6 Fachanwendungen

3. Deutschland braucht eine Geoinformationspolitik zur Entfaltung der Geoinformationswirtschaft.

Allein mit den Kräften des Marktes werden diese Barrieren nicht überwunden. Die Öffentliche Hand ist marktdominierender Akteur auf dem Geoinformationsmarkt. Aufgrund der starren Marktstrukturen werden sich nur in begrenzten Bereichen innovative nachfrageorientierte Vertriebsstrukturen herausbilden können. Ohne eine gezielte Förderpolitik sind diese Marktbarrieren wahrscheinlich nicht zu überwinden. Dazu gehören Starthilfen für innovative Akteure am Markt, aber auch eine Neubestimmung der Aufgaben der Öffentlichen Verwaltung in diesem Markt. In dieser Betrachtungsweise erscheint Geoinformation zum einen als ein Wirtschaftsgut, das von öffentlichen Stellen gewinnbringend produziert wird, zum anderen als eine wesentliche Infrastrukturleistung der Öffentlichen Hand zur Durchführung öffentlicher und zur Unterstützung privater Planungs- und Geschäftsprozesse. Den „Milliardenschatz" an Geoinformationen in den Aktenschränken der Verwaltung wird man nicht dadurch heben, dass einzelne Gemeinden mit Vermarktungsaktivitäten beginnen. Sondern dadurch, dass verwaltungsübergreifende technische und organisatorische Infrastrukturen (Geodateninfrastrukturen) entstehen, die es erlauben, nach relevanten Informationen in den Daten zu suchen, sie zu extrahieren und sie zusammenzuführen und aufzubereiten. Während insbesondere kommunale Stellen weiterhin wichtige Produzenten von Geoinformationen in diesem deregulierten Geodatenmarkt bleiben, werden branchen- und aufgabenspezifische Datenveredler und Aufbereitungsspezialisten die Weiterverarbeitung der Informationsprodukte übernehmen. Die Öffentliche Verwaltung wird dann sowohl vom Vermarkten der Geodaten profitieren, als auch von schneller und einfacher verfügbaren Geoinformationen für die eigenen Zwecke und für die Zwecke ihrer Bürger und der heimischen Wirtschaft.

Auch wenn es noch etlicher Anstrengungen bedarf, um diesen reibungslosen Austausch effizient gestalten zu können, wird eine schnelle und deutliche Intensivierung der Geoinformationswirtschaft entscheidend zu einer Verbesserung nahezu aller Prozesse in Wirtschaft und Verwaltung beitragen, zusätzlich neue Wirtschaftszweige schaffen und damit insgesamt den Wirtschaftsstandort Deutschland wesentlich stärken.

6.4 Ratsinformationssystem und Ratsportal

In den vorausgegangenen Kapiteln ist aus unterschiedlichen Sichten der Wandel durch eGovernment beschrieben worden. In einigen Fällen geht es nicht nur um den Wandel des bisherigen Zustandes, sondern um völlig

Fachanwendungen 6

neue Möglichkeiten. Das gilt auch für die Unterstützung der Mandatsträger und Mandatsträgerinnen mit IT-Anwendungen in ihren parlamentarischen Arbeitsbereichen. Der Rat einer Kommune ist in der Vergangenheit trotz eines hohen Automationsgrades in der eigenen Verwaltung stiefmütterlich behandelt worden. Gerechterweise kann festgestellt werden, dass in der Vergangenheit keine Beschwerden über diesen Zustand seitens der Politik bekannt geworden sind. Mit Blick in die Zukunft darf vermutet werden, dass noch erhebliche Überzeugungsarbeit geleistet werden muss, um die Politik durchgängig in die eGovernment-Strukturen einzufinden. Der kommunale Sitzungsdienst ist immer wieder als Ratsinformationssystem bezeichnet worden, war aber in Wahrheit in der Hauptsache eine Optimierung der Vorgänge auf Seiten der Verwaltung, weil der Rat bereits durch fehlende Teilhabe an der technischen Ausstattung nur marginal beteiligt war.

Beim Beginn der eGovernment-Diskussion war dann auch die erste Frage nicht die nach dem Inhalt, sondern die Frage, ob die Verwaltung Mandatsträger mit Technik, z. B. einen PC für jedes Mitglied, ausstatten muss und wer die laufenden Kosten trägt. Diese Frage hat sich schneller erledigt als die Arbeit an einem Konzept. Es wurde übersehen, dass die Mandatsträger, wenn auch noch nicht ganz durchgängig, aus ganz anderen Gründen über Technik verfügen, sei es aus privater Ambition, sei es die Ausstattung innerhalb der Parteien oder am hauptberuflichen Arbeitsplatz, und dass sie nicht nur mit stationären Geräten, sondern z. B. mit Laptops ausgestattet sind. Das eigentliche Problem ist damit nicht die Gerätebeschaffung, sondern das Problem, dass Mandatsträger auf drei Ebenen arbeiten, in

ihrem privaten Umfeld,

ihrem Beruf und

ihrem politischen Mandat.

Im Zusammenhang mit dem Mandat ergibt sich eine weitere Aufteilung, nämlich

die Arbeit des Mandatsträgers im Wahlkreis,

die Arbeit in der Fraktion und

die Funktionalität des Rates.

Die Komplexität erhöht sich weiterhin, wenn Mandatsträger in einer Kommune darüber hinaus zusätzlich im Landtag oder im Bundestag vertreten sind.

6 Fachanwendungen

Ein ernsthaftes Problem ist der notwendige Zugang aus unsicheren Netzen in sichere Verwaltungsnetze oder die Verbindung zwischen dem Verwaltungsnetz und dem Netz der Firma eines Mandatsträgers. Das muss gelöst werden. Nebenbei erwähnt, ist der Mandatsträger auch Einwohner einer Kommune und nimmt schon allein aus dieser Sicht an eGovernment teil. Es dürfte auf Dauer schwer zu erklären sein, wenn er im Zusammenhang mit der politischen Funktion in der Kommune daran nicht teilnehmen könnte.

Was muss nun die Anwendung können? Sie besteht aus folgenden Bausteinen:

1. Kommunaler Sitzungsdienst

Das ist die gesamte Organisation, die sich aus Vorbereitung und Durchführung und Abschlussdokumentation der Ratsarbeit ergibt. Das beginnt mit der Erstellung der Beratungsvorlagen und ihrem Versand, sowie der Aufstellung der Tagesordnung. Daneben gibt es einen Terminkalender der Sitzungen und die Raumplanung, die Verwaltung der Teilnehmerliste und die Abrechnung der Sitzungsgelder. Im Anschluss an Sitzungen erfolgt die Nachbearbeitung, das ist die Niederschrift und die Beschlussdokumentation. Niederschrift und Beratungsunterlagen müssen in eine Ratsdokumentation (Archiv) überführt werden, Beschlüsse in ein Beschlussverfolgungssystem übernommen werden. Zur Qualität eines Systems für den Sitzungsdienst gehört eine sitzungsaktuelle Tagesordnung oder die Korrektur der Einladung, wenn Tagesordnungspunkte bereits im Vorfeld der Sitzung von der Tagesordnung genommen werden. Das ist aus instrumenteller Sicht der elektronischen Kommunikation kein Problem, wenn in dem Geschäftsprozess „Einladung und Tagesordnung" die operativen Zuständigkeiten adäquat geregelt sind.

2. Ratsarchiv

Die Beschlussdokumente für das Archiv müssen für spätere Recherchen aufgearbeitet werden, d. h. sie müssen um Suchbegriffe erweitert werden, unter denen Recherchen erwartet werden können. Das hängt damit zusammen, dass Einzelbeschlüsse, die in einem größeren Kontext stehen, anderenfalls nicht zusammengeführt werden können. Dies gilt insbesondere z. B. für städtebauliche Maßnahmen, wo die Finanzierung in einem anderen Zusammenhang steht als die technischen Maßnahmen.

Das Ratsarchiv besteht aus einem Dokumentations- und einem Retrievalsystem. Das Dokumentationssystem muss zeitnah – Beschlüsse unmittelbar nach der Sitzung – versorgt werden, besonders dann, wenn das System im Rahmen der allgemeinen Informationsversorgung öffentlich

Fachanwendungen 6

zugänglich ist. Das Retrievalsystem ist Voraussetzung für einen allgemeinen Zugang. Aus der Sicht der Mandatsträger muss es umfassende Informationen durch Verknüpfungen von Suchbegriffen liefern, es muss unmittelbar benutzbar sein, bei unkomplizierter Handhabung und entsprechend der Philosophie von eGovernment ohne Zeitbegrenzung zur Verfügung stehen. Neben der Archivierung der Beschlüsse und der Beratungsniederschriften ist es wichtig, dass die Beratungsvorlagen in ihrer ursprünglichen Fassung in das Archiv eingehen. Abweichungen zwischen Vorlage und Beschluss haben ihren eigenen historischen Informationswert.

Eine völlig neue Situation ergibt sich aus dem Übergang auf elektronische Akten, wenn eine Verwaltung ohne Medienbruch arbeiten will. Die bisherige Regelung war, dass Akten mit abgeschlossenen Vorgängen dem Amtsarchiv übergeben, dort erschlossen und in den Bestand eingegliedert wurden. Die Aufbewahrung elektronischer Akten schafft eine neue Dimension der Archivierung, weil die Dokumente aus gerätetechnischen und softwaretechnischen Gründen anders als die alten Papierdokumente nur zeitbegrenzt verfügbar bleiben. Das sind zunächst Fragen des Dokumentenmanagements im Gesamtsystem von eGovernment und müssen dort gelöst werden. Im Rahmen des Ratsinformationssystems muss hier aus Gründen der Vollständigkeit auf dieses Problem hingewiesen werden und für Zwischenlösungen plädiert werden, damit keine wichtigen Dokumente aus technischen Gründen untergehen.

3. Kommunikationssystem

Die Mandatsträger und die Fraktionen im Rat müssen in das Kommunikationssystem der Verwaltung eingebunden sein. Auf Grund des Arbeitsstils müssen Unterlagen unabhängig von Zeit und Ort zu beschaffen sein, Gleiches gilt für die Durchführung von Abstimmungsprozessen.

Die Einbindung der Mandatsträger in das Kommunikationssystem einer Kommune führt zu spezifischen Funktionalitäten. Aus der Organisationssicht der Verwaltung ist der Rat eine eigene institutionelle Einheit. Die politischen Gruppierungen im Rat sind gleichzeitig konkurrierende Mandanten. Das bedeutet für das Kommunikationssystem die Notwendigkeit von voneinander abgeschotteten Bereichen sowie die Abschottung gegenüber der Verwaltung in den Vorgängen, wo der Rat unter sich ist.

Eine weitere Besonderheit ergibt sich aus der kommunalverfassungsrechtlichen Unterscheidung zwischen Vorgängen, die öffentlich verhandelt werden und den Vorgängen, die nicht öffentlich verhandelt werden. Bei der Konzeption des Kommunikationssystems muss sichergestellt werden, dass diese Grenzziehung eingehalten wird. Diese Regelung zieht sich im

6 Fachanwendungen

Übrigen durch das gesamte Ratsinformationssystem, das gilt für den Austausch von Beratungsunterlagen, den Umgang mit den Sitzungsniederschriften, dem Archiv und der öffentlichen Präsentation der Ratsarbeit.

4. Informationsbereitstellung

Mit Hilfe eines Ratsportals können zur Unterstützung der Ratsarbeit Informationen bereitgestellt werden. Diese Bereitstellung für den Rat insgesamt kann zusätzlich personalisiert werden, in dem die Mandatsträger über allgemeine Informationen für alle hinaus mit individuellen spezifischen Informationen, entsprechend der schwerpunktmäßigen Tätigkeit – Kultur, Soziales, Finanzen etc. – versorgt werden. Das ist ein Service der Verwaltung im Sinne von Qualitätsmanagement und Beratungsökonomie, der unter die Rubrik „verbesserte Umgangskultur" im Sinne von eGovernment fällt.

5. Controllingsystem

Im Zusammenhang mit der strategischen Steuerung von eGovernment und dem Bedarf der Abstimmung mit der Politik ist es nur folgerichtig, wenn die Politik über ein Controllinginstrument verfügt, das die Ziele dokumentiert und in Verbindung mit einem Berichtswesen den Ablauf beschreibt, damit aus der Sicht der Politik gesteuert werden kann. Projektverfolgungssysteme sind nicht immer und überall gleichermaßen beliebt; sie haben aber für alle bei gekonntem Umgang eine Schutzfunktion zur Vermeidung von Fehlern oder Fehleinschätzungen.

Eine ergänzende Bemerkung gilt dem Thema Akteneinsicht, wie sie zum Beispiel in der Gemeindeordnung von NRW im § 55, Kontrolle der Verwaltung, beschrieben ist. Es kann an dieser Stelle keine abschließende Lösung angeboten werden. Man muss aber sehen, dass hier Schwierigkeiten entstehen. Das liegt einmal in der Definition von Akten im Rahmen eines elektronischen Dokumentenmanagements. Es muss entschieden werden, ob es um die Einsicht in das elektronische System geht oder um ausgedruckte Akten, und es muss darüber nachgedacht werden, ob das bisherige Zulassungsritual für die Akteneinsicht im Rahmen von eGovernment noch stimmt.

Die Frage ob und wie sich der Bürger am eGovernment beteiligt oder lieber die konventionelle, nicht elektronische Lösung bevorzugt, stellt sich auch für die Mandatsträger und Mandatsträgerinnen.

Die Benutzung des Ratsinformationssystems kann nur die Politik für sich entscheiden. Der Rat ist im Praxisfall eine geschlossene Benutzergruppe, bei der aus der Sicht der Verwaltung alle Akteure mitmachen müssen, zumindest in den Kernelementen, wenn das System effizient sein soll.

Fachanwendungen **6**

Ähnlich wie in anderen Bereichen, kommt in einer Übergangsphase die Notwendigkeit der Moderation zum Zuge. Wie bei eGovernment insgesamt wird es keine Einführung von einem Tag auf den anderen geben, sondern eine schrittweise Einführung. Für die Gesamtwirkung und Akzeptanz von eGovernment ist es allerdings wichtig, dass nicht nur die Bürger und die Wirtschaft mitmachen, auch die Beteiligung der Politik hat Signalwirkung.

 TIPP!

Im Abschnitt Strategische Steuerung ist die gemeinsame Abstimmung zwischen Verwaltung und Politik zum Leitbild eGovernment angesprochen. Das Ratsinformationssystem sollte ebenso in einer gemeinsamen Projektgruppe entwickelt und pilotiert werden. Der Einsatz eines solchen Systems ist eine Selbstverpflichtung der Politik, insbesondere wenn Fragen der Akzeptanz und der Benutzerpflicht geklärt werden müssen. Die praktische Einführung kann sinnvollerweise nur in Stufen erfolgen. Das gilt einmal für eine auszuwählende Gruppe von Mandatsträgern, die das Gesamtsystem in allen Funktionen erproben, wie für die flächendeckende Anwendung in den einzelnen Modulen.

6.5 Elektronische Partizipation und Bürgerbeteiligung

In diesem Kapitel geht es nicht um die mehrfach eingeforderte Einbindung des Bürgers, um eGovernment-Geschäftsprozesse akzeptabel und hantierungsfreundlich zu gestalten, sondern um die Abwicklung von Geschäftsprozessen, die auf Grund rechtlicher Bestimmungen das aktive Mitwirken des Bürgers auslösen. Entsprechend der Definition von eGovernment ist die **Beteiligung und Mitwirkung** von Bürgern und Wirtschaft beim Verwalten und Regieren gemeint. Das gilt in größerem Umfang für kommunale Fachplanungen, sowohl wegen der Häufigkeit begründeter Anlässe als auch der Komplexität der Beteiligung einer Vielfalt von Akteuren. Zu den Anwendungen zählen gleichfalls Bürgerbegehren und Bürgerentscheide.

Man könnte geneigt sein, die Empfehlung zu geben, dass erst einmal die alltäglichen kleinen Probleme zwischen Verwaltung und Bürger zufrieden stellend gelöst sein sollten, bevor über elektronische Partizipation nachgedacht und in Feldversuchen experimentiert wird. Da man in der Forschung und bei der Gestaltung von Märkten bekanntlich nur Zeit verlieren kann, sollten sich die Verwaltungen diesem Thema konstruktiv stellen, schon um nicht von aktiven Bürgerinitiativen überrascht zu werden.

6 Fachanwendungen

Das gleiche Instrumentarium, das die Verwaltung für ihre Aufgaben einsetzen kann, um die Bürger an ihrem Vorhaben zu beteiligen, lässt sich genau so gut zur Bündelung und Darstellung von Interessenlagen gegenüber der Kommune organisieren und nutzen.

Oberstes Ziel der Beteiligung ist die Zufriedenheit der Beteiligten über das Ergebnis der Beteiligung und die Akzeptanz bei der Umsetzung der Ergebnisse, insbesondere bei konfliktbehafteten Vorgängen.

Grundlage für das Verfahren ist der Zugang der Beteiligten zum Internet als Kommunikationsplattform und die Fähigkeit der Verwaltung, neben den üblichen Informationen idealerweise Bildinformationen, z. B. Baupläne, Katasterkarten und Objektansichten elektronisch bereitzustellen.

Mit der elektronischen Beteiligung ist die Absicht verbunden, eine große Gruppe zu mobilisieren, weil die Information ins Haus kommt und nach den Spielregeln des Internets zu der für den Partner passenden Tageszeit bearbeitet werden kann. Anders als in einer Gruppendiskussion spielen Emotionen weniger eine Rolle, und es steht mehr Zeit zur Verfügung als in einer öffentlichen Versammlung. Die Verwaltung kommt auch an die Meinung derjenigen heran, die sich in Versammlungen nicht zu Wort melden oder nicht so treffend argumentieren können. Der Diskussionsprozess wird somit gründlicher und streitfreier.

Elektronische Beteiligung kann im Gegensatz zu einer punktuellen Veranstaltung auf einer Zeitachse organisiert werden und die zugängliche Dokumentation über den Stand der Diskussion trägt wahrscheinlich zur Versachlichung und damit qualitativen Verbesserung der Entscheidung bei. D. h., spontane Reaktionen können sich durch eine längere argumentative Auseinandersetzung positiv verändern. Im Gegensatz zur öffentlichen Diskussion in einer Versammlung kommen u. U. bei entsprechendem datenschutzrechtlichen Schutz der Beteiligten genauere Informationen zu Tage, außerdem kommt jeder, der will, auch zu Wort.

Typische Anwendungsfelder sind Projekte mit öffentlichem Konfliktpotential.

Planungsvorhaben wie z. B.
- ▶ Standort und Verkehrsanbindung einer Flussbrücke
- ▶ stadtplanerische Veränderungen der Wohnbebauung in einem Wohnquartier
- ▶ Einrichtung von Fußgängerzonen
- ▶ Verkehrsberuhigungsmaßnahmen

Fachanwendungen 6

Genehmigungsverfahren wie z. B.
▶ Ansiedlung eines verkehrsbelastenden Betriebes in Wohnbereichsnähe
▶ Veränderungssperre
▶ Aufstellung von Großwerbeanlagen
▶ Großveranstaltungen auf zentralen Plätzen u. Ä.

Vorhaben der genannten Art können allerdings nicht einfach nur ins Netz gestellt werden. Sie müssen öffentlich vorbereitet und von Fachleuten begleitet werden. Die Ergebnisse müssen fachgerecht aufgearbeitet und bewertet werden, bevor sie in den eigentlichen Entscheidungsprozess eingehen.

Die Absicht, eine größere Beteiligung bei Anhörungen zu erreichen, hat Effekte, die bedingt durch den Internetauftritt bisher nicht bekannt waren. Wenn die Veranstaltung an einem Versammlungsort die Beteiligung bisher begrenzt hat, ist es über das Internet möglich, dass sich u. U. eine Mehrheit über die von der Maßnahme eigentlich Betroffenen hinaus beteiligt. Vereinfacht dargestellt, wenn in einem touristischen Zentrum, z. B. die unmittelbare Umgebung des Kölner Doms oder des Rathausplatzes in München, gravierende Veränderungen vorgenommen werden sollen und ein internationaler Wettbewerb ausgeschrieben wird, wird das Ergebnis der Jury ebenfalls über die Grenze der unmittelbar Betroffenen diskutiert. Das war in den klassischen Medien schon immer so, bekommt aber mit den Möglichkeiten des Internets eine neue Dimension. Für die abschließend Entscheidenden, sowohl in der Verwaltung, wie in der Politik, können sich erhebliche Spannungen zwischen der Meinung der unmittelbar Betroffenen, die mit der gefundenen Lösung auf Dauer leben müssen, und den externen Auffassungen entwickeln. Ein gut gemeintes Instrument für den Regelfall kann im Zweifel bei hochrangigen Entscheidungen zur Belastung werden. Verhindern kann weder Verwaltung noch Politik dieses Risiko, weil engagierte Interessenten als Initiatoren an ihre Stelle treten können. Aus dieser Sicht ist es allemal besser, wenn Verwaltung und Politik die Initiative ergreifen.

Inzwischen bekannt gewordene Pilotprojekte der Bürgerbeteiligung, wie in der Stadt Esslingen, einer Stadt mit 90 000 Einwohnern, haben Signalwirkung, erst recht dann, wenn sie wissenschaftlich unterstützt und begleitet werden. Ein wichtiger Erfolgsfaktor für den Verlauf und das Ergebnis der Beteiligung liegt darin, dass der Prozess von einem Dritten moderiert wird, der in der Sache selbst keine eigenen Ziele verfolgt.

Die andere Facette, die unter dem Thema elektronische Partizipation der guten Ordnung halber genannt werden muss, ist das Thema eVoting,

6 Fachanwendungen

Wahlen über Internet, im Gesamtkonzept von eDemocracy. Während es bei eGovernment durchaus um einen Austauschprozess von Kommunikationsnormen geht, geht es bei eDemocracy nicht etwa um den Austausch der repräsentativen Demokratie durch direkte Formen der Mitwirkung, sondern um die Stärkung bewährter Muster. Auf eine nähere Beschreibung wird hier verzichtet, weil die Probleme, die gelöst werden müssen, in der Hauptsache verfassungsrechtlicher Natur sind, soweit es um politische Wahlen geht. Bei anderen Wahlen, wie z. B. zum Studentenparlament, Personalratswahlen oder Wahlen zu Senioren- und Ausländerbeiräten, geht es ebenfalls weniger um die eGovernment-Instrumente der IT als vielmehr um Rechtsfragen. Es macht durchaus Sinn, sich dieser Entwicklung zu stellen, und in einem Frühstadium zumindest informativ zu begleiten, u. U. in einem relativ unkritischen Bereich erste Erfahrungen zu sammeln. Generell kann vermutet werden, dass das Interesse wächst, weil z. B. alternativ zum heutigen Briefwahlverfahren der Wahlakt näher an den Wahltermin herangebracht werden kann oder die Wahlbeteiligung auf Grund geringeren persönlichen Aufwands am Wahltag gesteigert werden kann.

7 Rechtsfragen zu eGovernment

Die nachfolgende Darstellung rechtlicher Aspekte des eGovernment hat nicht den Anspruch einer abschließenden Erfassung sämtlicher Rechtsprobleme. Ziel ist vielmehr, die zentralen Aspekte der Rechtsfragen im Zusammenhang des eGovernment aufzuzeigen und insbesondere eine Grundlage für die zahlreichen – letzten Endes rechtlich nicht abschließend geklärten Fragestellungen – zu geben. Die Kommunen sind aufgerufen, in vielfältiger Hinsicht dazu beizutragen, dass Rechtssicherheit in den verschiedenen Anwendungen geschaffen wird. Darin liegt die zentrale Herausforderung für die verschiedenen Lösungsansätze des eGovernment mit dem Ziel, Akzeptanz beim Bürger und der Wirtschaft zu schaffen und gleichzeitig Rechtssicherheit für die Kommunen zu gewährleisten.

7.1 Überblick über die rechtlichen Grundlagen des eGovernment

Da unter eGovernment die Abwicklung geschäftlicher Prozesse im Zusammenhang mit Regieren und Verwalten mit Hilfe von Informations- und Kommunikationstechniken über elektronische Medien verstanden wird, ist es fast zwangsläufig, dass sämtliche Lebenssachverhalte in der Beziehung zwischen Bürger und Kommune betroffen sind. Dies führt wiederum dazu, dass sich die Rechtsbasis für eGovernment in verschiedenen allgemeinen Rechtsgrundlagen, aber auch Spezialgesetzen findet.

▶ **Adressierung der verschiedensten Gesetzesgrundlagen**

Hervorzuheben ist, dass sich bereits im allgemeinen Zivilrecht, nämlich in § 12 BGB, die Rechtsgrundlagen für das Namensrecht einer Kommune befinden. Von herausragender Bedeutung ist ferner die Novellierung des Verwaltungsverfahrensgesetzes des Bundes, die zum 1.2.2003 in Kraft getreten ist. Zentraler Bestandteil der Novellierung ist die Regelung einer Rechtsgrundlage zur elektronischen Kommunikation. Tief in die Novellierung des Verwaltungsverfahrensgesetzes sind die Vorschriften des Signaturgesetzes und der Signaturverordnung eingedrungen. Betroffen sind hier insbesondere Aspekte der öffentlich-rechtlichen Beglaubigung sowie des Ersatzes der Schriftform durch die elektronische Form, deren Voraussetzung die Verknüpfung eines elektronischen Dokuments mit einer qualifizierten elektronischen Signatur nach Signaturgesetz ist.

Da sich bereits fast alle öffentlichen Einrichtungen im Internet präsentieren, berühren die Internetpräsenzen den Regelungsbereich des Tele-

7 Rechtsfragen zu eGovernment

dienstegesetzes sowie des Mediendienste-Staatsvertrags. Die Regelungen enthalten Vorschriften, die sich auch an öffentliche Anbieter von Online-Diensten wenden. Sowohl die Regelungen des Mediendienste-Staatsvertrags als auch des Teledienstegesetzes gelten für amtliche Behördenangebote etwa bei Fragen der Impressumspflicht, Anbieterkennzeichnung oder Haftung. Während der Mediendienste-Staatsvertrag Angebote regelt, die sich an die Allgemeinheit, also an eine unbestimmte Anzahl von Nutzern, wenden, gilt das Teledienstegesetz in Bezug auf alle elektronischen Informations- und Kommunikationsdienste, die für eine individuelle Nutzung, d. h. Individualkommunikation, ausgerichtet sind. Mediendienste sind nach § 2 Abs. 2 Mediendienste-Staatsvertrag z. B. Angebote des Teleshoppings sowie Textdienste und Abrufdienste, soweit hierbei nicht die Individualkommunikation im Vordergrund steht. Dies führt zu dem Umkehrschluss, dass Teledienste Angebote des Telebankings oder andere individuelle Datenaustauschformate über Datendienste sind (z. B. Verkehrs-, Wetter-, Umwelt- und Börsendienste), bei denen die Individualkommunikation im Vordergrund steht. Darunter fallen auch all diejenigen Angebote zur Bestellung von Waren- und Dienstleistungen.

Gerade im Zusammenhang mit kommunalen Internet-Auftritten kann eine eindeutige Zuordnung des Angebotes unter den Mediendienste-Staatsvertrag oder dem Teledienstegesetz problematisch sein. Denn üblicherweise sind die Angebote in der Form ausgestaltet, dass sie gleichermaßen in den Anwendungsbereich beider Regelungsvorschriften fallen. Stellt eine Kommune etwa Wirtschaftsdaten zur Verfügung, handelt es sich hierbei eindeutig um ein Angebot teledienstlichen Charakters. Sofern sich im gleichen Angebot darüber hinaus auch noch Presseerklärungen etc. finden, dürfte der Anwendungsbereich des Mediendienste-Staatsvertrags eröffnet sein. Jeder Dienst ist dabei regelmäßig auf beide Rechtsregeln zu überprüfen. Auch wenn der Mediendienste-Staatsvertrag und das Teledienstegesetz weitestgehend gleichartige Regelungen aufweisen, so findet sich doch ein erheblicher Unterschied. Da der Mediendienste-Staatsvertrag schon seinem Wortlaut nach einen Mediendienst regelt, d. h. also einen Dienst, der presse- und rundfunkähnlichen Charakter hat, führt dies dazu, dass bei einer Falschdarstellung nicht nur ein Löschungsanspruch aus dem Internet besteht, sondern darüber hinaus auch Regressansprüche und insbesondere Gegendarstellungsansprüche eröffnet sein können. Dies ist dann nicht der Fall, wenn ein Dienst deutlich dem Teledienstegesetz unterfällt. Denn das Teledienstegesetz regelt die Frage eines Gegendarstellungsanspruches gerade nicht.

Darüber hinaus ist das Behindertengleichstellungsgesetz für die Ausgestaltung von Online-Angeboten für die Bundesverwaltung beachtlich. Die

Länder werden dazu entsprechende Gesetze verabschieden. Entscheidend ist dabei, dass das SGB IX etwa Ansprüche des Arbeitnehmers auf einen barrierefreien Zugang zu Angeboten des Internets im Falle seiner Behinderung verankert.

Unweigerlich ist das Datenschutzrecht von herausragender Bedeutung im Zusammenhang mit der Ausgestaltung von Online-Angeboten. Die einschlägigen Bestimmungen finden sich einmal im Bundesdatenschutzgesetz, in den jeweiligen Landesdatenschutzgesetzen, dem Gesetz über den Datenschutz bei Telediensten (Teledienstedatenschutzgesetz) sowie den Mediendienste-Staatsvertrag. Grundsätzlich ist die allgemeine Bereitstellung personenbezogener Daten im Internet in den einschlägigen spezialgesetzlichen Regelungen niedergelegt. Nur dann, wenn diese Spezialgesetze nicht anwendbar sind, ist auf das Bundesdatenschutzgesetz bzw. die Landesdatenschutzgesetze abzustellen. Entscheidendes Kriterium ist, dass die einschlägigen Vorschriften eine Nutzung von Daten im Internet zulassen müssen oder aber dieses Nutzungsrecht sich aus einer ausdrücklichen Einwilligung desjenigen ergeben, dessen Daten betroffen sind.

Die aktuellen Rechtsentwicklungen im Bereich des eGovernment werden auch von der Bestrebung der Europäischen Union geprägt, die Nutzung der Informations- und Kommunikationstechnologien zu harmonisieren. Im Jahr 1997 verabschiedete die Europäische Union die Fernabsatzrichtlinie, die im Jahr 2000 in ein Fernabsatzgesetz mündete. Im Jahr 2000 setzte die Europäische Union die EU-Richtlinie zum elektronischen Geschäftsverkehr in Kraft. Sie wurde im Elektronischen Geschäftsverkehr-Gesetz (EEG) zum 1. 1. 2002 umgesetzt. Darin finden sich u. a. besondere Vorschriften für den Vertragsschluss und zur **Haftung** im Internet. Das Teledienstegesetz aus dem Jahre 1997, das mit dem Informations- und Kommunikationsdienste-Gesetz IuKDG in Kraft trat, wurde novelliert. Die EU-Signaturrichtlinie zur Implementierung einheitlicher Rahmenbedingungen bei der Nutzung elektronischer Signaturen führte 2001 zu einer Anpassung des Signaturgesetzes aus dem Jahre 1997. Damit ging einher die Anpassung der Formvorschriften des Privatrechts an den modernen Rechtsgeschäftsverkehr. Sie ermöglicht seit August 2001 den Vertragsschluss im Internet unter Einhaltung der Schriftform.

7.2 Der Access zum eGovernment

Der erste Schritt einer Behörde auf dem Weg zu eGovernment besteht notwendigerweise darin, sich Zugang zum Internet zu verschaffen. Viele Behörden haben diesen Schritt bereits vollzogen und sind schon im Inter-

7 Rechtsfragen zu eGovernment

net für den Bürger erreichbar. Soll das Internet-Angebot der Behörde aber ausgeweitet werden und zukünftig auch eGovernment-Anwendungen umfassen, so sind einige grundlegende Gesichtspunkte schon bei der Zugangsherstellung und deren vertraglicher Gestaltung zu beachten. Diese Gesichtspunkte sollen im Folgenden kurz dargestellt werden.

7.2.1 Der Access-Provider-Vertrag

Das Wesen des Access-Provider-Vertrages besteht darin, dass der Provider dem Kunden einen Internet-Zugang – also die Möglichkeit, über das Telefonnetz eine Verbindung zwischen dem eigenen Computer und dem Internet herzustellen – verschafft. Dazu muss der Access-Provider technische Einrichtungen vorhalten, die es dem Kunden ermöglichen, über eine Telefonverbindung und einen Einwahlknoten Informationen mit dem Server des Access-Providers auszutauschen. Die Zugangsgewährung ist die Hauptleistungspflicht des Access-Providers. Darüber hinaus verpflichtet sich der Access-Provider häufig zu weiteren Leistungen, wie etwa der Einrichtung eines E-Mail-Accounts. Im Gegenzug verpflichtet sich der Kunde zur Zahlung einer Nutzungsgebühr.

Zumeist sind Access-Provider-Verträge als längerfristige Verträge zeitlich unbegrenzt ausgestaltet, so dass der Vertrag als Dauerschuldverhältnis einzuordnen ist. Der Kunde kann sich beliebig oft ins Internet „einloggen" und entrichtet für die Einräumung dieser Möglichkeit eine monatliche Grundgebühr. Darüber hinaus werden weitere Entgelte für die in Anspruch genommene Online-Zeit fällig. Entfallen diese zusätzlichen Entgelte, liegt eine Flatrate vor. Neben diesen längerfristig ausgestalteten Verträgen existieren Verträge, bei denen eine Gebühr nur für die Zeit fällig wird, in der der Kunde online ist (Call-by-Call-Providing).

Problematisch ist die Zuordnung des Access-Provider-Vertrages zu den im BGB niedergelegten Vertragstypen. Der Access-Provider-Vertrag enthält vor allem Merkmale des Mietvertrages (Möglichkeit, die Technik des Providers dauerhaft zu nutzen), des Werkvertrages (Verschaffung des Zugangs zum Internet) und des Dienstvertrages (Provider schuldet „Tätigwerden" zur Verschaffung des Zugangs). Eine vorherrschende Meinung hat sich bisher noch nicht gebildet; Rechtsprechung zu diesem Thema liegt noch nicht vor[1]. Praktisch bedeutsam wird die Einordnung zu einem gesetzlichen Leitbild vor allem im Falle von Leistungsstörungen, so zum Beispiel bei der Nichtverfügbarkeit des Zugangs: Bei Vorliegen eines Werkvertrages wäre der Erfolg der Zugangsverschaffung geschul-

---
1) Spindler, in: Vertragsrecht der Internet-Provider, S. 244; Schneider, in: Verträge über Internet-Access, S. 154.

det, während bei Vorliegen eines Dienstvertrages lediglich das Bemühen darum geschuldet wäre. Somit bleibt abzuwarten, für welche Einordnung des Vertrages sich die Rechtsprechung letztlich entscheiden wird.

Die **Grenzen bei der Gestaltung** eines Access-Provider-Vertrages werden von einer gesetzlichen Inhaltskontrolle gezogen. Handelt es sich um vorformulierte Vertragsbedingungen, sind neben den allgemeinen Grundsätzen (Sittenwidrigkeit, Treu und Glauben) auch die für Allgemeine Geschäftsbedingungen (AGB) geltenden Regeln der §§ 305 ff. BGB zu beachten. Besonderheiten für den mit einer Gemeinde geschlossenen Provider-Vertrag ergeben sich dabei daraus, dass es sich bei der Gemeinde als Gebietskörperschaft um eine juristische Person öffentlichen Rechts im Sinne des § 310 I 1 BGB handelt. Nach dieser Vorschrift finden zunächst die Klauselverbote der §§ 308 f. BGB auf AGB, die gegenüber einer juristischen Person des öffentlichen Rechts verwendet werden, keine Anwendung. Damit unterliegen die vom Provider verwendeten AGB lediglich der allgemeinen Inhaltskontrolle des § 307 BGB, so dass gegenüber einer Gemeinde auch solche Klauseln wirksam sein können, die gegenüber einem anderen Endkunden unwirksam gewesen wären. Auch bezüglich der Einbeziehung von AGB in den Vertrag genießen die Gemeinden nur einen beschränkten Schutz: Gegenüber Gemeinden brauchen die Erfordernisse des § 305 II und III BGB nicht erfüllt zu sein, so dass jede, auch eine stillschweigend erklärte Willensübereinstimmung zur Einbeziehung führt[1].

Bei der Gestaltung von Access-Provider-Verträgen von großer Bedeutung sind die Vereinbarungen zur **Zugangsgewährung.** Dabei stellt sich die Frage nach den Rechtsfolgen für den Fall, dass der Zugang für eine gewisse Zeit vom Provider nicht gewährleistet wird. Die Access-Provider versuchen häufig durch die Festlegung der maximalen Ausfallzeit oder der Reaktionszeit bei Störungen Gewährleistungsrechte des Kunden vertraglich auszuschließen. So finden sich zum Teil Klauseln, die bezüglich der Verfügbarkeit einen bestimmten Prozentsatz in Bezug auf den Monat vorsehen. Auch gibt es Klauseln, die die Verfügbarkeit auf die „im Rahmen der bestehenden technischen und betrieblichen Möglichkeiten" beschränken. Da es sich bei solchen Klauseln zumeist um keine reinen Leistungsbeschreibungen handelt[2], unterliegen sie grundsätzlich der Inhaltskontrolle und können daher unwirksam sein. Die Wirksamkeit der Klauseln hängt dabei unter anderem davon ab, welchem gesetzlichen Leitbild man den Access-Provider-Vertrag unterwirft[3].

1) Heinrichs, in: Palandt, § 310 BGB Rn. 4.
2) Palandt/Heinrichs, § 307, Rn. 57.
3) Spindler, in: Vertragsrecht der Internet-Provider, S. 251.

7 Rechtsfragen zu eGovernment

Neben der Zugangsverschaffung zum Internet als Hauptleistungspflicht enthalten die meisten Access-Provider-Verträge weitere Leistungspflichten des Providers wie die Zurverfügungstellung eines E-Mail-Dienstes. Ein solcher E-Mail-Dienst umfasst dabei die Einrichtung des E-Mail-Accounts mit der Adresse, der Verwaltung und Zwischenspeicherung der ein- und ausgehenden Post, der Ermöglichung des Herunterladens und der Übernahme des Versendens. Wichtigste Pflichten sind die Zwischenspeicherung der eingehenden Post und das Versenden der Mail, da ohne diese Pflichten die Durchführung des gesamten Dienstes sinnentleert wäre[1]. Bezüglich der typologischen Einordnung des E-Mail-Dienstes ist u. a. danach zu unterscheiden, ob die E-Mail innerhalb des Netzes der Behörde oder aber (über das Internet) in ein fremdes Netz übermittelt wird. Wegen der unterschiedlichen Beherrschbarkeit des Vorgangs wird die Übermittlung innerhalb des eigenen Netzes überwiegend dem Werkvertragsrecht zugeordnet, die Übermittlung in fremde Netze hingegen dem Dienstvertragsrecht. Für alle übrigen Leistungen wird zumeist eine Zuordnung zum Werkvertragsrecht befürwortet[2]. Weiterhin besteht eine wichtige Nebenpflicht des Providers darin, die Einhaltung des Fernmeldegeheimnisses des § 85 Telekommunikationsgesetz (TKG) zu gewährleisten. Zu den im Zusammenhang mit dem E-Mail-Dienst wichtigsten Klauseln gehören solche, die dem Provider bei Überschreitung einer bestimmten Speicherkapazität das Recht einräumen, die darüber hinaus gehenden Datenmengen zu löschen. Für die Beantwortung der Frage nach der Wirksamkeit solcher Klauseln ist eine Interessenabwägung notwendig. Anzuerkennen ist einerseits das berechtigte Interesse der Provider, die knappe Ressource Speicherplatz optimal zu verwalten. Andererseits ist auch der Kunde schützenswert, da er häufig nur bedingt Einfluss auf die verwendete Speicherkapazität hat; so können etwa von Dritten zugesandte und im Posteingang gespeicherte Dateien zur Erschöpfung des Speicherplatzes führen. Zumindest hat der Provider den Kunden wohl über den noch verfügbaren Speicherplatz oder eine bevorstehende Löschung von Daten zu informieren[3].

7.2.2 Die Domain der Behörde

Soweit der Access der Kommune zum Internet bereitgestellt ist, ist es für die Kommune von größter Bedeutung, mit eigenen Inhalten im Internet selber auffindbar zu sein. Aus Kundensicht ist es dabei hilfreich, wenn die Kommune unter ihrem eigenen Namen die Domain führt.

---

1) Spindler, in: Vertragsrecht der Internet-Provider, S. 271.
2) Schneider, in: Verträge über Internet-Access, S. 209.
3) Spindler, in: Vertragsrecht der Internet-Provider, S. 273 ff.

Rechtsfragen zu eGovernment 7

Technisch gesehen stellen Domains „**elektronische**" **Adressen** dar, mit deren Hilfe ein Computer im Internet mit einem anderen Computer kommunizieren kann. Hinter der Domain verbirgt sich in technischer Hinsicht eine bestimmte Zahlenreihe (IP-Adresse), die einen bestimmten Internet-Server kennzeichnet. Für die rechtliche Betrachtungsweise kommt den Domains darüber hinaus aber aufgrund ihrer weltweiten Einmaligkeit auch eine kennzeichnende Wirkung zu. Domains setzen sich dabei aus mehreren Bestandteilen zusammen. Ein Bestandteil ist die sog. Top-Level-Domain (TLD), die länderspezifisch (z. B. „.de" für Deutschland) oder generisch (z. B. „.com" für kommerzielle Angebote) sein kann. Die kennzeichnende Wirkung kommt dabei vor allem den Second-Level-Domains (z. B. „heidelberg") zu, kann aber vor allem bei Gemeindenamen auch die Top-Level-Domains mit umfassen (s. u.).

 WICHTIG!

Durch die Reservierung und Benutzung von Domains können Ansprüche aus dem Markenrecht, dem Wettbewerbsrecht, dem Firmenrecht und dem Namensrecht erwachsen. Da die Gemeindeordnungen den Gemeinden als öffentlich-rechtliche Körperschaften das Namensrecht gewähren, können sie sich auf § 12 BGB berufen.

Grundlegend für die Entwicklung des Namensrechts von Kommunen im Zusammenhang mit Domains war die Entscheidung des Landgerichts Mannheim vom 8. März 1996, die sog. „Heidelberg.de-Entscheidung". In dem zugrunde liegenden Sachverhalt hatte sich eine Gesellschaft bürgerlichen Rechts die Domain „heidelberg.de" gesichert und auf dieser Seite Informationen über die Region Rhein-Neckar bereitgehalten. Das Landgericht sah darin eine Verletzung des Namensrechts der Kommune. Der Schutz des Internet-Benutzers vor Verwechslung und Zuordnungsverwirrung von Inhalten Dritter mit Angeboten der Stadt Heidelberg sei nicht gewährleistet. In den Entscheidungsgründen führt es dazu aus, dass ein nicht unerheblicher Teil der Internet-Benutzer unter der Domain „heidelberg.de" nicht nur Informationen über die Stadt bzw. die Region Heidelberg, sondern auch von der Stadt Heidelberg erwarte. Dass noch andere, weithin unbekannte Orte sowie einige Personen diesen Namen führen, ändere an diesem Ergebnis nichts. Auch könne die Kommune nicht auf bestehende Ausweichmöglichkeiten verwiesen werden (etwa die Nutzung der Domain „stadt-heidelberg.de"), da der Gesellschaft in diesem Fall keine eigenen Rechte an der Bezeichnung „heidelberg" zuständen.

Etwas anderes kann im Falle der Namensgleichheit gelten. In der Rechtsprechung ist eine Tendenz zu beobachten, die Interessen von Privatper-

7 Rechtsfragen zu eGovernment

sonen und Unternehmen gegenüber Kommunen zu stärken. So ist etwa entschieden worden, dass das Interesse einer Privatperson an der Nutzung ihres Namens nicht hinter dem Interesse der Kommune zurücksteht[1]. In dem konkreten Fall führte das Gericht aus, dass – jedenfalls solange die Privatperson keine Informationen über die Stadt im Internet verbreite – keine Identitäts- oder Zuordnungsverwirrung mit einem etwaigen Internetauftritt der Kommune bestehe, insbesondere dann nicht, wenn die Stadt keine „Weltbedeutung" habe. Man darf gespannt sein, welcher Maßstab bei der Beurteilung des Kriteriums der „Weltbedeutung" zukünftig angelegt wird. In einem anderen Fall konnte sich ein Unternehmen gegen eine Stadt gleichen Namens mit der Begründung durchsetzen, dass das Recht beider Namensträger gleich stark sei. Das Alter der Stadt blieb in der Entscheidung ausdrücklich außer Betracht. Es gilt demgemäß, das Prinzip des „First-Come, First-Serve".

In diesem Zusammenhang ist ein Urteil des Landgerichts Düsseldorf vom 1. Juni 2001 zu nennen[2]. Im zugrunde liegenden Sachverhalt hielt die Beklagte auf der Seite „info-duisburg.de" Informationen über Veranstaltungen und Geschäfte der Stadt bereit. Das Gericht erblickte darin keine Verletzung des Namensrechts. Zwar dürfe die Stadt den Namen führen und gebrauchen, daraus folge aber nicht zwangsläufig auch das Recht, anderen die Verwendung des Namens zu untersagen. Das Gericht führt aus, dass Städtenamen immer auch als geographische Angaben zu verstehen seien. Der Begriff „info-duisburg" lasse daher lediglich Informationen über die Stadt erwarten. Die Gefahr der Zuordnungsverwirrung bestehe in diesem Fall nicht. Da die Berechtigung zur ausschließlichen Verwendung der Domain „duisburg.de" nicht in Zweifel gezogen würde, seien die Rechte der Gemeinde hier nicht erheblich eingeschränkt.

Diese Entscheidung wurde vom OLG Düsseldorf bestätigt. Der Senat lehnte einen Anspruch der Stadt Duisburg auf Löschung der Domain ab. Nach Auffassung des Senats war hier der Stadt Duisburg ein Recht an der vorbezeichneten Domain nicht zuzubilligen, da sich die Kommunen und privaten Unternehmen in einem Informationswettbewerb befinden würden. Dies bedeutet, dass die Verkehrsauffassung die Gesamtbezeichnung „info-duisburg" nicht allein der Kommune zubilligen würde, sondern es aus Sicht von Dritten durchaus üblich sei, dass Informationen im Zusammenhang mit Städtenamen auch von dritter Seite verbreitet würden.

---
1) Gengenbach-Entscheidung, LG Freiburg, Az.: 14 O 539/00.
2) Info-Duisburg-Entscheidung, LG Düsseldorf, Az.: 38 O 12/01.

Rechtsfragen zu eGovernment 7

Aus der Entscheidung des OLG Düsseldorf kann letzten Endes nur der Schluss gezogen werden, dass dann, wenn Kommunen ein Interesse daran haben, den eigenen Städtenamen mit dem Zusatz „-info" zu ergänzen, die entsprechende Domain sofort reservieren müssen, um zu verhindern, dass sich Dritte der entsprechenden Domain bedienen. Kommunen dürften dann, wenn Dritte sich einer entsprechenden Domain bereits bemächtigt haben, wenig Erfolg haben, die Domain zur Löschung zu bringen.

Bisher was es herrschende Meinung, dass sich das Domainrecht der Kommunen nicht nur auf die Top-Level-Domain „.de" erstreckt, sondern auch „.com", „.net" oder andere generische Internet-Adressen mitumfasst. Eine Gemeinde konnte somit die Verwendung ihres Namens als Domain komplett unterbinden. Durch die Einführung neuer Top-Level-Domains wie etwa „.biz", „.pro" und „.info" soll aber verhindert werden, dass sämtliche First-Level-Domains von einem Rechteinhaber vereinnahmt werden. Konflikte mit der bisherigen Rechtsprechung sind vorprogrammiert. Der Bundesgerichtshof lässt allerdings in ersten Entscheidungen erkennen, dass es missbräuchlich sein kann, sämtliche Top-Level-Domains für sich zu beanspruchen, ohne dass dies im Zusammenhang mit Städtenamen entschieden ist[1].

Die Frage nach der Zuständigkeit der deutschen Gerichte und der Anwendbarkeit des deutschen Rechts wirft besonders dann Probleme auf, wenn es sich um eine im Ausland registrierte Domain handelt oder der Inhaber der Domain im Ausland sitzt. Die örtliche Zuständigkeit des Gerichts beurteilt sich grundsätzlich nach § 32 ZPO (sog. fliegender Gerichtsstand). Nach dieser Vorschrift ist die Zuständigkeit des Gerichts sowohl am Ort der rechtswidrigen Handlung als auch am Ort des Erfolgseintritts begründet. Ausreichend ist dabei bereits, dass der Eintritt des Erfolgs ernsthaft droht. Da „.com"-Domains auch in Deutschland abrufbar sind, ist auch Deutschland ein möglicher Erfolgsort der Verletzung einer solchen Domain. Somit ist grundsätzlich die Zuständigkeit deutscher Gerichte (und damit auch die Anwendbarkeit deutschen Rechts) zu bejahen. Etwas anderes gilt ausnahmsweise dann, wenn die Internet-Seite ersichtlich nicht für den deutschen Markt bestimmt ist. Ein solcher Hinweis kann nicht nur ausdrücklich, sondern auch konkludent, z. B. durch die Verwendung japanischer Schriftzeichen erfolgen. Zusammenfassend lässt sich somit sagen, dass Erfolgsort überall dort sein kann, wo die Domain bestimmungsgemäß abrufbar ist. Allerdings bestehen in der Praxis weiterhin erhebliche Schwierigkeiten. So kann z. B. ein deutsches Gericht nicht die Löschung einer im Ausland registrierten Domain anordnen.

1) Mietwohnzentrale-Entscheidung, BGH, Az.: I ZR 216/99.

7 Rechtsfragen zu eGovernment

Das Namensrecht einer Gemeinde erstreckt sich grundsätzlich auch auf die Namen von Gemeindeteilen, da auch diesen Namen im Rechtsverkehr eine ausreichende Unterscheidungskraft zukommt[1]. Auch die Namen von Gemeindeteilen kennzeichnen einzelne räumliche Bereiche. Der Verbindung mit dem Namen der dazugehörigen Gemeinde bedarf es dabei nicht. Sowohl Gemeindenamen als auch Namen von Gemeindeteilen sollen zur Identifikation des Bürgers mit seiner Gemeinde beitragen, so dass eine Ungleichbehandlung bezüglich des Namensrechts unangemessen wäre. Da Gemeindeteile ihre Rechte nicht selber wahrnehmen können, kann die Gemeinde diese Rechte wahrnehmen, damit die Gemeindeteile nicht schutzlos gestellt werden.

Zur Schlichtung von internationalen Domain-Streitigkeiten besteht das Bedürfnis nach einem Schiedsverfahren. Ein solches Schiedsverfahren wird vor allem von der **World Intellectual Property Organisation (WIPO)** durchgeführt. Zuständig ist das Schiedsgericht der WIPO nur für solche Domain-Streitigkeiten, bei denen es sich um generische TLDs wie „.com", „.net" oder „.org" geht. Bei länderspezifischen TLDs ist das Gericht nur in wenigen Fällen zuständig. So ist die Anrufung des Gerichts bei Streitigkeiten um eine „.de"-Domain ausgeschlossen. Das gesamte Verfahren wird schriftlich abgewickelt, eine mündliche Anhörung findet nicht statt. Verfahrenssprache ist überwiegend Englisch. Die Entscheidung wird von einem sog. Panel getroffen, dass aus einem bis drei internationalen Experten besteht. Die Rechtsgrundlage der Entscheidung durch das Schiedsgericht bildet die **Uniform Domain Dispute Resolution.** Die hier geregelten möglichen Rechtsfolgen sind die Übertragung der streitigen Domain an den Antragsteller, die Löschung der Domain und die Abweisung des Antrags, so dass der Antraggegner die Domain behält. Für die Übertragung oder die Löschung der Domain muss die streitige Domain zunächst identisch oder zum Verwechseln ähnlich mit einem Namens- oder Markenrecht des Antragstellers sein. Weiterhin darf der bisherige Domaininhaber kein eigenes Recht oder legitimes Interesse an der fraglichen Domain haben und muss die Domain missbräuchlich verwenden. Nach Abschluss des Verfahrens bleibt ein Gang vor ein ordentliches Gericht weiterhin möglich. Die Einzelheiten finden sich unter „www.wipo.org".

Für eine Gemeinde könnte es in Betracht kommen, sich eine Gattungsbezeichnung als Domainnamen zu sichern. Denkbar wären etwa Gattungsbegriffe, die das Leistungsspektrum der Gemeinde beschreiben, z. B. standesamt.de. Die Verwendung von beschreibenden Angaben oder

---

1) vgl. LG München, Urteil vom 7. 5. 2002 – 7 O 12248/01, LG Münster, Urteil vom 25. 2. 2002 –12 O 417/0.

Gattungsbezeichnungen als Domain führt zu einem Wettbewerbsvorteil, da dem potentiellen Kunden sowohl das Finden als auch das Einprägen der Bezeichnung erheblich erleichtert wird. Rechtlich bedenklich ist dabei allerdings, dass die Verwendung der Bezeichnung als Domain zugleich allen anderen Anbietern verwehrt bleibt. In seiner Entscheidung vom 17. 5. 2001 hat der Bundesgerichtshof jedoch entschieden, dass die Verwendung von Gattungsbegriffen als Domainnamen nicht per se gegen wettbewerbsrechtliche Vorschriften verstoße[1]. Selbst wenn es durch die Verwendung des Gattungsbegriffes als Domain zu einer gewissen Kanalisierung der Kundenströme komme, liege eine unlautere Vorteilsverschaffung nicht vor, wenn dem Nutzer klar sein müsse, dass ihm die gefundene Website nicht den Zugang zum gesamten, verfügbaren Angebot verschaffe. Falls eine Gemeinde somit eine generische Domain verwenden und auf der Website ausreichend deutlich gemacht würde, dass es sich lediglich um das Angebot einer Gemeinde handelt, sollte darin keine unlautere Vorteilsverschaffung wettbewerbsrechtlicher Art zu erblicken sein.

7.2.3 IT-Outsourcing

Für viele Gemeinden kann es sich anbieten, betriebliche Funktionen auszulagern und von einem privaten Unternehmen ausführen zu lassen. Besonders häufig ist die Auslagerung von Funktionen aus dem Bereich der Informationstechnologie. Dabei geht es vor allem um die Nutzung eines fremdem Rechenzentrums.

Vertragsgegenstand ist dabei die Zurverfügungstellung von Kapazität auf einem Rechner des Rechenzentrums. Im Wege des Outsourcings erbringt der externe IT-Dienstleister die Access-Leistungen zum Internet und zur E-Mail sowie in der Regel auch Hosting-Leistungen für den kommunalen Internetauftritt. Selbstverständlich sind damit auch die Fragen der Verwaltung der verschiedenen Domains verbunden, derer sich die Kommune bedient.

In der Diskussion sind auch Fallgestaltungen, in denen sich eine Kommune eines IT-Dienstleisters bedient, der für die Kommune etwa einen elektronischen Marktplatz für das elektronische Beschaffungswesen bereithält. Auch hierin ist ein Fall des IT-Outsourcings zu sehen.

Beim IT-Outsourcing durch öffentliche Einrichtung liegt die Besonderheit darin, dass in jedem Fall die Vorschriften des Vergaberechts sowie des Kartellrechts in besonderer Weise zu beachten sind. Einschlägig können dabei zunächst die §§ 97, 99 GWB sein. Denn danach gilt für entgeltliche öffentliche Aufträge, dass **Vergabeverfahren** durchzuführen sind. Dies gilt umso

---
1) BGH, Az.: I ZR 216/99.

7 Rechtsfragen zu eGovernment

mehr, als dass bei komplexen IT-Projekten leicht unterstellt werden kann, dass die entsprechenden Schwellenwerte (so etwa 200 000,00 € für die Vergabe einer Dienstleistung) leicht überschritten werden. In diesem Zusammenhang kann kontrovers diskutiert werden, ob das Erfordernis, ein Vergabeverfahren durchzuführen, mit der Begründung entfallen könnte, das unter den Ausnahmekatalog des § 100 Abs. 2 GWB die Telekommunikationsleistung als „Fernsprechdienstleistung" oder, wie es in der englischen Fassung der Richtlinie 93/83/EG heißt, als „Voice Telephony" zu bezeichnen ist. Von besonderer Bedeutung ist in diesem Zusammenhang eine Entscheidung des Bundeskartellamtes in der Entscheidung „T-VPN-Bundeswehr" vom 22. 4. 2002[1]. Darin führt das Bundeskartellamt aus, dass die vorgenannte Vorschrift sehr weit gefasst sei. Denn sie würde – anders als die übrigen Ausnahmevorschriften – praktisch eine gesamte und dazu noch volkswirtschaftlich sehr bedeutsame Branche dem Anwendungsbereich des Vergaberechts völlig entziehen. Aufsetzend auf diese Begründung könnte argumentiert werden, dass Ausschreibungen für reine TK-Leistungen nicht erforderlich würden. Dies bedarf jedoch einer eingehenden Überprüfung, da viele Projekte im technischen Outsourcing bei Kommunen nicht nur reine Kommunikationsdienstleistungen umfassen, sondern auch andere technische und inhaltliche Bereiche betreffen, die nicht ohne weiteres unter den Ausnahmekatalog des § 100 Abs. 2 GWB fallen.

Sofern die Vorfragen zum Vergaberecht und Kartellrecht im Zusammenhang mit IT-Outsourcing positiv haben geklärt werden können, ist stets noch ein Outsourcing-Vertrag mit dem IT-Dienstleister abzuschließen. Dabei kann beobachtet werden, dass die öffentlichen Einrichtungen es unterlassen, einen Vertrag abzuschließen, der letztendlich geeignet ist, die kommunalen Interessen wahrzunehmen. Dies liegt häufig daran, dass entweder die rechtliche Expertise gerade in kleineren Kommunen fehlt oder aber das Vertragsregelwerk des IT-Dienstleisters eine hohe Komplexität aufweist und von diesem häufig zur Vertragsgrundlage gemacht wird.

 TIPP!

Die Kommunen sollten sich dennoch nicht scheuen, in intensive Verhandlungen mit dem IT-Dienstleister einzutreten und den Katalog eigener Interessen durchzusetzen. Dies ist gerade auch vor dem Hintergrund einer lahmenden IT-Industrie durchaus von Erfolg gekrönt, da der Sektor einem erheblichen Akquisitionsdruck unterfällt. Bestes Beispiel ist das Desaster im Zusammenhang mit dem Maut-Vertrag der TollCollect GmbH.

---

1) Az.: VK 2-12/02.

Wesentliche Aspekte, die die Kommunen dabei berücksichtigen sollten, sind gerade der Aspekt von **Haftung** für den Fall von Ausfallzeiten und sonstigen Schlechtleistungen des IT-Dienstleisters. Denn es sind mitunter Fälle denkbar, in denen die Kommune gegenüber Dritten haftet, obwohl die Fehlerursache am IT-Dienstleister liegt. Insoweit hat die Kommune strengstens dafür Sorge zu tragen, dass kein haftungsrechtliches Delta in der vertraglichen Beziehung zwischen ihr und dem IT-Dienstleister auf der einen Seite und – auf der anderen Seite – in der vertraglichen Beziehung zum Dritten, so z. B. Volkshochschulen, Museen, die von dem IT-Outsourcing mitumfasst sind, entsteht. Stets liegt in einer fehlerhaften IT-Leistung mindestens jedoch ein Imageverlust zu Lasten der Kommune.

Darüber hinaus ist zu hinterfragen, wie es der Kommune gelingen kann, auch für den Fall abgesichert zu sein, dass der IT-Dienstleister sein Geschäft entweder aufgibt oder in Konkurs fällt. Hierfür sind Ausfallversicherungen oder auch Bürgschaften ein geeignetes Mittel. Allerdings verursachen diese zusätzliche Kosten, zu deren Übernahme sich ein IT-Dienstleister regelmäßig nicht bereit erklärt. Es ist jedoch Verhandlungssache, dafür Sorge zu tragen, dass die Kosten für dieses Risiko beim Vertragspartner liegen.

Es kann für die Kommune von erheblicher Bedeutung sein, Regelungen dafür zu treffen, dass den IT-Dienstleister auch Mitwirkungspflichten obliegen, etwa im Zusammenhang mit dem gesamten Themenkomplex der **Datenmigration** oder dem Aufbau zusätzlicher Funktionalitäten. Zum einen verfügen die Kommunen „qua Amtes" über erhebliche Datenvolumen. Diese müssen dann auf Systeme des IT-Dienstleisters übertragen werden. Dies führt regelmäßig zu erheblichen Komplikationen, wobei beobachtet werden kann, dass IT-Dienstleister in diesem Zusammenhang mehr versprechen, als sie letztendlich nach Maßgabe der eigenen Kalkulation in der Lage sind. Dies führt häufig dazu, dass der IT-Dienstleister weitere Vergütungen verlangt. Als Beispiel sei hier auf die Online-Plattform der Bundesagentur für Arbeit verwiesen, bei der die mangelnde Umsetzungsfähigkeit des IT-Dienstleisters zu Mehrkosten im mehrstelligen Millionenbereich geführt hat. Um entsprechende Auseinandersetzungen zu vermeiden, sollte deutlich gemacht werden, welche Daten und welche Volumina von der Datenmigration betroffen sind.

Das Thema Datenmigration ist auch dann von herausragender Bedeutung, wenn sich eine Kommune etwa veranlasst sieht, den IT-Dienstleister zu wechseln. Dabei spielt es nicht selten eine Rolle, dass Kommunen aus strategischen Gründen sich auch veranlasst sehen, nach dem IT-Outsourcing wieder ein „Insourcing" durchzuführen. Ohne die Mitwirkung des IT-Dienstleisters, der bis dahin die Datenpflege betrieben hat, ist ein

7 Rechtsfragen zu eGovernment

solches Unterfangen schlichtweg nicht möglich. Daher sind detaillierte Regelungen auch für solche Szenarien wünschenswert, damit die Kommune stets ihre Handlungsflexibilität behält.

Sämtliche Leistungspflichten sollten detailliert in einem sog. Pflichtenheft niedergelegt werden. Dabei kann in der Praxis häufig der Umstand festgestellt werden, dass nach monatelangen Besprechungen, welche Techniken eingesetzt und wie das Projekt umgesetzt werden soll, bei den eigentlichen rechtlichen Vertragsverhandlungen – zum Erstaunen aller – wiederum Unklarheiten darüber entstehen, welches tatsächlich der wechselseitige Pflichtenkatalog ist. Es empfiehlt sich daher von vorneherein, auf eine detaillierte Beschreibung im Pflichtenheft Wert zu legen, wobei dieses so formuliert sein sollte, dass es auch von Experten, d. h. Sachverständigen sofort verstanden werden kann.

Nicht selten spielt auch die Frage eine erhebliche Rolle, wem welche Rechte an Software oder sonstigen technischen Entwicklungen im Zusammenhang mit dem IT-Outsourcing-Projekt zustehen. Hierbei sollte die Kommune strengstens darauf achten, möglichst umfassend Nutzungsrechte eingeräumt zu bekommen. Denn es könnte sich so verhalten, dass eine Datenmigration, zusätzlich mit Problemen behaftet wird, weil zu dieser Schnittstellen des IT-Dienstleisters erforderlich werden, zu deren Nutzung die Kommune aber nach Ablauf des Vertrages nicht länger berechtigt ist.

7.3 Die Kommune als Content-Anbieter

Kommunen nutzen das Internet zur eigenen Darstellung in vielfältigster Weise. Vom Behördenwegweiser über Downloadfunktionen von Formularen bis hin zum kommunalen elektronischen Beschaffungsmarktplatz reichen die diversen Angebote. Dabei spielen von vorneherein zahlreiche rechtliche Fragestellungen eine Rolle. Diese reichen von Fragen des Urheberrechts bis hin zu Aspekten der Haftung.

7.3.1 Urheberrechtliche Fragestellungen

Ein häufig vernachlässigter Aspekt ist das Urheberrecht. Die Urheberrechtsfrage stellt sich stets, wenn Inhalte, die von Dritten zur Verbreitung im Internet erarbeitet werden, in das Internet gestellt werden. Kommunen bedienen sich dabei zum einen eigener Mitarbeiter, die Texte, Bilder, Filme oder sonstige digitalisierbare Werke schaffen, oder auch Dritter, seien es Unternehmen oder freie Mitarbeiter, um Inhalte für das Internet zu erarbeiten.

Die urheberrechtliche Ausgangslage ist stets gleich:

 WICHTIG!

Das Urheberrecht schützt den Urheber in seiner Beziehung zu dem von ihm geschaffenen Werk und in der Nutzung des Werks (§ 11 UrhG).

Ein Werk im Sinne des Urheberrechts ist eine persönliche geistige Schöpfung (§ 2 II UrhG). Persönlich ist die Schöpfung, wenn sie etwas Neues und Eigentümliches darstellt; geistig, wenn sie das Ergebnis eines geistigen Schaffensprozesses darstellt. Das Werk muss also eine persönliche Schöpfung von individueller Ausdruckskraft sein[1]. Eine künstlerische oder wissenschaftliche Mindestqualität muss das Werk dabei nicht aufweisen, es muss aber innerhalb eines gewissen Freiraums eine individuelle und eigenständige Lösung gefunden worden sein. Diese Anforderung an Individualität und Eigenständigkeit wird Gestaltungshöhe genannt[2].

Urheber ist der Schöpfer des Werkes (§ 7 UrhG). Als Urheber kommen nur natürliche Personen in Betracht, da der Schöpfungsakt eine Individualität voraussetzt, die nur der Mensch besitzt (Urheberschaftsprinzip). Damit scheiden juristische Personen wie Aktiengesellschaften, GmbHs und Vereine als Inhaber des Urheberrechts aus. Das Urheberschaftsprinzip gilt auch in Dienstverhältnissen: Schöpfer des Werkes ist damit grundsätzlich der Arbeitnehmer, nicht der Arbeitgeber. Allerdings lassen sich die Arbeitgeber häufig in den Arbeitsverträgen Nutzungsrechte am geschaffenen Werk einräumen, was nach § 31 UrhG grundsätzlich möglich ist. Durch dieses Grundsatz-Ausnahme-Verhältnis zwischen Arbeitgeber und Arbeitnehmer gilt ein Nutzungsrecht als im Zweifelsfall nicht eingeräumt. Der Arbeitnehmer behält alle Rechte, die dem Arbeitgeber als Nutzer nicht ausdrücklich eingeräumt wurden. Da urheberrechtlich geschützte Werke aber zumeist auf unterschiedliche Arten genutzt werden können, sollte vertraglich genau festgelegt werden, welche Nutzungsrechte im Einzelnen eingeräumt werden. Dies bedeutet, dass sie in den Arbeitsverträgen mit den Mitarbeitern möglichst konkret festzulegen sind.

Werden Inhalte genutzt, die von fremden Urhebern (freien Mitarbeitern) erstellt wurden, seien dies z. B. Texte, Bilder, Grafiken, Filme, etc. im Sinne des § 2 UrhG, ist stets zu prüfen, ob und inwieweit ein Recht zur

---
1) BGH GRUR 1995, 673, 675.
2) vgl. BGH GRUR 1991, 0449/451.

7 Rechtsfragen zu eGovernment

Nutzung im Internet besteht. Grundsätzlich ist davon auszugehen, dass die Nutzung solcher digitalen Werke einer gesonderten Lizenzierung durch den Rechteinhaber bedarf. Beachtlich ist dies etwa im Zusammenhang mit den sog. „Altverträgen" im Sinne des § 31 Abs. 4 UrhG. Nach dieser Regelung ist eine vertragliche Klausel unwirksam, die einem Nutzer das Recht zur Nutzung an einem Werk für alle bekannten und nicht bekannten Nutzungsmöglichkeiten einräumt.

 WICHTIG!

Es ist streng darauf zu achten, dass Lizenzverträge den Umfang des Nutzungsrechts exakt erfassen und für das Internet ein räumlich unbeschränktes (d. h. weltweites) Nutzungsrecht für die avisierten Werke einräumen.

Ein Internetauftritt einer öffentlichen Verwaltung fällt unter den Datenbankbegriff nach § 87 a UrhG. Entscheidend für dieses Kriterium ist nämlich, dass für den Aufbau des Internetauftritts eine wesentliche Investition getätigt wurde und die Struktur eine gewisse schöpferische Leistung ausmacht. Dies kann jedoch regelmäßig angenommen werden. Dies bedeutet, dass Kommunen davor geschützt sind, dass ein Dritter, sei es ein Unternehmer oder Verbraucher wesentliche Teile aus dieser „Datenbank" entnimmt und sie selber verwendet. Auf der anderen Seite ist es damit einem kommunalen Internetauftritt auch nicht gestattet, auf Inhalte Dritter zurückzugreifen, außer dann, wenn die Übernahme ausdrücklich eingeräumt wurde. Dieser Umstand ergibt sich daraus, dass es regelmäßig der Urheber ist, der das Recht hat zu bestimmen, ob und inwieweit sein Werk veröffentlicht oder verbreitet oder in sonstiger Weise genutzt wird.

7.3.2 Anbieterkennzeichnung/Impressum

Nach § 6 TDG obliegen dem „Diensteanbieter", worunter auch der Betreiber eines Internet-Portals fällt, eine Reihe allgemeiner Informationspflichten. Zu den Informationspflichten zählen neben der Anschrift, unter der der Portalbetreiber erreichbar ist, auch die Adresse zur Übermittlung von E-Mails. Dies bedeutet, dass kommunale Portale ausdrücklich verpflichtet sind, die E-Mail-Kommunikation mit dem Bürger zuzulassen.

Den allgemeinen Informationspflichten wird ein kommunaler Internetauftritt nur dann gerecht, wenn zunächst – da es sich bei Kommunen um juristische Personen des öffentlichen Rechts handelt – der Name der vertretungsberechtigten Person angegeben wird sowie Name und Anschrift der Behörde. Darüber hinaus sind Angaben dahingehend zu machen, die eine schnelle elektronische Kontaktaufnahme und unmittelbare Kommunikation ermöglichen. Ausdrücklich sieht das Gesetz insoweit auch die Angabe der Adresse der elektronischen Post vor.

Der Anbieterkennzeichnung wird nur dann Rechnung getragen, wenn bestimmte Transparenzpflichten beachtet werden. Der Diensteanbieter hat dafür Sorge zu tragen, dass die von der Kennzeichnungspflicht umfassten Informationen leicht erkennbar, unmittelbar erreichbar und ständig verfügbar sind. Geboten ist hier ein hohes Maß an Transparenz bei der Ausgestaltung des Internet-Portals. Dabei ist wichtig, dass den Ansprüchen zur Transparenz nur dann Genüge geleistet wird, wenn bei dem Verweis auf die Webseite mit den entsprechenden Inhalten das entsprechende Link als Anbieterkennzeichnung und/oder Impressum bezeichnet wird. Gerade unter Verbraucherschutzgesichtspunkten dürfte eine Bezeichnung wie „allgemeine rechtliche Hinweise" oder „Backstage", wie dies Gegenstand einer Entscheidung des Landgerichts Hamburg war, nicht ausreichend sein.

7.3.3 Haftung

Nach § 8 TDG haftet der Anbieter für eigene Inhalte nach den allgemeinen Gesetzen. Für fremde Inhalte regelt das Gesetz eine Privilegierung des „Diensteanbieters". Er hat keine Verpflichtung, übermittelte oder gespeicherte Informationen zu überwachen oder nach Umständen zu forschen, die auf rechtswidrige Tätigkeiten hinweisen. Sofern der Portalbetreiber fremde Informationen speichert, ist Voraussetzung einer Privilegierung, dass er keine Kenntnis von der rechtsfähigen Handlung bzw. der Information hat und er unverzüglich tätig wird, um die Informationen zu entfernen oder den Zugang zu diesen zu sperren, sobald ihm diese zur Kenntnis gelangt sind.

Im Mediendienste-Staatsvertrag und im Teledienstegesetz bestehen weitgehend übereinstimmende Haftungsregelungen zur Verantwortlichkeit von Betreibern eines Internetdienstes. Für eigene Inhalte haftet der Betreiber – wie es das Gesetz formuliert – nach den allgemeinen gesetzlichen Bestimmungen (§ 8 TDG/§ 6 MDStV). In Betracht kommen insbesondere eine Verantwortlichkeit nach dem Haftungstatbestand z. B. aus dem Urheberrechtsgesetz, dem Markengesetz, dem Gesetz gegen unlauteren Wettbewerb oder bei Verstößen gegen Grundsätze des bürgerlichen Gesetzbuches. Nicht außer Acht gelassen darf die Erfüllung weiterer strafrechtlicher Bestimmungen bleiben. Sofern die Ausgestaltung der Rechtsverhältnisse auf öffentlich-rechtlichen Grundlagen beruht, kann regelmäßig auch eine Amtshaftung nach § 839 BGB i. V. m. Art. 34 GG in Betracht kommen.

7 Rechtsfragen zu eGovernment

Von entscheidender Bedeutung ist die Haftung des Internetdiensteanbieters für fremde Inhalte. Die Haftung für fremde Inhalte ist in § 8 II TDG einerseits sowie in den §§ 9, 10 und 11 TDG andererseits niedergelegt. Die Regelbeispiele für fremde Inhalte nach §§ 9–11 TDG sind die Haftung für reine Datendurchleitung, die Haftung in der Funktionalität als Proxy Server sowie für das Hosting.

Solange die Kommunen eigene Rechenzentren unterhalten, die der Datendurchleitung, als Proxy Server sowie als Hosting-Server dienen, läuft die Kommune Gefahr, für die Bereitstellung entsprechender Funktionalitäten gegenüber Dritten zu haften. Die Haftung für den Bereich der **Datendurchleitung** kommt etwa in Betracht, wenn ein kommunales Rechenzentrum den Access oder auch E-Mail-Account für Mitarbeiter anderer kommunaler Einrichtungen zur Verfügung stellt. Dies wäre etwa denkbar, wenn eine Volkshochschule, Schulen im Allgemeinen, Kindergärten, Museen oder auch andere öffentliche Einrichtungen zum Internet angeschlossen werden und die Daten durch das Rechenzentrum fließen. Von erheblicher Relevanz ist dabei die Haftung nach § 11 TDG. Denn in häufigen Fällen dient das Rechenzentrum auch als „Mietplatz" für Speicherkapazitäten, auf denen andere kommunale Einrichtungen eigene Inhalte abliefern. Sofern das Rechenzentrum organisatorisch und haftungsrechtlich der Kommune zuzurechnen ist, sind der Kommune im Zusammenhang mit **Hosting-Leistungen** die Inhalte, die im eigenen Rechenzentrum für Dritte vorgehalten werden, als fremde Inhalte zuzuordnen. Die Kommune trifft insoweit die haftungsrechtliche Verantwortlichkeit im Sinne des Teledienstegesetzes.

Allerdings gilt insoweit die **Haftungsprivilegierung** nach § 8 Abs. 2 TDG. Danach sind Diensteanbieter im Sinne der §§ 9–11 TDG nicht verpflichtet, die von ihnen übermittelten oder gespeicherten Informationen zu überwachen oder nach Umständen zu forschen, die auf eine rechtswidrige Tätigkeit (des Dritten) hinweisen. Beachtlich ist jedoch, dass § 8 Abs. 2 S. 2 TDG vorsieht, dass Verpflichtungen zur Entfernung oder Sperrung der Nutzung von Informationen nach den allgemeinen Gesetzen auch im Falle der Nichtverantwortlichkeit des Diensteanbieters nach den §§ 9–11 TDG unberührt bleiben. Ausdrücklich verweist § 8 Abs. 2 S. 3 TDG darauf, dass der Diensteanbieter selbstredend das Fernmeldegeheimnis nach § 85 des TKG zu wahren hat.

Soweit das Rechenzentrum die **Durchleitung von Informationen** im Sinne des § 9 TDG ermöglicht, sieht die Haftungsprivilegierung vor, dass eine Verantwortlichkeit nicht gegeben ist, sofern der (kommunale) Diensteanbieter die Übermittlung der Kommunikation des Dritten nicht veranlasst hat, den Adressaten der übermittelten Informationen nicht ausge-

Rechtsfragen zu eGovernment 7

wählt und die übermittelten Informationen nicht ausgewählt oder geändert hat. Als Übermittlung im vorgenannten Sinne sieht § 9 Abs. 2 TDG auch ausdrücklich die automatische kurzzeitige Zwischenspeicherung dieser Informationen vor, soweit dies nur zur Durchführung der Übermittlung im Kommunikationsnetz geschieht und die Informationen nicht länger gespeichert werden, als dies für die Übermittlung üblicherweise erforderlich ist. Läge nämlich keine kurzzeitige Zwischenspeicherung, sondern eine Zwischenspeicherung zur beschleunigten Übermittlung von Informationen vor, wäre ein Anwendungsfall des § 10 TDG (Proxy Server) gegeben.

Nach § 10 TDG sind Diensteanbieter für eine automatische, zeitlich begrenzte **Zwischenspeicherung,** die allein dem Zweck dient, die Übermittlung der fremden Informationen für andere Nutzer auf deren Anfragen effizienter zu gestalten, nicht verantwortlich, sofern sie die Informationen nicht verändern, die Bedingungen für den Zugang zu den Informationen beachten und die Regeln für die Aktualisierung der Information, die in weithin anerkannten Industriestandards festgelegt sind, beachten. Ferner erfordert die Haftungsprivilegierung, dass die erlaubte Anwendung von Technologien zur Sammlung von Daten über die Nutzung der Information, nicht beeinträchtigt werden und – was wesentlich ist – die kommunalen Diensteanbieter unverzüglich handeln, um die gespeicherten Informationen zu entfernen oder den Zugang zu ihnen zu sperren, sobald sie Kenntnis davon erhalten haben, dass die Informationen am ursprünglichen Ausgangsort der Übermittlung aus dem Netz entfernt wurden oder der Zugang zu ihnen gesperrt wurde oder ein Gericht oder eine Verwaltungsbehörde die Entfernung oder Sperrung angeordnet hat.

§ 11 konkretisiert für den Bereich der **Speicherung von Informationen** (Hosting) die Haftungsprivilegierung dahingehend, dass Diensteanbieter für fremde Informationen, die sie für einen Nutzer speichern, nicht verantwortlich sind, sofern der Diensteanbieter keine Kenntnis von der rechtswidrigen Handlung oder der Information hat und ihm im Falle von Schadensersatzansprüchen auch keine Tatsachen oder Umstände bekannt sind, aus denen die rechtswidrige Handlung oder die Information offensichtlich wird bzw. er unverzüglich tätig geworden ist, um die Information zu entfernen oder den Zugang zu ihr zu sperren, sobald er davon Kenntnis erlangt hat.

 WICHTIG!

Die Haftungsprivilegierung ist in der Weise ausgeprägt, dass ein Handlungserfordernis des Telediensteanbieters erst dann entsteht, wenn er tatsächlich Kenntnis von der Rechtswidrigkeit von Inhalten

7 Rechtsfragen zu eGovernment

hat. Ihm obliegen jedoch keine Nachforschungs- oder Nachprüfungspflichten.

Ausgehend von diesen Grundsätzen ist auch die Nutzung von Links zu betrachten. Soweit sich der Internetdiensteanbieter diverser Links bemächtigt, um aufgrund der Vernetzung von Inhalten das eigene Angebot attraktiver zu machen, kann er sich darauf berufen, dass eine konkludente Einwilligung darin besteht, dass auf Inhalte im Internet auch ein Link gesetzt wird. Entscheidend ist hierbei, dass für den Nutzer deutlich wird, dass das Link zu einem anderen Inhalteanbieter führt. Sollte dies nicht der Fall sein, läge der Schluss nahe, dass ein Verstoß gegen § 13 UrhG vorliegt. Denn danach ist der Urheber davor geschützt, dass sein Name bzw. seine Identität nicht bei der Weiterverbreitung seines Werks im Internet bekannt wird. Es läge insoweit ein Fall der sog. Urheberleugnung vor.

Von besonderer Bedeutung ist die aktuelle Entscheidung des Bundesgerichtshofes zur Nutzung von Hyperlinks. So hat der BGH am 17. 7. 2003 entschieden, dass mit den Hyperlinks, die den unmittelbaren Aufruf von Artikeln ermöglichen, keine Nutzungshandlungen vorgenommen werden, die den Urheberberechtigten oder den Herstellern der abgefragten Datenbanken vorbehalten seien. Zur Begründung führte der BGH aus, dass ohne die Inanspruchnahme von Suchdiensten und deren Einsatz von Hyperlinks die sinnvolle Nutzung der unübersehbaren Informationsfülle im WorldWideWeb praktisch ausgeschlossen ist. Daher sei die Tätigkeit von Suchdiensten und deren Einsatz von Hyperlinks grundsätzlich jedenfalls hinzunehmen, wenn diese lediglich den Abruf vom Berechtigten öffentlich zugänglich gemachter Informationsangebote ohne Umgehung technischer Schutzmaßnahmen erleichtern.

Hintergrund der Entscheidung war eine Unterlassungsklage gegen den Betreiber des Internetsuchdienstes „Paperboy". Der Suchdienst wertet eine Vielzahl von Websites (Internetauftritten), vor allem von Zeitungsartikeln, auf tagesaktuelle Informationen aus. Auf Anfrage erhalten Internetnutzer kostenlos Auflistungen der Veröffentlichungen, die ihren Suchworten entsprechen, in die auch Stichworte, Satzteile und einzelne Sätze aus den Veröffentlichungen aufgenommen sind. Aus der Entscheidung des BGH ist zu sehen, dass es einem kommunalem Internetauftritt nicht benommen ist, Deeplinks auf Inhalte Dritter zu schalten. Eine andere Bewertung müsste jedoch folgen, sofern der Inhalt, auf den das Hyperlink gesetzt wird, nur gegen Zahlung abrufbar würde. Die Entscheidung des BGH revidiert insoweit die bisherige Auffassung zur Zulässigkeit bzw. zum Verbot des Setzens sog. „Inline-Links".

Rechtsfragen zu eGovernment 7

Von der Frage der Zulässigkeit des Setzens von Links und Hyperlinks ist die Frage nach der **Haftung** strikt zu trennen. Die Frage ist in der Rechtsprechung nicht abschließend geklärt. Es erstaunt, dass die Verantwortlichkeit für das Setzen von Links gesetzlich nicht ausdrücklich geregelt ist. Deren Zuordnung zu einer Verantwortlichkeit unter dem Tatbestand „Verantwortlichkeit für eigene Inhalte" oder „Verantwortlichkeit für fremde Inhalte" ist vom Einzelfall abhängig. Teilweise wird darauf abgestellt, die Verantwortlichkeit unter analoger Anwendung des § 11 TDG zu sehen. Denn nach § 11 verhält es sich immerhin so, dass die Haftung für fremde Inhalte, sofern das Hosting betroffen ist, vom Telediensteanbieter zu übernehmen ist. Eine Haftung setzt dabei voraus, dass der Diensteanbieter keine Kenntnis von der rechtswidrigen Information hat und ihm von Schadensersatzansprüchen keine Tatsachen oder Umstände bekannt sind, aus denen die rechtswidrige Information offensichtlich wird oder er unverzüglich tätig geworden ist, um die Information zu entfernen oder den Zugang zu ihr zu sperren, sobald er Kenntnis erlangt hat. Zwar handelt es sich bei den hinter den Links verborgenen Informationen um fremde Informationen. Doch ist fraglich, ob tatsächlich das Tatbestandsmerkmal des „Speicherns" dieser Informationen nach § 11 TDG gegeben ist. Denn die Regelung hat tatsächlich das Hosting vor Augen und nicht allein die Speicherung eines Links, dass dann über einen technischen Prozess zu den eigentlichen Inhalten führt, wobei diese Inhalte dann noch möglicherweise auf einem anderen Server gespeichert sind und zwar auch von einem andern Anbieter.

In der Rechtsprechung wird daher überwiegend darauf abgestellt, ob der Internetdienst, der sich diverser Links bedient, die fremden Inhalte zu Eigen macht. Ist dies der Fall, haftet er wie der Urheber der eigentlichen Informationen selber. Ein „Zueigenmachen" ist jedenfalls dann anzunehmen, wenn der „Linksetzer" die Inhalte noch zusätzlich ändert oder aber – das ist wohl das entscheidende Kriterium – die Inhalte in der Weise in seinem eigenen Internetauftritt integriert, dass der neutrale Betrachter zu dem Schluss gelangen muss, der Anbieter identifiziere sich mit dem gelinkten Inhalt.

Zur Frage, ob ein Inhalt „eigener" oder „fremder" Inhalt ist, wird im Zusammenhang mit so genannten „Frames" argumentiert, dass ein Anbieter bei Nutzung dieser Technologie fremde Werke derart in die eigene Internetseite integriere, dass sie zum Bestandteil derselben werden. Bei „Frames" kann dagegen grundsätzlich nicht von einer konkludenten Zustimmung des Inhalteanbieters auf Integration seines Inhaltes in einem Drittangebot geschlossen werden. Insoweit kommt eine Verletzung des Urheberrechts wegen der Urheberleugnung sowie eine Verletzung des Wettbewerbs-

7 Rechtsfragen zu eGovernment

rechts wegen der Zueigenmachung fremder Leistungen in Betracht. Sofern also kommunale Internetauftritte mit der Frame-Technologie arbeiten, sollte in jedem Falle darauf geachtet werden – jedenfalls immer dann, wenn es sich um fremde Inhalte handelt – dass die ausdrückliche Zustimmung des Inhalteanbieters zur Integration seines Angebots im Rahmen eines Frames erteilt wurde. Ein häufiger Verletzungstatbestand resultiert in diesem Zusammenhang auch aus dem Markenrecht. Denn häufig werden für das Setzen der Links bzw. Frames die geschützten Logos und Markenzeichen fremder Dritter auf der eigenen Homepage integriert. Die Nutzung dieser Logos ist jedoch markenrechtlich nach §§ 14, 15 MarkG geschützt. Es ist daher zu empfehlen, dass die Links bzw. Schalter des Frames eben nicht mit den Logos ausgestaltet werden, sondern allein als Textmarke – außer dann – wenn eine ausdrückliche Zustimmung zur Nutzung des Logos (der Marke) erteilt wurde.

 WICHTIG!

Zur Vermeidung weitreichender haftungsrechtlicher Konsequenzen ist es für den kommunalen Portalbetreiber ratsam, die verschiedenen Rechtsbeziehungen, die beim Betreiben des Internet-Portals wirksam werden, deutlich zu regeln. Dies kann er durch transparent gestaltete Nutzungsvorschriften erreichen und – für den Fall, dass er fremde Inhalte hostet, etwa für Unternehmen der Gemeinde – durch sog. Hosting-Verträge. Gleiches gilt für das Setzen von Links. Für den Portalbetreiber ist es regelmäßig nicht ersichtlich, welche Inhalte sich (auf Dauer) hinter dem Inhalt verbergen. Aus diesem Grunde sollten Link-Verträge die Beziehung zwischen dem Portalbetreiber und demjenigen, auf den per Link verwiesen wird, geschlossen werden.

7.3.4 Nutzung des Internets durch Mitarbeiter

Der Zugang zum Internet vom Arbeitsplatz aus bietet neben betrieblich veranlassten Tätigkeiten auch die Möglichkeiten zur Nutzung für private Zwecke, so z. B. die private Kommunikation via E-Mail oder privates „Surfen". Die Frage, ob oder gegebenenfalls in welchem Umfang das Internet zu privaten Zwecken genutzt werden darf, kann in einem Arbeitsvertrag geregelt werden. Dies ist jedoch überwiegend noch nicht der Fall. Für eine rechtliche Beurteilung muss daher auf allgemeine Grundsätze zurückgegriffen werden. Im Rahmen seines Direktionsrechts ist der Arbeitgeber grundsätzlich dazu berechtigt, über die Nutzung des Internets individuell und den betrieblichen Bedürfnissen entsprechend zu entscheiden. Es besteht daher prinzipiell die Möglichkeit, ein generelles Verbot der privaten Nutzung des Internets auszusprechen.

Rechtsfragen zu eGovernment 7

 TIPP!

Die private Nutzung des Internets kann grundsätzlich auch verboten werden.

Der Arbeitgeber kann die private Nutzung des Internets jedoch auch ausdrücklich erlauben. Dies ist in Form von Aushängen, Rund-Mails oder entsprechenden Klauseln in Betriebsvereinbarungen bzw. Arbeitsverträgen oder Dienstanweisungen denkbar.

Zum anderen ist auch eine konkludente Nutzungsgestattung durch den Arbeitgeber möglich. Diese wird immer dann zu bejahen sein, wenn der Arbeitgeber bereits privates Telefonieren erlaubt und ihm durch die private Nutzung keine höheren Kosten entstehen[1]. Des Weiteren ist eine Gestattung privater Internetnutzung aufgrund betrieblicher Übung möglich. Für die Annahme betrieblicher Übung ist jedoch erforderlich, dass der Arbeitgeber Kenntnis bezüglich der Privatnutzung hatte und diese über einen längeren Zeitraum widerspruchslos geduldet hat. Aufgrund eines so geschaffenen Vertrauenstatbestandes darf der Arbeitnehmer von der auch zukünftig gestatteten privaten Internetnutzung ausgehen.

Durch die Nutzung des Internets kann der Arbeitnehmer in vielfacher Weise gegen die ihm obliegenden Pflichten verstoßen. Überschreitet der Arbeitnehmer Art bzw. **Umfang der erlaubten Privatnutzung,** so handelt er pflichtwidrig. Bei einer konkludenten Erlaubniserteilung bemisst sich die Überschreitung des nicht ausdrücklich festgelegten Rahmens daran, ob die tatsächliche Nutzung erhebliche Kosten oder andere Belastungen auf Arbeitgeberseite zu verursachen vermag.

Verletzt der Arbeitnehmer durch privates Surfen einen **Straftatbestand**, so hat auch dies arbeitsrechtliche Konsequenzen. Mögliche – strafrechtlich relevante – Handlungen sind der Abruf strafbarer Inhalte aus dem Internet, unerlaubte Downloads urheberrechtlich geschützter Dateien oder auch die Verbreitung ehrverletzender Behauptungen über den Arbeitgeber. Denkbar ist auch, dass der Arbeitnehmer durch das Versenden von anstößigen E-Mails – zwecks „Auflockerung" des Betriebsklimas – andere Mitarbeiter/innen beleidigt oder an deren Ehre verletzt. Darüber hinaus beeinträchtigt das Versenden und Lesen solcher E-Mails – auch bei empfangswilligen Kollegen – die Arbeitskraft in nicht unerheblicher Weise. Auch bei solchen Verhaltensweisen muss von einem Pflichtverstoß ausgegangen werden.

1) Balke/Müller, DB 1997, 326; Däubler, K&R 2000, 323 (325).

7 Rechtsfragen zu eGovernment

Weiterhin kommt der **unsachgemäße Gebrauch** der für die Nutzung des Internets erforderlichen technischen Geräte bzw. der Software als Pflichtverstoß in Betracht. Darunter können unter anderem der sorglose Umgang mit drohendem Virenbefall des Computers oder das – entsprechend den Arbeitsanweisungen zuwider – Unterlassen, Sicherungskopien von wichtigen Dateien anzufertigen, fallen.

Welche **Rechtsfolge** bzw. welches Reaktionsmittel des Arbeitgebers an die Pflichtverletzungen geknüpft ist, hängt im Wesentlichen von der Schwere des Verstoßes und dem angerichteten Schaden ab. Grundsätzlich ist pflichtwidriges Verhalten des Arbeitnehmers mit einer Abmahnung zu ahnden. Bei schwerwiegendem oder andauerndem Fehlverhalten des Arbeitnehmers kann sich ein Grund für eine verhaltensbedingte und somit ordentliche Kündigung ergeben. Veranlassung für eine außerordentliche Kündigung kann gemäß § 626 BGB gegeben sein, wenn dem Arbeitgeber unter Abwägung aller Umstände des Einzelfalls und bei Abwägung der gegenseitigen Interessen die Fortsetzung des Arbeitsverhältnisses nicht zugemutet werden kann. Insbesondere ist in solchen Fällen das vorherige Abmahnerfordernis dann entbehrlich, wenn der Arbeitnehmer durch das private Surfen einen Straftatbestand verletzt.

 WICHTIG!

Der Einsatz von Internet und E-Mail am Arbeitsplatz des Behördenmitarbeiters erfordert durchweg zusätzliche Regelungen in Dienstanweisungen zu den entsprechenden Handhabungen einschließlich der Regelungen zur Archivierung. Diese Dienstanweisungen sind auch vor dem Hintergrund sinnvoll, als dass sie konkret Verwaltungsabläufe bzw. interne betriebliche Abläufe umfassen.

Beachtlich ist, dass mitunter eine notwendige **Beteiligung des Personalrats** aus technisch- und arbeitsplatzbezogenen Vorschriften herzuleiten ist. Von herausragender Bedeutung sind dabei das Bundespersonalvertretungsgesetz bzw. die entsprechenden landesrechtlichen Regelungen. So sieht etwa § 75 Abs. 3 Bundespersonalvertretungsgesetz für Angelegenheiten für Angestellte und Arbeitern über die Gestaltung der Arbeitsplätze sowie der Einführung und Anwendung technischer Einrichtungen zur Verhaltens- oder Leistungsüberwachung eine Zustimmung oder Beteiligung des Personalrats vor. Ebenso hat der Personalrat bei Angelegenheiten von Beamten über Maßnahmen zur Hebung der Arbeitsleistung und Erleichterung des Arbeitsablaufs unter Einführung grundlegend neuer Arbeitsmethoden mitzubestimmen.

Rechtsfragen zu eGovernment   7

 TIPP!

Eine Dienstvereinbarung „Online" bzw. „E-Mail" sollte eine klare Regelung dahingehend enthalten, ob die private Nutzung der elektronischen Post bzw. Internets verboten ist oder nicht.

Eine solche Regelung ist insbesondere vor dem Hintergrund beachtlich, dass die Behörde als Telediensteanbieter im Sinne des Teledienstegesetzes einzustufen ist mit der Maßgabe, dass hier eine Haftung nicht nur des rechtswidrig handelnden Mitarbeiters, sondern auch der Behördenleitung in Betracht kommt, wenn ihr das rechtswidrige Handeln zuzurechnen ist.

Ebenso ist beachtlich, dass eine **regelmäßige Posteingangskontrolle** gewährleistet ist. Diese Umstände werden häufig im Zusammenhang mit Vertretungen im Falle des Urlaubs oder von Krankheit nicht geregelt. Dies kann dazu führen, dass Fristen nicht eingehalten werden oder Vorgänge unbearbeitet bleiben. Dabei ist nicht außer Acht zu lassen, dass mitunter missliche Situationen auftreten können, wenn eine klare Vertretungsregelung nicht geregelt wurde, jedoch aber die private Nutzung von Internetbzw. der E-Mail-Kommunikation. Denn im Falle der Abwesenheit, gleich aus welchem Grunde, könnten weiterhin private E-Mails im Posteingangsfach auftauchen. Es stellt sich dann die Frage, wie hiermit zu verfahren ist, wenn der Adressat abwesend ist. Dieser Umstand sollte dann, sofern die entsprechenden Dienstanweisungen die private Nutzung zulassen, mit einer klaren Regelung bzw. einem Hinweis ausgestaltet sein.

Ebenso sollte die Dienstanweisung eine Regelung darüber enthalten, mit welchen **Verschlüsselungsprogrammen** und in welchem Fall diese anzuwenden sind. Entscheidendes Kriterium sollte hierbei sein, dass jedenfalls die Übermittlung sensibler Daten zur Nutzung diverser Verschlüsselungsprogramme verpflichtet. Dabei sollten jedoch die Formate klar festgelegt werden, um eine einheitliche Handhabe von Verschlüsselungsprogrammen zu gewährleisten. Häufig wird in diesem Zusammenhang außer Acht gelassen, dass die Gestaltung einer E-Mail nicht der für eine Papierform übliche Ausgestaltung entspricht. Es sollte deutlich etwa der Betreff der E-Mail vorangestellt werden. Ebenso sollte der Absender und die Behörde, in deren Auftrag bzw. in deren Vertretung der Sachbearbeiter gehandelt hat, erkennbar sein. Dass die Dienstanweisung für die Handhabung von E-Mail eine klare Regelung auch zur Kontrolle des Postausgangs haben sollte, bedarf keiner vertieften Erläuterung.

Es empfiehlt sich zudem, einen gesonderten Passus zur **elektronischen Archivierung** in eine Dienstanweisung mit aufzunehmen. Dieses Erfor-

7 Rechtsfragen zu eGovernment

dernis ergibt sich schon deshalb, weil der Verwaltungssachbearbeiter eine Flut von E-Mails einsehen, bearbeiten und gegebenenfalls archivieren muss.

Zentrale Vorschrift für das Thema elektronischer Archivierung ist § 29 VwVfG. Daraus ergibt sich schlicht die Verpflichtung zum Führen von Akten. Diese Verpflichtung erstreckt sich unstrittig auch auf die elektronische Kommunikation innerhalb der Verwaltung. Mit dem Gebot der sog. Aktenmäßigkeit geht das Gebot der Vollständigkeit sowie das Gebot zur Führung wahrheitsgetreuer Akten einher. Daraus ist abzuleiten, dass auch E-Mails in Akten eingehen müssen. Dem Grundsatz nach ist jedes schriftliche Dokument zu den Akten zu nehmen. Telefonate oder auch Besprechungen gehen in die Akten ein, sofern der Sachbearbeiter dies für erforderlich und sachdienlich erachtet. Es obliegt damit offensichtlich seinem Ermessen, zu beurteilen, ob die entsprechende Notiz Einfluss in die Akten nimmt oder nicht. Der gleiche Grundsatz gilt auch im Zusammenhang mit E-Mails. In der Praxis kann festgestellt werden, dass zahlreiche Kommunen die Tendenz haben, im Rahmen der Dienstanweisung zur Benutzung von E-Mail niederzulegen, dass jede einzelne elektronische Kommunikation auszudrucken und tatsächlich auch zu archivieren ist. Dies führt mitunter dazu, dass Ketten-E-Mails, also solche, denen die Antwort auf die vorangegangene E-Mail jeweils vorangestellt wird, mehrfach in den Akten auffindbar ist. Dies führt zwangsläufig zu einem erheblichen Umfang der Akten. Dieses Ergebnis bedeutet zusätzlich, dass von einem medienbruchfreien Verwaltungshandeln oder gar der Führung elektronischer Akten nicht die Rede sein kann, sondern dieses Ziel in zunehmende Ferne rückt.

 WICHTIG!

Wird die Akte elektronisch geführt, ist darauf zu achten, dass sämtliche Unterlagen auch wieder auffindbar sind und dementsprechend organisiert und abgespeichert werden müssen.

Eine eindeutige Zuordnung elektronischer Dokumente muss möglich sein. Die verschiedenen elektronischen Dokumente müssen, sofern sie zu ein und demselben Verfahren gehören, auch als zu diesem Verfahren gehörig erkannt werden können. Wesentlich ist, dass Ergänzungen zur Aktenführung oder Nachträge zu den elektronischen Dokumenten nachvollzogen werden können müssen. In diesem Zusammenhang ist der Einsatz elektronischer Signaturen sowie elektronischer Zeitstempel im Sinne des SigG unausweichlich.

Elektronische Akten, die bestimmten Aufbewahrungsfristen unterfallen, die in der jeweiligen Aktenordnung bzw. Aktenplänen innerhalb der Verwaltung niedergelegt sind, müssen langzeitig sicher aufbewahrt und gesichert werden können. Weder das Signaturgesetz (SigG) noch die Signaturverordnung geben weitreichende Erkenntnisse zur Frage der Langzeitsicherung. Vielmehr ist es die Aktenordnung, die mitunter Aufbewahrungsfristen von bis zu 30 Jahren oder im Einzelfall auch darüber hinaus vorsieht. In der Richtlinie für das Bearbeiten und Verwalten von Schriftgut in Bundesministerien heißt es, dass im Rahmen der Aufbewahrung die Vollständigkeit, Integrität, Authentizität und Lesbarkeit des elektronischen Schriftguts durch die geeigneten Maßnahmen der Verwaltung zu gewährleisten ist, wie sich dies aus § 18 Abs. 1 S. 2 der Richtlinie ergibt. Nicht fern liegend wird in diesem Zusammenhang als geeignete Maßnahme das Signieren des Dokuments mit einer qualifizierten oder akkreditierten elektronischen Signatur angesehen. Um dann eine möglichst langfristige Datensicherung zu erreichen, bietet § 17 Signaturverordnung die Möglichkeit des sog. Nachsignierens an. Darunter ist nichts anderes zu verstehen, als das bereits signierte Daten bei der technischen Novellierung des Signaturverfahrens nochmals mit einer entsprechenden elektronischen Signatur versehen werden. In technischer Hinsicht wird dabei die vormalige Signatur von der Übersignatur mitumschlossen und sollte gleichzeitig einen qualifizierten Zeitstempel tragen, der den Zeitpunkt des „Übersignierens" festhält. Der besondere Wert des Nachsignierens liegt darin, dass die Rechtsfolgen des § 292 a ZPO fortbestehen bleiben. Dem nachsignierten Dokument haftet weiterhin der Anschein der Echtheit an.

7.4 Die Kommunikationsplattform der Behörde

Von entscheidender Bedeutung für das eGovernment ist die Nutzung des Internets als Kommunikationsplattform. Der Gesetzgeber hat mit dem Dritten Gesetz des Bundes zur Änderung verwaltungsrechtlicher Vorschriften[1)] einen entscheidenden Schritt zur Verwaltungsmodernisierung, insbesondere auch mit Blick zur Nutzung des Internets als Kommunikationsplattform geleistet. Grundlage der Verwaltungsmodernisierung ist dabei eine umfassende Implementierung der Rechtsverbindlichkeit der elektronischen Kommunikation zwischen Bürger und Verwaltung, zwischen den Verwaltungen und zur Wirtschaft. In allen Fachgebieten und Verfahrensarten soll elektronische Kommunikation gleichberechtigt neben der Schriftform und der mündlichen Form rechtwirksam verwendet werden können. Wirtschaft und Bürger erhalten damit eine einfache zusätzliche Möglichkeit des Zugangs zur Verwaltung.

1) Bundesgesetzblatt 2002 I Nr. 60, S. 3322 ff. vom 27. 8. 2002.

7 Rechtsfragen zu eGovernment

Zwar erlaubt schon heute der Grundsatz der Nichtförmlichkeit des Verwaltungshandelns (z. B. § 10 VwVfG, § 9 SGB X) die Anwendung elektronischer Verfahren. Doch wird der Grundsatz der Nichtförmlichkeit von einer Reihe von Schriftformerfordernissen, wie sie traditionell im Verwaltungsrecht bekannt sind, eingeschränkt. Der (Bundes-)Gesetzgeber stand damit vor der Herausforderung, auch die elektronische Kommunikation auf rechtsverbindliche und sichere Grundlagen zu stellen.

Zwei zentrale Aspekte hatte der Gesetzgeber zu beantworten: Zum einen musste geklärt werden, ob und unter welchen Umständen überhaupt elektronisch mit einem Bürger kommuniziert werden, bzw. umgekehrt, ob der Bürger auf elektronischem Wege die öffentliche Verwaltung adressieren darf. Im Weiteren hatte sich der Gesetzgeber der Frage zu widmen, wie auf elektronischem Wege den Schriftformanforderungen in bestimmten Zusammenhängen des Verwaltungsverfahrens entsprochen werden könnte. Beide Zielsetzungen hat der Gesetzgeber gleichermaßen verfolgt und in der Novellierung des Verwaltungsrechts zugrunde gelegt.

7.4.1 Elektronische Kommunikation und Schriftform

Zur Frage der Schriftform bediente sich der Gesetzgeber konsequenterweise der bereits im Zivilrecht etablierten Begrifflichkeit der elektronischen Form (vgl. § 126 b BGB). Danach kann die eigenhändige Unterschrift, die im Zivilrecht Voraussetzung für das Schriftformerfordernis ist, durch die elektronische Form ersetzt werden. Voraussetzung dafür ist die Anwendung qualifizierter Signaturen nach dem Signaturgesetz. In entsprechender Weise hat sich der Bundesgesetzgeber im Zusammenhang mit der Novellierung des Verwaltungsrechts zur Frage der Schriftform auf die elektronische Form festgelegt. Danach wird die im Verwaltungsrecht niedergelegte Schriftform unter Anwendung der elektronischen Form ersetzt, soweit rechtliche Bestimmungen diese Form nicht ausschließen.

In der Gesetzesbegründung heißt es zur elektronischen Signatur, dass sich aus der bloßen Angabe einer E-Mail-Adresse „zur Zeit" noch nicht ablesen lasse, dass insoweit auch der Zugang für elektronisch signierte Dokumente eröffnet sei. Um Zweifel und Unsicherheiten vorzubeugen, werden eine Anzahl von Bundesländern in den Landesverwaltungsverfahrensgesetzen die Verpflichtung vorsehen, die technischen Rahmenbedingungen, unter denen der elektronische Zugang der Behörde eröffnet ist, öffentlich bekannt zu machen. Diese Bekanntmachung soll dann auch die technischen und organisatorischen Rahmenbedingungen angeben. Dazu sollen etwa Angaben zu Formaten und Formen von Datenträgern, die für die Kommunikation akzeptiert werden, niedergelegt werden. Gleiches gilt auch für die Verwendung bestimmter Signaturen. Das VwVfG des Bundes verzichtet auf diese Form der Bekanntmachung. Es ist danach Sache der öffentlichen Verwaltung, selber zu entscheiden, in welcher Weise sie die technischen Voraussetzungen kommuniziert, die den elektronischen Kommunikationszugang der Kommunen eröffnet. Sofern eine öffentliche Verwaltung dem Ratschlag folgt und auf einer Webseite sämtliche Voraussetzungen und Bedingungen niederlegt, kann der Sachbearbeiter, der eine elektronische Kommunikation erhält, die nicht kompatibel ist, in seiner Kommunikation mit dem Bürger bzw. dem Unternehmen auf die Webseite verweisen und sich so die einzelnen Angaben in seiner E-Mail ersparen.

7.4.2 Eröffnung des Zugangs

Die für die Eröffnung des Zugangs zentrale Vorschrift des novellierten Verwaltungsverfahrensrechts ist § 3a VwVfG. Nach dessen Absatz 1 ist die Übermittlung elektronischer Daten zulässig, soweit der Empfänger hierfür einen Zugang eröffnet. Durch die Formulierung „soweit" wird zunächst deutlich, dass mit der Vorschrift weder für die Verwaltung, noch für den Bürger der Zwang verbunden ist, einen Zugang für die Übermittlung elektronischer Daten zu eröffnen. Der Begriff „Zugang" stellt dabei auf die objektiv vorhandene technische Kommunikationseinrichtung ab, also z. B. darauf, ob ein elektronisches Postfach – sei es auf Behörden- oder auf Bürgerseite – überhaupt verfügbar ist. Es ist immer der „Empfänger", der tätig werden muss, um diesen Zugang überhaupt erst einmal zu eröffnen. Dies wirft die Frage auf, unter welchen Umständen ein Absender einer elektronischen Kommunikation davon ausgehen darf, dass der Empfänger, sei es eine Behörde oder der Bürger, den Zugang eröffnet hat.

Die Behörde kann ihren Zugang zur elektronischen Kommunikation ausdrücklich oder konkludent eröffnen.

Als **ausdrückliche Zugangseröffnung** ist anzusehen, wenn eine Behörde auf ihren Webseiten einen Hinweis darüber gibt, dass mit ihr elektronisch kommuniziert werden kann, etwa welche E-Mail-Adresse hierfür in Betracht kommt. Von besonderer Bedeutung ist dabei, dass sich die Behörde aus Gründen, die im Teledienstegesetz bzw. dem Mediendienste-Staatsvertrag der Länder liegen, nicht dagegen wehren kann, eine E-Mail-Adresse überhaupt anzugeben. Denn § 6 TDG verlangt, dass ein Teledienst, unter den die Behörde zweifelsfrei zu subsumieren ist, eine Adresse zur sofortigen elektronischen Kommunikation im Internet, also eine E-Mail-Adresse, bekannt geben muss. Damit ist die Verwaltung letzen Endes gezwungen, jedenfalls eine solche E-Mail-Adresse anzugeben, über die Dritte die Kommunikation mit der Behörde auf elektroni-

7 Rechtsfragen zu eGovernment

schem Wege aufnehmen können. Dies bedeutet jedoch nicht zwangsläufig, dass sie damit den Zugang für die Eröffnung eines Verwaltungsverfahrens anbietet. Zielsetzung der Angabe einer E-Mail-Adresse nach dem Teledienstegesetz ist vielmehr, Beschwerden der Nutzer über den Teledienst als solches zu ermöglichen. Als **konkludente Eröffnung** eines Zugangs ist auf Behördenseite anzuerkennen, wenn sie auf den von ihr verwendeten Briefbögen eine E-Mail-Adresse angibt. Sie erklärt damit konkludent ihre Bereitschaft, Eingänge auf diesem Wege auch anzunehmen.

Sofern die Behörde nun ausdrücklich oder konkludent die Eröffnung des Zugangs für elektronische Kommunikation erklärt hat, stellt sich die Frage, welche Folgen sich daraus für die Behörden in **technischer und organisatorischer Hinsicht** ergeben. In technischer Hinsicht ist leicht der Fall denkbar, dass ein Dokument, das die öffentliche Verwaltung von Dritten erhält, für die Verwaltung nicht zur weiteren Verarbeitung geeignet ist oder es der Verwaltung nicht möglich ist, dass Dokument zu lesen. § 3 a Abs. 3 VwVfG bestimmt daher für den Fall, dass ein der Behörde übermitteltes elektronisches Dokument zur Bearbeitung nicht geeignet ist, die Behörde dies dem Absender unter Angabe der für sie geltenden technischen Rahmenbedingungen unverzüglich mitteilt. Der Kommune ist daher zu empfehlen, die zulässigen Formate zur elektronischen Kommunikation festzulegen und diese Festlegung alsdann auch auf ihren Internet-Seiten zu verbreiten. Aus der Formulierung, dass die elektronische Kommunikation eröffnet ist, „soweit" dies der Empfänger zugelassen hat, folgt, dass der Kommune die Möglichkeiten zur Festlegung der Austauschformate freistehen. Insoweit können die Festlegungen im sog. SAGA-Papier des Bundes (Standards und Architektur für eGovernment-Anwendungen im Rahmen der Initiative Bund-Online 2005) getroffenen Aussagen hilfreich sein. Damit kann sichergestellt werden, dass die einer Kommune auf elektronischem Weg übermittelten Dokumente auch ohne Probleme weiterverarbeitet werden können. Auch wenn der Kommune keine Pflicht zur Zugangseröffnung aus § 3 a VwVfG erwächst, solange sie selbst den Zugang noch nicht eröffnet hat, kann sich für die Behörde dennoch eine Annahme von E-Mails ergeben, wenn sie bereits per E-Mail mit dem Bürger kommuniziert hat und insoweit für diesen den Anschein erweckte, dass die Verwaltung auch per E-Mail zu erreichen sei.

Gleichermaßen stellt sich für die Behörde die Frage, ob sie **verschlüsselte Nachrichten** als empfangen akzeptieren muss. Einschlägig ist hier § 4 Abs. 4 Nr. 3 Teledienstedatenschutzgesetz. Die Verwaltung hat, da sie als Teledienstanbieter im Sinne des TDDSG gilt, durch technische und organisatorische Vorkehrung sicherzustellen, dass der Nutzer den Dienst gegen Kenntnis Dritter geschützt in Anspruch nehmen kann. Wichtig ist, dass die vorgenannte Vorschrift jedenfalls dann einschlägig ist, wenn sie selbst eine Kommunikation über das Internet, z. B. über ihren File-Server zum Ausfüllen von Dokumenten oder der Antragstellung, bereithält. Unklar ist dabei, ob Angebote reiner Individualkommunikation ebenso unter die Voraussetzung des TDDSG fallen. Zu empfehlen wird der Kommune sein, jedenfalls aus reiner Vorsorge, nicht streng zwischen der Kommunikation mittels eines File-Servers und der Individualkommunikation mittels E-Mail zu unterscheiden. Daher sollten für beide Anwendungen **Verschlüsselungsverfahren** bereitgestellt werden. Dies bedeutet, dass jedenfalls im Zusammenhang mit der Kommunikation der Verwaltung in Richtung des Bürgers dann, wenn personenbezogene Daten betroffen sind, verschlüsselt werden muss. Andersherum bedeutet dies allerdings nicht, dass der Bürger auch seine Kommunikation mit der Verwaltung zu verschlüsseln hat. Entsprechende Verschlüsselungsangebote seitens der Kommune muss er nicht zwingend nutzen.

Im gleichen Zusammenhang stellt sich die Frage, ob die Behörde etwa durch den Bürger **signierte elektronische Nachrichten** gegen sich gelten lassen muss. Zu bedenken ist in diesem Zusammenhang, dass bereits das Hinzufügen des eigenen Namens unter eine elektronische Nachricht als einfache elektronische Signatur im Sinne des Signaturgesetzes gilt. Da dies der übliche Standard einer E-Mail im Sinne der Individualkommunikation ist, besteht für die Kommune schon überhaupt keine Veranlassung, E-Mails nicht zu akzeptieren, die mit einer einfachen elektronischen Signatur versehen sind. Aus § 3 a VwVfG ist jedoch wiederum ablesbar, dass der Kommune auch hinsichtlich des Einsatzes elektronischer Signaturen gestattet ist, entsprechende Formate festzulegen. Die Lösung könnte mit Blick auf § 3 a Abs. 2 VwVfG, wonach die Schriftform durch eine elektronische Form in Verbindung mit einer qualifizierten elektronischen Signatur ersetzt werden kann, darin liegen, als Mindeststandard die qualifizierte elektronische Signatur im Sinne des Signaturgesetzes zu verlangen. Zu bedenken ist in diesem Zusammenhang, dass derzeit eine weitergehende Interoperabilität elektronischer Signaturen fehlt. Daher könnte es – wie im Zusammenhang mit der Festlegung zu Austauschformaten für die elektronische Kommunikation – richtig sein, dass die Behörde auch mit Blick auf die Grenzen der eigenen technischen Ausstattung und der Weiterverarbeitung der empfangenen elektronischen Dokumente eine Produkteinschränkung vornimmt. Dies wird zumindest in der Anfangsphase des Aufbaus einer elektronischen Kommunikation unter Zuhilfenahme einer elektronischen Signatur kaum anders zu regeln sein.

7 Rechtsfragen zu eGovernment

Kommt es jedoch dazu, dass der Kommune elektronische Kommunikationen zugehen, die diese nicht weiterverarbeiten kann, ist § 3 a Abs. 3 VwVfG beachtlich. Dieser besagt:

> „Ist ein der Behörde übermitteltes elektronisches Dokument für sie zur Bearbeitung nicht geeignet, teilt sie dies dem Absender unter Angabe der für sie geltenden technischen Rahmenbedingungen unverzüglich mit."

Dieser Hinweis wäre auszugestalten, sofern die Kommune im Internet die Einzelheiten der **Austauschformate** für die elektronische Kommunikation nicht abrufbar vorhält. Aus dem Vorbesagten ergibt sich, dass der Kommune zu empfehlen ist, online in transparenter Weise sämtliche technischen Voraussetzungen mitzuteilen, nach denen die Kommune den Zugang für elektronische Kommunikation zu ihr für eröffnet erachtet. § 3 a Abs. 3 VwVfG überlässt es der Kommune ausdrücklich, die eigenen technischen Rahmenbedingungen auch festzulegen. Also stellt diese Vorschrift eine entsprechende Handlungsaufforderung der Kommune dar.

 WICHTIG!

Die Kommune sollte dabei jedoch beachten, dass Rechtsfolgen von elektronisch verarbeitbaren Vorgängen jedoch dann ausgelöst werden, wenn die übermittelten Daten lesbar sind. Solange der Inhalt einer Mitteilung also erkennen lässt – z. B. alleine die Umlaute sind durch andere Zeichenkommunikation ersetzt worden – wie der Text an sich zu verstehen sei, können Fristsetzungen nicht beeinträchtigt werden.

Gerade in größeren Kommunen verhält es sich so, dass nicht alle Fachbereiche in der Lage sind, elektronische Kommunikation sach- und ordnungsgemäß zu verarbeiten. Auch hier hilft § 3 a VwVfG weiter. Denn aufgrund des Wortlautes, dass der Zugang eröffnet ist, „soweit" der Zugang durch den Empfänger eröffnet ist, heißt dies, dass die elektronische Kommunikation auch auf **bestimmte Fachbereiche** beschränkt werden kann. In diesem Zusammenhang sollte jedoch nicht außer Acht gelassen werden, dass sich die Behörde kaum mit Erfolg wird auf den Standpunkt stellen können, dass eine Kommunikation nicht zugegangen ist, nur deshalb, weil sie nicht den zuständigen Fachbereich – der ist online nicht erreichbar – zugegangen ist, sondern einem anderen Fachbereich, der ausdrücklich für die Zugangseröffnung vorgesehen ist. Der Absender ist darüber zu informieren, dass im fraglichen Fall keine Möglichkeit der elektronischen Kommunikation besteht und deshalb herkömmlich verfahren werden muss. Unbearbeitet darf der Vorgang jedoch nicht liegen bleiben.

Bürger und Unternehmen können sowohl ausdrücklich als auch konkludent den Zugang für die elektronische Kommunikation der öffentlichen Verwaltung eröffnen. Sofern der Bürger die Eröffnung eines Zugangs gegenüber der Behörde ausdrücklich erklärt hat, kann die Behörde diesen Kommunikationsweg auch nutzen. Dies erfolgt z. B. durch einen Telefonanruf oder mittels eines Schreibens, dass die Eröffnung eines Zugangs auf elektronischem Wege eröffnet ist. Für die Verwaltungspraxis von großer Bedeutung ist vor allem die Frage, ob und unter welchen Umständen die öffentliche Verwaltung davon ausgehen darf, dass ein Bürger konkludent die elektronische Kommunikation ermöglicht hat. In zahlreichen Fällen gibt der Bürger auf seinen Privatbriefbögen neben einer Fax- und Telefonnummer auch eine E-Mail-Adresse an. Nach Auffassung des Gesetzgebers wird die Angabe einer **E-Mail-Adresse auf seinem Briefkopf** heute noch nicht dahingehend verstanden werden können, dass er damit seine Bereitschaft zum Empfang von rechtlich verbindlichen Erklärungen kundtut. Dabei wird die Auffassung vertreten, dass man im Grundsatz von der Öffnung eines Zugangs nur ausgehen darf, wenn der Bürger dies gegenüber den Behörden ausdrücklich erklärt hat. Dadurch dass die Gesetzesbegründung hier von einem Regelfall ausgeht, impliziert dies jedoch die Annahme von Ausnahmen. Auch wenn der Bürger nicht ausdrücklich gegenüber der öffentlichen Verwaltung seine Einwilligung zum Erhalt elektronischer Kommunikation kundgetan hat, entspricht es jedoch der Praxis, dass ein Bürger, der von sich heraus den ersten Kontakt zur Behörde auf elektronischem Wege sucht, ebenso mit einer Rückantwort durch die Behörde auf elektronischem Wege rechnet. Hier muss es genügen, dass der Bürger den ersten Schritt auf elektronischem Wege zum Kommunikationsaustausch getätigt hat. Er wird sich alsdann nicht erfolgreich darauf berufen können, dass die Behörde ihm gegenüber in herkömmlicher Weise, sei es telefonisch oder schriftlich, hätte antworten müssen.

Dieses Ergebnis entspricht der Normwertung des § 10 Abs. 2 VwVfG. Denn danach ist es Sache der Verwaltung, das Verwaltungsverfahren einfach, zweckmäßig und zügig durchzuführen. Diesem Ansatz wird die Verwaltung gar nicht entsprechen, wenn sie in sonstiger Weise mit dem Bürger Kontakt aufnehmen würde, obwohl dieser bereits den ersten Schritt zur elektronischen Kontaktaufnahme mit der Behörde getätigt hat. Er hat insoweit eben den Zugang zur elektronischen Kommunikation eröffnet.

Fraglich ist, ob die Kommunikation auf elektronischem Wege gegenüber dem Bürger eröffnet ist, wenn dieser im Rahmen eines Anstellungsverhältnisses über das E-Mail-Account seines Arbeitgebers eine elektronische Nachricht an die Verwaltung übersandt hat. Es lässt sich dabei mit

7 Rechtsfragen zu eGovernment

guten Gründen argumentieren, dass es der Bürger war, der den ersten Schritt zur elektronischen Kontaktaufnahme getätigt hat. Voraussetzung für diese Annahme ist jedoch, dass der Bürger in der entsprechenden E-Mail nicht ausdrücklich erklärt hat, über das E-Mail-Account keine Antwort empfangen zu wollen, sondern auf anderem Wege. Der vorstehende Sachverhalt ist mit erheblicher Vorsicht zu genießen. Denn die Kommune könnte in den Verdacht geraten, überprüfen zu müssen, ob der berufliche Access zur E-Mail tatsächlich auch für private Kommunikation genutzt werden darf. Denn insoweit müsste die Kommune dann das Rechtsverhältnis zwischen dem Angestellten und seinem Arbeitgeber ausleuchten. Dies dürfte regelmäßig nicht möglich sein. Eine Nachfrage beim Bürger wäre hier hilfreich, ob er tatsächlich E-Mails, die ihn privat angehen, über das Account auch empfangen darf.

Sofern der Verwaltung ein E-Mail-Account des Bürgers aus einem anderen oder früheren Verwaltungsvorgang bekannt ist, könnte der Zugang zur elektronischen Kommunikation im Sinne des § 3 a VwVfG auch für den gegenwärtigen Vorgang eröffnet sein. Zu bedenken ist hierbei jedoch die Tatsache, dass es sich bei dem Internet um ein flüchtiges Medium handelt. Dies bedeutet, dass eine E-Mail-Adresse einer Privatanschrift ganz offensichtlich nicht vergleichbar ist. Viele Bürger verfügen nicht über ein E-Mail-Account, sondern über zahlreiche E-Mail-Accounts, wobei es hier eine typische Folge ist, dass bestimmte E-Mail-Accounts nicht abgerufen bzw. auch geschlossen werden. Die Kommune wird sich daher bei jedem neuen Verwaltungsvorgang vergewissern müssen, ob der Zugang auf elektronischem Wege auch in dem neuerlichen Fall eröffnet ist.

Wie dargelegt ist der Bürger in erheblicher Weise durch und vor der Vorschrift des § 3 VwVfG geschützt. Handelt jedoch auf der nichtkommunalen Empfangsseite ein professioneller Anwender, sei dies ein Rechtsanwalt, ein Steuerberater, ein Architekt oder Wirtschaftsprüfer, mithin jedenfalls ein Angehöriger eines freien Berufes, können an die Frage, ob und unter welchen Umständen der Zugang zur elektronischen Kommunikation nach § 3 VwVfG eröffnet ist, strengere Maßgaben angelegt werden. Geben die vorgenannten Berufsgruppen auf ihrem Briefbogen etwa eine E-Mail-Adresse an, dann darf die Kommune davon ausgehen, dass über diese E-Mail-Adresse auch mit dem Empfang von Nachrichten gerechnet wird, der Empfänger mithin den Zugang entsprechend eröffnet hat.

7.4.3 Rechtswirksamer Zugang elektronischer Kommunikation

Unter der Voraussetzung, dass die elektronische Kommunikation zum Bürger eröffnet ist, muss die Frage beantwortet werden, unter welchen Voraussetzungen diese elektronische Kommunikation auch Rechtswirkung entfaltet.

Rechtsfragen zu eGovernment 7

Eine allgemeine Regelung dafür, was unter Zugang einer elektronischen Kommunikation zu verstehen ist, hat die Novellierung des Verwaltungsverfahrensgesetzes bislang nicht getroffen. Insoweit ist letzten Endes auf allgemeine Rechtsgrundsätze abzustellen. Der Verwaltungs-Gesetzgeber hat ganz offensichtlich bei der Frage des Zugangs einer elektronischen Kommunikation bewusst vermieden, die bereits im Zivilrecht anerkannten Grundsätze zu übernehmen. Im Zivilrecht gilt, dass eine elektronische Erklärung dann zugegangen ist, wenn Sie in den Herrschaftsbereich des Empfängers gelangt ist. Dies ist immer dann der Fall, wenn sie auf dem Access-Provider des Empfängers zum Abruf bereit ist. Nicht erforderlich ist, dass der Empfänger die elektronische Kommunikation tatsächlich abruft oder aber Kenntnis davon hat, dass die E-Mail tatsächlich zum Abruf bereit ist. In diesem Zusammenhang wurde ursprünglich vertreten, dass bei einer Privatperson allenfalls davon ausgegangen werden könnte, dass diese das elektronische Postfach einmal pro Woche leert. Zwischenzeitlich hat sich jedoch die Auffassung durchgesetzt, dass die elektronische Kommunikation eine derartige Verbreitung und Üblichkeit genommen hat, dass ein Absender einer elektronischen Kommunikation davon ausgehen darf, dass der Empfänger zumindest einmal täglich das elektronische Brieffach leert.

Im Rahmen der Verkehrsanschauung im öffentlich-rechtlichen Bereich wird ganz offensichtlich davon ausgegangen, dass zu Lasten des Privatbürgers bislang nicht unterstellt werden kann, dass dieser tatsächlich seinen elektronischen Briefkasten täglich leert. In Anbetracht der entgegengesetzten Wertung im Zivilrecht darf jedoch davon ausgegangen werden, dass mittelfristig auch im öffentlichen Recht eine E-Mail-Kommunikation als zugegangen gilt, wenn der Bürger binnen eines Tages die Möglichkeit hatte, die E-Mail von seinem Access-Provider abzurufen. Für den Bereich der professionellen Kommunikationspartner der öffentlichen Verwaltung gilt ohnedies, dass auch im öffentlichen Recht die Erwartung gilt, dass hier die E-Mail mindestens einmal täglich abgerufen wird und somit entsprechend die elektronische Post als zugegangen gilt, wenn diese abrufbar beim Access-Provider des Empfängers angekommen ist, wobei die Zugangsfiktion darauf abstellt, dass der professionelle Empfänger mindestens einmal täglich sein Brieffach leert.

7.4.4 Bekanntgabe eines Verwaltungsaktes

Verwaltungsakte entfalten Rechtswirkung, wenn sie bekannt gegeben sind. Es stellt sich damit die Frage, wann ein elektronisch kommunizierter Verwaltungsakt als bekannt gegeben gilt. Die besondere Regelung dafür enthält § 41 VwVfG. § 41 a Abs. 2 VwVfG lautet wie folgt:

7 Rechtsfragen zu eGovernment

„Ein schriftlicher Verwaltungsakt gilt bei der Übermittlung durch Post im Inland am dritten Tage nach der Aufgabe zur Post, ein Verwaltungsakt, der elektronisch übermittelt wird, am dritten Tage nach der Absendung als bekannt gegeben. Dies gilt nicht, wenn der Verwaltungsakt nicht oder zu einem späteren Zeitpunkt zugegangen ist; im Zweifel hat die Behörde den Zugang des Verwaltungsaktes und den Zeitpunkt des Zugangs nachzuweisen."

Das Gesetz unterscheidet hiernach die Bekanntgabe eines Verwaltungsaktes einerseits und den Zugang des Verwaltungsaktes andererseits. In zivilrechtlicher Hinsicht wird eine elektronisch kommunizierte Willenserklärung wirksam mit dem Zugang dieser Kommunikation auf dem Access-Server des Empfängers. Entscheidend für die Bekanntgabe des Verwaltungsaktes nach § 41 a Abs. 2 VwVfG ist jedoch die Absendung. Es stellt sich damit die Frage, wie es der öffentlichen Verwaltung gelingen kann, die Absendung rechtssicher nachzuweisen.

Geeignetes Mittel kann hierfür ein sog. „Zeitstempel" sein, der mit dem elektronischen Dokument, auf das sich dieser beziehen soll, gesetzeskonform verbunden wird. Regelungen zum qualifizierten Zeitstempel finden sich im Signaturgesetz: Ein qualifizierter Zeitstempel weist rechtssicher nach, welcher Inhalt zum Zeitpunkt der Signatur (Zeitstempelung) vorgelegen hat. Überträgt man dies auf den Fall des Versands von E-Mails bzw. deren Anhängen, so kann man durch das Zeitstempeln von E-Mails nach dem Versand – also nachdem diese den Mail Server des Versenders verlassen haben – rechtssicher nachweisen, dass bestimmte Inhalte an den Empfänger zu einem ebenfalls rechtssicher protokollierten Zeitpunkt losgeschickt wurden. Zeitstempel und Signaturen können zudem für mögliche spätere Streitfälle vor Gericht automatisch mit den entsprechenden E-Mails bzw. Anhängen im elektronischen Archiv der Verwaltung gespeichert werden.

7.4.5 Einsatz elektronischer Signaturen

Um eine rechtssichere Übertragung von Dokumenten zu gewährleisten, ist es notwendig, die entsprechenden Dokumente elektronisch zu signieren. Durch eine elektronische Signatur wird einerseits manipulationssicher dokumentiert, wer der Autor einer Nachricht ist. Zum anderen wird sichergestellt, dass das signierte Dokument nicht nachträglich manipuliert worden ist.

Der Einsatz elektronischer Signaturen wird durch das am 22. 5. 2001 in Kraft getretene Gesetz über Rahmenbedingungen für elektronische Signaturen (SigG) geregelt. Dabei wird grundsätzlich zwischen

Rechtsfragen zu eGovernment

- einfachen,
- fortgeschrittenen und
- qualifizierten Signaturen differenziert,

die zudem von einem akkreditierten Zertifizierungsdiensteanbieter stammen können.

Bei **einfachen elektronischen Signaturen** handelt es sich um Daten in elektronischer Form, die der Authentisierung dienen (so z. B. Namenskürzel oder eingescannte Unterschriften). **Fortgeschrittene elektronische Signaturen** müssen darüber hinaus dem Inhaber des Signatur-Schlüssels zugeordnet sein und mit Mitteln erzeugt werden, die der Signaturschlüssel-Inhaber unter seiner alleinigen Kontrolle hat. Gegenüber fortgeschrittenen Signaturen werden **qualifizierte elektronische Signaturen** zudem mit einem zertifizierten Kartenleser erzeugt und beruhen auf einem qualifizierten Zertifikat, das nur für natürliche Personen und von so genannten Trust-Centern ausgestellt wird.

Möchte ein Bürger mit der Verwaltung online kommunizieren, sollten folglich Informationen darüber gegeben werden, welche der genannten elektronischen Signaturen durch die Internet-Plattform der Gemeinde unterstützt werden und wo er solche Signaturen erhalten kann. Regelungen darüber, welche Signaturqualität jeweils erforderlich ist, wird für den Bereich des Zivilrechts und des Prozessrechts im Gesetz zur Anpassung der Formvorschriften des Privatrechts und anderer Formvorschriften an den modernen Rechtsgeschäftsverkehr geregelt. Für das Verwaltungsrecht ist die Signaturqualität in die Änderungsgesetze zum VwVfG, zur AO und zum SGB aufgenommen worden. Demnach können qualifizierte Signaturen dort zum Einsatz kommen, wo bislang Schriftform verlangt wurde.

Wesentlich ist, dass bei der Beantragung zum Erhalt einer qualifizierten elektronischen Signatur stets eine **natürliche Person** auftreten muss. Die Behörde kann also nicht als juristische Person eine entsprechende Signatur beantragen. Da der Behördenmitarbeiter alsdann die Signatur nutzen soll, um in Vertretung oder im Auftrage der Verwaltung zu arbeiten, ist eine Angabe über die Vertretungsmacht für diese dritte Person gemäß § 5 Abs. 2 S. 2 SigG erforderlich, wonach die Einwilligung nachzuweisen ist.

Die Tatsache, dass der Behördenmitarbeiter der eigentliche Antragsteller zum Erhalt einer qualifizierten elektronischen Signatur ist, legt nahe, dass eine Anzahl von Regelungen in einem Vertrag zwischen der Kommune und dem Zertifizierungsdienstanbieter zu treffen sind. Diese betreffen

7 Rechtsfragen zu eGovernment

nicht zuletzt die Haftungsrisiken, insbesondere auch für den Fall, dass der Behördenmitarbeiter die elektronische Signatur auch für private Zwecke nutzt. Darüber hinaus ist festzulegen, dass dem Behördenmitarbeiter nicht die Antragsgebühren bzw. Nutzungsentgelte für die Nutzung der elektronischen Signatur treffen. Ebenso müssen die Inhalte der Zertifikate im Einzelnen genauestens dargelegt werden. Denn in ihnen erfolgt die Zuordnung einer elektronischen Signatur zu dem Inhaber. Aus diesem Grund verlangt der Gesetzgeber, dass ein qualifiziertes Zertifikat gemäß § 7 Abs. 1 Nr. 1 SigG den Namen des Signaturschlüsselinhabers, den zugeordneten Signaturschlüssel, die Algorithmen, die laufende Nummer des Zertifikats, den Beginn und das Ende der Gültigkeit des Zertifikats beinhalten. Von besonderem Interesse sind die Angaben nach § 7 Abs. 1 Nr. 7 SigG. Denn danach kann das Zertifikat Angaben darüber enthalten, ob die Nutzung des Signaturschlüssels auf bestimmte Anwendungen nach Art oder Umfang beschränkt ist. Üblicherweise wird eine entsprechende Beschränkung im Hinblick auf die Höhe zu geldwerten Verfügungsbefugnissen oder den Umfang dienstlicher Aufgaben formuliert. Daneben ist für die praktische Anwendung im kommunalen Umfeld wichtig, dass Signatur-Zertifikate neben den Pflichtangaben nach § 7 des Signaturgesetzes zusätzlich Attribute umfassen können. Gemäß § 5 Abs. 2 SigG können solche Attribute u. a. Angaben über die Vertretungsmacht des Signaturschlüssel-Inhabers sowie berufsbezogen oder sonstige Angaben zur Person beinhalten.

Im Rahmen der weitergehenden Europäisierung des elektronischen Rechtsgeschäftsverkehrs stellt sich im Zusammenhang mit elektronischen Signaturen die entscheidende Frage, ob die Verwaltung auch elektronische **Signaturen ausländischer Zertifizierungsdiensteanbieter** zu akzeptieren hat.

 WICHTIG!

Gemäß § 23 SigG folgt eine generelle Anerkennung von elektronischen Signaturen eines Zertifizierungsdiensteanbieters aus einem anderen Mitgliedsstaat der Europäischen Union, wenn dieser die Anforderungen nach Art. 5 Abs. 1 Signatur-Richtlinie[1)] für elektronische Signaturen erfüllt. Sie gelten dementsprechend als qualifizierte elektronische Signaturen im Sinne des Signaturgesetzes.

Konsequenterweise erfüllen sie damit auch die Schriftform nach deutschem Recht. Signaturen aus Drittstaaten werden qualifizierten elektroni-

---

1) Richtlinie 1999/93/EG des Europäischen Parlaments und des Rates über gemeinschaftliche Rahmenbedingungen.

Rechtsfragen zu eGovernment 7

schen Signaturen gleichgestellt, wenn das Zertifikat von einem Zertifizierungsdiensteanbieter vor Ort öffentlich als qualifiziertes Zertifikat ausgestellt und für eine elektronische Signatur im Sinne des Art. 5 Abs. 1 der Signatur-Richtlinie bestimmt ist und darüber hinaus noch die in § 23 Abs. 1 Nr. 1–3 SigG beschriebene „weitere" Voraussetzungen erfüllt sind. Dabei hat sich der Zertifizierungsdiensteanbieter dem freiwilligen Akkreditierungssystem eines EU-Mitgliedsstaates zu unterwerfen. Ein in der EU niedergelassener Zertifizierungsdiensteanbieter, der die Anforderung der Richtlinie erfüllt, steht quasi als Pate für das Zertifikat seines ausländischen Partners ein. Ein anderer Weg besteht darin, dass das Zertifikat im Rahmen einer internationalen Vereinbarung zwischen der EU und einem Drittstaat oder internationalen Organisation anerkannt wird. Schließlich sieht § 23 Abs. 2 SigG eine Gleichstellung zwischen ausländischen elektronischen Signaturen mit Anbieterakkreditierung nach § 15 Abs. 1 SigG vor, wenn sie nachweislich einen gleichwertigen Standard aufweist.

Dies bedeutet, dass die Verwaltung – unter der Voraussetzung, dass die vorgenannten Kriterien vorliegen – Signaturen auch von Zertifizierungsdiensteanbietern aus EU-Mitgliedsstaaten oder von Drittstaaten anerkennen muss.

Empfängt die Kommune ein unsigniertes elektronisches Dokument, das dem Schriftformerfordernis unterfällt, gelten die allgemeinen Vorschriften des Verwaltungsverfahrensgesetzes zu Formfehlern. Soweit die Signaturprüfung zu dem Ergebnis führt, dass eine fehlerhafte Signatur verwendet wurde, ist die Kommunikation so zu behandeln, als wäre sie ohne Signatur erfolgt. Eine fehlgeschlagene Signaturprüfung führt demzufolge dazu, dass die Form nicht eingehalten wurde. Im Rahmen des förmlichen Verfahrens ist ein formwidriger Antrag jedoch stets unwirksam. Allein § 45 Abs. 1 Nr. 1 VwVfG mag insoweit aushelfen, als dass ein formgerechter Antrag, d. h. ein mit korrekter Signatur versehenes elektronisches Dokument nochmals übersandt werden kann. Fristversäumnisse werden durch dieses Verfahren jedoch nicht geheilt. Die Kommune trifft jedenfalls eine Hinweispflicht, wonach sie den Bürger darüber zu informieren hat, dass die Signaturprüfung tatsächlich auch fehlgeschlagen ist und er zur Heilung des Formmangels die elektronische Kommunikation mittels einer funktionstüchtigen Signatur nochmals übersenden muss.

Elektronische Dokumente unterliegen grundsätzlich der freien richterlichen **Beweiswürdigung.** Auch im Verwaltungsverfahren finden insoweit die Grundsätze der Zivilprozessordnung Anwendung, wie sich dies aus § 173 VwGO ergibt. Von besonderer Bedeutung ist § 292 a ZPO, der im Wege der Zivilprozessnovellierung eingeführt wurde. Die Vorschrift bestimmt als Form der Beweiserleichterung für elektronische Dokumente

7 Rechtsfragen zu eGovernment

mit qualifizierter elektronischer Signatur den Anscheinsbeweis. Dies führt dazu, dass elektronische Dokumente, die mit einer qualifizierten elektronischen Signatur, also erst recht mit einer Signatur versehen sind, die von einem akkreditierten Zertifizierungsdiensteanbieter stammt, höheren Beweiswert erfahren. Der Anscheinsbeweis kann nur dadurch erschüttert werden, dass ernstliche Zweifel daran begründet werden, dass die Erklärung mit dem Willen des Signaturschlüsselinhabers abgegeben wurde. Dabei ist beachtlich, dass in diesem Zusammenhang die Frage keine Rolle spielt, ob das elektronische Dokument auch einem Schriftformerfordernis Genüge leisten sollte oder nicht. Denn im Bereich der Formfreiheit verwaltungsrechtlichen Handelns ist es den Behörden nicht genommen, dennoch die Schriftform einzuhalten.

8 Technische Rahmenbedingungen

8.1 Zur Rolle der Technik im eGovernment

In den bisherigen Kapiteln wurde die Einführung und der Betrieb von eGovernment-Dienstleistungen wesentlich unter organisatorischen, rechtlichen und auch wirtschaftlichen Aspekten betrachtet. Diese „strategische" Sichtweise spielt zweifelsohne eine zentrale Rolle bei der Frage nach Erfolg oder Misserfolg dieser „neuen Verwaltungskultur". Eine rein technikzentrierte Herangehensweise etwa unter der Fragestellung: „**Wo können wir die neue Technologie X einsetzen?**" führte (und führt?) einige eGovernment-Projekte in erhebliche Umsetzungs- und Akzeptanzprobleme und damit mindestens an den Rand des Scheiterns. Der Versuch, papiergebundenen Schriftverkehr ohne weiteres durch einige E-Mails zu ergänzen, wird gerade keine Effizienzsteigerung der Bearbeitung ermöglichen. Andererseits darf man auch nicht vergessen, dass das „e-" in eGovernment für „Electronic" steht und damit unmittelbar auf **Technik** Bezug nimmt. Auch eine noch so durchdachte organisatorische und finanzielle Konzeption der neuen Dienstleistungen wird es nicht erleichtern, ein eGovernment-Projekt, dessen Web-Server nicht erreichbar ist, als Erfolg zu begreifen. Ein „Technikkapitel" darf also in diesem Handbuch keinesfalls fehlen.

Eine Schlüsselrolle bei der Realisierung von eGovernment-Dienstleistungen spielt die elektronische Kommunikation über das Internet. Entsprechend stehen die technische Gestaltung dieser Kommunikationswege und deren adäquate Absicherung im Zentrum der folgenden Betrachtungen.

eGovernment lebt letztlich vom Zusammenspiel von Organisation und Technik. Daher wird auch dieses technikorientierte Kapitel immer wieder Bezug auf organisatorische und rechtliche Randbedingungen nehmen.

8.2 Migrationswege für die vorhandene informationstechnische Infrastruktur

Die Einführung von eGovernment-Dienstleistungen in einer „klassischen" Behörde bedeutet in den meisten Fällen eine weitreichende Erweiterung und/oder Neustrukturierung der vorhandenen informationstechnischen „Landschaft". Gerade in Zeiten knapper Haushaltsmittel kommt es hier entscheidend darauf an, die wenigen vorhandenen Ressourcen möglichst effizient einzusetzen und kostspielige Fehlinvestitionen zu vermeiden. Auch aus funktionaler Sicht ist es essentiell, dass die ausgewählte Technik die neu gestalteten Prozesse optimal und zuverlässig unterstützt.

8 Technische Rahmenbedingungen

Die Überführung der vorhandenen informationstechnischen Systeme und ihre sinnvolle Ergänzung durch notwendige Neuanschaffungen sollten stets in einem – auch projektmäßig zu verstehenden – zusammenhängenden eGovernment-Einführungsprozess erfolgen. Die dabei zu bestimmende technische Ausgestaltung der eGovernment-Prozesse steht in einem engen organischen Zusammenhang mit deren organisatorischer und prozessanalytischer Strukturierung, die in anderen Kapiteln dieses Buches ausführlich betrachtet wurde. Einen Vorschlag für die Gestaltung eines „Schritt-für-Schritt-Einführungsprojekts" für eGovernment ist z. B. der „Phasenplan eGovernment" im vom Bundesamt für Sicherheit in der Informationstechnik (BSI) unter http://www.e-government-handbuch.de zur Verfügung gestellten eGovernment-Handbuchs. Hier wird das Zusammenspiel der einzelnen technischen und organisatorischen Migrationsprozesse (und deren enge Verknüpfung miteinander!) in Form von konkreten Handlungsvorschlägen aufgezeigt und anhand einer „eGovernment-Musterbehörde" auch beispielhaft aufgezeigt.

In den meisten Fällen wird die Einführung von eGovernment-Dienstleistungen heute nicht mehr auf der „grünen Wiese", sondern auf der Basis einer vorhandenen IT-Struktur der Behörde begonnen. Diese Tatsache stellt für die technische eGovernment-Einführung sowohl eine Chance als auch ein gewisses Risiko dar. Einerseits bieten der Rückgriff auf vorhandene Erfahrungen und die Weiternutzung bzw. Anpassung vorhandener Systeme alle Möglichkeiten einer soliden Plattform, andererseits liegt gerade hierin auch die Gefahr einer vielleicht zu starken Verengung des Blickwinkels auf bisher genutzte Systeme und Konzeptionen, die die Chancen des Neuen nicht erkennbar werden lässt.

 WICHTIG!

Um in der Einführungsphase und im laufenden Betrieb Zeit und Kosten zu sparen, ist es aber in jedem Fall empfehlenswert, zuallererst sorgfältig zu prüfen, inwieweit die vorhandene IT in die eGovernment-Prozesse integriert oder für diese angepasst werden kann.

Kern dieses Schrittes ist eine Analyse der Stärken und Schwächen der Systeme in Bezug auf die neuen Arbeitsschritte und Kommunikationswege. Dabei müssen auf jeden Fall auch geänderte Mengengerüste und Sicherheitsanforderungen einbezogen werden. Weiterreichende strategische Konzepte und Planungen hinsichtlich der informationstechnischen Ausstattung einer Behörde müssen auf jeden Fall in die eGovernment-Dienstleistungen integriert werden. Gerade in größeren Behörden sind durch die notwendige langfristige IT-Planung die informationstechnischen

Technische Rahmenbedingungen 8

Migrationsprozesse oftmals mit der Steuerung eines Supertankers vergleichbar. Nachhaltige Änderungen lassen sich nur mit entsprechendem Vorlauf realisieren. Eine Nichtberücksichtigung langfristiger Randbedingungen der Planung birgt daher immer die Gefahr, dass Planungsschritte und im schlimmsten Fall sogar bereits getätigte Beschaffungen im Nachhinein „obsolet" werden. Hiermit sind nicht nur zeitliche und finanzielle Verluste verbunden. Ebenso wenig zu vernachlässigen dürfte die „psychologische" Komponente der Desorientierung und Demotivation der Mitarbeiter sein, die mit der Tatsache konfrontiert werden „für den Papierkorb" gearbeitet zu haben.

Das im vorangegangenen Absatz gefallene Stichwort „Beschaffungen" verweist auf eine weitere wesentliche Hürde für Migrationsstrategien, die im Überschwang der fachlichen Planungen gerne übersehen wird. In den meisten Fällen wird eine Analyse der vorhandenen IT zeigen, dass die „Altsysteme" den neuen Anforderungen nicht in vollem Umfang genügen können, so dass Neuanschaffungen von Soft- und/oder Hardware erforderlich werden. Diese Beschaffungsprozesse sind, selbst wenn die erforderlichen finanziellen Mittel bereitgestellt werden können, mit oftmals erheblichen zeitlichen Verzögerungen durch die gesetzlichen Vergabefristen verbunden. Dieser Zeitbedarf muss in alle Projektpläne von vorneherein eingerechnet werden. Um überdies die Verzögerungen auf das wirklich notwendige Maß zu beschränken, ist es unerlässlich die für die Vergabe zuständigen Stellen so früh wie möglich in die Planung einzubeziehen. Nur dadurch kann sichergestellt werden, dass aus der Vielzahl der möglichen Vergabewege der richtige ausgewählt wird und dass „handwerkliche" Fehler vermieden werden. Letztere können oftmals zu Einwänden abgelehnter Wettbewerber führen, die das Verfahren dann noch weiter verzögern oder zu teure bzw. fachlich nicht optimale Lösungen zum Ergebnis haben.

 WICHTIG!

Praxiserfahrungen zeigen, dass es bei der Migration der vorhandenen IT auf die Bedürfnisse des eGovernment – ebenso wie bei jedem größeren IT-Projekt – unter anderem zwei typische Fehler gibt, die die Verantwortlichen auf jeden Fall zu vermeiden suchen sollten. Zum einen sollte man stets beachten, dass das Marktumfeld für komplexe IT-Systeme gerade auch für solche, bei denen Internet-Kommunikation eine Hauptrolle spielt, durch ein nicht immer leicht zu durchschauendes Geflecht von monopolartigen Strukturen in einigen Bereichen und extremem Konkurrenzkampf verschiedener Anbieter in anderen Sektoren geprägt ist. Viele Anbieter versuchen

8 Technische Rahmenbedingungen

auf diesem Markt zu überleben, indem sie vermeintliche „Rundum-Sorglos-Lösungen" anbieten, die vorgeblich den einzig möglichen Lösungsweg realisieren. Teilweise kann man auch erleben, dass durch mitunter nicht klar erkennbare Kooperationen und Abhängigkeiten eine Neutralität eines Lösungsportfolios nur vorgetäuscht ist. Die übereilte Entscheidung für einen bestimmten Anbieter oder ein bestimmtes Systemumfeld kann dann zur Folge haben, dass eine Lösung eingesetzt wird, die nicht durch die fachliche Problemstellung, sondern durch die Vorgaben des Anbieters bestimmt und daher aus fachlicher Sicht möglicherweise nicht optimal ist. Zudem stellt sich im Nachhinein oft heraus, dass Entscheidungen mit vorab nicht offen gelegten langfristigen Bindungen an einen oder wenige Hersteller einhergehen. Eine solche „Babylonische Gefangenschaft" – die deutlich von sinnvollen strategischen Partnerschaften zu unterscheiden ist – hat oft weitreichende fachliche und finanzielle Konsequenzen. Eine weitere Problematik kann entstehen, wenn in der Einführungsphase die einzelnen eGovernment-Projekte lediglich als isolierte Einzelaufträge angesehen werden und nicht ausreichend berücksichtigt wird, dass die einzelnen Lösungen letztlich in einer Behörde gemeinsam betrieben werden müssen. Der daraus möglicherweise resultierende „Wildwuchs" kann es z. B. erheblich erschweren, grundlegende Komponenten wie Datenbanksysteme oder Kommununikationsserver gemeinsam zu nutzen oder er kann die Doppelbeschaffung von Systemkomponenten mit ebenfalls entsprechenden finanziellen Auswirkungen zur Folge haben.

Um den Risiken der Migrationsphase wirksam zu begegnen und ihre Chancen bestmöglich zu nutzen, sollten die eGovernment-Verantwortlichen versuchen, durch systematische Planung so lange als irgend möglich die Kontrolle über den Prozess zu behalten. Diese Maxime steht nicht im Widerspruch dazu, dass es in allen Phasen eines derartig komplexen Prozesses sinnvoll und mitunter sogar notwendig sein kann, auf die Mitwirkung professioneller Berater und die Hinzuziehung externen Sachverstands zu setzen. Allerdings sollte dabei nicht außer Acht gelassen werden, dass letztlich die Anforderungen der Behörde bzw. ihrer Kunden und nicht eine undurchschaubare Systematik von Dritten Ziel, Tempo und Auswirkungen der Migrationsphase bestimmen sollten. Wenngleich also die Behörden nicht immer jeden Teil des Migrationsprozesses selbst durchführen werden, sollten sie doch weitestgehend versuchen, ihn so zu gestalten, dass die Verantwortlichen die wesentlichen Entscheidungen autonom so treffen können, dass die Belange *ihrer* eGovernment-Dienstleistungen tatsächlich gewahrt sind. Die Eignung externer „Projektpart-

Technische Rahmenbedingungen 8

ner", die die notwendigen Voraussetzungen hierfür nicht bereitstellen können oder wollen, sollte sehr sorgfältig hinterfragt werden.

Wesentliche Voraussetzung für eine „autonome" Planung der IT-Migration ist ein Überblick über die bisher eingesetzten Systeme. Ein besonders bewährtes Instrument hierzu ist ein Netzplan, in dem die wesentlichen informationstechnischen Systeme einer Behörde und deren Verbindung untereinander sowie die Anbindung an externe Netze (z. B. Verwaltungsnetze oder auch das Internet) graphisch dargestellt sind. Hieran lässt sich für erfahrene Administratoren und IT-Planer meist schon gut erkennen, an welcher Stelle Erweiterungen und Ergänzungen der IT-Landschaft möglich und sinnvoll sind. Ein gut dokumentierter Netzplan erleichtert es im Übrigen ganz erheblich, die technische Ausgestaltung der neuen oder erweiterten Kommunikationskanäle sowohl funktional als auch sicherheitstechnisch zu optimieren.

Die Nutzung der neuen eGovernment-Dienstleistungen stellt sowohl Bürger als auch Verwaltungsmitarbeiter vor die Herausforderung, neue Systeme und Kommunikationswege zu nutzen. Praxiserfahrungen zeigen, dass diese Hürde meist leichter übersprungen wird, wenn die Ausgestaltung der Dienstleistungen in einer einheitlichen Form erfolgt, die möglichst viele Bedienelemente, aber auch technische Basisstrukturen über verschiedene Dienstleistungen hinweg konstant hält. Diese „Vereinheitlichung" sollte daher als allgemeines, auch technisches Entscheidungskriterium bei der Auswahl konkreter Systeme berücksichtigt werden. Durch die gemeinsame Nutzung technischer Plattformen in einer Behörde – und darüber hinaus auch in übergreifenden Verwaltungsnetzen – und durch Kooperationen zwischen verschiedenen Verwaltungsinstitutionen können entscheidende Synergieeffekte erschlossen und kostspielige Mehrfachentwicklungen vermieden werden. Dieser Gesichtspunkt zeigt im Übrigen erneut die Bedeutung eines gemeinsamen projektmäßigen Vorgehens über die verschiedenen Organisationsbereiche einer Behörde hinweg. Nur ein die Gesamtzusammenhänge überblickendes eGovernment-Team wird in der Regel in der Lage sein, den erforderlichen Blick über den Tellerrand stets zu wahren und so die strukturellen Zusammenhänge zu berücksichtigen.

Hat man die „richtige" IT-Landschaft für die neuen eGovernment-Dienstleistungen identifiziert und schließlich auch beschafft, sollte auf jeden Fall ein sorgfältiger Test der neuen Informationstechnik vor deren Inbetriebnahme erfolgen. Der „Phasenübergang" in ein neues informationstechnisches Umfeld ist risikoreich. Neue Technologien funktionieren nicht immer und in jeder Situation wie beabsichtigt – auch erfolgreiche Installationen in Referenzprojekten können aufgrund der individuell immer etwas

8 Technische Rahmenbedingungen

abweichenden Randbedingungen keine letzte Gewähr bieten. Die Abarbeitung eines sorgfältig erstellten Testplans, der in einer realistischen Testumgebung praxisnahe Anwendungsfälle und typische (sowie auch möglichst einige „exotische") Fehlersituationen abdeckt, ist eine Grundvoraussetzung dafür, dass die neuen „Aushängeschild-Dienstleistungen" nicht durch nachhaltige Nicht-Funktionalität sowohl die Effizienz als auch das Ansehen der Behörde im Ergebnis verringern statt steigern. Idealerweise sollte die Testphase nicht unmittelbar in den Wirkbetrieb münden, sondern in eine Pilotphase mit ausgewählten Nutzern und Anwendungsfällen übergehen. In dieser können dann unter noch realistischeren Bedingungen die Systeme einer finalen Bewährungsprobe unterzogen werden. Dauer und Ausgestaltung dieser Phase hängen natürlich immer von der Komplexität der Dienstleistung und Prozesse sowie von den zur Verfügung stehenden zeitlichen und finanziellen Ressourcen ab. Zu beachten ist dabei, dass eine Pilotphase nur dann von Nutzen ist, wenn sie fachlich intensiv begleitet, die Ergebnisse und Erfahrungen sorgfältig evaluiert und die resultierenden Konsequenzen auch gezogen werden.

Hat man sich zu guter Letzt durch sorgfältige Planung und umfassende Tests davon überzeugt, wirklich eine funktionierende eGovernment-Landschaft implementiert zu haben, so gilt es, diese auch in den Produktivbetrieb zu übernehmen. In den meisten Fällen werden die „neuen" Dienstleistungen aber nur der Form und nicht dem Inhalt nach wirklich „neu" sein. Fachlich geht es vielfach um eine Weiterführung einer etablierten Dienstleistung auf neuen Wegen. Dazu gehört auch, bestehende Datensätze und „Unterlagen" in die neuen Prozesse zu integrieren. Hierbei müssen die Projektverantwortlichen darauf achten, dass diese Übernahme geordnet vor sich geht. Dies erfordert neben einem planmäßigen Vorgehen auch die Bereitstellung der notwendigen fachlichen und personellen Ressourcen und ein Konzept dafür, wie ggf. auch in der Übergangsphase eine geordnete Dienstleistungserbringung erfolgen kann. Selbstverständlich kommt bei einem derartigen Datentransfer der Datensicherung eine überragende Rolle zu. Es empfiehlt sich überdies, die Gelegenheit zu nutzen, Altdatenbestände, deren Qualität mit der Zeit immer leidet, sorgfältig zu bereinigen, um die neuen Prozesse und Verfahren nicht von vornherein mit diesen „Altlasten" zu belasten.

8.3 IT-Sicherheit im eGovernment

Das allgemeine Ansehen von Behörden bei Bürgern und Wirtschaftsunternehmen dürfte in aller Regel nicht uneingeschränkt positiv sein. Die Einführung von eGovernment-Dienstleistungen wird vielerorts nicht

Technische Rahmenbedingungen 8

unwesentlich auch durch den Wunsch motiviert sein, durch eine grundlegende Modernisierung und Flexibilisierung der Verwaltungsprozesse dieses generelle „Image" zu verbessern. Ein Aspekt der Kundenzufriedenheit, bei dem Behörden aber traditionell sehr gut abschneiden, ist die Zuverlässigkeit und Vertrauenswürdigkeit der Dienstleistungserbringung. Viele Bürger haben – wie die Erfahrung zeigt, meist nicht zu unrecht – wesentlich weniger Bedenken, persönliche Informationen an Behörden weiterzugeben, als dies bei Wirtschaftsunternehmen der Fall ist. Es wäre vor dem Hintergrund des allgemeinen eGovernment-Ziels einer verbesserten Außenwirkung der Behörden in der Tat fatal, wenn dieser Vertrauensvorschuss durch mangelnde informationstechnische Sicherheit verspielt und somit wertvolles „Tafelsilber" nachhaltig zerschlagen würde. Bei der Einführung von eGovernment-Dienstleistungen erwarten die Kunden der Verwaltung also Bürger/Unternehmen mit Recht, dass die Sorgfalt der öffentlichen Verwaltung im Umgang mit den – häufig „zwangsweise" übergebenen – Daten nicht hinter den heute üblichen Standard zurückfällt. Auch für die Behörden selbst ist die Sicherheit der elektronisch gespeicherten oder übermittelten Daten eine essentielle Forderung.

 WICHTIG!

Die Nutzung des Internets als zentralen Kommunikationskanal bedingt, dass bisher abgeschottete behördeninterne IT-Systeme „geöffnet" werden müssen. Dadurch verbessert sich aber nicht nur das Serviceprofil der Behörde, sondern wächst auch die Bedrohung der internen Netze und der dort gespeicherten Daten in erheblichem Maße.

Die Komplexität moderner informationstechnischer Systeme und die Vielzahl der Bedrohungen, denen sie ausgesetzt sein können, haben zur Folge, dass auch die Entwicklung von Sicherheitskonzepten für die Systeme ein komplexer Prozess ist, der sorgfältige eine Planung und Umsetzung zur Folge hat. Eine umfassende Darstellung der verschiedenen Herangehensweisen und Prozessbeschreibungen zur IT-Sicherheit würde den Rahmen dieses Buches bei weitem sprengen. Es können daher hier nur wesentliche Eckpunkte der IT-Sicherheit aufgezeigt und Hinweise für die praktische Anwendung der IT-Sicherheit gegeben werden.

Die „traditionelle" Methode zur Erstellung von IT-Sicherheitskonzepten basiert auf umfassenden Risikoanalysen der betroffenen Daten und Systeme. Diese Vorgehensweise hat – richtig angewendet – den Vorteil, auf einer soliden analytischen Basis zu beruhen und die Möglichkeit unentdeckter Sicherheitslücken weitgehend zu minimieren. Demgegenüber

8 Technische Rahmenbedingungen

steht der Nachteil, dass dieser Prozess in sich äußerst komplex und langwierig sein kann, ggf. mit dem Nachteil, dass während der Analysephase unter Umständen gar keine Sicherungsmaßnahmen getroffen werden, die Systeme also uneingeschränkt angreifbar und anfällig für Fehler bleiben. Um diese Nachteile zu beheben, wurde der Grundschutzansatz entwickelt, der auf der empirisch belegten Auffassung beruht, dass einem überwiegenden Großteil der praktisch relevanten Sicherheitsprobleme durch einen relativ kleinen Satz von Standard-Sicherheitsmaßnahmen begegnet werden kann, so dass vorrangig diese Standard-Maßnahmen „flächendeckend" umgesetzt werden sollten. In der Praxis bewährt hat sich eine Kombination der beiden Ansätze. Hier werden zunächst entsprechend dem Grundschutz-Ansatz umfassend Standard-Sicherheitsmaßnahmen implementiert und anschließend für ausgewählte IT-Systeme mit spezifischen oder besonders hohen Sicherheitsanforderungen eine genauere Analyse zur Identifizierung sinnvoller ergänzender Maßnahmen durchgeführt. Eine systematische Darstellung dieses Ansatzes mitsamt einer großen Anzahl praktischer Handlungsempfehlungen – in ihrer Mehrzahl zum Nulltarif oder für geringe Kosten umzusetzen – findet sich etwa im IT-Grundschutzhandbuch des Bundesamts für Sicherheit in der Informationstechnik (BSI), das unter http://www.it-grundschutzhandbuch.de im Volltext online abrufbar ist und dessen Anwendung sich in zahlreichen Projekten sowohl in der öffentlichen Verwaltung als auch in der Wirtschaft bewährt hat.

Grundlage des Grundschutzansatzes ist eine Schutzbedarfsteststellung, die für alle relevanten informationstechnischen Systeme und Daten durchzuführen ist. Hierbei wird der Schutzbedarf der einzelnen Güter nach den „klassischen" Schutzzielen Vertraulichkeit, Verfügbarkeit, Integrität und Authentizität in einer Skala „niedrig/mittel – hoch – sehr hoch" eingeteilt und anschließend festgelegt, wo die Anwendung der Standard-Maßnahmen genügt und wo ergänzende Aktivitäten erforderlich sind. Spezifisch für den Bereich der Kommunikationssicherheit werden wir die Methode der Schutzbedarfsfeststellung in diesem Kapitel noch einmal aufgreifen.

In der Praxis trifft man häufiger auf die (meist implizit vertretene) Ansicht, dass die Etablierung und Aufrechterhaltung von IT-Sicherheit ein Problem wäre, dass sich rein technisch lösen ließe. Tatsächlich ist IT-Sicherheit aber kein Produkt oder ein eng umrissenes Leistungsmerkmal einzelner Produkte, sondern vielmehr ein durchaus komplexer technisch-organisatorischer Prozess, der durch Managementsysteme gesteuert und permanent an die sich verändernden Randbedingungen angepasst werden muss. Die Einrichtung eines solchen Informations-Sicherheits-Manage-

Technische Rahmenbedingungen 8

ment-Systems (ISMS) ist eine Aufgabe, die weit über eGovernment im engeren Sinne hinausgeht. Sie sollte daher im übergreifenden IT-Sicherheitskonzept geregelt sein. Die Einführung des eGovernment mit seinen durch die Öffnung der Behörden-IT bedingten besonderen Herausforderungen sollte aber ein Anlass sein, die Effizienz des bisherigen IT-Sicherheitsmanagements, wo notwendig, zu steigern und Verbesserungen und Anpassungen vorzunehmen.

Im Normalfall sollte eine Behörde zum Zeitpunkt der Initialisierung von eGovernment-Projekten bereits über ein etabliertes und in der Praxis gelebtes IT-Sicherheitskonzept verfügen. (Sofern dies nicht der Fall sein sollte, sollte die Einführung einer solchen Konzeption – nicht nur beschränkt auf die unmittelbar mit den eGovernment-Dienstleistungen zusammenhängenden Systeme – unbedingt mit höchster Priorität angegangen werden.) Im Sinne einer einheitlichen und in sich stimmigen „IT-Sicherheitskultur" und auch aus wirtschaftlichen Erwägungen heraus sollte die IT-Sicherheitskonzeption der neuen Systeme und Kommunikationswege auf jeden Fall in das existierende Konzept eingebunden werden.

 ACHTUNG!

Die Beteiligung des IT-Sicherheitsbeauftragten der Behörde an den eGovernment-Aktivitäten ist ein absolutes Muss und sollte so frühzeitig wie irgend möglich stattfinden.

Abschließend sei noch auf die Möglichkeit hingewiesen, speziell in besonders sicherheitskritischen Bereichen IT-Systeme einzusetzen, deren sicherheitstechnische Qualität durch ein formales IT-Sicherheitszertifikat nachgewiesen wurde. International etabliert sind hier vor allen Dingen für technische Systeme die Zertifizierungssysteme nach ITSEC oder Common Criteria (CC), wobei Letztes wohl in Zukunft die weitaus größere Bedeutung erlangen wird. Beim Einsatz solcher Systeme muss allerdings sorgfältig darauf geachtet werden, dass die in den Zertifizierungsberichten festgelegten technisch-organisatorischen Einsatzbedingungen eingehalten werden, da sie maßgeblich für die Verlässlichkeit der mit dem Zertifikat verbundenen Qualitätsaussagen sind. Interessant ist darüber hinaus auch die Möglichkeit, komplette IT-System und Verbünde einer sicherheitstechnischen Zertifizierung zu unterziehen. Neben einem stark management-orientierten Zertifizierungsschema, das auf dem ursprünglich britischen Standard BS 7799 (mittlerweile als internationaler

8 Technische Rahmenbedingungen

ISO-Standard IS 17799 anerkannt) beruht, wird in jüngster Zeit initiiert durch das BSI auch eine Zertifizierung nach IT-Grundschutzhandbuch angeboten. Hinweise hierzu finden sich unter der Internet-Adresse http://www.bsi.bund.de/gshb/zert/index.htm. Der gezielte Einsatz sicherheitszertifizierter Systeme (ein „flächendeckender" Einsatz ist in aller Regel weder wirtschaftlich noch fachlich sinnvoll und darüber hinaus wegen der oft komplexen Einsatzbedingungen praktisch wohl kaum durchführbar) und die Systemzertifizierung für geeignete Komponenten der eGovernment-Dienstleistungen können sowohl die „innere" Verlässlichkeit der Prozesse für die Behörde wesentlich verbessern, als auch als sinnvolles und aussagekräftiges „PR-Argument" die Akzeptanz der neuen Dienstleistungen bei den potentiellen Kunden fördern.

8.4 Exkurs: Kurze Einführung in die Kryptographie

Wie eingangs angekündigt bildet die elektronische Kommunikation einen besonderen Schwerpunkt nicht nur des eGovernment allgemein, sondern auch dieses Kapitels. Die elektronische Kommunikation ist nicht nur das funktionale Rückgrat der eGovernment-Dienstleistungen, sie ist nicht nur für eine entscheidenden Teil der durch eGovernment erzielbaren Verbesserung der Dienstleistungsqualität für Behörde und Kunden verantwortlich, sondern in ihr bündeln sich auch – quasi als Kehrseite der Medaille – in besonderem Maße die sicherheitstechnischen Probleme und Bedrohungen, die leider auch für das eGovernment spezifisch sind.

 ACHTUNG!

Das Internet bietet in seiner „Rohform" praktisch keine Gewähr dafür, dass sensitive (und gerade auch personenbezogene) Daten während ihrer Übertragung vor unbefugter Einsichtnahme oder gar vor willkürlicher oder zufälliger Veränderung geschützt sind.

Der Wegfall des persönlichen Kontakts oder der sowohl gesetzlich untermauerten als auch durch Erfahrung gestützten Garantien des Postwegs bringt darüber hinaus eine latente Ungewissheit über die Identität der Kommunikationspartner mit sich; mit möglicherweise gravierenden Folgen – man denke hier nur an eine Übermittlung von persönlichen Gesundheitsdaten in falsche Hände. Abhilfe schaffen vor allen Dingen die kryptographischen Technologien Verschlüsselung und Signatur.

Eine auch nur annähernd umfassende Einführung in die Wissenschaft oder die Technik der Kryptographie, die neben einer spannenden und schillernden Geschichte auch aktuelle wissenschaftliche Dispute auf

Technische Rahmenbedingungen 8

höchsten mathematischen Niveau zu bieten hat, liegt selbstverständlich weit außerhalb der Möglichkeiten dieser Darstellung. Für die Zwecke der verwaltungspraktischen Umsetzung des eGovernment dürfte eine umfassende Kenntnis dieser komplexen Materie (glücklicherweise) in aller Regel auch nicht notwendig sein. Trotzdem kann man es in vielen Diskussionen rund um das Thema eGovernment immer wieder erleben, dass bedingt durch ein unzureichendes Verständnis der kryptographischen Grundtechniken irreführende Darstellungen oder sogar kontraproduktive Empfehlungen gegeben werden. Es erscheint daher an dieser Stelle nicht überflüssig, wenigstens einige wenige Grundlagen der Kryptographie knapp darzustellen.

8.4.1 Verschlüsselungsverfahren

Allgemein betrachtet bestehen Kryptoverfahren aus zwei Komponenten. Ein spezielles, **Kryptoalgorithmus** genanntes Programm verwandelt den Klartext in ein unlesbares „Chiffrat" und wandelt dieses beim Empfänger wieder in den Klartext zurück. Entscheidend ist dabei, dass beide Operationen nur dann vorgenommen werden können, wenn der Absender bzw. der Empfänger über einen weiteren Datensatz, den sog. **(kryptographischen) Schlüssel** verfügt. Bei (guten) Kryptoverfahren hängt die Sicherheit der Kommunikation ausschließlich von der Güte und Geheimhaltung dieser Schlüssel ab.

8.4.2 Symmetrische Verschlüsselung

Die klassische Methode der Kryptographie ist die **symmetrische.** Hierbei verwenden Absender und Empfänger den gleichen – von beiden geheim zu haltenden – Schlüssel, der sowohl zum Ver- als auch zum Entschlüsseln eingesetzt wird. Moderne symmetrische Verschlüsselungsverfahren ermöglichen eine beliebig hohe Sicherheit und erlauben es, auch längere Texte in sehr kurzer Zeit zu ver- und entschlüsseln.

Problematisch bei symmetrischen Verfahren ist die Tatsache, dass zunächst ein geheimer Schlüssel zwischen Absender und Empfänger – und nur zwischen diesen (!) – ausgetauscht werden muss. Voraussetzung für die vertrauliche Kommunikation ist also eine vertrauliche Kommunikation! Wegen dieser Problematik werden rein symmetrische Verfahren heute überwiegend dann eingesetzt, wenn keine Kommunikation vorausgesetzt wird (z. B. Festplattenverschlüsselung) oder wenn verschlüsselte Dateien in kleinen Benutzergruppen ausgetauscht werden.

8 Technische Rahmenbedingungen

8.4.3 Asymmetrische Verschlüsselung

Aus dem Dilemma der sensiblen Verteilung geheimer Schlüssel kann man sich mit Hilfe der **asymmetrischen** Kryptographie befreien. Hier erzeugt der **Empfänger** ein Schlüssel**paar**. Einen dieser Schlüssel (**"privater Schlüssel"**) behält er für sich, den anderen (**"öffentlicher Schlüssel"**) gibt er **öffentlich** bekannt. Es gibt hier also kein gemeinsames Geheimnis zwischen Absender und Empfänger. Voraussetzung für eine sichere Anwendung der asymmetrischen Kryptographie ist, dass die Entschlüsselung **nur** mit dem privaten Schlüssel möglich ist und dass dieser beim Empfänger absolut geheim gehalten wird. Die Berechnung des privaten Schlüssels aus dem öffentlichen muss **praktisch unmöglich**, d. h. in „überschaubaren" Zeiträumen mit „realistischem Rechenaufwand" nicht durchführbar sein. Gelänge einem Angreifer eine solche Berechnung, könnte er jede asymmetrisch verschlüsselte Nachricht mitlesen. Es ist diese „Einwegeigenschaft" der asymmetrischen Kryptographie, die dazu geführt hat, dass erst mit der Einführung „leistungsfähiger" elektronischer Rechner – also etwa seit Mitte der 70er Jahre – brauchbare Verfahren existieren. Beim Verfahren RSA-1024 beispielsweise, das derzeit von den meisten Experten als hinreichend sicher angesehen wird, verwendet man ca. 150-stellige(!) Primzahlen als Schlüssel. Die Länge der bei asymmetrischen Verfahren benötigten Schlüssel führt dazu, dass diese Verfahren nur einen geringen Datendurchsatz aufweisen.

 WICHTIG!

Eine rein asymmetrische Verschlüsselung längerer Texte ist daher nicht praxistauglich.

8.4.4 Hybride Verschlüsselung

Die Vorteile symmetrischer und asymmetrischer Kryptoverfahren werden in so genannten **hybriden Verfahren** kombiniert. Es wird dabei ein **Sitzungsschlüssel** erzeugt, der zur symmetrischen (= schnellen) Verschlüsselung der eigentlichen Kommunikation verwendet und durch ein asymmetrisches Verfahren abgesichert übermittelt wird. Zum Schlüsselaustausch wird der Sitzungsschlüssel (= relativ kleine Datenmenge) mit dem öffentlichen Schlüssel des Empfängers asymmetrisch verschlüsselt. Auf diese Weise erhält nur der Empfänger Kenntnis von diesem Schlüssel.

 WICHTIG!

Hybride Verfahren werden heutzutage in praktisch allen gängigen Systemen zur Absicherung von E-Mail- oder Web-Verbindungen eingesetzt.

Technische Rahmenbedingungen **8**

8.4.5 Signaturverfahren

Grundidee der digitalen Signatur ist eine **Umkehrung** der asymmetrischen Verschlüsselung. Der Absender „verschlüsselt" das elektronische Dokument mit seinem **privaten** Schlüssel; der Empfänger „entschlüsselt" mit dem **öffentlichen** Schlüssel des Absenders. Nur der Besitzer des privaten Schlüssels kann somit den Inhalt eines Dokuments gestaltet haben; Integrität und Authentizität (sofern dieser Besitzer zweifelsfrei ermittelt werden kann) sind damit gewährleistet. Wegen des geringen Datendurchsatzes (sicherer) asymmetrischer Algorithmen ist diese einfache Vorgehensweise aber nicht praktikabel.

Die existierenden Signaturprodukte umgehen diese Schwierigkeit, indem der zu signierende Text zunächst durch einen sog. **Hash-Algorithmus** extrem komprimiert wird. Eine – speziell für Signaturanwendungen – wesentliche Eigenschaft von Hash-Algorithmen ist die sog. **Kollisionsfreiheit,** die besagt, dass es **nicht** möglich sein darf, zwei unterschiedliche und jeweils **sinnvolle** Texte mit dem gleichen Hashwert zu finden. Ein kollisionsfreier Hash-Algorithmus erzeugt eine „kleine" Datei, die den „großen" Ausgangstext in der gleichen Weise repräsentiert, wie ein „kleiner" Fingerabdruck einen „großen" Menschen erkennbar macht. Hashwerte von elektronischen Texten werden daher auch als **digitaler Fingerabdruck** bezeichnet.

Bei der **Signaturerstellung** wird zunächst der Hashwert des zu signierenden Textes gebildet und dieser „Fingerabdruck" (= relativ kleine Datenmenge) dann mit dem privaten Schlüssel des Absenders „verschlüsselt", wobei die für jeden Text und jeden privaten Signaturschlüssel einzigartige **Signatur** entsteht. Anschließend werden **sowohl der Ausgangstext als auch die Signatur** an den Empfänger übersendet. Dieser unterzieht nun den Ausgangstext ebenfalls dem – allgemein bekannten – Hash-Algorithmus und „entschlüsselt" anschließend die Signatur mit dem öffentlichen Schlüssel des Absenders. Die eigentliche **Signaturprüfung** besteht nun im Vergleich der beiden so erhaltenen Hashwerte. Stimmen diese überein, so sind Integrität und Authentizität – wie eingangs erläutert – gewährleistet. An dieser Stelle ist die Kollisionsfreiheit des Hash-Algorithmus entscheidend, da ansonsten die Möglichkeit bestünde, bei der Signaturprüfung unbemerkt einen „kollidierenden" Text unterzuschieben und so die Willenserklärung des Absenders zu verfälschen.

Verfahren zur Erstellung digitaler Signaturen können je nach Einsatzkontext zu verschiedenen Zwecken genutzt werden. Diese werden im Folgenden dargestellt.

8 Technische Rahmenbedingungen

8.4.5.1 Elektronische Unterschrift

Zweck der elektronischen Unterschrift ist es, verbindlich die Urheberschaft für ein elektronisches Dokument zu übernehmen. Dies kann sinnvollerweise nur dann geschehen, wenn die **Integrität und Authentizität des Dokuments** durch die Technologie mit sichergestellt wird. Hiermit ist es prinzipiell möglich, verbindliche und beweisbare Willenserklärungen auch elektronisch abzugeben.

Die Anbringung einer elektronischen Unterschrift setzt ihrer Funktion nach einen **Willensakt** voraus, der grundsätzlich nur nach vorheriger Kenntnisnahme und Überprüfung des Inhalts durch den Unterzeichnenden vorgenommen werden sollte. Dies schließt jedoch nicht aus, dass in einer geeignet abgesicherten Umgebung und unter Einhaltung bestimmter Rahmenbedingungen auch automatisierte elektronische Unterschriften unter „Massensendungen" (man denke etwa an Steuerbescheide o. Ä.) erstellt werden können. Hierbei ist zu beachten, dass die Anbringung einer Signatur aus Gründen des Integritäts- und Authentizitätsschutzes selbst dann sinnvoll ist, wenn keine Formvorschriften zu erfüllen sind.

8.4.5.2 Authentisierungsverfahren

Bei der elektronischen Kommunikation zwischen Bürger und Verwaltung werden nicht in jedem Fall rechtsverbindliche Erklärungen mit hohem Beweiswert ausgetauscht werden müssen. In bestimmten Fällen kann es aber dennoch notwendig sein, sich (vorab oder im Nachhinein) mit hinreichender Sicherheit von der Identität des Kommunikationspartners zu überzeugen. Als Beispiel sei etwa der Zugriff auf bestimmte Informationen, die nur einem bestimmten Personenkreis zur Verfügung stehen dürfen (etwa Ratsinformationssysteme, Bürgerakten, ...) oder die zielgerichtete Versendung eines (verschlüsselten) Dokuments an eine bestimmte Person genannt. Auch zu diesem Zweck können (unter anderem) asymmetrische Schlüssel eingesetzt werden. Bei sog. **Challenge-Response-Verfahren** übermittelt dazu ein Kommunikationspartner („Anna") – vollständig auf Rechnerebene automatisiert – dem anderen („Bert") eine zufällige „Nachricht" („Challenge"), die dieser vorab nicht kennt – etwa eine Zufallszahl. Bert „signiert" diese mit seinem privatem Schlüssel und sendet diese „Signatur" an Anna zurück (Response). Wenn es Anna gelingt, mit Berts öffentlichem Prüfschlüssel ihre Challenge zu rekonstruieren, so kann sie sicher sein, dass sie tatsächlich mit Bert kommuniziert. Der sich authentisierende Kommunikationspartner (hier „Bert") muss dazu seinen privaten Authentisierungsschlüssel bewusst freigeben (durch Eingabe einer PIN), hingegen ist es unnötig und auch nicht zweckmäßig,

Technische Rahmenbedingungen 8

dass Anna und Bert den genauen Inhalt der Challenge überhaupt zur Kenntnis nehmen. Aufgrund der Tatsache, dass im Vergleich zu „echten" Texten nur sehr kurze Challenges verwendet werden, ist in aller Regel auch der Einsatz einer Hash-Funktion entbehrlich. Die unterschiedlichen Anwendungen des **gleichen** kryptografischen Verfahrens unterscheiden sich also **technisch-organisatorisch** erheblich voneinander.

8.4.5.3 PKI und Zertifikate

Bei der Überprüfung von Signaturen wird ebenso wie bei der asymmetrischen oder hybriden Verschlüsselung ein öffentlicher Schlüssel eingesetzt. Genau betrachtet haben wir also ein „unterschriebenes" elektronisches Dokument dem Benutzer des zugehörigen privaten Schlüssels zugeordnet oder diesen im Rahmen einer Challenge-Response-Authentisierung als Kommunikationspartner erkannt. Dies wird aber in so abstrakter Form den fachlichen Anforderungen normalerweise nicht genügen. Es kommt in aller Regel vielmehr darauf an, den Unterzeichner oder Kommunikationspartner als Person oder wenigstens als Institution (mehr oder weniger) eindeutig zu identifizieren. Hierzu dienen im Rahmen der asymmetrischen Kryptographie Zertifikate.

Eine grundsätzliche Angriffsmöglichkeit bei asymmetrischen Verfahren besteht darin, dass sich ein Fälscher („Fritz") ein eigenes Schlüsselpaar erzeugen und versuchen kann, gegenüber „Anna" seinen öffentlichen Schlüssel als denjenigen von „Bert" auszugeben. Gelingt dieser Angriff bei einem Schlüsselpaar zur Verschlüsselung, kann anstelle von „Bert" nur noch „Fritz" die für „Bert" bestimmte vertrauliche Information lesen. Bei Signaturschlüsseln könnte „Fritz" auf „Berts" Namen verbindliche Erklärungen abgeben oder in einer Kommunikation die Identität von „Bert" vortäuschen. Die Bindung eines (öffentlichen) Schlüssels an eine Person muss also von einer vertrauenswürdigen Stelle **(Trustcenter, Zertifizierungsstelle, Certificate Authority, CA)** in einem sog. **Zertifikat** so dokumentiert werden, dass sie nachprüfbar und authentisch, d. h. nicht unbemerkt fälschbar, ist. Zu diesem Zweck sind sie meist vom Trustcenter mit einer Signatur versehen. Bei der Zertifikatsprüfung ergibt sich nun die Notwendigkeit, den zugehörigen öffentlichen Schlüssel der CA authentisch und integer zu erhalten. Mit anderen Worten: Die CA benötigt ebenfalls ein Zertifikat! Dieses kann sie zum Beispiel nach dem oben beschriebenen Schema von einer übergeordneten CA erhalten, die wiederum ein Zertifikat benötigt. Ein Verfahren, das sich prinzipiell über beliebig viele Stufen erstrecken kann. Die so entstandene **Zertifikatshierarchie** muss an irgendeiner Stelle beendet werden. Die an dieser Stelle angesiedelte CA, die **Root-CA,** die die „Wurzel" des Vertrauens in alle

8 Technische Rahmenbedingungen

darunter erzeugten Zertifikate repräsentiert und von allen Teilnehmern als vertrauenswürdig anerkannt wird, signiert ihr Zertifikat selbst. Zur Verbesserung der nachträglichen Überprüfbarkeit der Zertifikate kann der öffentliche Schlüssel der Root-CA zusätzlich in einem externen, „unfälschbaren" Medium – etwa in Form einer Papier-Publikation – veröffentlicht werden; „externer Vertrauensanker".

Das Zertifikat sollte weiterhin mindestens eine Angabe über die beabsichtige Schlüssel**nutzung** enthalten (Verschlüsselung, Signatur, Authentisierung, ...) und einen maximalen Gültigkeitszeitraum definieren. Als weitere Angaben können – insbesondere bei Signaturzertifikaten – Hinweise über berufliche Eigenschaften (etwa „Mitarbeiter der Stadt X", „Landrat des Kreises Y", „Geschäftsführer der Z GmbH",...) oder eine (monetäre) Nutzungsbeschränkung enthalten sein.

Beim Einsatz von kryptographischen Verfahren können die vom Empfänger benötigten Zertifikate entweder vorab übersandt bzw. (im Falle der Signatur) mit der Nachricht mitgeschickt werden, oder, insbesondere wenn höhere Sicherheitsansprüche bestehen, von einem vertrauenswürdigen **Verzeichnisdienst** bezogen werden. In jedem Fall sollte es möglich sein, über den Verzeichnisdienst zu erfragen, ob ein bestimmtes Zertifikat nicht etwa in der Zwischenzeit von seinem Benutzer gesperrt wurde. Bei qualifizierten Signaturen nach Signaturgesetz ist die Möglichkeit einer solchen „Online-Abfrage" eine Pflichtdienstleistung der Zertifizierungsdiensteanbieter.

Ein „globales", also den Verantwortungsbereich eines Einzelnutzers überschreitendes technisch-organisatorisches System für Erzeugung, Verbreitung und das Management öffentlicher Schlüssel (bzw. Zertifikate) wird als **Public Key Infrastructure (PKI)** bezeichnet. Sichere Aufbewahrungs- und Nutzungskomponenten für private Schlüssel (sog. „personal security environment"; PSE) sowie Verzeichnis- und Sperrdienste sind charakteristische Komponenten eines solchen Systems.

Kryptographie in der Praxis: SSL und OSCI

> Nach den bisher eher allgemein gehaltenen Bemerkungen über kryptographische Verfahren und Anwendungen soll dieser Abschnitt nicht ohne einen kurzen Ausblick in zwei besonders relevante technische Realisierungen abgeschlossen werden. Hierzu werden wir uns sowohl mit der bisher wohl mit großem Abstand „erfolgreichsten" konkreten Anwendung der Kryptographie als auch mit einer immer noch recht neuen aber speziell im Bereich des eGovernment besonders aussichtsreichen Ausgestaltung dieser Grundtechnik beschäftigen.
>
> Die derzeit wohl am meisten genutzte Implementierung der asymmetrischen Kryptographie zur Absicherung elektronischer Kommunikation ist die **SSL-Tech-**

Technische Rahmenbedingungen 8

nologie. Aufgrund ihrer Verbreitung und – wahrscheinlich – noch zunehmenden Bedeutung soll sie hier gesondert beschrieben werden. SSL ist die Abkürzung für **Secure Sockets Layer**. Dabei sind mit „Layer" die Transportschichten angesprochen, mit denen der Datenaustausch zwischen Rechnern dargestellt wird. Bei Nutzung der SSL-Technologie sind keine Änderungen in den Applikationen und in den Transportprotokollen erforderlich. SSL bietet zur Absicherung der Web-Kommunikation grundsätzlich folgende Möglichkeiten:

- Der Inhalt der Web-Seiten geht nur verschlüsselt über das Netz
- der Server authentisiert sich zertifikatsgestützt gegenüber dem Nutzer (benötigt: ein durch den Betreiber der Web-Seite zu beschaffendes Serverzertifikat)
- der Nutzer authentisiert sich zertifikatsgestützt gegenüber dem Server (benötigt: ein vom Nutzer der Web-Seite zu beschaffendes Client-Zertifikat)
- kryptographische Algorithmen prüfen, ob die Daten authentisch und unverändert den Empfänger erreichen.

Zur tatsächlichen Nutzung der Authentisierungs-Mechanismen ist anzumerken, dass in der gegenwärtigen Praxis fast ausschließlich die Server-Authentisierung genutzt wird. Die mögliche Authentisierung der Clients (Nutzer) scheitert fast immer an der extrem geringen Verbreitung und Nutzung der benötigten Client-Zertifikate.

Der Browser-Aufruf https://... (statt http://...) initiiert eine SSL-Verbindung. Hierdurch erkennt der Browser, dass vom Ziel-Server ein Zertifikat und der öffentliche Schlüssel anzufordern ist. Beide Elemente werden – hier greift der kryptographische Algorithmus – mit Prüfsumme und einem besonderen Identifizierungsmerkmal an den Browser zurückgemeldet. Dieser kann anhand des Zertifikats die Identität eines Servers überprüfen. Er kann mit einem asymmetrischen Verschlüsselungsverfahren auf einem sicheren Weg einen nur für diese Sitzung gültigen Schlüssel an den Server senden. Dieser ausgetauschte Schlüssel gilt für die restliche Dauer der Verbindung. Die Verschlüsselung der Sitzung erfolgt dann mit einem symmetrischen Verfahren unter Verwendung der ausgetauschten Chiffre-Schlüssel (hybrides Verschlüsselungsverfahren; s. o.).

Zur Authentisierung der Teilnehmer (d. h. in der Praxis meist nur der Server) werden Zertifikate verschiedener Anbieter eingesetzt. In den gängigen Browsern, wie Netscape Navigator und im Microsoft Internet Explorer, sind die Zertifikate der wichtigsten Zertifizierungsdienstleister bereits enthalten. Wenn ein Browser ein ihm unbekanntes Zertifikat von einem Webserver erhält, kann er mit Hilfe der vorinstallierten Trust-Center-Zertifikate prüfen, ob es offiziell unterschrieben und damit gültig ist, oder nicht. Der Aufbau der SSL-Verbindung und der Austausch aller dafür notwendigen Daten erfolgt dabei vollkommen selbständig und automatisch. Ein solches offizielles Zertifikat ist aber nicht zwingend erforderlich. Wenn der Unterzeichner eines gesendeten Zertifikats nicht feststellbar ist, muss der Empfänger eigenständig über die Glaubwürdigkeit des Zertifikates entscheiden. Diese Entscheidungslage wird dabei in mehreren Dialogschritten vom Nutzer erfragt. Nach erfolgter Datenprüfung des Browsers (Verbindungsweg angegebener Server/angewählte URL) wird dem Nutzer eine entsprechende Information (in der Regel ein geschlossenes Bügelschloss) angezeigt.

8 Technische Rahmenbedingungen

Die Absicherung einer Web-Kommunikation durch die SSL-Technologie ist vielleicht die derzeit am weitesten (auch und gerade außerhalb geschlossener „Gemeinden" von „Power-Usern") verbreitete Anwendung der asymmetrischen Kryptographie. Zu den herausragenden Eigenschaften dieser Technologie gehört ihre einfache Bedienbarkeit. Viele Internet-Nutzer dürften bislang nicht einmal bemerkt haben, dass auch sie diese Technologie genutzt haben. Es steht zu erwarten, dass SSL auch in Web-gestützten eGovernment-Applikationen eine große Bedeutung erlangen wird. Hierdurch dürfte das Sicherheitsniveau der elektronischen Verwaltungsdienstleistungen im Vergleich zur „einfachen" Nutzung des Internets erheblich profitieren.

Der durch den SSL-Einsatz erzielte Sicherheitsgewinn darf jedoch auf der anderen Seite die Betreiber der Web-Seiten und die Nutzer nicht zu dem Fehlschluss verleiten, dass durch die Installation einer SSL-Komponente auf dem Server alle Sicherheitsprobleme der Web-Kommunikation beseitigt wären. Tatsächlich bietet SSL – wie letztlich alle Sicherheitstechniken – einen bestimmten Grad an Sicherheit, der durch verschiedene Randbedingungen eingegrenzt ist. Zu diesen Restriktionen gehören u. a.:

Durch Anwendung von SSL bleibt die Kommunikation für Dritte uneinsehbar und die Herkunft und Unverfälschtheit der Daten, die vom Eigentümer eines SSL-Zertifikats gesendet worden sind, ist nachprüfbar. Dies bedeutet aber nicht, dass sich auf einer Web-Seite mit SSL keine schädlichen Inhalte wie Viren, Trojanische Pferde u.Ä. befinden können. In vielen Firewalls in Behörden und Unternehmen wird der Aufruf von SSL-Seiten sogar bewusst verhindert, da die SSL-Verschlüsselung eine Überprüfung der Kommunikationsdaten auf solche Schadinhalte in der Firewall ausschließt. Ebenso muss beim Einsatz von SSL beachtet werden, dass eine reine **Transportsicherung** vorliegt, so dass zum Beispiel eine Signatur nicht über die eigentliche Kommunikationssicherung hinaus etwa zur Beweissicherung in Archivsysteme „gerettet" werden kann.

 WICHTIG!

SSL sichert die Kommunikation. Es bietet keine dauerhafte Sicherung der Inhalte.

▶ **Benutzerfreundlichkeit vs. Transparenz der Sicherheit**

Die angesprochene Benutzerfreundlichkeit der SSL-Implementierungen bringt als „Kehrseite" eine oft unzureichende Information des Nutzers mit sich. In der Regel werden die verwendeten Zertifikate im Hintergrund gegen vom Hersteller des Browsers vorab „eingebaute" CA-Zertifikatsdatenbanken oder (eher selten) gegen vom Nutzer nachträglich eingestellte weitere Zertifikate geprüft. Aktiviert der Nutzer die Option, sich die Inhalte der Zertifikate anzeigen zu lassen (was meist ein „Durchklicken" durch mehrere Menüebenen erfordert), so erhält er oftmals eher „kryptische" oder nur wenig aussagekräftige Informationen (Bsp.: „Keiner der Zwecke dieses Zertifikats konnte bestätigt werden" …). Eine gezielte

Technische Rahmenbedingungen 8

Anpassung der Einstellungen auf die eigenen Sicherheitsbedürfnisse und eine fallweise Überprüfung des implementierten Sicherheitsniveaus erfordern detaillierte Kenntnisse in PKI-Technologien und im SSL-Protokoll und sind somit für den „Normalnutzer" praktisch unmöglich.

▶ „Einseitige" Zertifikatsverteilung

SSL bietet wie erwähnt die Möglichkeit der gegenseitigen Authentisierung von Server („Behörde") und Client („Bürger"). Diese Möglichkeit, die gerade in eGovernment-Anwendungen äußerst nützlich sein könnte, setzt jedoch voraus, dass der Bürger über ein sog. Client-Zertifikat verfügt. Obwohl dies erheblich preiswerter ist als ein Server-Zertifikat (je nach Anbieter etwa 50 € jährlich im Vergleich zu etwa 1000 €) haben bisher nur sehr wenige Internetnutzer ein solches Client-Zertifikat erworben („Henne-Ei-Problem"?).

▶ Mängel bei Registrierung und Sperrmanagement

Die Sicherheit von asymmetrischen Kryptoverfahren beruht wie erwähnt wesentlich auf der Güte der Registrierung der Zertifikatsinhaber und der Verlässlichkeit und Schnelligkeit von Zertifikatssperrungen. Ein Fall aus dem Januar 2001 (ausführlich beschrieben durch H. Mack in der Zeitschrift „Datenschutz und Datensicherheit", 8/2001, S. 464–466) zeigt, dass es hier in der SSL-Infrastruktur durchaus noch Verbesserungsmöglichkeiten gibt.

▶ Keine Integration der qualifizierten Signatur

Die SSL-Technologie als reine Transportsicherung mit bewusst „schlank" gehaltenen administrativem Überbau kann und soll nicht die Anforderungen des Signaturgesetzes für qualifizierte Signaturen (s. nächster Abschnitt) abbilden, die für eGovernment-Anwendungen häufig – aber nicht immer – eine entscheidende Rolle spielen.

Die oben stehende Diskussion soll in keiner Weise eine Empfehlung gegen den Einsatz von SSL aussprechen. Der durch diese Technologie tatsächlich erreichbare Sicherheitsgewinn kann aber nur dann wirklich durchgängig erzielt werden, wenn die Restriktionen bei der Anwendung berücksichtigt und mit dem Schutzbedarf der zu übertragenden Daten abgestimmt werden.

In einem gewissen – allerdings eher komplementären als ausschließenden – Gegensatz zum „Allzweck-Werkzeug" SSL steht die aus der Media@Komm-Förderung des Bundes entstandene Spezifikation **OSCI (Online Services Computer Interface),** die für die Anforderungen des eGovernment in gewisser Hinsicht maßgeschneidert ist. OSCI oder genauer gesagt OSCI-Transport (auf die Gliederung der OSCI-Spezifikation und ihren Zusammenhang zu anderen Standards werden wir im Abschnitt über Standardisierungen noch zu sprechen kommen) ist eine Spezifikation, die den automatisierten Austausch prinzipiell beliebiger Dokumente und insbesondere auch deren Absicherung und Protokollierbarkeit zum Inhalt hat. Entscheidende Unterschiede zum SSL-Protokoll bestehen darin, dass die Sicherheitsmechanismen nicht fest vorgegeben, sondern skalierbar bis hin zu qualifizierten Signaturen nach dem Signaturgesetz (s. nächster Abschnitt) sind und dass die Kommunikation nicht unmittelbar zwischen den „Nutzern" (also im typischen eGovernment-Szenario zwischen Bürger/Unternehmen und

8 Technische Rahmenbedingungen

der Behörde), sondern stets über eine dritte Stelle, den sog. „Intermediär" verläuft. Dieser Intermediär kann zwar physisch durchaus bei einem der Nutzer lokalisiert sein (üblicherweise wird dies die Behörde sein), er kann aber auch durch einen externen Dienstleister zur Verfügung gestellt werden. Hierdurch drängen sich natürlich unmittelbar datenschutzrechtliche Fragen auf. Der Standard reagiert hierauf durch eine Trennung der ausgetauschten Datenformate in **Inhaltsdaten** und **Auftragsdaten**. Inhaltsdaten enthalten die eigentlichen Nutzinformationen der Kommunikation und können damit auch einen Personenbezug, Schriftformerfordernisse oder anderweitig hohen Schutzbedarf aufweisen. Demgegenüber enthalten die Auftragsdaten nur die zur Steuerung und Verteilung der Kommunikationsdaten notwendigen Informationen und unterliegen daher in aller Regel geringeren sicherheitstechnischen Anforderungen. Durch die zusätzliche Möglichkeit, innerhalb der Inhaltsdaten unterschiedliche **Container** zu definieren und durch jeweils individuelle Sicherheitsmechanismen zu schützen, ergeben sich zahlreiche im eGovernment mindestens potentiell sehr sinnvolle Möglichkeiten durch „verschachtelte, mehrfache Briefumschläge" und „Mitzeichnungen" flexibel verschiedene eGovernment-Szenarien mit und ohne die Einbindung externer Dienstleister zu realisieren.

8.5 Das Signaturgesetz und seine Folgen

8.5.1 Wozu ein Signaturgesetz?

Bei den Darstellungen des vorigen Abschnitts war häufiger von diversen Angriffsszenarien auf kryptographische Anwendungen die Rede.

 WICHTIG!

In der Regel sind dabei Angriffe auf organisatorische Schwachstellen der Verfahren – insbesondere Mängel bei der Identifikation und Registrierung – weitaus erfolgversprechender als Angriffe auf die eigentliche Technik; mindestens so lange „einigermaßen" geeignete Algorithmen und technische Implementierungen, die dem „Stand der Kunst" entsprechen, eingesetzt werden.

Diese Erkenntnisse zeigen, dass die Anwendung kryptographischer Techniken ohne weitere „Sicherheitsgarantien" und flankierende Maßnahmen nicht ausreicht, um die Möglichkeiten, die diese Technologien grundsätzlich eröffnen auch tatsächlich zu erschließen. Insbesondere gilt dies natürlich für den Bereich der elektronischen oder digitalen Signatur (die hier aufgeworfene Begriffsverwirrung wird in diesem Abschnitt noch anzusprechen und – nach Hoffnung des Autors – aufzuklären sein) und wiederum besonders in ihrer Anwendung als „elektronische Unterschrift". Die mit einer solchen Unterschrift aus der Kombination von Integritäts- und Authentizitätsschutz erreichbare Verbindlichkeit im elektronischen

Technische Rahmenbedingungen 8

Geschäfts- und Rechtsverkehr kann nur dann belastbar erreicht werden, wenn ein garantiertes Qualitätsniveau sowohl der eigentlichen Technik als auch gerade der technisch-organisatorischen Umfeldbedingungen definiert und verlässlich umgesetzt werden kann. Da beim Übergang der elektronischen Kommunikation und Prozessabwicklung von der „Spielwiese" in die „reale Welt" auch die Spielregeln der realen Welt zunehmend an Bedeutung gewinnen und diese Spielregeln wiederum im Wesentlichen durch Gesetzgeber und Gerichte maßgeblich bestimmt werden, hat sich im Laufe der Entwicklung die Einsicht durchgesetzt, dass für „echte" Anwendungen vor allem der Signaturtechnik gesetzliche Regelungen noch wichtiger sind als – die natürlich weiterhin erforderlichen – technischen Spezifizierungen und Standardisierungen. Es ist somit das Anwendungspotential der Signaturtechnik selbst im Zusammenhang mit ihrer zunächst relativ großen „Sensibilität" gegen verschiedene Angriffe, die bei der Entstehung der mittlerweile in vielen Teilen der Welt in unterschiedlicher Form verbreiteten Signaturgesetze die entscheidende Motivation geliefert haben. Man sollte bei den angesprochenen Gesetzen immer unterscheiden zwischen Technikrahmengesetzen, deren Aufgabe die Definition und Gewährleistung technisch-organisatorischer Rahmenbedingungen bei Erstellung und Prüfung von Signaturen sowie die Setzung einer „Rahmen-Policy" für die betreffenden PKIs ist und Anwendungsgesetzen, die die rechtliche Relevanz von Signaturen bestimmter Qualitätsstufen festlegen. Beide Teile können durchaus in einem Gesetzeswerk zusammengefasst werden; ein Weg, den viele Staaten und wie wir sehen werden auch die EU beschritten haben. In Deutschland finden wir die beiden Gesetzestypen aber in getrennter Form, den Technikrahmen im Signaturgesetz und seiner zugehörigen Rechtsverordnung, die Anwendung in einer Reihe von (Schrift-)Formanpassungsgesetzen für den öffentlichen und für den privaten Bereich, die an anderer Stelle dieses Buches schon ausführlich besprochen wurden und daher hier nur noch in aller Kürze erwähnt werden sollen. Bevor wir auf die inhaltlichen Regelungen des deutschen Signaturgesetzes im Einzelnen eingehen, ist es für das Verständnis hilfreich, sich ein wenig mit dessen Historie und Hintergründen zu befassen.

8.5.2 Zur Entstehung des deutschen Signaturgesetzes

Die Erkenntnis, dass für eine verlässliche Anwendung von Signaturen gesetzliche Rahmenbedingungen geschaffen werden müssen hat sich in Deutschland bereits zu einem sehr frühen Zeitpunkt durchgesetzt. Als einer der ersten Staaten überhaupt und mit einer Vorreiterrolle in Europa hat der deutsche Gesetzgeber am 16.5.2001 das **„Gesetz zur Digitalen Signatur"** verabschiedet, das bald darauf durch eine die generellen

8 Technische Rahmenbedingungen

Anordnungen genauer spezifizierende Rechtsverordnung ergänzt wurde. Bei diesem ersten Signaturgesetz handelte es sich um ein reines Technikrahmengesetz, wie bereits aus den ersten beiden Paragraphen deutlich hervorging:

§ 1
Zweck und Anwendungsbereich

(1) Zweck dieses Gesetzes ist es, Rahmenbedingungen zu schaffen, unter denen digitale Signaturen als sicher gelten und Fälschungen digitaler Signaturen oder Verfälschungen digitaler Daten zuverlässig erkannt werden können.

(2) Die Anwendung anderer Verfahren für digitale Signaturen ist freigestellt, soweit nicht digitale Signaturen nach diesem Gesetz durch Rechtsvorschrift vorgeschrieben sind.

Durch die Öffnungsklausel des zweiten Abschnitts sollte sichergestellt werden, dass die notwendige Reglementierung der Rahmenbedingungen nicht die technische Innovation oder die Flexibilität bei der Anwendung von Signaturverfahren, die nicht die bestmögliche Qualitätsgarantie benötigen, behindert. Charakteristische Elemente des Gesetzes waren die Verpflichtung aller CAs – hier Zertifizierungsstellen genannt –, die in den Genuss der gesetzlichen Privilegien kommen – also nicht lediglich „sonstige Verfahren" anbieten – wollten, sich einem staatlichen Genehmigungsverfahren zu unterziehen, dass neben dem Einsatz bestimmter sicherheitszertifizierter Produkte auch eine Vorabprüfung der Gesetzeskonformität des Betriebs der Zertifizierungsstelle durch unabhängige Stellen einschloss. Daneben wurde für gesetzeskonforme Zertifizierungsstellen eine einheitliche PKI mit der Regulierungsbehörde für Telekommunikation und Post (RegTP) als Root eingerichtet. Mit Rücksicht auf die Neuartigkeit der Regelungen und die sich in Entwicklung befindliche Technologie wurde zunächst auf ergänzende Anwendungsgesetze verzichtet. Ebenso wurde im Gesetz ein Evaluierungs- und Revisionsprozess initiiert, der die Marktentwicklung beobachten und erforderlichenfalls in einer Novellierung des Signaturgesetzes und der Festlegung weiterer gesetzlicher Rahmenbedingungen münden sollte.

Die elektronische Kommunikation und der elektronische Geschäftsverkehr sind ihrer Natur nach immer global. Nationale Grenzen können hier mit großer Leichtigkeit und nahezu unbemerkt überschritten werden. Diese innewohnende Internationalität hat auch zur Folge, dass die Wirksamkeit rein nationaler Regelungen, gerade wenn sie nicht in übernationale Rahmensetzungen eingebunden sind, immer beschränkt sein wird. Die nationalen Gesetzgebungsinitiativen in Deutschland und bald auch anderswo haben daher die Europäische Union dazu bewogen, sich intensiv mit der Schaffung eines europaweiten Rechtsrahmens für Signaturen

Technische Rahmenbedingungen 8

zu befassen. Die Aktivitäten fanden letztlich ihren Niederschlag in der „EU-Richtlinie 1999/93/EG vom 13. Dezember 1999 über gemeinschaftliche Rahmenbedingungen für elektronische Signaturen", die am 19. 1. 2000 im Amtsblatt der EU veröffentlicht wurde. Die Richtlinie definiert ihren Zweck in:

Artikel 1
Anwendungsbereich

„Diese Richtlinie soll die Verwendung elektronischer Signaturen erleichtern und zu ihrer rechtlichen Anerkennung beitragen. Sie legt rechtliche Rahmenbedingungen für elektronische Signaturen und bestimmte Zertifizierungsdienste fest, damit das Funktionieren des Binnenmarkts gewährleistet ist."

Es wird unmittelbar deutlich, dass hier mehr als ein reines Technikrahmen**gesetz** vorliegt. Anwendungsaspekte sind integraler Bestandteil der Richtlinie, wenngleich noch im selben Artikel einschränkend klargestellt wird, dass nicht in nationale Formvorschriften oder in Bestimmungen über die Verwendung von Dokumenten eingegriffen werden soll. Da (wiederum andererseits) für Signaturen einer bestimmten Qualitätsstufe – die entsprechenden Nomenklaturen werden uns im Abschnitt über das (neue) deutsche Signaturgesetz noch beschäftigen – aber durch den Artikel 5 „Marktzugang" u. a. gefordert wird, dass diese

„... die Anforderungen an eine Unterschrift in Bezug auf elektronische Daten so erfüllen wie eine handschriftliche Unterschrift in Bezug auf Papier ..."

und ein grundsätzliches Diskriminierungsverbot für elektronische Dokumente ausgesprochen wird, war sofort klar, dass sich der durch die Richtlinie gegebene Rechtsrahmen ohne Anwendungsgesetze nicht einhalten lassen würde. Entsprechend der Zielsetzung auf eine „Anwendungserleichterung" hin legt die Richtlinie in Artikel 5 „Marktzugang" fest, dass es keine Vorabgenehmigung für den Betrieb von „Zertifizierungsdiensten" geben dürfe. Um in den Genuss der Anerkennung einer bestimmten Qualitätsstufe zu kommen, soll für die Anbieter lediglich (bei Betriebsaufnahme) eine Anzeigeverpflichtung erforderlich sein. Als Gegenpart zu dieser liberalen Marktzugangsstrategie setzt die Richtlinie in Artikel 6 weitgehende Haftungsregelungen für Zertifizierungsdiensteanbieter fest. Sie setzt also im Gegensatz zum „präventiven" Verbraucherschutz des ersten deutschen Signaturgesetzes wesentlich stärker auf „kurative" Elemente durch umfassende Anbieterhaftung. Die Einhaltung der definierten Qualitätsmaßstäbe soll in den Mitgliedsstaaten durch „geeignete Überwachungssysteme" garantiert werden. Ergänzend können die Mitgliedsstaaten allerdings nach Artikel 3 (2) „zur Steigerung des Niveaus der erbrachten Zertifizierungsdienste" freiwillige Akkreditierungssysteme „einrichten oder beibehalten" – Letzteres konnte sich nach Lage

8 Technische Rahmenbedingungen

der Dinge zum Zeitpunkt der Veröffentlichung der Richtlinie nur auf deutsche Genehmigungsverfahren beziehen.

Im Gegensatz zu EU-Rechtsverordnungen bilden Richtlinien wie die Signaturrichtlinie nicht unmittelbar geltendes Recht; sie müssen vielmehr durch nationale Gesetzgebungen in den einzelnen Mitgliedsstaaten umgesetzt werden. Die Signaturrichtlinie hat den Mitgliedsstaaten entsprechend den üblichen EU-Regularien hierzu eine Frist bis zum 19. 7. 2001 gesetzt. Dieser Zeitpunkt deckte sich also in etwa mit dem Zeitplan zur Anpassung des deutschen Signaturgesetzes. Die Festlegungen der Signaturrichtlinie haben dem laufendem Novellierungsverfahren allerdings in einigen Punkten eine neue Richtung gegeben. So war klar, dass neben einer Anpassung der Terminologie etwa das bisher obligatorische Zulassungsverfahren durch das liberalere EU-Meldeverfahren ersetzt werden musste. Andererseits bot die freiwillige Akkreditierung eine Möglichkeit, viele der im alten Signaturgesetz verankerten weitgehenden Sicherheitselemente auch im neuen System zumindest ergänzend fortzuschreiben. Außerdem entstand durch die EU-Richtlinie die Verpflichtung, die (ohnehin geplanten) Anwendungsregularien für Signaturen zum gleichen Zeitpunkt in Kraft zu setzen.

8.5.3 Das (zweite) deutsche Signaturgesetz

Bei der Festlegung einer Umsetzungsstrategie für die Signaturrichtlinie entschied man sich in Deutschland dafür, die technischen Rahmenbedingungen und die Anwendungsvorschriften in getrennten Gesetzeswerken zu behandeln. Das am 16. 5. 2001 verabschiedete **Gesetz über Rahmenbedingungen für Elektronische Signaturen (Signaturgesetz – SigG)** (BGBl. 2001 Teil 1 Nr. 22, vom 21. 5. 2001, S. 867–884) fasst die Erfahrungen des ersten Signaturgesetzes mit den Anforderungen der EU-Signaturrichtlinie zusammen. Es ist, wie sich bereits aus dem Titel der „Langfassung" entnehmen lässt, ein reines Technikrahmengesetz und damit die erste Hälfte der Umsetzung der Signaturrichtlinie. Die wesentlichen Inhalte und Spezifika dieses Gesetzes sollen im Folgenden näher betrachtet werden.

Im ersten Abschnitt **„Allgemeine Bestimmungen"** wird zunächst entsprechend den Anforderungen der EU-Richtlinie zurückhaltender als im ersten Signaturgesetz formuliert:

§ 1
Zweck und Anwendungsbereich

(1) Zweck des Gesetzes ist, Rahmenbedingungen für elektronische Signaturen zu schaffen.

Technische Rahmenbedingungen 8

(2) Soweit nicht bestimmte elektronische Signaturen durch Rechtsvorschrift vorgeschrieben sind, ist ihre Verwendung freigestellt.

Es folgen in § 2 eine Reihe von Begriffsbestimmungen, die im Wesentlichen die von der EU-Richtlinie gesetzte Nomenklatur wiedergeben. Hierbei lohnt es sich insbesondere einen genaueren Blick auf die Definition der verschiedenen Signaturstufen zu werfen, da die hier zugegebenermaßen nicht immer völlig transparente Terminologie erfahrungsgemäß immer wieder Anlass zu Verwirrung gibt. Grundlegend ist die Definition der **elektronischen Signatur** als

> „Daten in elektronischer Form, die anderen elektronischen Daten beigefügt oder logisch mit ihnen verknüpft sind und die zur Authentifizierung dienen."

Zunächst ist hierzu anzumerken, dass das neue Signaturgesetz hiermit gegenüber dem alten eine neue Terminologie einführt. Ebenso wie in der EU-Richtlinie ist hier nicht mehr von „digitalen", sondern von „elektronischen" Signaturen die Rede. Dieser Terminologiewechsel hat in der Vergangenheit in der öffentlichen Diskussion für nicht wenig Verwirrung gesorgt. Tatsächlich ist der Name „digitale Signatur" – auch in der internationalen Normung – für Verfahren reserviert, die wie im letzten Abschnitt dargestellt, eine „Umkehrung" der asymmetrischen Verschlüsselung sind, also auf dem Prinzip der asymmetrischen Kryptographie basieren.

 WICHTIG!

Die digitale Signatur ist somit ein Spezialfall der elektronischen Signatur.

Es verdient allerdings festgehalten zu werden, dass es in der praktischen Anwendung – wenn man von geschlossenen Benutzergruppen, in denen auch symmetrische Signaturverfahren möglich sind, absieht – der einzige zur Zeit relevante Anwendungsfall elektronischer Signaturen ist. Die Technologieneutralität, die das neue Signaturgesetz hier aus der EU-Richtlinie übernimmt, ist ihrem Wesen nach also in die Zukunft gerichtet. Sie schafft Raum für künftige Entwicklungen, die heute allerdings noch nicht wirklich absehbar sind. Die Definition der „einfachen" elektronischen Signatur ist so weit gefasst, dass beispielsweise selbst der unter einen E-Mail-Text getippte Name des Absenders die Anforderungen erfüllt. Bemerkenswert ist insbesondere, dass hier keinerlei Bezug auf die elementaren, mit Signaturen üblicherweise verknüpften Schutzziele Integrität und Authentizität genommen wird („zur Authentifizierung dienen" sagt, wie das eben angeführte Beispiel verdeutlicht nichts darüber aus, ob eine

8 Technische Rahmenbedingungen

verlässliche Feststellung des Urhebers eines Dokuments möglich ist oder nicht). Es ist klar, dass das Gesetz nicht an dieser Stelle stehen bleiben kann. Entsprechend folgt anschließend die Definition einer „echten" Signatur, nämlich von **fortgeschrittenen Signaturen,** die nach § 3 Nr. 2 SigG

 a) ausschließlich dem Signaturschlüsselinhaber zugeordnet sind,
 b) die Identifizierung des Signaturschlüsselinhabers ermöglichen,
 c) mit Mitteln erzeugt werden, die der Signaturschlüsselinhaber unter seiner alleinigen Kontrolle halten kann, und
 d) mit den Daten auf die sie sich beziehen so verknüpft sind, dass eine nachträgliche Veränderung erkannt werden kann.

Hier werden also die entscheidenden Merkmale Integrität und Authentizität in qualitativer Form angesprochen. Allerdings fehlen aus Sicht der asymmetrischen Kryptographie Qualitätsmerkmale für Zertifikate und für die Umgebung, in der die privaten Schlüssel aufbewahrt und die Signaturen erzeugt werden. Das Signaturgesetz definiert die Begriffe **„qualifiziertes Zertifikat"** § 3 Nr. 7 und **„sichere Signaturerstellungseinheit"** § 3 Nr. 10. Der eigentliche Regelungsinhalt des Signaturgesetzes sind „fortgeschrittene Signaturen, die auf einem qualifizierten Zertifikat beruhen und mit einer sicheren Signaturerstellungseinheit erzeugt wurden". Hierfür definiert das Signaturgesetz – im Gegensatz zur EU-Richtlinie – die konsequent diese extrem unhandliche Bezeichnung verwendet, die Terminologie **„qualifizierte Signatur"** (§ 3 Nr. 3 SigG). Außerdem wird in § 3 SigG die Regulierungsbehörde für Telekommunikation und Post (RegTP) als „zuständige Behörde" für alle Angelegenheiten der Anwendung des Signaturgesetzes festgelegt.

In Abschnitt 2 **„Zertifizierungsdiensteanbieter"** (ZDA) werden die Rechte und Pflichten derjenigen Anbieter, die qualifizierte Zertifikate vertreiben wollen, definiert. Grundsatz ist (§ 4 (1) SigG) die Genehmigungsfreiheit des Betriebs, der allerdings von bestimmten Voraussetzungen hinsichtlich der Zuverlässigkeit des Betriebs abhängig ist und einer Anzeigepflicht unterliegt. In § 5 SigG werden Anforderungen für die Registrierung von Signaturschlüsselinhabern und die Personalisierung der Erstellungseinheiten aufgelistet. Weiter werden die Unterrichtungspflichten (§ 6 SigG) des ZDA gegenüber seinen Kunden, die (Mindest-) Inhalte qualifizierter Zertifikate und Anforderungen an den Sperrdienst für Zertifikate (§ 9 SigG) definiert. ZDA sind verpflichtet, eine ausreichende Dokumentation (§ 10 SigG) ihrer Tätigkeit zu führen. Bei dieser Regelung ist zu beachten, dass die Dokumentation des ZDA nicht eine bloße „bürokratische Pflichtübung", sondern der wesentliche Sicherheitsanker der Garantien des SigG ist. Im Zweifelsfall kann über die Dokumentation, die

Technische Rahmenbedingungen 8

den Zertifikatsantrag mitsamt einer Kopie des Personalausweises enthält, eindeutige Klarheit über die Person des Signaturschlüsselinhabers geschaffen werden. Ergänzt werden die Regelungen um eine umfassende Haftungsregelung der ZDA (§ 11 SigG) sowie eine entsprechende Deckungsvorsorge (§ 12 SigG) und Anforderungen für eine ggf. erforderliche geordnete Einstellung des Betriebs (§ 13) sowie allgemeine Anforderungen zum Datenschutz der bei der Identifizierung und Registrierung notwendigerweise anfallenden personenbezogenen Daten (§ 14 SigG).

In den Paragraphen 15 und 16 des dritten Abschnitts werden die Regularien der **freiwilligen Akkreditierung** festgeschrieben. Der Verpflichtung zu einer umfassenden Vorab-Prüfung der Systeme und Prozess und zum umfassenden Einsatz sicherheits-zertifizierter System steht das Recht zur Führung eines Gütezeichens und zur Aufnahme in eine zentrale PKI, deren Root-CA bei der RegTP eingerichtet ist, gegenüber. Diese PKI ist eine unmittelbare Fortführung der unter der Geltung des alten Signaturgesetzes etablierten Infrastruktur. Sie ist eine wesentliche Erleichterung für das Auffinden und sichere Überprüfen der entsprechenden Zertifikate auch für Personen, die nicht Kunden des ZDA des Signierers sind.

Der vierte Abschnitt des Signaturgesetzes ist der **technischen Sicherheit** gewidmet. In § 17 finden sich Anforderungen für Produkte zur Speicherung von Signaturschlüsseln und zur Erzeugung von Signaturen (i. d. R. eine Chipkarte), für die Darstellung zu signierender Daten (Signaturanwendungskomponenten), für Signaturprüfkomponenten und für technische Komponenten, die bei den ZDA eingesetzt werden. Während für Chipkarten und die meisten Trustcenterkomponenten neben einer umfassenden Prüfung der Systeme eine abschließende Bestätigung durch eine nach § 18 SigG anerkannte Bestätigungsstelle obligatorisch ist, können im nicht akkreditierten Bereich ansonsten auch Produkte eingesetzt werden, deren SigG-Konformität durch eine Erklärung des jeweiligen Herstellers bescheinigt wird.

Im fünften Abschnitt „**Aufsichtsmaßnahmen**" werden die Rolle der RegTP als „Überwachungsbehörde" und die Mitwirkungspflichten der ZDAs reglementiert. Im letzten Abschnitt „**Schlussbestimmungen**" finden sich im Wesentlichen die notwendigen Formalia einschließlich der grundsätzlichen Festlegung von Kosten und Gebühren sowie Regelungen zur Anerkennung ausländischer Zertifikate und Signaturprodukte (§ 23). Gerade der letzte Punkt ist allerdings aus praktischer Sicht nicht unproblematisch. Das Signaturgesetz folgt hier der sehr offenen Philosophie der EU-Richtlinie, die das Ziel hat, eine Diskriminierung ausländischer Signaturen und Produkte wirksam zu verhindern. So sehr diese „Internationalisierung" der Signaturen an sich zu begrüßen ist, so groß dürften die

8 Technische Rahmenbedingungen

Probleme bei ihrer praktischen Umsetzung sein. Aufgrund der fehlenden übergreifenden PKI-Strukturen in Europa oder des Fehlens einer bequemen und verlässlichen Möglichkeit, wenigstens hinreichende Informationen über Zertifikate aus anderen Mitgliedsstaaten der EU zu erhalten, dürfte es dem Empfänger einer ausländischen Signatur praktisch nicht möglich sein, festzustellen, ob tatsächlich eine qualifizierte Signatur vorliegt oder nicht.

In § 24 des Signaturgesetzes wird die Bundesregierung ermächtigt, eine das Gesetz ergänzende Rechtsverordnung zu erlassen, in der die Anwendung des SigG genauer geregelt wird. Die entsprechende **Verordnung zur elektronischen Signatur (Signaturverordnung – SigV)** wurde am 16. 11. 2001 in Kraft gesetzt. Zu den wesentlichen Regelungen gehören Anforderungen an die vorzulegenden Sicherheitskonzepte, die Ausgestaltung der Dokumentation, Details zum Registrierungsprozess und genauere Festlegungen für das Akkreditierungsverfahren.

8.5.4 Grenzen des Signaturgesetzes

Auch wenn sich die Grenzen des Signaturgesetzes unmittelbar „durch Nichterwähnung" im Anwendungsbereich unmittelbar ablesen lassen, scheint es doch vor dem Hintergrund mancher Diskussionen nicht überflüssig, einige Eckpunkte explizit aufzuzählen.

Zum einen macht das Signaturgesetz wie bereits mehrfach erwähnt keine Aussagen über die Anwendung elektronischer Signaturen. Dies geschieht in den Anwendungsgesetzen zur Formanpassung und Beweiswürdigung, die Gegenstand anderer Kapitel dieses Buches waren.

Eine weitere Begrenzung der Gültigkeit des Signaturgesetzes liegt in der Tatsache, dass es sich **ausschließlich** mit elektronischen Signaturen beschäftigt. Die Tatsache, dass die Technik der digitalen Signatur aufs engste mit den asymmetrischen Technologien zur Verschlüsselung und zur zertifikatsbasierten (Challenge-Response) Authentisierung verwandt ist, bedingt keinesfalls eine Übertragbarkeit der juristischen Garantien des SigG auf diese Technikbereiche. Die gelegentlich anzutreffenden Ausdrücke „qualifizierte Verschlüsselung" und „qualifizierte Authentisierung" haben also keinerlei Sinn.

Insbesondere ist bei einer unkritischen Übertragung der Sicherheitsgarantien des SigG auf den Bereich der Verschlüsselung Vorsicht geboten. Der nahe liegende Schluss, dass Verschlüsselungszertifikate, die gemeinsam mit qualifizierten Signaturzertifikaten herausgegeben werden, auch ein vergleichbares Sicherheitsniveau bieten, mag in der Praxis zwar häufig zutreffen, er ist jedoch durch keinerlei gesetzliches Fundament garan-

Technische Rahmenbedingungen 8

tiert. Selbst schwerwiegende Mängel bei der technischen oder organisatorischen Ausgestaltung seiner Dienstleistungen im Bereich der Verschlüsselung hätten – sofern die beiden Bereiche „sauber" getrennt bleiben – keinerlei Konsequenzen für eine bestehende SigG-Akkreditierung eines Zertifizierungsdiensteanbieters.

8.5.5 Möglichkeiten und Grenzen der Identifizierung durch Zertifikate

Durch Einsatz von Zertifikaten können Verschlüsselungsschlüssel oder Signaturen auf die im Zertifikat genannte „Person" zugeordnet werden. Die Verlässlichkeit dieser Zuordnung hängt dabei im Wesentlichen von der Qualität der eingesetzten technischen Komponenten, der Sorgfalt des Benutzers und der Güte und Zuverlässigkeit der zertifikatsausgebenden Stelle ab. Im Bereich der qualifizierten elektronischen Signatur werden durch Signaturgesetz und Verordnung hier verbindliche Mindeststandards vorgeschrieben.

Für die „Brauchbarkeit" eines Zertifikats ist jedoch neben den genannten technisch-organisatorischen Rahmenbedingungen auch der Zertifikats**inhalt** von großer Bedeutung. So führt z. B. ein Zertifikat, das auf ein Pseudonym ausgestellt ist, nicht dazu, das man den Besitzer des zugehörigen privaten Schlüssel ohne weiteres – d. h. mittels des Zertifikats selbst – identifizieren kann.

Zertifikate von **qualifizierten Signaturen** nach SigG (s. folgender Abschnitt) enthalten möglicherweise nur die gesetzlich vorgeschriebenen Mindestinhalte. Dabei handelt es sich lediglich um den Namen des Zertifikatinhabers oder (sogar nur ein als solches gekennzeichneten Pseudonyms), der nur im Falle einer Verwechslungsmöglichkeit – innerhalb des Verzeichnisdienstes dieses Anbieters! – mit einem Zusatz versehen wird (also etwa „Hans Müller 1", „Hans Müller 2",...). Weitere Inhalte werden nur auf Wunsch und in der Regel auf Kosten (!) des Zertifikatsinhabers hinzugefügt. Dieses reicht im Allgemeinen für eine eindeutige Identifizierung nicht aus.

Bei Verschlüsselungszertifikaten gibt es überhaupt keine verbindlichen Regeln, welche Inhalte das Zertifikat enthalten soll und ob diese überhaupt zutreffend sind. Allein auf Grund eines Verschlüsselungszertifikats ist es nicht unbedingt möglich zu entscheiden, ob z. B. ein Auszug aus dem Seuchenregister nun für den Internisten Dr. Fritz Schulz oder für den Philologen Dr. Fritz Schulz verschlüsselt wird. Um solche Verwechselungsmöglichkeiten auszuschließen und ein Verschlüsselungszertifikat eindeutig einer Person zuordnen zu können, sind weitere technisch-organisatorische Maßnahmen durch die Kommune unabdingbar.

8 Technische Rahmenbedingungen

In konkreten Kommunikationssituationen müssen die Kommunikationspartner also aufgrund ihrer Sicherheitsanforderungen und der gesetzlichen Rahmenbedingungen entscheiden, welche Identifizierungsgüte sie als Voraussetzung für die elektronische Kommunikation verlangen. Ergänzend zu den Mindestinhalten eines Zertifikats nach SigG kann dabei etwa ein Attributzertifikat mit Meldedaten eingesetzt werden. Denkbar ist auch eine vorherige (oder gleichzeitige) Registrierung, sei es durch einmaliges persönliches Erscheinen oder durch die Abgabe einer rechtsverbindlich signierten Erklärung mit ergänzenden Angaben zur Person, wie dies ja in den meisten Formularen durch Ausfüllen der entsprechenden Felder ohnehin geschieht. Dabei sollte bedacht werden, dass praktisch alle Möglichkeiten zur weitergehenden Identifizierung zusätzlichen Aufwand des Kommunikationspartners und evtl. datenschutzrechtliche Schwierigkeiten im Verfahren zur Folge haben. Die Festlegung eines wirklich angemessenen Niveaus ist hier von besonderer Bedeutung. Dabei sollte auch beachtet werden, dass beim Einsatz qualifizierter Signaturen eine **nachträgliche** eindeutige Identifikation des Zertifikatsinhabers im Falle des Missbrauchsverdachts über die Dokumentation des Zertifizierungsdiensteanbieters möglich ist. Bleiben also die durch fälschliche Authentisierung potentiell entstehenden Schäden gering oder ist eine nachträgliche Haftung des Verursachers ausreichend, so wird man in vielen Fällen auf weitergehende Mechanismen zur Identifizierung des Zertifikatsinhabers verzichten können.

8.5.6 Welche Signatur soll man nehmen?

Eine Betrachtung des Signaturgesetzes wäre wohl unvollständig, wenn der Autor nicht auch auf diese „Gretchenfrage" einginge. Tatsächlich ist diese Frage in der Vergangenheit bereits mehrfach aus den unterschiedlichsten Blickwinkeln (und mit den unterschiedlichsten Antworten) untersucht werden. Besonders ist hier die Publikation „Welche Signatur braucht die Kommunalverwaltung?" des Deutschen Städtetags hervorzuheben. Ohne die dort vorgenommenen Analysen hier wiederholen zu wollen, können folgende Eckpunkte unter einer gewissermaßen „kundenorientierten" Sicht festgehalten werden.

Bei der Auswahl der „richtigen" Signatur im eGovernment ist zwischen der Ausstattung der Behörde und den Anforderungen für die Kunden zu unterscheiden. Außerdem ist zwischen einer formalen und einer sicherheitstechnisch-inhaltlichen Antwort zu unterscheiden.

Formal ist die Antwort eindeutig, wenn eine gesetzliche Schriftformerfordernis besteht. Sofern spezialgesetzliche Regelungen die elektronische Kommunikation nicht vollends unterbinden, kann die Schriftform nur

Technische Rahmenbedingungen 8

durch Einsatz qualifizierter Signaturen erfüllt werden. Der Gesetzgeber macht hier in aller Regel keinen Unterschied zwischen qualifizierten Signaturen, die auf Zertifikaten beruhen, die von akkreditierten Anbietern ausgestellt werden („akkreditierte Signaturen") und solchen, deren Herausgeber den Betrieb lediglich angezeigt haben. Aus formaler Sicht ebenso eindeutig ist die Antwort, wenn keine Formvorschriften bestehen. In diesem Fall gebietet das weitreichende Diskriminierungsverbot der EU-Richtlinie, wo immer möglich elektronische Kommunikation mit jedweder Signaturqualität (einschließlich der einfachen elektronischen Signatur) ohne weitere Hürden zu ermöglichen.

Neben diese formalen Überlegungen tritt die Frage, ob man im Sinne der Förderung der IT-Sicherheit stets Signaturen der höchsten Qualitätsstufe (Anbieterakkreditierung) einsetzen sollte. Hierzu sollte man sich zunächst klar machen, dass das Signaturgesetz und die zugehörigen Anwendungsgesetze (vor allem im Zivilprozessrecht) im Wesentlichen die Rechte des **Empfängers** der elektronischen Signatur schützen. Der Zertifikatsinhaber einer qualifizierten Signatur wird in der Praxis kaum eine Möglichkeit haben, vom Inhalt einer mit seinem Schlüssel signierten Nachricht nachträglich Abstand zu nehmen, wenn hierfür keine zwingenden inhaltlichen Gründe vorliegen. In seinem eigenen Interesse sollte der Verbraucher – und ein solcher ist im Verhältnis zum Anbieter auch eine Behörde – also auf dem höchsten Sicherheitsstandard bestehen, um das „positive Beweisrisiko" für sich tragen zu können.

Anderseits ist zu berücksichtigen, dass die Einhaltung des hohen Sicherheitsniveaus fast unweigerlich mit bestimmten Einschränkungen im laufenden Betrieb erkauft werden muss. So wird in aller Regel die Erstellung einer qualifizierten Signatur die separate Eingabe einer PIN erfordern. Auch die administrativen Aufwände etwa bei der Registrierung dürfen nicht vernachlässigt werden. Dieser Aspekt sollte berücksichtigt werden, wenn die Entscheidung einer „flächendeckenden" Einführung qualifizierter Signaturen ansteht. Sofern für bestimmte Daten oder Kommunikationsbeziehungen nicht entsprechende Anforderungen an eine „gerichtsfeste" Rechtsverbindlichkeit bestehen, oder gar lediglich der Integritätsschutz der Informationen relevant ist, können die notwendigen „Unbequemlichkeiten" qualifizierter Signaturen durchaus negativ ins Gewicht fallen. Fortgeschrittene Signaturen, die auf Software-Zertifikaten basieren oder gar rein technische Signaturverfahren ohne komplexe Registrierungsprozesse können sich in solchen Fällen als adäquatere Lösung anbieten. Auch hier sind also angemessene Lösungen mit Augenmaß einer unkritischen Einheitsausstattung vorzuziehen. Hierbei müssen die Prozesse allerdings so gestaltet werden, dass die Behördenmitarbeiter nicht zur permanenten Verwendung „multip-

8 Technische Rahmenbedingungen

ler Identitäten" in Form unterschiedlicher Signaturen gezwungen werden. Der Aspekt der Auswahl unterschiedlicher Signaturmechanismen wird uns bei der Diskussion der Kommunikationssicherheit im nun folgenden Abschnitt näher beschäftigen.

8.6 Elektronische Kommunikation und Kommunikationssicherheit

Die elektronische, internetgestützte Kommunikation zwischen der Verwaltung und Bürgern/Unternehmen (im Folgenden Kunden genannt) ist prägendes Kennzeichen des eGovernment. Sie soll deshalb in diesem Kapitel einen besonderen Schwerpunkt einnehmen. Sowohl die Behörden als auch ihre Kunden erwarten einheitliche Kommunikationsschnittstellen und abgestimmte technische Lösungen, um

- ▶ Kommunikation im eGovernment unabhängig von konkreten technologischen Plattformen betreiben,
- ▶ Synergieeffekte ausschöpfen,
- ▶ und benötigte Sicherheitsfunktionalitäten in definierter Weise nutzen zu können.

Die elektronische Kommunikation sollte dabei weitestgehend auf bestehende Standards und verbreitete Verfahren aufsetzen, um die erforderlichen Investitionen für Kunden und Behörden auf das wirklich notwendige Maß zu begrenzen. Es kann allerdings zum heutigen Zeitpunkt *nicht* davon ausgegangen werden, dass die für hochwertige Transaktionen notwendige Sicherheitsinfrastruktur durchgängig in der benötigten Qualität und in der wünschenswerten Verbreitungstiefe vorhanden ist. Umso wichtiger ist es, praxistaugliche Lösungen zu finden und diese fortlaufend auszubauen.

8.6.1 Kommunikationskanäle

Bei der Beschreibung und der Einrichtung von Kommunikationswegen im eGovernment ist zunächst der grundsätzliche **Kommunikationstyp,** d. h. vor allen Dingen die Kommunikation**srichtung** zu betrachten. Die technischen Auslegungen und die zu betrachtenden Sicherungsmechanismen werden sich z.T. erheblich unterscheiden, je nachdem, ob der Kunde die Behörde mit einer konkreten, speziellen Anfrage („Antrag") anspricht, ob er eine bestimmte, vorhandene Information abruft oder ob eine Behörde sich an den Kunden wendet. Entsprechend unterscheidet das hier zu entwickelnde Kommunikationsmodell zuerst zwischen folgenden **Kommunikationstypen:**

Technische Rahmenbedingungen **8**

8.6.1.1 Input

Ein Bürger übermittelt eine Information an die Verwaltung. Damit wird in der Regel eine Dienstleistung der Behörde im Sinne eines Verwaltungsvorgangs angestoßen. Typisches Beispiel: Antrag. Im Detail kann sich dieser Input-Prozess in verschiedene Teilaktivitäten gliedern, die etwa folgendermaßen aussehen können:

1. Der Kunde kontaktiert die Behörde.
2. Die Behörde authentisiert sich gegenüber dem Kunden.
3. Der Kunde beantragt eine Dienstleistung.
4. Der Kunde authentisiert seine „Anfrage".

Die Teilschritte 2 und 4 können bei entsprechend geringen Sicherheitsanforderungen auch entfallen.

8.6.1.2 Output

Eine Behörde übermittelt an den Bürger eine Information. Dies kann prinzipiell sowohl aus Eigeninitiative oder (typischerweise) als Ergebnis von internen Vorgängen im Rahmen einer Dienstleistung geschehen. Auch hier lassen sich wieder Teilaktivitäten identifizieren:

5. Die Behörde kontaktiert den Kunden.
6. Der Kunde authentisiert sich gegenüber der Behörde.
7. Die Behörde übergibt das Ergebnis der Dienstleistung.
8. Die Behörde authentisiert ihre „Beantwortung".

Auch hier können die Schritte 6 und 8 entfallen.

Als zweites Unterscheidungskriterium werden die **technischen Übertragungswege** der Kommunikation herangezogen. An dieser Stelle sollen folgende Möglichkeiten näher betrachtet werden:

▶ **Mail-Bodys** (In- und Output)
▶ **Mail-Attachments** (In- und Output)
▶ **Web-Formulare** (Input)
▶ **Web-Download** (Output)
▶ **Web-Upload** (Input)

 WICHTIG!

Die Basis-Technologien Mail und Web werden sowohl im gegenwärtigen Stadium als auch mindestens für die mittelfristige Entwicklung als grundlegend für den gesamten Bereich des eGovernment angesehen.

8 Technische Rahmenbedingungen

Nicht alle Technologien sind für sämtliche Kommunikationstypen und für alle damit ggf. verbundenen formalen oder sicherheitstechnischen Anforderungen geeignet. Dies wird im Folgenden noch näher betrachtet werden.

Die oben vorgenommene Auflistung möglicher Kommunikationskanäle im eGovernment erhebt keinerlei Anspruch auf Vollständigkeit. Es ist ohne weiteres möglich, zusätzliche Übertragungswege hinzuzufügen. In der folgenden Darstellung musste der Autor allerdings einen Kompromiss zwischen einer an sich wünschenswerten Vollständigkeit der Darstellung und dem Wunsch, eine übermäßige Ausweitung der ohnehin schon beträchtlichen Materialfülle zu verhindern, finden. Leitschnur war dabei die Relevanz, die die einzelnen Kommunikationswege für aktuell anstehende oder kurz- bis mittelfristig geplante eGovernment-Projekte haben dürften. Bevorzugt werden sollen dabei Technologien, deren Eigenschaften und sicherheitstechnische Möglichkeiten **heute** schon verlässlich einschätzbar und idealerweise auch schon in der Praxis erprobt sind. Die aktuelle Praxisrelevanz hat also stets Vorrang vor der visionären Zukunftstechnologie. Sicherlich ist hier jede Auswahl subjektiv und daher diskutierbar. Die folgenden Beispiele sollen verdeutlichen, wie die genannten Auswahlkriterien zur Anwendung kamen.

Die Übertragung von Dateien über das „File Transfer Protokoll" (FTP), das in der „Frühzeit" des Internets eine überragende Rolle spielte, heute aber in der Interaktion mit menschlichen Benutzern weitgehend durch „bequemere", auch grafikorientierte http-Kommunikation abgelöst ist und vorrangig eher in der Maschine-zu-Maschine-Kommunikation zum Einsatz kommt, wurde als „alte Technologie" nicht in die Betrachtung aufgenommen. Mögliche Einsatzszenarien und Sicherungsmechanismen sind im Übrigen denen des Web-Up- und -Downloads sehr ähnlich.

Eine weitere Technologie, die aktuell sicher vielen Lesern unmittelbar vor Augen steht, ist die Kommunikation über mobile Endgeräte (Handies ...). Besonders das „Short Message Service" (SMS)-Protokoll ist aktuell in aller Munde (oder besser „Fingern"). Es sind sicherlich auch im eGovernment Anwendungen vorstellbar, bei denen eine Behörde reine Informationsdienste über SMS anbietet, oder eine grundsätzliche Erreichbarkeit über diesen Weg gewährleisten will. Nach Kenntnisstand des Autors spielen derartige Überlegungen aktuell aber höchstens eine untergeordnete Rolle. Auch befinden sich wirksame Sicherheitsmechanismen für diese Technologie eher noch in den Kinderschuhen. Aus Sicht des Autors noch viel weniger abschätzbar sind „futuristische" hochintegrative Kommunikationswege etwa über UMTS, bei denen einem augenblicklich kaum begrenzbaren, visionären Anwendungsspektrum ein nahezu vollständiger Mangel an verwertbaren Praxiserkenntnissen gegenübersteht.

Technische Rahmenbedingungen 8

Nicht explizit in die Darstellung aufgenommen wurde die elektronische Kommunikation über **Web-Services**, also der Informationsaustausch über das SOAP („Simple Objects Access Protocol"). Diese maschinenorientierte Variante der Web-Kommunikation spielt auch im eGovernment eine potentiell große Rolle, speziell über das aus SOAP unmittelbar abgeleitete OSCI-(Transport-)Protokoll. Eine eingehende Beschäftigung mit diesen hoch innovativen Technologien würde allerdings den Rahmen dieser Darstellung weit strapazieren, zumal eine Standardisierung der Web-Services-Sicherheit zum Zeitpunkt der Erstellung dieses Buches nicht abgeschlossen war. Für die Zwecke des aktuellen eGovernment dürften die Ausführungen zu den entsprechenden „Web-Themen" ausreichen.

Es soll an dieser Stelle nicht unerwähnt bleiben, dass die hier vorgenommene Trennung der einzelnen Kommunikationskanäle sich unter Umständen mittelfristig zu einer weitgehend „künstlichen" entwickeln wird. Tatsächlich gibt es verschiedenste Bestrebungen fast aller namhafter Anbieter von Kommunikationslösungen, eine Integration der bislang getrennten Technologien herbeizuführen. Diese Bestrebungen firmieren meist unter dem Namen **Unified Messaging** oder aktueller auch unter der (im Deutschen etwas unglücklich klingenden) Bezeichnung **Collaboration.** Ziel ist es, einen direkten Informationsfluss über die Grenzen der unterschiedlichen Kommunikationsmedien und Protokolle hinweg zu gewährleisten. Am verbreitetsten dürfte aktuell hier das PC-Fax sein, bei dem eine Fax-Sendung bei der empfangenden Stelle in ein „PC-kompatibles" Grafikformat umgewandelt und dem endgültigen Empfänger als E-Mail zugesendet wird. Der umgekehrte Weg (Umwandlung einer E-Mail in ein Fax) ist ebenfalls möglich. Eine analoge Integration von mobilen Endgeräten über SMS (oder künftig UMTS) kann ebenfalls realisiert werden. Das Beispiel „PC-Fax" zeigt aber auch heute schon praktisch, dass derartige Integrationsbemühungen nicht nur einen beträchtlichen Gewinn an Flexibilität und eine weitere Öffnung des Zugangs zur Folge haben, sondern auch neue Fragestellungen mit sich bringen. So dreht sich eine noch nicht vollständig abgeschlossene Fachdiskussion um die Frage, ob die Anerkennung einer Unterschrift auf einem Fax (im Sinne von Schriftformerfüllung und Beweiswert) sich ohne weiteres auf ein PC-Fax übertragen lässt, bei dem man argumentieren könnte, dass hier nur eine einfache – also nicht qualifizierte – Signatur vorliegt. Die Frage, wie die „semantische Echtheit" und Vollständigkeit von Informationen verlustfrei über die Mediengrenzen transportiert werden kann ist eine der Kernfragen bei der Anwendung von Unified Messaging. Ebenso müssen Sicherheitstechnologien entwickelt werden, die es gestatten den Schutz der Vertraulichkeit, Integrität und Authentizität über die verschiedenen Kommunikationskanäle hinweg zu

8 Technische Rahmenbedingungen

gewährleisten. Wie diese zentrale sicherheitstechnische Herausforderung künftig gemeistert wird, ist aktuell aber erst in Ansätzen erkennbar und daher nicht Gegenstand der folgenden Ausführungen.

8.6.2 Kommunikations-Schutzbedarfsfeststellung

Aufgrund der weiten Verbreitung von elektronischen, Internet-gestützten Kommunikationstechniken wie E-Mail oder Web-Browsern ist die reine Herstellung elektronischer Kommunikation heute kein nennenswertes Problem mehr. Schwierig ist es hingegen vielfach noch, die mit den zu erbringenden Dienstleistungen verknüpften Sicherheitsanforderungen (seien sie gesetzlicher oder sonstiger Natur) sowohl auf der Kommunikationsstrecke als auch in den Hintergrundsystemen zu erfüllen. Dabei sei ausdrücklich hervorgehoben, dass die Anforderungen, die an Art und Stärke der Absicherung zu stellen sind, immer aus der Dienstleistung selbst und ggf. aus den hinter der Erbringung dieser Dienstleistung stehenden technischen Verfahren und Komponenten heraus definiert werden müssen. Eine rein technikzentrierte Betrachtung führt meist zu nicht angemessenen Lösungen.

Die (Sicherheits-) Anforderungen an die Kommunikation lassen sich nach den „klassischen" Kriterien der IT-Sicherheit gruppieren.

1. **Verfügbarkeit**

   Kommunikationswege und Informationen müssen für die Kommunikationspartner in der konkreten Kommunikationssituation tatsächlich nutzbar sein.

Wir gehen im Folgenden davon aus, dass der eigentliche Kommunikationsweg, das Internet, durch seine redundante Auslegung hinreichend verfügbar ist. Die Verfügbarkeitsanforderungen der Hintergrundsysteme beim Kunden und bei der Verwaltung können nicht Gegenstand der vorliegenden Betrachtung sein. **Der Aspekt der Verfügbarkeit wird folglich in der Beschreibung der einzelnen Kommunikationswege ausgespart.**

2. **Vertraulichkeit**

   Es muss sichergestellt werden, dass die zu übermittelnden Inhalte nur durch den dazu berechtigten Empfänger gelesen werden können.

Bei den einzelnen Kommunikationsszenarien werden hier (lediglich) die Ausprägungen:

offen – verschlüsselt

Technische Rahmenbedingungen 8

unterschieden. Eine feinere Unterscheidung ist aufgrund weitgehend fehlender „standardisierter" Sicherheitsabstufungen im Bereich der Verschlüsselung im Rahmen dieser Ausführungen nicht sinnvoll. Als „Faustregel" kann davon ausgegangen werden, dass die hier vorgestellten Verfahren – eine korrekte Implementierung vorausgesetzt – mindestens für einen mittleren Schutzbedarf ausreichen sollten. Für hohen und sehr hohen Schutzbedarf dürften aufgrund der fehlenden normativen Vorgaben in jedem Fall individuelle Regelungen und Vorgehensweisen erforderlich sein.

3. Authentizität

Der Urheber bzw. die Quelle einer Nachricht muss für den Empfänger mit hinreichender Sicherheit erkennbar sein.

Das Schutzziel „Authentizität" lässt sich im Gegensatz zu den übrigen in diesem Abschnitt betrachteten nicht „einfach" beschreiben, sondern entsteht erst im Zusammenspiel verschiedener Eigenschaften der Kommunikation. In diesem Sinne darf auch die eingangs vorangestellte „Leitforderung" nicht als exakte Definition der Authentizität missverstanden werden. Eine ausführliche Diskussion der Definition von „Authentizität" sowie eine fundierte Klassifikation von Authentisierungsmechanismen würde den Rahmen dieser Darstellung bei weitem sprengen. Eine ausführliche Darstellung der Problematik kann im eGovernment-Handbuch des BSI unter: http://www.bsi.bund.de/fachthem/egov/download/4_Authen.pdf abgerufen werden. Die folgenden Ausführungen sollen somit lediglich dazu dienen, die im Weiteren vorgenommene Einstufung von Verfahren verständlicher zu machen.

Abstrakt wird unter **Authentisierung** die Erbringung des Nachweises einer behaupteten Identität verstanden. Dieser Nachweis wird mithilfe von sog. **Authentisierungsdaten** erbracht, die bei einer initialen **Registrierung** nach erfolgter **Identifikation** einer Person dieser zugeordnet werden. Authentisierung spielt für eGovernment-Anwendungen, bei denen sehr häufig personenbezogene oder anderweitig sensitive Daten ausgetauscht werden oder die Identität eines Antragstellers zweifelsfrei feststehen muss, eine zentrale Rolle. Daher ist es notwendig, die Möglichkeiten und Grenzen der verschiedenen Authentisierungsverfahren genau zu kennen und ihre Notwendigkeit und ihren Nutzen sorgfältig abzuwägen. Der – an sich verständliche – Wunsch nach einer umfassenden Universallösung für dieses drängende Problem wird sich in der Praxis häufig leider nicht erfüllen lassen. Eine Qualitätsaussage über ein bestimmtes, zu „Authentisierungszwecken" eingesetztes Verfahren sollte stets auf einer Beurteilung der Qualität der Registrierung, der Güte der

8 Technische Rahmenbedingungen

Implementierung der Authentisierungsdaten und der Nachvollziehbarkeit der Authentisierung beruhen. Eine umfassende Einordnung verschiedener Verfahren in ein solches Schema würde den Rahmen dieser Darstellung (erneut) sprengen.

Jedes der vorangehend aufgeführten Merkmale lässt sich bei konkreten Verfahren nach einem Schema

kein – gering – mittel – hoch – sehr hoch

klassifizieren. Die Stärke eines Authentisierungsmechanismus **(Mechanismenstärke)** ergibt sich durch Kombination dieser Einzelmerkmale nach dem „Minimum-Prinzip", d. h. das schwächste Einzelmerkmal bestimmt die Gesamtstärke.

Zur Erläuterung dieser Stufen gibt die folgende Tabelle die zu den Ausprägungen gehörenden Mechanismen im **klassischen** Verwaltungshandeln an:

Mechanismenstärke	Mechanismus
Keine	Telefonat
Niedrig	Postweg (Briefkasten) *Adresse als Selbstangabe*
Mittel	Postweg (Briefkasten) *Adresse in Behördendatenstamm*
Hoch	Postzustellungsurkunde/ PostIdent *(d. h. Übergabe an andere Person – auch im gleichen Haushalt – ausgeschlossen)*
Sehr hoch	Persönliche Übergabe an eine (sicher) identifizierte Person; z. B. nach Vorlage eines amtlichen Ausweises

Die Sicherungsmechanismen im eGovernment erheben auf der entsprechenden Stufe (bzw. Schutzklasse) den Anspruch, eine dem klassischen Verfahren vergleichbare Sicherheit zu bieten.

Die Mechanismenstärke „Sehr hoch" ist derzeit elektronisch nicht abbildbar; zumindest solange nicht wirklich hinreichend sichere biometrische Identifikationsverfahren technisch realisiert und in praxisadäquaten Tests erprobt sind.

Technische Rahmenbedingungen 8

 WICHTIG!

Zur Vermeidung einer „Sicherheitsschieflage" impliziert eine hohe Authentizitätsanforderung zwangsweise (zumindest für die Behörde) eine verschlüsselte Übertragung der Nachricht.

Ansonsten könnte eine unberechtigte Person durch „Abhören" der nicht für sie bestimmten Kommunikation an die Nachricht gelangen. Der zur Ermittlung des berechtigen Empfängers eingesetzte Aufwand würde also letztlich seine Wirkung verfehlen. **Bei mittlerer Authentisierungsstärke ist Verschlüsselung mindestens zu empfehlen.**

Bei den Maßnahmen und Rahmenbedingungen wird zu unterscheiden sein, wessen Authentizität zu gewährleisten ist:

▶ **Kunden-Authentizität** als Anforderung **der Behörde**
▶ **Behörden-Authentizität** als Anforderung **des Kunden,** dies unterteilt sich in

- **Amts-Authentizität:** Es kommt dem Kunden lediglich darauf an, eine bestimmte Behörde als Kommunikationspartner zu identifizieren; spezielle Organisationseinheiten oder Personen müssen nicht genau bekannt sein.

- **Organisations-Authentizität:** Der Kunde möchte sicherstellen, mit einer bestimmten Organisationseinheit innerhalb der Behörde zu kommunizieren, bestimmte Personen müssen nicht genau bekannt sein.

- **Mitarbeiter-Authentizität:** Der Kunde möchte sicherstellen, mit einer bestimmten Person innerhalb der Behörde zu kommunizieren. Diese Anforderung dürfte in aller Regel kundenseitig nur dann bestehen, wenn schon vorab ein Kontakt zwischen dem Kunden und dem betreffenden Mitarbeiter stattgefunden hat.

Bei web-gestützten Kommunikationsformen dürfte in aller Regel nur die Amts-Authentizität relevant sein, da praktisch immer ein zentraler Web-Server die Web-Kommunikation nach außen abwickelt. Die korrekte Zuordnung der übertragenen Inhalte innerhalb der Behörde ist dann Aufgabe des „Back-Office".

Bei der Klassifikation von Authentisierungsverfahren sollten je nach fachlichen Anforderungen noch weitere Kriterien hinzugezogen werden.

Als Erstes wäre hier der **Zeitpunkt** der Identitätsfeststellung zu nennen. Da eGovernment-Dienstleistungen in aller Regel zwischen Personen/ Institutionen, die sich an unterschiedlichen Orten befinden, abgewickelt werden, kommt diesem Aspekt eine besonders hohe Bedeutung zu. Ent-

8 Technische Rahmenbedingungen

scheidend ist hier immer die Frage, ob die Identitätsfeststellung bereits **vor** Erbringung der Dienstleistung – „**ex-ante-Überprüfung**" – oder erst **nachher** – „**ex-post-Überprüfung**"– möglich bzw. erforderlich ist. Als „Faustregel" kann gelten, dass eine ex-ante-Überprüfung immer dann erforderlich ist, wenn die durch Fehlzuordnung entstehenden Schäden ein „tolerierbares" Niveau überschreiten und/oder wenn sie nachträglich nicht mehr revidierbar sind.

Ein Abgleich mit den oben erläuterten Mechanismenstärken zeigt, dass die Frage des Überprüfungszeitpunkts nur bei mit **mittel** oder **hoch** klassifizierten Mechanismen relevant ist. Während im niedrigen Bereich aufgrund der fehlenden Qualitätsgarantie eine verlässliche ex-ante-Überprüfung nicht möglich ist, implizieren die Eigenschaften des sehr hohen Bereichs die ex-ante-Überprüfung ohnehin. Bei den Mechanismen, die im Rahmen dieses Kommunikationsmodells betrachtet werden, wird die Unterscheidung nur im hohen Bereich betrachtet.

Diese Unterscheidung des Prüfzeitpunkts ist besonders dann relevant, wenn die Authentisierung des Kunden über eine **qualifizierte Signatur nach Signaturgesetz (SigG)** erfolgen soll.

 WICHTIG!

Beim Einsatz qualifizierter Signaturen ist eine nachträgliche Identifikation des Zertifikatsinhabers im Falle des Missbrauchsverdachts über die Dokumentation des ZDA immer eindeutig möglich.

Bleiben also die durch fälschliche Authentisierung potentiell entstehenden Schäden tolerierbar oder ist eine nachträgliche Haftung des Verursachers ausreichend (z. B. falsche Abmeldung aus dem Melderegister), so wird man in vielen Fällen auf weitergehende Mechanismen zur Authentisierung (z. B. Attributzertifikate) des Zertifikatsinhabers verzichten können. Eine Vorab-Prüfung dürfte immer dann erforderlich sein, wenn ein nicht wieder gutzumachender Schaden zu befürchten ist (z. B. Erteilung von Auskünften aus Seuchenregistern an nicht befugte Personen).

Bei web-gestützten Kommunikationswegen bieten sich grundsätzlich zwei Typen von Authentisierungsmechanismen an:

▶ **Geheimnisgestützte Mechanismen:** Hier muss vorab zwischen Kunde und Behörde ein Geheimnis vereinbart werden, das während der Kommunikation vom Kunden präsentiert wird. Dabei ist zu unterscheiden zwischen reinen **Passwortverfahren,** bei denen genau ein Zugangsgeheimnis existiert (vgl. Geheimzahl auf der ec-Karte) und **PIN/TAN-Verfahren,** bei denen das dem Kunden zugeordnete

Technische Rahmenbedingungen 8

Geheimnis (PIN) durch eine – im Kundenbesitz befindliche – **einmalig zu verwendende Transaktionsnummer (TAN)** ergänzt wird. Durch diese Kombination von Wissen (PIN) und Besitz (TAN) werden die Folgen eines Verlusts der PIN minimiert und sog. Wiedereinspielungsattacken, bei denen ein Angreifer einen einmal verwendeten Datensatz ein zweites Mal präsentiert und damit eine erneute Transaktion auszulösen versucht, verhindert.

▶ **Zertifikatsgestützte Mechanismen:** Hier wird die asymmetrische Kryptographie eingesetzt, wobei entweder der gesamte übertragene Datensatz signiert wird oder im Rahmen eines sog. Challenge-Response-Verfahrens vorab sich ein Kommunikationspartner durch Verschlüsseln einer vom anderen generierten Zufallszahl mit seinem privaten Authentisierungsschlüssel als Besitzer dieses Schlüssels offenbart. Das Gelingen dieses Verfahrens ist dann die Voraussetzung für den Aufbau der weiteren Kommunikation.

Zur Abgrenzung der Verfahren lässt sich festhalten, dass geheimnisgestützte Verfahren auf Kundenseite zunächst keine zusätzlichen technischen Mittel erfordern – es müssen „lediglich" die Geheimnisse in adäquater Weise geschützt werden – während für die Behörde die Verwaltung von Passwörtern und besonders von PIN/TAN-Listen je nach Größe und Verteilung des Kundenkreises einen erheblichen Aufwand zur Folge haben kann.

 TIPP!

Passwort- und PIN/TAN-Verfahren ermöglichen eine Authentisierung ohne große Einstiegsschwellen auf Kundenseite. Wegen des organisatorischen Aufwandes auf Behördenseite dürften sie jedoch nur bei kleinen oder räumlich gut lokalisierbaren Kundengruppen sinnvoll sein.

4. Integrität

Der Empfänger der Nachricht muss erkennen können, dass die Nachricht während des Transports (inhaltlich) nicht verändert wurde.

In elektronischen Kommunikationsszenarien wird die Integrität der Nachrichten (und in vielen Fällen auch die Authentizität des Absenders) durch die Technik der **elektronischen Signatur** geschützt. Entsprechend der Einteilung im Signaturgesetz (SigG) kommen hier die Ausprägungen

8 Technische Rahmenbedingungen

unsigniert/einfache Signatur – fortgeschrittene Signatur – qualifizierte Signatur

vor. Während die einfache elektronische Signatur in ihrer Legaldefinition keine Mechanismen zum Schutz der Integrität anspricht, muss bei fortgeschrittenen und qualifizierten Signaturen dieser Schutz gewährleistet werden. Der wesentliche Unterschied zwischen den beiden letztgenannten Stufen liegt in der Haftung des Anbieters und in der Herstellererklärung oder Bestätigung der eingesetzten Produkte.

5. Schriftform

Diese Anforderung tritt aufgrund der besonderen rechtlichen Implikationen des eGovernment gesondert neben die anderen, „klassischen" Schutzziele. Durch die Anpassung der Formvorschriften im Verwaltungsrecht (Novellierung des Verwaltungsverfahrensgesetzes) kann die eigenhändige Unterschrift durch eine qualifizierte elektronische Signatur ersetzt werden. **Erfüllung der Schriftform bedeutet also qualifiziere Signatur.**

Ausdrücklich sei hervorgehoben, dass die Erfüllung der elektronischen (Schrift-) Form „automatisch" den durch die qualifizierte Signatur garantierten Integritätsschutz und eine hohe (ex post; s. o.) Authentisierungsstufe impliziert.

8.6.3 Hinweise zur Auswahl geeigneter Plattformen und Sicherungsmechanismen für elektronische Kommunikation

In diesem Abschnitt werden **technische Plattformen** vorgestellt, über die die Kommunikation zwischen Kunden und Behörden im eGovernment abgewickelt werden kann. Dabei werden sowohl die eigentlichen Übertragungsmechanismen, als auch relevante Sicherungsmechanismen wie Verschlüsselung, elektronische Signatur usw. berücksichtigt. Wo immer dies möglich und sinnvoll erscheint, werden konkrete **Empfehlungen** für bestimmte technische Lösungen ausgesprochen. Da nicht alle technischen Möglichkeiten gleichermaßen für alle Anwendungsszenarien geeignet sind, wird es oftmals nicht **die eine** Lösung geben. Abhängig von den konkreten Anforderungen bestimmter Fachverfahren können jeweils andere Produkte sinnvoll eingesetzt werden. Bei der Beschreibung der einzelnen Lösungen werden daher die jeweiligen **Randbedingungen, Einschränkungen** oder **Anwendungsvoraussetzungen** mit dargestellt. Die für die Einrichtung des Kommunikationsweges Verantwortlichen sollten hierin eine Grundlage für die Auswahl passender Lösungen finden. Dabei werden sowohl technische als auch organisatorische Lösungsmöglichkeiten und Randbedingungen zu diskutieren sein.

Technische Rahmenbedingungen 8

Die **typischen** Kommunikationsszenarien lassen sich aus der Perspektive der Behörde zunächst grob in die folgenden Kommunikations**richtungen** unterteilen:

- ▶ **Input als unformatierter Freitext**
- ▶ **Input als „Formular"**
- ▶ **Output.**

Aus den in den Grundannahmen diskutierten Gegebenheiten erscheint es sinnvoll, folgende Kommunikationswege als typisch für eGovernment-Szenarien anzusehen:

- ▶ **E-Mails**
  - Information im Mail-Body
  - Information im Mail-Attachment
- ▶ **Web-Applikation.**

Entsprechend der vorab getroffenen Festlegungen werden zunächst die Kommunikationsformen **Input-Freitext, Input-Formular, Output** unterschieden. In den einzelnen Abschnitten werden dann die jeweils möglichen technischen Transportwege und die auf ihnen möglichen **und sinnvollen** Absicherungen näher betrachtet. Hierbei werden die zwischen Hin- und Rückweg stark unterschiedlichen Einflussmöglichkeiten der Behörde in Bezug auf die Wahl des Kommunikationswegs und der Sicherheitsmechanismen berücksichtigt. Dieser Unterschied zeigt sich in der Gliederung schon daran, dass auf der Input-Richtung eine Unterscheidung zwischen „Freitext" und „Formular" auf Ebene der Unterabschnitte vorgenommen wird, während für die Rückrichtung (Output) davon ausgegangen wird, dass die Behörde für formlose und formgebundene Rückantworten von vornherein das „richtige" Kommunikationsmittel wählt.

8.6.3.1 Input-Freitext

Kunden-Input in Form eines Freitextes ist die „ursprünglichste" Kommunikationsform im eGovernment. Sie zeichnet sich durch besonders niedrige Einstiegsschwellen auf beiden Seiten aus. Zwangsläufig wird sie immer dann zum Einsatz kommen, wenn ein „unstrukturiertes Anliegen" des Kunden vorliegt und damit „höherwertige" Kommunikationsformen nicht genutzt werden können.

Aus Sicht der Behörde hat ein Freitext-Input des Kunden den Nachteil, dass sich die Informationen in der Regel nur mit manuellem Aufwand bestimmten Dienstleistungen und/oder Bearbeitern verlässlich zuordnen lassen. Sie tragen damit nur wenig zu den im eGovernment erwünschten

8 Technische Rahmenbedingungen

Rationalisierungs- und Effizienzsteigerungseffekten bei. Eine sinnvolle Strategie der Behörde dürfte darin bestehen, den Freitext-Input auf wirklich unstrukturierte Anfragen zu konzentrieren und für Dienstleistungen mit starker Integration in Hintergrundsysteme beim Kunden in geeigneter Form für die Nutzung strukturierterer Eingangswege wie z. B. Web-Formulare zu „werben".

Für den Kommunikationstyp „Input-Freitext" kommen die Übertragungswege

- **Mail-Body**
- **Mail-Attachment**
- **Upload/Freitext im Web-Formular**

in Frage. In der Praxis wird es vorkommen, dass Informationen sowohl im Body als auch in einem Attachment enthalten sind. In diesem Fall müssen beide Informationen auf der Ebene des Kommunikationsmodells getrennt behandelt werden.

Aufgrund der prinzipiellen Freiheit des Kunden bei der Wahl der Kommunikationsmittel wird bei allen Übertragungswegen davon ausgegangen, dass die Information verschlüsselt oder unverschlüsselt sowie signiert oder unsigniert übertragen werden kann.

a) Mail-Body

aa) Basistechnologie

Im Bereich der E-Mail haben sich seit langem stabile und weitestgehend plattformunabhängige Lösungen auf der Basis des **SMTP-Standards** etabliert. Diese werden größtenteils schon seit längerer Zeit auch im elektronischen Kommunikationsverkehr der Behörden genutzt. Im Lieferumfang praktisch aller Betriebssysteme sind heute SMTP-fähige Mail-Clients integriert; darüber hinaus gibt es eine Vielzahl von Mailprogrammen sowohl im „klassischen" als auch im Open-Source-Umfeld. In Behörden werden zur Anbindung der Clients meist spezielle Mailserver eingesetzt, bei Privatkunden übernimmt diese Aufgabe der Internetprovider oder spezielle (Free-)Mail-Anbieter. Die Verbreitung der Basistechnologie „Mail" ist sowohl auf Behörden- als auch auf Kundenseite sehr hoch.

Spezifische Vorteile:

- Einfache Handhabung, etablierte Technologie
- Etablierte Standards, kaum Interoperabilitätsprobleme
- Hohe Verbreitung und Akzeptanz bei Behörden und Kunden

Technische Rahmenbedingungen 8

Spezifische Nachteile:

▶ Übernahme in Hintergrundsysteme erfordert manuelle Tätigkeiten
▶ Kaum „generische" Sicherungsmechanismen

Organisatorische Maßnahmen

Zur Teilnahme an der Mail-Kommunikation müssen Behördenmitarbeiter und Kunde lediglich über einen Internetzugang und einen Mail-Client verfügen. Behördenseitig dürfte diese Voraussetzung in weiten Teilen schon vor dem Start von spezifischen eGovernment-Projekten gegeben sein.

Mögliche spezielle Probleme und Lösungen:

Bisher werden die meisten Mail-Bodys in Form von ASCII-Zeichen durch unmittelbares Eintippen in den Mail-Client erzeugt, wobei auf Basis des MIME-Standards auch Umlaute und andere Sonderzeichen weitgehend problemlos verwendet werden können. In den letzten Jahren haben sich allerdings zunehmend Mail-Clients etabliert, die hier einen höheren „Komfort" bieten und auch graphische Gestaltungselemente (Farben, Hintergründe, animierte Inhalte, . . .) ermöglichen. Diese Entwicklung ist insofern problematisch, als hierdurch die **Interoperabilität** des Nachrichtenaustauschs **eingeschränkt** wird und mögliche **Sicherheitslücken durch Schadinhalte** entstehen können.

Da die Verwaltung ihren Kunden in aller Regel keine verbindlichen Vorgaben für die Nutzung oder Vermeidung bestimmter Gestaltungsmöglichkeiten vorgeben kann, bleibt hier nur die Option im Falle eines nicht lesbaren Mail-Bodys durch eine entsprechende **Benachrichtigungsmail** (evtl. verbunden mit dem Hinweis, möglichst ein reines Textformat zu benutzen) zu reagieren. Die Einbeziehung von Mail-Bodys in **Antivirus-Schutzmaßnahmen** sollte auf jeden Fall erfolgen.

Die Behandlung von **Sonderzeichen,** insbesondere Umlaute etc., ist so lange völlig unproblematisch, wie Sender und Empfänger über MIME-fähige Clients verfügen. Ist diese Voraussetzung auf Empfängerseite nicht gegeben, werden die Sonderzeichen beim Betrachten der Mail durch programmspezifische „Fehlerzeichen" ersetzt, was die Lesbarkeit der Nachricht deutlich einschränkt. Um dieses Problem **beim Input** von vorneherein zu vermeiden, sollten **behördenseitig nur MIME-fähige Clients** verwendet werden. Diese Voraussetzung ist bei praktisch allen „moderneren" Clients erfüllt.

8 Technische Rahmenbedingungen

bb) Behörden-Authentizität

Vorbemerkung:

Wie im vorangegangenen Kapitel ausgeführt, kann der Verwaltungskunde Behörden-Authentisierungsanforderungen ab Stufe „mittel" nur durch den Einsatz von **Verschlüsselungsverfahren** umsetzen. Dies ist schon durch die fehlenden „generischen" Sicherungsmechanismen des Kanals E-Mail bedingt. Andererseits würde eine unverschlüsselte Übertragung auch zu einer Sicherheitsschieflage führen.

Mechanismen:

Stufe	Mechanismus
Gering	**Amt:** wird durch die **Plausibilität** der Mail-Adressen in der Form *<Name>@<Behörde>.de* oder *<Poststelle>@<Behörde>.de* gewährleistet. **Organisationseinheit:** Hier sollten „sprechende" Mailadressen vergeben werden: z. B. referatxy@ . . ., oder pressestelle@ . . .; diese Adressen sollten auch an geeigneter Stelle innerhalb des Web-Auftritts der Behörde bekannt gegeben werden. **Mitarbeiter:** Üblicherweise werden Authentisierungsanforderungen der Stufe „Gering" schon durch die Art der Kontaktaufnahme (Visitenkarte, Brief mit Mail-Adresse, persönliche Übermittlung der Adresse, . . .) erfüllt.
Mittel	**Amt:** Verschlüsselte Übertragung der Mail mittels eines Zertifikats, das von einem vertrauenswürdigen Trustcenter (etwa innerhalb der PKI-1-Verwaltung) ausgestellt wurde. **Organisationseinheit:** Verschlüsselte Übertragung der Mail mittels eines vertrauenswürdigen Zertifikats. Es dürfte in aller Regel sinnvoll sein, die Adressen der „wichtigsten" Organisationseinheiten auf der Web-Seite der Behörde zu veröffentlichen. **Mitarbeiter:** Verschlüsselte Übertragung der Mail mittels eines vertrauenswürdigen Zertifikats.

Technische Rahmenbedingungen 8

Stufe	Mechanismus
Hoch	**Amt, Organisationseinheit:** Eine hohe nicht-persönliche Authentisierungsforderung kann – ebenso wie in klassischen Verfahren (vgl. die oben angegebene Tabelle) – nicht sinnvoll abgedeckt werden; hierfür brauchen seitens der Behörde keine Mechanismen bereitgestellt werden. **Mitarbeiter:** Verschlüsselte Übertragung der Mail mittels eines vertrauenswürdigen Zertifikats, das von der PKI-1-Verwaltung ausgestellt wurde, ergänzt um weitere Maßnahmen. Je nach Art des persönlichen Kontakts zwischen Kunde und Verwaltungsmitarbeiter (ein solcher dürfte in aller Regel Voraussetzung für eine kundenseitig bestehende hohe Mitarbeiter-Authentisierungsanforderung sein) können sich hier verschiedene individuell geprägte Mechanismen ergeben. Dazu können gehören: ▶ Persönliche Übergabe von Zertifikaten. ▶ Übergabe der Zertifikatsdaten in einer durch eine qualifizierte Signatur geschützten elektronischen Kommunikation (ggf. auch mit entsprechenden Attributzertifikaten). ▶ …

Randbedingungen:

Die Entscheidung, ob und welche Mitarbeiter-E-Mail-Adressen auf der Web-Seite veröffentlicht werden sollen, sollte sorgfältig geprüft werden. Sie ist in der Regel nur dann sinnvoll, wenn Ansprechpartner für bestimmte Fachthemen allgemein bekannt gegeben werden sollen. Durch derartige Veröffentlichungen können sich aber datenschutzrechtliche Probleme ergeben. Außerdem besteht die Gefahr, dass diese Adressen zum Versand von unerwünschten (Werbe-) Mails missbraucht werden. Eine Alternative können hier organisations- oder themenbezogene Adressen (z. B. pressestelle@ …) sein.

cc) Kunden-Authentizität

Zur Authentizitätssicherung kann der Kunde als Absender einer E-Mail das Instrument der elektronischen Signatur mit den von der Behörde akzeptierten Verfahren einsetzen; Verfahren wie PIN/TAN-Authentisierung lassen sich über den E-Mail-Kanal nur mit großem Aufwand (Verschlüsselung, manuelles Auslesen) und diffizilen Sicherheitsproblemen abbilden.

8 Technische Rahmenbedingungen

Um eine „Sicherheitsschieflage" zu vermeiden, ist auch hier ab mittlerer Authentisierungsstufe eine **Verschlüsselung der E-Mail** dringend anzuraten. Es muss jedoch davon ausgegangen werden, dass speziell weniger informierte Kunden diese Absicherung möglicherweise auch unterlassen.

Mechanismen:

Stufe	Mechanismus
Gering	**Plausibilisierung** durch Angabe interner Bearbeitungsnummern, Aktenzeichen, Verweis auf vorangegangene Kommunikationen, ...
Mittel	**Signieren** (fortgeschrittene oder qualifizierte Signatur) der Mail mit einem für die Behörde überprüfbaren Zertifikat. Das Zertifikat sollte – ggf. in Verbindung mit dem Mailinhalt (Selbsterklärung) – eine eindeutige Identifizierung des Kunden ermöglichen; entweder durch Angaben im Zertifikat selbst oder über lokale Datenbanken der Behörde.
Hoch	**Qualifizierte elektronische Signatur** **Ex post:** Identifizierungsdaten in E-Mail enthalten (rechtlich verbindliche Selbst-Identifizierung). **Ex ante:** Identifizierungsdaten im Zertifikat oder in einem beigefügten qualifizierten Attributzertifikat.

Randbedingungen:

Da Authentisierungsmaßnahmen des Kunden bei der Verwendung von E-Mails nicht erzwungen werden können, ist eine gute Informationspolitik der Behörde über für die einzelnen Dienstleistungen bestehende Authentisierungsforderungen sowie über die Möglichkeiten zu deren Erfüllung eine wesentliche Voraussetzung für eine reibungslose E-Mail-Kommunikation im eGovernment. Ebenso muss vorab festgelegt werden, wie mit unzureichend authentisierten E-Mails umgegangen werden soll. Zahlreiche S/MIME-Clients verwenden reine „Transportsignaturen", die bei der ersten Signaturprüfung („Öffnen der signierten Mail") zerstört werden. In diesem Fall kann sich das Problem der **Beweissicherung** über die erfolgte Authentisierung stellen. Hierzu müssen entweder andere bzw. modifizierte Clients eingesetzt werden, die die Signatur erhalten oder es müssen spezielle Protokollierungs- und Dokumentationsmaßnahmen getroffen werden.

Technische Rahmenbedingungen 8

dd) Integrität

Abgesehen von einem eventuellen Schriftformerfordernis (s.u.) kann und sollte eine Behörde keine gesonderten Anforderungen an die Integrität einer Kunden-E-Mail stellen. Da die Erfüllung eventuell bestehender Authentisierungsanforderungen ausschließlich durch elektronische Signaturen möglich ist, ergibt sich in diesen Fällen der entsprechende Integritätsschutz als „Beigabe".

ee) Vertraulichkeit

Die Verschlüsselung von Kunden-E-Mails sollte über S/MIME-Produkte auf Basis der ISIS-MTT-Spezifikation erfolgen. Die hierzu benötigen Zertifikate stellt die Behörde ihren Kunden über die PKI-1-Verwaltung oder über individuelle Kommunikationskanäle zur Verfügung.

In Einzelfällen können je nach Art und Zusammensetzung der Kundengruppe auch andere Verfahren wie PGP, GNUPG, ... zum Einsatz kommen.

ff) Schriftform

Zur Erfüllung der Schriftform ist von Kunden ein Mail-Plugin zu nutzen, das qualifizierte Zertifikate unterstützt und dessen Ergebnisse von der Behörde ausgewertet werden können.

Die Behörde sollte durch entsprechende Angebote (Web-Formulare, ...) darauf hinwirken, dass formgebundene Kommunikation möglichst nicht über den E-Mail-Kanal abgewickelt wird. Insbesondere sollte die technisch bestehenden Möglichkeit, Formularinhalte automatisiert in Mail-Bodys zu schreiben, nur als „Übergangslösung" oder bei geringem Kommunikationsvolumen angewendet werden.

b) Mail-Attachment

aa) Basistechnologie

Praktisch alle Mail-Clients (s. o.) bieten über das MIME-Protokoll die Möglichkeit, an eine Mail (sogar wenn der Body leer ist) beliebige Dateien anzuhängen. Hierzu sind in aller Regel keine weiteren technischen Vorrichtungen erforderlich.

Spezifische Vorteile:

- ▶ Einfache Handhabung, etablierte Technologie
- ▶ Fast alle heute gängigen Mail-Clients/-server sind MIME-fähig, Attachments können problemlos versendet und empfangen werden.

8 Technische Rahmenbedingungen

Spezifische Nachteile:

- Zum Betrachten/Weiterverarbeiten der Attachments muss der Empfänger über das jeweils benötigte Anwendungsprogramm verfügen.
- Attachments können Viren und andere Schadsoftware enthalten.
- Insbesondere bei umfangreichen Attachments besteht die Gefahr eines „Überlaufs" des Postfachs.
- Viele Dateiformate (insbesondere Office-Dokumente) sind nicht plattformübergreifend layoutgetreu, d. h. das gleiche Dokument kann auf unterschiedlichen Plattformen anders aussehen, weil etwa spezielle Steuerungsbefehle nicht oder falsch interpretiert werden oder durch nutzerspezifische Einstellungen das Aussehen erheblich verändert wird („Weiße Schrift auf weißem Grund" ...).

Organisatorische Maßnahmen

Prinzipiell ist jeder mit einem Mail-Client ausgestattete Behördenmitarbeiter auch in der Lage, Attachments in Kunden-Mails zu nutzen. Da die meisten Attachments Office-Dokumente oder pdf-Dateien sind, muss überprüft werden, inwieweit die Ausstattung der Mitarbeiter mit den entsprechenden Programmen den Kommunikationsanforderungen genügt.

Mögliche spezielle Probleme und Lösungen:

Wegen der bei Attachments besonders relevanten Virenproblematik ist die Durchführung von Schadsoftware-Prüfungen auch auf den Arbeitsplätzen von besonderer Bedeutung.

Um einen Überlauf von Postfächern durch große Attachments möglichst weitgehend zu verhindern, sollte bei der Einrichtung eines Mail-Servers sorgfältig überlegt werden, welche Maximalgrößen von Posteingängen und Postfächern eingestellt werden sollen.

Es sollte sorgfältig geprüft werden, ob die Darstellungsproblematik bei komplexeren Dateiformaten hingenommen werden kann oder nicht. Ggf. empfiehlt es sich, auf „einfache" Formate mit reinem (ASCII-) Text auszuweichen.

bb) Behörden-Authentizität

Die Authentisierung der Behörde als Empfängerin des Mail-Attachments kann nur über die Mechanismen des Mail-Kanals erfolgen. Es gelten daher hier die im vorigen Abschnitt getroffenen Aussagen. Dabei ist allerdings vorab sicherzustellen, dass die Attachments mit der E-Mail mit verschlüsselt werden.

Technische Rahmenbedingungen **8**

cc) Kunden-Authentizität

Durch Mitsignieren der Attachments oder eine getrennte **Dokumentensignatur** des Attachments können die Authentisierungsanforderungen wie bei Mail-Bodys erfüllt werden.

Falls die Attachments durch die Mail-Signatur mitsigniert werden, ergeben sich die oben dargestellten Probleme bei der Dokumentation der Authentisierung über die Transportsignatur. Dokumentensignaturen sind hiervon in aller Regel nicht betroffen.

dd) Integrität

Hier können außer der Schriftform (s.u.) keine weiteren Anforderungen seitens der Behörde gestellt werden (s. die Bemerkungen unter „Mail-Body").

Als Anhaltspunkt für die Bewertung der „Verlässlichkeit" des Inhalts von E-Mails kann folgende Einteilung dienen:

Stufe	Mechanismus
Gering	Plausible Inhalte
Mittel-Hoch	Integritätsschutz durch fortgeschrittene oder qualifizierte Signatur

ee) Vertraulichkeit

Die meisten Mail-Verschlüsselungs-Programme erlauben es problemlos, mitgesendete Attachments auch mit zu verschlüsseln. Es ist prinzipiell auch möglich, Attachments vor der Versendung separat zu verschlüsseln. Die hierfür verfügbaren Dateiverschlüsselungsprogramme arbeiten meist auf der Basis der **symmetrischen Verschlüsselung.** Die Fragen des Schlüsseltauschs müssen, sofern der Einsatz einer solchen Verschlüsselung gewünscht wird, individuell geklärt werden. Derzeit existieren keine Dateien-Verschlüsselungsprogramme, die soweit verbreitet wären, dass von einem „flächendeckenden" Einsatz innerhalb des eGovernment ausgegangen werden kann.

ff) Schriftform

Die gängigen Signatur-Plugins für qualifizierte Signaturen erlauben es in der Regel, Attachments mitzusignieren. Es ist jedoch in diesem Fall keine separate Prüfung der Signatur des Attachments möglich. Zur Beweissicherung müsste also entweder die Mail insgesamt aufbewahrt oder das

8 Technische Rahmenbedingungen

Prüfergebnis rechtssicher dokumentiert werden. Sinnvoller ist es daher, das **Attachment separat** mit einem entsprechendem Signaturanwendungsprogramm zu **signieren**. Dabei muss innerhalb der Kommunikation sichergestellt werden, dass die Behörde in der Lage ist, die so erzeugte Signatur zu verifizieren.

c) **Upload**

aa) **Basistechnologie**

Durch Upload-Mechanismen können direkt über eine Web-Seite auf dem Rechner des Kunden gespeicherte Dokumente zur Behörde hin übertragen werden.

Spezifische Vorteile:

- Einfache Handhabung für den Nutzer
- Unterstützung durch praktisch alle gängigen Browser und Web-Server
- Kundenseitig keine besonderen Soft- und Hardwareanforderungen.

Spezifische Nachteile:

- Zum Betrachten/Weiterverarbeiten der Dateien muss der Empfänger über das jeweils benötigte Anwendungsprogramm verfügen
- Dateien können (Makro-)Viren und andere Schadsoftware enthalten.

Organisatorische Maßnahmen

Ebenso wie bei Mail-Attachments muss eine Reaktion auf nicht lesbare Datenformate definiert werden; diese sollte idealerweise noch online in der bestehenden Web-Session erfolgen. Zudem sollte der Kunde im „Upload-Fenster" über bestehende Restriktionen informiert werden.

Mögliche spezielle Probleme und Lösungen

Ebenso wie Mail-Attachments müssen auch per Upload erhaltene Dokumente einer Viren-Prüfung unterzogen werden.

bb) **Behörden-Authentizität**

Bei dieser Web-gestützten Kommunikation wird, wie eingangs erwähnt, nur die **Amts-Authentizität** betrachtet.

Technische Rahmenbedingungen 8

Mechanismen:

Stufe	Mechanismus
Gering	**Plausibilisierung** durch Adresse der Form www.<Behörde>.de
Mittel	Durch SSL abgesicherte Kommunikation (Server-Authentisierung und Verschlüsselung) mittels eines SSL-Server-Zertifikats, das von einem vertrauenswürdigen Trustcenter ausgestellt wurde.
Hoch	Eine hohe Amts-Authentisierung wird nicht betrachtet (s. dazu die Ausführungen im Abschnitt Mail-Body).

Randbedingungen:

Die verwendete SSL-Technologie ist weit verbreitet und auch für weniger erfahrene Nutzer mit praktisch allen neueren Browsern ohne weitere Vorkehrungen leicht zu bedienen. Es kann allerdings vorkommen, dass Nutzer die SSL-Technologie nicht verwenden können oder wollen, weil z. B. Firewall-Einstellungen in Firmen- oder Behördennetzen dies verhindern. Um diese Nutzer nicht von der Online-Kommunikation auszuschließen, sollte **die Behörde alle Seiten, deren Inhalt nicht eine SSL-Verschlüsselung zwingend erfordert (s. u.) mindestens alternativ auch ohne SSL-Absicherung anbieten.** Die betreffenden Nutzer müssen sich dann entweder mit der geringeren Authentisierungsgüte zufrieden geben oder andere Kommunikationswege nutzen.

cc) Kunden-Authentizität

Es werden sowohl geheimnisgestützte als auch zertifikatsbasierte Verfahren betrachtet.

Bei der Verwendung von geheimnisgestützten Verfahren (ab Authentisierung „Mittel") sollte die Übertragung durch SSL-Mechanismen verschlüsselt werden, um ein Ausspähen der Authentisierungsdaten zu verhindern; bei Passwortverfahren ist diese Maßnahme unerlässlich.

Mechanismen:

Stufe	Mechanismus
Gering	**Plausibilisierung** durch Angabe interner Bearbeitungsnummern, Aktenzeichen, Verweis auf vorangegangene Kommunikationen, in der Eingabemaske.

8 Technische Rahmenbedingungen

Stufe	Mechanismus
Mittel	▶ Eingabe eines vorab (etwa postalisch) zugesendeten Passworts vor dem Upload, SSL-Absicherung der Übertragung. ▶ PIN/TAN-Eingabe vor dem Upload, SSL-Verschlüsselung ist hier dringend empfohlen, da sonst das PIN/TAN-Paar ausgespäht werden kann. ▶ Benutzung eines SSL-Client-Zertifikats zur Kunden-Authentisierung. Das Zertifikat sollte von einem vertrauenswürdigen Trustcenter ausgestellt sein und es sollte eine Identifizierung des Kunden ermöglichen. ▶ **Signieren** (fortgeschrittene oder qualifizierte Signatur) des Dokuments mit einem für die Behörde überprüfbaren Zertifikat. Das Zertifikat sollte mindestens in Verbindung mit Dateiinhalt (Selbsterklärung) eine eindeutige Identifizierung des Kunden ermöglichen; entweder durch Angaben im Zertifikat selbst oder über lokale Datenbanken der Behörde.
Hoch	▶ PIN/TAN mit persönlicher Registrierung durch die Behörde und „sicherer" Übergabe der PIN sowie der TAN-Listen an den Kunden und sicher verschlüsselter Speicherung der PIN/TAN-Daten bei der Behörde. ▶ Qualifizierte elektronische Signatur des Dokuments (ggf. erforderliche ex-ante-Authentisierung durch zusätzliche Angaben im Zertifikat oder Attributzertifikat).

Randbedingungen:

Es gelten die gleichen Bemerkungen wie für Signaturen von Mail-Attachments.

Bei der Verwendung von geheimnisgestützten Verfahren oder von SSL („Transport-Absicherung") entsteht das Problem der nachträglichen Nachweisbarkeit der erfolgten Authentisierung. Diesem muss ggf. durch interne Dokumentationsverfahren der Behörde begegnet werden.

Bei Passwort- oder PIN/TAN-Verfahren ist zu beachten, dass eine reine Authentisierung des Absenders vorliegt. Die Integrität der übertragenen Daten wird hierdurch aber (ohne weitere Maßnahmen) nicht geschützt.

Sofern PIN/TAN-Listen zur Authentisierung verwendet werden, kann die Stufe „hoch" nur erreicht werden, wenn u. a. die zur Überprüfung des

Technische Rahmenbedingungen 8

Authentisierungsvorgangs notwendigen PIN/TAN-„Referenz"-Daten bei der Behörde in **verschlüsselter** Form vorliegen, so dass die PINs und TANs auch möglichen Innentätern in der Behörde nicht zur Kenntnis gelangen können. Hierzu bieten sich etwa Einweg-Hash-Funktionen an, die auch bei der Erstellung digitaler Signaturen zum Einsatz kommen.

dd) Integrität

Hier können außer der Schriftform (s.u.) keine weiteren Anforderungen seitens der Behörde gestellt werden (s. die Bemerkungen unter „Mail-Body"). Allerdings kann durch die Einrichtung eines **SSL-abgesicherten Zugangs** ein Integritätsschutz während der Übertragung automatisiert gewährleistet werden, sofern der Kunde diesen Zugang nutzen kann und will.

ee) Vertraulichkeit

Durch den Einsatz von **SSL** kann die **Vertraulichkeit des Dokuments auf der Übertragungsstrecke** gesichert werden. Alternativ oder zusätzlich kann das zu übertragende Dokument vom Kunden vorab mit einem Dateiverschlüsselungsprogramm verschlüsselt werden. In diesem Fall gelten die im Punkt „Mail-Attachment" gemachten Bemerkungen.

ff) Schriftform

Zur Erfüllung der Schriftform ist analog zu Mail-Attachments das Dokument vorab qualifiziert zu signieren.

8.6.3.2 Input-Formular

Während die Freitext-Kommunikation einen flexiblen Zugang des Kunden zur Verwaltung ermöglicht, eignen sich formgebundene Kommunikationsarten vor allem für stärker strukturierte eGovernment-Dienstleistungen („elektronische Formulare"). Durch die Möglichkeit, die Kommunikationsinhalte unmittelbar in bestehende oder einzurichtende Hintergrundsysteme zu übernehmen, erlauben dieses Kommunikationstypen die Realisierung von Rationalisierungsgewinnen.

Es wird grundsätzlich davon ausgegangen, dass die Behörde ihren Kunden keine Formulare zur Verfügung stellt, die sie in Form eines Mail-Bodys zurücksenden können. Dieser theoretisch mögliche Übertragungsweg wird hier also nicht betrachtet. Es bleiben also die Kommunikationskanäle:

▶ Mail-Attachment
▶ Upload
▶ Web-Formular

8 Technische Rahmenbedingungen

a) Mail-Attachment
aa) Basistechnologie

Bei der formulargebundenen Kommunikation über Mail-Attachments stellt die Behörde auf ihrer Web-Seite herunterladbare Dokumente (etwa Office-Dokumente oder editierbare pdf-Dateien) zur Verfügung, die der Kunde auf seinen Rechner ausfüllt und anschließend als E-Mail-Attachment an die Behörde zurücksendet. Denkbar (allerdings aufwändiger) ist auch der Versand des Formulars als E-Mail-Attachment nach vorheriger besonderer Aufforderung durch den Kunden. Der Vorgang der Rücksendung geschieht genauso wie bei der Übersendung eines Freitexts als Attachment. Im Folgenden werden wir daher nur die Abweichungen betrachten.

Spezifische Vorteile:

- Der Kunde kann die Formulare offline bearbeiten. Dies führt zu einer Reduktion der Online-Kosten.
- Durch Vorgabe des Dokumententyps kann die Behörde sicherstellen, dass sie die zurückgesendete Datei auch bearbeiten kann.
- Über die Mail-Archivierung kann der Kunde seine Kommunikation nachvollziehen.

Spezifische Nachteile:

- Bei elektronischen Formularen besteht die Gefahr, dass der Absender diese zuvor (bewusst oder unbewusst) so verändert hat, dass sie nicht mehr automatisiert verwendet werden können.
- Häufig kommt es vor, dass der Absender vergisst, die Datei vor dem Absenden noch einmal abzuspeichern, so dass mindestens ein Teil der vorgenommenen Einträge nicht in der übersendeten Datei enthalten ist.
- Es ist nicht auszuschließen, dass ein Kunde (bewusst oder unbewusst) Schadinhalte in ein ausgefülltes Formular hineinbringt.
- Der Kunde kann das Formular nur bearbeiten, wenn er über das erforderliche Anwendungsprogramm (ggf. in der richtigen Version) verfügt.

Organisatorische Maßnahmen

Es sollten nur Dokumentformate eingesetzt werden, bei denen davon auszugehen ist, dass eine größere Anzahl von potentiellen Kunden auch in der Lage ist, diese zu bearbeiten.

Auf der Web-Seite, auf der die Formulare heruntergeladen werden können, oder in der Mail, mit dem das Formular zum Kunden gesendet wird, sollte unbedingt darauf hingewiesen werden, welche Soft- und (ggf.) Hardwarevoraussetzungen kundenseitig für die Bearbeitung erforderlich sind.

Der Kunde sollte an gut sichtbarer Stelle darauf hingewiesen werden, an welche Mail-Adresse er das ausgefüllte Formular zurücksenden sollte.

Mögliche spezielle Probleme und Lösungen:

Office-Dokumente enthalten oftmals neben dem unmittelbar sichtbaren Text und den Grafiken sog. **Metainformationen,** die von den Anwendungsprogrammen für Zwecke der Wiederherstellung gelöschter Inhalte oder zur Versionshistorie verwendet werden. Zu den Metainformationen können auch unzureichend gelöschte Bearbeitungskommentare gehören. Es ist in der Regel unerwünscht, diese rein internen Bearbeitungsinformationen nach außen weiterzugeben. Daher sollten sie vor Einstellung der Dokumente ins Internet sorgfältig entfernt werden.

Viele Office-Programme bieten die Möglichkeit, vorgegebene Formular-Masken mit einem Schreibschutz zu versehen. Um die Wahrscheinlichkeit für unerwünschte Änderungen in den Formularmasken zu senken, sollte von dieser Möglichkeit Gebrauch gemacht werden. Hierbei muss allerdings beachtet werden, dass durch zu restriktive Vorgaben Probleme beim Ausfüllen entstehen können (z. B. zu wenige Stellen für Namen, Hausnummern, ...).

bb) Behörden-Authentizität

Es ist hierbei zu unterscheiden zwischen der Authentizität der Behörde als **Erstellerin des Formulars** und der Authentizität der Behörde als **Empfängerin des Attachments.** Für den letztgenannten Aspekt gelten die im Abschnitt über Attachments als Freitext genannten Aspekte unverändert auch hier.

Zur **Authentisierung der Behörde als Erstellerin des Formulars** können behördenseitig **elektronische Signaturen** oder der SSL-Mechanismus eingesetzt werden. Da es in aller Regel unerheblich sein dürfte, welcher Mitarbeiter oder welche Organisationseinheit innerhalb einer Behörde ein bestimmtes Formular erstellt hat, ist hier nur der Gesichtspunkt der **Amts-Authentizität von Interesse.**

8 Technische Rahmenbedingungen

Mechanismen:

Stufe	Mechanismus
Gering	Plausibilisierung durch Adresse der Form www.<Behörde>.de oder entsprechende E-Mail-Adresse.
Mittel	Durch SSL abgesicherte Kommunikation (Server-Authentisierung und Verschlüsselung) mittels eines SSL-Server-Zertifikats, das von einem vertrauenswürdigen Trustcenter ausgestellt wurde und/oder Signieren des Formulars mit einer fortgeschrittenen oder qualifizierten Signatur, deren Zertifikat eine Identifikation der Behörde ermöglicht.
Hoch	Qualifizierte Signatur des Formulars mit expliziter Behördenangabe im Hauptzertifikat. (Eine SSL-Absicherung des Herunterladens kann ergänzend angeboten werden).

Randbedingungen:

Eine Signierung des Formulars sollte stets so erfolgen, dass eine spätere Bearbeitung nicht behindert wird, selbst dann nicht, wenn der Kunde nicht über die zur Signaturprüfung notwendige Soft- und/oder Hardware verfügt.

cc) Kunden-Authentizität

Hier gelten die für Freitext-Attachments gemachten Anmerkungen unverändert.

dd) Integrität

Hier können außer der Schriftform (s.u.) keine weiteren Anforderungen seitens der Behörde gestellt werden. Allerdings können ebenso wie im Freitext-Fall Plausibilitätsprüfungen vorgenommen werden.

ee) Vertraulichkeit

In den meisten Fällen dürften die nicht ausgefüllten Formulare keinen besonderen Vertraulichkeitswert besitzen. Der Nutzer sollte darauf hingewiesen werden, welche Möglichkeiten zur Verschlüsselung der Rücksendung des Attachments bestehen.

Technische Rahmenbedingungen 8

ff) Schriftform

Eine qualifizierte Signierung der ausgefüllten Formulare kann ebenso wie für Freitext-Attachments erfolgen.

b) Upload

aa) Basistechnologie

Von einer Web-Seite heruntergeladene Formulare können auch über Upload-Mechanismen wieder an die Behörde zurückgeschickt werden.

Spezifische Vorteile:

▶ Die gesamte Kommunikation wird über die Web-Plattform abgewickelt.

Organisatorische Maßnahmen

Es sind analog die gleichen Maßnahmen zu treffen wie bei der Verwendung von Attachments.

Mögliche spezielle Probleme und Lösungen

Es sind analog die gleichen Maßnahmen zu treffen wie bei der Verwendung von Attachments.

bb) Behörden-Authentizität

Ebenso wie bei der Rücksendung in Form von Attachments ist hier zwischen den Rollen der Behörde als Erstellerin des Formulars und als Empfängerin der Rücksendung zu unterscheiden. Die verwendeten Mechanismen zur Sicherung der **Autoren-Authentizität** sind analog zu den bei Mail-Attachments diskutierten. Ebenso sind für den Aspekt der **Empfänger-Authentizität** die Anmerkungen für Freitext-Uploads aus Abschnitt sinngemäß zu berücksichtigen.

cc) Kunden-Authentizität

Hier gelten die für Freitext-Uploads gemachten Anmerkungen unverändert.

dd) Integrität

Hier gelten die für Freitext-Uploads gemachten Anmerkungen unverändert.

ee) Vertraulichkeit

Hier gelten die für Freitext-Attachments gemachten Anmerkungen unverändert und die Bemerkungen über Formular-Attachments sinngemäß.

8 Technische Rahmenbedingungen

ff) Schriftform

Hier gelten die für Freitext-Uploads gemachten Anmerkungen unverändert.

c) Web-Formulare

aa) Basistechnologie

Formulareingaben können nicht nur über Anwendungsprogramme auf dem Rechner des Kunden, sondern auch direkt in einer Web-Session im Browser durch den Kunden in vorgegebene HTML-Masken **(Web-Formulare)** eingetragen und anschließend über ein besonderes HTML-Kommando durch Mausklick an den Web-Server zurückgesendet werden. Dabei besteht für den Kunden die Möglichkeit zur Einsparung von Online-Kosten die Web-Sitzung zwischendurch zu beenden und nach Ausfüllen des Formulars wieder aufzunehmen.

Spezifische Vorteile:

- Es sind kundenseitig mit Ausnahme des Browsers keine weiteren Anwendungsprogramme erforderlich.
- Die vorgegebene Eingabemaske liefert einen wirksamen Schutz gegen Veränderungen des Formularmusters.
- In das Formular können interaktive Ausfüllhilfen integriert werden.
- Persönliche Standard-Angaben können server- oder client-seitig automatisiert in das Formular übernommen werden.

Spezifische Nachteile:

- Der Kunde erhält ohne weitere Aktionen keine Dokumentation des ausgefüllten Formulars.
- Beim Online-Ausfüllen des Formulars entstehen für den Kunden Kosten.

Organisatorische Maßnahmen:

Der Kunde muss über den Charakter der verbindlichen Antragstellung informiert werden, da vielerorts das Bewusstsein für die Rechtswirksamkeit von elektronischen Transaktionen „per Mausklick" noch nicht im erforderlichen Umfang ausgeprägt ist.

Mögliche Probleme und Lösungen:

Um dem Kunden eine Dokumentation seiner Antragstellung zu ermöglichen sollte in jedem Fall ein Schaltfeld „Speichern" und/oder „Drucken" in das Web-Fomular eingebaut werden.

Technische Rahmenbedingungen 8

Zur Verbesserung der Servicequalität sollten Mechanismen zur Überprüfung der Konsistenz der Eingaben des Kunden (am besten serverseitig) mit entsprechenden Assistenz-Funktionen genutzt werden.

Für Rückfragen bei der Antragstellung sollte eine Service-Telefonummer und/oder E-Mail-Adresse angegeben werden.

Die verschiedenen Browser unterscheiden sich teilweise in der Darstellung der Inhalte. Deshalb sollten Web-Formulare auf verschiedenen Systemen vorab getestet werden. Ebenso sollte versucht werden, das Formular so zu gestalten, dass es auch bei unterschiedlichen Bildschirmauflösungen möglichst gut les- und ausfüllbar bleibt.

bb) Behörden-Authentizität

Es können hier die gleichen Mechanismen eingesetzt werden wie bei Uploads.

Randbedingungen:

Sofern Dokumentensignaturen zur Sicherung der „Autoren-Authentizität" eingesetzt werden, ist zu prüfen, wie diese über den Web-Kanal sinnvoll zu übertragen sind.

cc) Kunden-Authentizität

Hier können die Maßnahmen wie bei Formular- oder Freitext-Uploads analog genutzt werden. Allerdings können hier normalerweise keine Dokumentensignierprogramme eingesetzt werden. Erforderlich sind vielmehr Plugins, die direkt in den Browser implementiert werden.

dd) Integrität

Hier können die Maßnahmen wie bei Formular- oder Freitext-Uploads analog genutzt werden.

ee) Vertraulichkeit

Hier können die Maßnahmen wie bei Formular-Uploads analog genutzt werden.

ff) Schriftform

Hier können die Maßnahmen wie bei Formular-Uploads analog genutzt werden. Das Signaturanwendungsprogramm muss direkt mit dem Browser operieren.

8 Technische Rahmenbedingungen

8.6.3.3 Output

Im Gegensatz zum nur schwer planbaren Kommunikationsverhalten der Kunden beim Input können die Behörden bei der Gestaltung der ausgehenden Information wesentlich stärker regulierend eingreifen. Entsprechend bietet es sich an, bestimmte Kombinationen von vorneherein auszuschließen. So sollte:

- **Schriftformgebundener** Output nicht in Mail-Bodys transportiert werden.
- Bei **hohen Anforderungen an die Bürgerauthentisierung** die Informationsübermittlung **in jedem Fall verschlüsselt** erfolgen.

Im Sinne einer „schlanken" technischen Ausgestaltung empfiehlt es sich, Download-Mechanismen auf Web-Downloads zu beschränken und z. B. nicht ohne besondere Notwendigkeit FTP-Server o. Ä. einzurichten.

Das gewählte Sicherheitsniveau für den Output sollte sich – im Rahmen der gesetzlichen Vorschriften und sonstigen Randbedingungen – am vom Kunden gewählten Sicherheitsniveau des zugehörigen Inputs orientieren.

Beim Output einer Behörde wird nicht zwischen „Formular" und „Freitext" unterschieden, da diese Differenzierung aus Behördensicht nur im Hinblick auf die Weiterverwendung im Hintergrundsystem der Behörde Sinn macht. Die Frage, ob der Output bestimmten formalen Anforderungen genügen muss/sollte, etwa um seine Verarbeitung in etwaigen Hintergrundsystemen der Kunden zu erleichtern, ist zwar im Sinne der Kundenfreundlichkeit ein entscheidendes Kriterium für die Gestaltung einer eGovernment-Dienstleistung; allerdings muss diese Frage dann auch immer im Kontext einer bestimmten Fachanwendung beantwortet werden. In den hier anzustellenden allgemein gültigen Handlungsoptionen kann sie keine Rolle spielen.

Für den Kommunikationstyp „Output" kommen folgende Übertragungswege in Frage:

- Mail-Body,
- Mail-Attachment,
- Web-Download,
- Online-Kommunikation (Web).

a) **Mail-Body**

aa) **Basistechnologie**

Die Basistechnologie E-Mail wurde bereits im Input-Fall betrachtet.

bb) Behörden-Authentizität

Zur Authentifizierung der Behörde als Absenderin der Daten gibt es für Mail-Bodys folgende Möglichkeiten.

Mechanismen:

Stufe	Mechanismus
Gering	**Plausibilisierung** durch Verwendung „sprechender" Mail-Adressen wie beim Input.
Mittel	**Fortgeschrittene oder qualifizierte Signatur** der Mail, wobei das einer evtl. fortgeschrittenen Signatur zugehörige Zertifikat aus einer vertrauenswürdigen PKI stammt.
Hoch	Eine hohe Amts-Authentisierung wird nicht betrachtet (s. dazu die Ausführungen im Abschnitt Input/Mail-Body) Eine hohe **Mitarbeiter-Authentisierung** kann durch **qualifizierte elektronische Signatur** der Mail erfolgen. Dabei sollte die Zugehörigkeit des Mitarbeiters zur Behörde im Zertifikat dokumentiert werden.

Randbedingungen:

Um eine Authentisierung **der Behörde** zu gewährleisten, sollte in jedem Fall die Zugehörigkeit des Signatur-Schlüsselinhabers zur Behörde (bzw. bei Bedarf zu einer Organisationseinheit in der Behörde) vorzugsweise im Hauptzertifikat oder in einem beigefügten Attributzertifikat dokumentiert werden.

Sofern bei einer reinen Amts- oder Organisations-Authentisierung die Offenlegung von Mitarbeiternamen nicht gewünscht ist, können Pseudonym-Zertifikate verwendet werden. Hierbei entsteht allerdings das Problem, dass aus einem Pseudonym nicht unbedingt **verbindlich** die Zugehörigkeit zu einer Behörde hervorgeht. So verbietet es beispielsweise das Signaturgesetz einem Zertifizierungsdiensteanbieter **nicht,** einer Privatperson ein Pseudonym des Typs „Behörde x" zuzuordnen. Um hier eine Verbindlichkeit herzustellen, sollte unbedingt eine Formulierung wie „Der Inhaber des Signaturschlüssels ist Mitarbeiter der Behörde x" ins Zertifikat aufgenommen werden. Aus Servicegründen sollten die Zertifikate der Mitarbeiter so gestaltet sein, dass eine eindeutige Zuordnung zu einem bestimmten Mitarbeiter für den Kunden „ex ante" möglich ist (geeignete Auflösung von Namensdoppeln, ...).

8 Technische Rahmenbedingungen

Beim Einsatz von Signaturen zur Behördenauthentifizierung sollte darauf geachtet werden, dass die Formate so gewählt sind, dass der Kunde die Mail auch dann noch *lesen* kann, wenn er nicht über eine spezielle Software zum Auswerten von Signaturen verfügt.

cc) Kunden-Authentizität

Bei der Authentisierung des Kunden als Empfänger eines Outputs muss die Behörde ab mittlerem Authentisierungsbedarf auf Verschlüsselungstechniken zurückgreifen. Es bestehen folgende Handlungsmöglichkeiten:

Mechanismen:

Stufe	Mechanismus
Gering	**Plausibilisierung** durch Verwendung einer der Behörde – etwa aus vorangegangenen „erfolgreichen" Kommunikationen – bekannten E-Mail-Adresse des Kunden.
Mittel	Verschlüsselung der Mail mittels eines ISIS-MTT-konformen Zertifikats, das ▶ von einem vertrauenswürdigen Trustcenter ausgestellt wurde, ▶ den Kunden „eindeutig" erkennen lässt (ggf. in Verbindung mit dem Mailinhalt; Selbsterklärung) und ▶ dessen Gültigkeitszustand (Sperrungen etc.) vorab verlässlich überprüft wurde.
Hoch	Aufgrund der ungeklärten Rechtslage für Verschlüsselungs-PKIs, können hohe, über die heute üblichen Mail-Kanäle Kunden-Authentisierungsanforderungen in Standardverfahren derzeit nicht abgedeckt werden. Denkbar wäre die Nutzung dedizierter Kommunikationsstrukturen wie Virtual Private Networks (VPNs), die aber nicht zum Standard-Szenario des eGovernment gehören, und bei denen ggf. ebenfalls die Qualitätsgarantie thematisiert werden muss. Ebenfalls vorstellbar ist die Einrichtung von öffentlichen Postfächern, bei denen eine adäquate Authentisierung/Identifikation des Benutzers obligatorisch ist.

Randbedingungen:

Das Hauptproblem beim Einsatz von (Mail-)Verschlüsselungsverfahren im Output liegt darin, dass die Behörde hierfür über ein Zertifikat des Kun-

Technische Rahmenbedingungen **8**

den verfügen muss. Dies erhält sie typischerweise aus vorausgegangenen Kommunikationsschritten. Eine eigenständige Suche nach Zertifikaten in Verzeichnisdiensten ist oft nicht praktikabel. Sie wäre extrem aufwändig und würde in den meisten Fällen nicht zu einem eindeutigen Ergebnis führen, da Verschlüsselungszertifikate meist nicht in solchen Verzeichnissen abrufbar sind und Probleme mit Namensdoppeln etc. nicht zuverlässig gelöst werden können. Die Frage, inwieweit es mit den Anforderungen des Datenschutzes nach Zweckbindung und Datensparsamkeit verträglich ist, wenn einzelne Behörden (oder gar „Verbünde" verschiedener Behörden) in einer Art „Spezial-Verzeichnisdienst" Informationen über Kunden-Zertifikate dienstleistungsübergreifend verfügbar machen, verdiente in jedem Fall eine ausgiebigere juristische Analyse als sie hier zu leisten wäre.

Im Rahmen einer „Kommunikationsstrategie" sollte eine Behörde sich **vorab** Gedanken machen, wie das für den Fall der zertifikatsbasierten Output-Verschlüsselung zu erwartende Standardproblem des nicht auffindbaren Kundenzertifikats organisatorisch so in den Griff zu kriegen ist, dass der mühevoll aufgebaute Servicegewinn nicht umgehend wieder zunichte gemacht wird. Ein solcher Effekt tritt wohl unweigerlich ein, wenn ein fehlendes Zertifikat zu einem kommentarlosen Abbruch der elektronischen Kommunikation führt. Zielführender ist hier sicherlich eine flexible Strategie, die den Schutzbedarf der zu übertragenen Daten berücksichtigt. Als letztes Mittel sollte (bzw. muss) in solchen Fällen auf den traditionellen Postweg mit seinem „integrierten Integritätsschutz" zurückgegriffen werden.

dd) Integrität

Hier kann die Behörde entsprechend fortgeschrittene oder qualifizierte Signaturen einsetzen. Sofern lediglich das Verhindern von unbemerkten Übertragungsfehlern gewährleistet werden soll, können auch symmetrische Verfahren **(Message Authentication Codes MACs)** verwendet werden. Die entsprechenden Checksummen werden als Attachment der Mail beigefügt.

ee) Vertraulichkeit

Wie im Falle des Inputs können auch hier zur Verschlüsselung **S/MIME-Produkte** auf Basis der **ISIS-MTT-Spezifikation** eingesetzt werden. Zum Problem der Zertifikatsbeschaffung siehe die Anmerkungen in Abschnitt c).

8 Technische Rahmenbedingungen

ff) Schriftform

Es kann an dieser Stelle *nicht empfohlen* werden, schriftformgebundenen Output in Form von Mail-Bodys zu versenden. Dies dürfte angesichts der Tatsache, dass solche Dokumente meist als Ergebnis eines komplexeren Verwaltungsvorgangs durch die Hintergrundsysteme „formatiert" erstellt werden, ohnehin in den meisten Fällen nicht nahe liegend sein. Darüber hinaus ermöglicht die Versendung in „Datei"-Form eine geordnetere Archivierung dieser rechtserheblichen Dokumente als die „freie" Form des Mail-Bodys.

b) Mail-Attachment

aa) Basistechnologie

Siehe die entsprechenden Anmerkungen im Bereich Input.

bb) Behörden-Authentizität

Hier stehen die gleichen Maßnahmen wie bei Mail-Bodys sowie die Möglichkeit der separaten Dokumentensignatur des Mail-Attachments zur Verfügung. Ebenso wie beim Input ist auch hier zu beachten, dass eine übergreifende Signatur von Mail und Attachment je nach verwendetem Mail-Client und Signaturprogramm zur Folge haben kann, dass die Authentisierungsinformation kundenseitig nicht archiviert werden kann.

cc) Kunden-Authentizität

Die Authentisierung des Kunden als Empfänger von Mail und Attachment kann nur über die im vorigen Abschnitt beschriebenen Mechanismen des Übertragungskanals E-Mail erfolgen.

dd) Integrität

Hier können ebenfalls die im letzten Abschnitt „Mail-Body" beschriebenen Mechanismen und zusätzlich oder ergänzend Dokumentensignaturprogramme genutzt werden.

ee) Vertraulichkeit

Eine Verschlüsselung der Gesamt-Mail kann wie im vorigen Abschnitt dargestellt und unter den dort geschilderten Randbedingungen erfolgen. Daneben besteht die Möglichkeit des Einsatzes von Dokumenten-Verschlüsselungsprogrammen.

Technische Rahmenbedingungen 8

ff) Schriftform

Um dem Kunden die Archivierung des Outputs mitsamt den notwendigen Signaturinformationen zu erleichtern, sollte **stets eine separate qualifizierte Dokumentensignatur** angebracht werden.

c) Web-Download

aa) Basistechnologie

Das für die Web-Kommunikation eingesetzte http-Protokoll bietet die Möglichkeit, beliebige Dateien durch Anklicken eines entsprechenden Links vom Web-Server auf den lokalen Rechner zu übertragen. Dieser einfache und jedem Internetnutzer vertraute Mechanismus kann von der Verwaltung dazu genutzt werden, ihren Kunden in bequemer Weise Informationen, Bescheide und Nachrichten zur Verfügung zu stellen.

Spezifische Vorteile:

- Einfache Handhabung für den Nutzer
- Unterstützung durch alle gängigen Browser und Web-Server
- Kundenseitig keine speziellen Soft- und Hardwareanforderungen
- Der Kunde hat die Möglichkeit, heruntergeladene Dateien in seinen Hintergrundsystemen weiterzuverarbeiten.

Spezifische Nachteile:

- Zum Betrachten/Weiterverarbeiten der Dateien muss der Kunde über das jeweils benötigte Anwendungsprogramm verfügen.
- Dateien können (Makro-)Viren und andere Schadsoftware enthalten.

Organisatorische Maßnahmen

Im Sinne einer Dienstleistungsorientierung der Verwaltung sollte durch Verwendung „gängiger" Formate sichergestellt werden, dass eine hohe Wahrscheinlichkeit dafür besteht, dass der Kunde die heruntergeladene Information auch tatsächlich auswerten kann. Hierbei ist es oftmals sinnvoll, den Output in verschiedenen geeigneten Datenformaten anzubieten.

Für einige Dateiformate sind im Internet kostenlos nutzbare Betrachtungs- und Anwendungsprogramme erhältlich (z. B. für pdf, . . .). Derartige Formate sollten von der Verwaltung in besonderem Maße vorrangig genutzt werden. Es bietet sich dann auch an, auf der entsprechenden Web-Seite einen Link zu setzen, der das Herunterladen der entsprechenden Software ermöglicht.

8 Technische Rahmenbedingungen

Mögliche spezielle Probleme und Lösungen

Bei Downloads besteht im Allgemeinen ein hohes Risiko für den Befall mit Viren oder anderer Schadsoftware. Die Behörde sollte daher alle zum Download zur Verfügung gestellten Dateien vorab mit einer *aktuellen* Prüfsoftware auf eventuellen Virenbefall überprüfen und ggf. „säubern".

Zur Eindämmung der Virenproblematik trägt auch der konsequente Verzicht auf ausführbare Makros in herunterladbaren Office-Dateien bei. Sofern die Weiterverarbeitung beim Kunden nicht essentiell ist, können Office-Dokumente vor der Bereitstellung auch in Formate wie pdf überführt werden.

Um die Online-Kosten des Kunden beim Download zu minimieren, bietet es sich ggf. an, die Dateien vorab mit einem der frei verfügbaren Kompressionsprogramme zu verkleinern (zip-Formate). Aus dem gleichen Grund sollte auch überprüft werden, inwieweit auf die Verwendung speicherplatzintensiver Grafikelemente u. Ä. in den Dateien verzichtet werden kann.

bb) Behörden-Authentizität

Die Behörde kann sich zur Sicherstellung ihrer Authentizität dem Kunden gegenüber geeigneter Kombinationen der Sicherheitsmechanismen des Web-Kanals (SSL) und Signaturen bedienen.

Mechanismen:

Stufe	Mechanismus
Gering	**Amt: Plausibilisierung** durch Verwendung von Web-Adressen der Form www.<Behörde>.de; zusätzlich durch Verwendung geeigneter „Briefpapiere" oder anderer Merkmale in den Dateien. **Organisationseinheit:** Explizite Angabe der Organisationseinheit im Dokument, Verdeutlichung der zuständigen Organisationseinheit im Aufbau der Web-Seite (Baum-Struktur). **Mitarbeiter:** Nennung des Mitarbeiters im Dokument, Angabe von Mail-Adressen, Telefonnummern etc. für Rückfragen, ggf. Bezugnahme auf vorangegangenen persönlichen Kontakt oder Kommunikationsverkehr.

Technische Rahmenbedingungen **8**

Stufe	Mechanismus
Mittel	**Amt:** Durch SSL abgesicherte Kommunikation (Server-Authentisierung und Verschlüsselung) **mittels eines SSL-Server-Zertifikats, das von der PKI-1-Verwaltung ausgestellt wurde.** Alternativ oder zusätzlich kann das Dokument auch mit einer **(fortgeschrittenen oder qualifizierten) Signatur** versehen werden, die die Behörde erkennen lässt. Ist darüber hinaus **Organisationseinheits- oder Mitarbeiter-Authentizität** sinnvoll oder erwünscht, so muss mit einem Zertifikat signiert werden, dass die Einheit oder den Mitarbeiter erkennen lässt.
Hoch	**Qualifizierte elektronische Signatur** des Dokuments mit einem Zertifikat, in dem die Zugehörigkeit des Schlüsselinhabers (ggf. auch Pseudonym) zur Behörde erkennbar wird.

Randbedingungen:

Beim Einsatz (insbesondere) qualifizierter Signaturen ist bei der Frage, ob der Name des Schlüsselinhabers oder ein Pseudonym verwendet werden soll, zwischen Datenschutzerwägungen und der für den Kunden erforderlichen Transparenz des Vorgangs abzuwägen.

Da die Ausgestaltung von Pseudonymen im Signaturgesetz nicht geregelt ist, reicht es bei hohen Authentisierungsanforderungen **nicht** aus, den Behördennamen als Pseudonym zu verwenden. Vielmehr muss im Zertifikat explizit hervorgehoben werden, dass des Inhaber Mitarbeiter der Behörde ist.

cc) **Kunden-Authentizität**

Bei der Kundenauthentisierung muss die Behörde ab mittlerem Schutzbedarf auf eine Verschlüsselung *der Dateien* zurückgreifen, da nur so ausgeschlossen werden kann, dass nicht autorisierte Empfänger Kenntnis von der Datei erhalten. Eine reine Anwendung der SSL-Verschlüsselung **ohne Client-Authentisierung** reicht nicht aus.

8 Technische Rahmenbedingungen

Mechanismen:

Stufe	Mechanismus
Gering	**Plausibilisierung** durch ▶ Angabe einer vorher vereinbarten Benutzerkennung (ohne Passwort oder PIN/TAN-Mechanismus). ▶ Bereitstellung des Dokuments auf einer nicht durch „Anklicken" zugänglichen http-Adresse, die dem Kunden vorher in geeigneter Weise mitgeteilt wurde.
Mittel	▶ Eingabe eines vorher (etwa postalisch zugesendeten) Passworts vor dem Download, SSL-Absicherung der Übertragung und/oder Dateiverschlüsselung. ▶ PIN/TAN-Eingabe vor dem Download, SSL-Verschlüsselung und/oder Datei-Verschlüsselung erforderlich. ▶ Benutzung eines SSL-Client-Zertifikats zur Kunden-Authentisierung. Dem Zertifikat sollte eine der PKI-1-Verwaltung vergleichbare Registrierung zugrunde liegen und es sollte eine Identifizierung des Kunden ermöglichen. ▶ Verwendung einer Challenge-Response-Authentisierung, wobei die Qualität des zugrunde liegenden Zertifikats etwa vergleichbar zur PKI-1-Verwaltung ist und eine Identifizierung des Kunden ermöglicht.
Hoch	▶ PIN/TAN mit persönlicher Registrierung durch die Behörde, „sicherer" Übergabe der PIN sowie der TAN-Listen an den Kunden, verschlüsselter Speicherung der PIN/TAN-Daten bei der Behörde und „sicherer" (etwa durch Zeitstempel geschützter) Protokollierung der Authentisierung/Transaktion. ▶ Verwendung einer Challenge-Response-Authentisierung, wobei die Qualität des zugrunde liegenden Zertifikats mindestens vergleichbar zur PKI-1-Verwaltung ist, eine Identifizierung des Kunden belastbar ermöglicht und die sichere (nicht auslesbare) Speicherung des privaten Schlüssels auf einem Hardware-Modul (Chipkarte) gewährleistet ist.

Technische Rahmenbedingungen 8

dd) Integrität

Die Integrität der übertragenen Informationen kann sowohl durch Verwendung des SSL-Mechanismus als auch durch Einsatz von Dokument-Signaturen sichergestellt werden. Letztere haben für den Kunden den Vorteil, dass die Integrität auch nach dem Abspeichern auf dem lokalen Rechner geschützt bleibt, erfordern allerdings, dass er über die notwendige Soft- und/oder Hardware zur Signaturverifikation verfügt.

ee) Vertraulichkeit

Die Vertraulichkeit der Übertragung kann durch die SSL-Mechanismen geschützt werden. Alternativ oder zusätzlich können auch Dateiverschlüsselungsprogramme eingesetzt werden.

ff) Schriftform

Zur Wahrung der Schriftform muss die Behörde das Dokument vor der Bereitstellung zum Download qualifiziert signieren.

8.7 Standardisierung von Datenformaten und elektronischer Kommunikation

Dieser Abschnitt steht im Wesentlichen im Zeichen der elektronischen Kommunikation. Zum Abschluss sollen Betrachtungen über die Rolle der Standardisierung von eGovernment-Technologien folgen. Dies ist auch insofern stimmig als es eine wesentliche Voraussetzung der Kommunikation ist, dass man sich *gegenseitig versteht*. Diese an sich banal klingende Feststellung hat für die elektronische eGovernment-Kommunikation gravierende Konsequenzen, deren Lösung häufig alles andere als trivial ist. Ohne eine wenigstens die relevanten Zielgruppen des eGovernment umfassende Standardisierung – geschehe sie nun im Rahmen eines formalen Systems, durch implizite Übereinkunft der Akteure oder auch über eine Durchsetzung durch überlegene Marktpositionen – endet die elektronische Kommunikation in „virtuellem Schweigen".

Für das Folgende soll noch darauf hingewiesen werden, dass die Bezeichnung „Standard" hier nicht ausschließlich im engen Sinne einer formalen Setzung durch ein anerkanntes Standardisierungsgremium wie etwa dem DIN oder international der ISO verwendet wird. Zwar gibt es auch in diesem formalen Rahmen eine Reihe von Initiativen, die auch für das eGovernment potentiell bedeutsam sein können, doch existiert hier immer die Schwierigkeit, dass aufgrund der für einen solchen Prozess notwendigen Gründlichkeit die Bemühungen nicht immer mit der teil-

8 Technische Rahmenbedingungen

weise immer noch rasanten technischen Fortentwicklung Schritt halten können. Im gesamten Bereich der Informationstechnologie kommt daher „informellen" Standardisierungsaktivitäten durch Gremien wie dem **World Wide Web Consortium (W3C)** (Informationen über http://www.w3.org/overview), der **Internet Engineering Task Force (IETF)** (http://www.ietf.org) und zahlreichen anderen Aktivitäten eine große Bedeutung zu. Entsprechend werden wird hier auch die in solchen Gremien entstandenen und durch allgemeine Akzeptanz in den Status von „Quasi-Standards" erhobenen Spezifikationen vereinfachend als „Standards" bezeichnet.

Bei der Betrachtung der Rolle von informationstechnischen Standards fällt zunächst auf, dass diese sich hinsichtlich ihres Regelungsgebietes und ihrer fachlich-inhaltlichen Tiefe in verschiedene Gruppen aufteilen lassen. An der Basis stehen all diejenigen Festlegungen, ohne die eine funktionierende elektronische Welt überhaupt nicht mehr denkbar wäre. Dies fängt mit so banalen Dingen wie der **ASCII**-Kodierung von Zeichensätzen an, die gewährleistet, dass ein auf Rechner 1 eingetipptes „X" dem Benutzer von Rechner 2 nicht für ein „U" vorgemacht wird und erstreckt sich über das für das Funktionieren des Internets unabdingbare Netzwerkprotokoll **TCP/IP** („Transmission Control Protocoll/Internet Protocol") und den allgemeinen Übertragungsstandard für E-Mails **SMTP** („Simple Mail Transport Protocol") bis hin zur **HTTP**-Spezifikation („Hyper Text Transfer Protocol") der für den Bereich der browserbasierten Web-Kommunikation maßgeblichen Beschreibungssprache, in der sämtliche Web-Seiten geschrieben sind. Wir wollen im Folgenden auf eine eingehendere Beschreibung dieser „Brot- und Wasser-Standards" verzichten, da sie rein technischer Natur sind und keinerlei eGovernment-Spezifika aufweisen. Ihre Einhaltung ist eine elementare Grundvoraussetzung der Nutzung von elektronischen Kommunikations- und Transaktionssystemen.

Eine andere bedeutende Gruppe von Standards umfasst die Sicherheitsstandards, die eine umfassende, sichere und verbindliche Kommunikation im Internet gewährleisten sollen. In diese Gruppe fällt z. B. die bereits erwähnte SSL-Spezifikation zur transportbasierten Absicherung der Web-Kommunikation. Im Bereich der E-Mail-Kommunikation kommt dem **S/MIME**-Standard eine ähnliche Rolle zu. Im Bereich der asymmetrischen kryptographischen Grundtechnologien hat sich die von der US-amerikanischen Firma RSA Inc. publizierte Familie von Quasi-Standards **PKCS** (Public Key Cryptography Specification) durch ihre breite Unterstützung und allgemeine Anerkennung eine anbieter- und produktübergreifende Geltung erworben. Im technikübergreifenden Bereich sind vor

Technische Rahmenbedingungen   8

allem die Standards zum IT-Sicherheitsmanagement bzw. zur IT-Sicherheitsmethodik erwähnenswert. Der – ursprünglich britische – „Code of Practise" hat als ISO/IEC-17799 im Bereich des IT-Sicherheitsmanagement sogar die „formale Weihe" eines offiziellen ISO-Standards erhalten. Speziell – aber nicht nur – im deutschsprachigen Bereich hat sich das IT-Grundschutzhandbuch des BSI, in dem die managementzentrierte Betrachtung von ISO 17799 durch praxisorientierte Maßnahmenempfehlung auf allen technisch-organisatorischen Ebenen ergänzt wird, als allgemein anerkannte Praxismethodik zur Umsetzung von IT-Sicherheit durchgesetzt.

Von besonderer Bedeutung für die Sicherheitsanforderungen des eGovernment insbesondere im Bereich der Anwendung der elektronischen Signatur ist die in Deutschland entwickelte **ISIS-MTT-**Spezifikation (http://www.isis-mtt.org), die eine Synthese der Standards ISIS („Industrial Signature Interoperability Specification"; und MTT („MailTrusT") darstellt. Ziel ist es eine ausreichende Plattform an Regelungen aufzustellen, die eine systemübergreifend interoperable Anwendung von kryptographischen Sicherheitstechniken, insbesondere Signaturen (fortgeschrittenen und qualifizierten) ermöglichen soll. Der Umfang und die inhaltliche Tiefe der ISIS-MTT-Spezifikation spiegeln in vielerlei Hinsicht die Komplexität des Themas „Interoperabilität" wieder. Es werden in den einzelnen Teilen der Spezifikation die Themen:

▶ Zertifikate und Sperrlisten
▶ PKI Management
▶ Nachrichtenformate
▶ Operationale Protokolle
▶ Zertifikatspfadvalidierung
▶ Kryptographische Algorithmen
▶ Schnittstellen zu kryptographischen Geräten (insbesondere Chipkarten).

In sog. Profilen werden die Spezifika für qualifizierte Signaturen und Zertifikate nach SigG behandelt. Wie von den Autoren der Spezifikation selbst eingeräumt, deckt ISIS-MTT keineswegs sämtliche Aspekte im Zusammenhang mit dem Problem der Interoperabilität ab. Vielmehr geht es darum, vor allem aus Sicht der Trustcenter und Verzeichnisdienste eine ausreichende „Basis-Interoperabilität" herzustellen, die eine gute Grundlage für die Integration verschiedener bedarfsgerecht ausgestalteter Applikationen sein kann.

8 Technische Rahmenbedingungen

Niemand, der bereits Praxiserfahrungen mit der Anwendung kryptographischer Technologien in einem nicht vollständig homogenen Kommunikationsumfeld gemacht und einige der Schwierigkeiten bei der Übermittlung und Auswertung geschützter Informationen erlebt hat, wird wahrscheinlich ernsthaft bestreiten wollen, dass ein Erfolg von Bemühungen zur Erreichung der in der Praxis dringend benötigten Interoperabilität mehr als wünschenswert ist.

Ein weiteres gerade auch im Kontext des eGovernment wichtiges Standardisierungsgebiet betrifft das Gebiet der Vereinheitlichung von Daten- und Datenübertragungsformaten. Die wichtigste der gerade hier „omnipräsenten" Abkürzungen ist **XML** („Extensible Markup Language"). XML ist eine Datenbeschreibungssprache, also eine Festlegung, wie die Inhalte von Daten unabhängig von speziellen Anwendungsprogrammen gekennzeichnet werden können. XML-Dateien kann man somit als „Daten über Daten" oder – akademisch „anspruchsvoller" – als „Metadaten" bezeichnen. Formal und inhaltlich bestehen enge Verbindungen zwischen XML und der Internet-Seiten-Beschreibungssprache HTML, was sich bis in den optisch ähnlichen Aufbau der „Roh-Dateien" hin bemerkbar macht. Allerdings ist das Anwendungsfeld von HTML wesentlich auf die optische Darstellung von Informationen in Web-Browsern beschränkt, während der Zweck von XML in seiner Zielsetzung weit universeller ist, nämlich die **maschinenlesbare** Beschreibung **beliebiger** Daten und Informationen. XML hat sich in den letzten Jahren zum praktisch unumstrittenen Standard für die System- und Anwendungsprogramm-unabhängige Definition und Übertragung von Informationen entwickelt.

Ein besonders aktives Entwicklungsfeld im XML-Kontext sind die **Web-Services.** Hierunter versteht die „autoritative" Definition des W3C definiert diese (in freier Übersetzung des Autors) als „ein durch ein URI [Uniform Ressource Identifier, d. i. ein global eindeutiger Bezeichner; damit also eine Verallgemeinerung der als URL bezeichneten Web-Adressen] identifizierbares Software-System, dessen öffentliche Schnittstellen und Anbindungen über XML beschrieben und durch andere Software-Systeme abrufbar sind". Im Kern geht es hierbei also um eine „maschinentaugliche" Erweiterung des WWW. Während das klassische Web im Wesentlichen die Aufgabe wahrnimmt, Information auf ggf. interaktivem Weg an **Menschen** zu liefern, sollen Web-Services **Rechner** oder spezifische **Programme** ansprechen. Hieraus folgt unter anderem, dass XML in seinen Definitionen und Anforderungen wesentlich stringenter vorgehen muss als HTML, bei denen die Browser auch syntaktisch nicht korrekte Seiten mit erstaunlicher Toleranz noch mehr oder weniger sinnvoll zur Anzeige bringen. Web-Services können dabei nicht nur Informationen im

Technische Rahmenbedingungen 8

engeren Sinne übertragen, sondern auch Programmabläufe auf entfernten Maschinen aufrufen und mit diesen eine interaktive Kommunikation vermitteln. Zum Betrieb von Web-Services gehört also nicht nur eine Datenbeschreibungssprache, sondern auch eine „Programmiersprache" zum Aufruf der Funktionen und zur Übergabe der Parameter. Die maßgebliche Sprache dafür ist **SOAP** („Simple Objects Access Protocol"). Ein wesentliches Architekturmerkmal von SOAP ist die Trennung von Datensätzen in eigentliche Inhaltsdaten, die vom Absendesystem an das Empfängersystem gesendet werden werden und Steuerungsdaten, die den Transport und die Zwischenverarbeitung der Daten steuern. Da die Steuerungsdaten die Inhaltsdaten bildlich gesprochen „umschließen", spricht man bei diesem Konstrukt auch von einem „Briefumschlag" *SOAP-Envelope*. Diese Trennung ist essentiell für den effizienten Transport und die Weiterverarbeitung strukturierter Daten. Weitere wesentliche Elemente für Web-Services sind die „Web Service Description Language" **WSDL**, die es ermöglicht, auf XML-Basis die von einem Web-Service angebotenen Dienstleistungen und weitere wesentliche technische und inhaltliche Eigenschaften zu beschreiben und damit den Web-Service an sich zu charakterisieren und das Verzeichnisdienstkonzept **UDDI** („Universal Description, Discovery and Integration"; Informationen unter http://www.uddi.org). Web-Services werden von vielen „Propheten" als **die** Zukunft des Internets bezeichnet. Unabhängig davon, dass sich derartige Prognosen in den meisten Fällen als übertrieben erweisen, dürfte es für den Bereich des eGovernment, bei dem der Austausch strukturierter Daten zur möglichst weitgehend automatisierten Weiterverarbeitung (das „klassische" Antragsverfahren) ja einen wesentlichen Kern der Hoffnungen auf eine Effizienzsteigerung darstellt, sehr wahrscheinlich sein, dass XML-basierte Kommunikation in Anlehnung an die Konzepte der Web-Services eine bedeutende Rolle spielen dürfte.

In der „Frühzeit" der Entwicklung der Web-Services (sofern diese Bezeichnung angesichts von Entwicklungszeiten von weniger als 10 Jahren überhaupt sinnvoll ist) spielten Sicherheitserwägungen lediglich eine untergeordnete Rolle. Im Vordergrund der Entwicklung standen rein funktionale Überlegungen für die Beschreibung und Umsetzung der neuen Dienste. Je näher aber in der Zwischenzeit tatsächliche Anwendungen greifbar werden, desto klarer wurde, dass z. B. Vertraulichkeit und Verbindlichkeit und auch ein Integritätsschutz der ausgetauschten Informationen zunehmend ernst genommen werden müssen. Unter der Bezeichnung „Web Services Security" haben sich daher mittlerweile einige Standards etabliert, die vielversprechende Wege für sichere Web-Services aufzeichnen. Von besonderer Bedeutung sind dabei sicherlich die Spezifikationen **XMLSignature**

8 Technische Rahmenbedingungen

und **XMLEncryption,** in denen sehr flexible Möglichkeiten zur Signatur und Verschlüsselung von XML-Dateien definiert werden. Gerade in Verbindung mit SOAP-Nachrichten ergeben sich hier eine Vielzahl von Optionen für die bedarfsgerechte kryptographische Behandlung auch komplexer Kommunikationsinhalte. Dabei darf allerdings nicht verschwiegen werden, dass mit der Flexibilität dieser Ansätze auch gewisse Probleme hinsichtlich der Transparenz der Verfahren einhergehen. Diese Schwierigkeit ist besonders im Bereich der Signatur augenfällig, wo der „Unterzeichner" ein berechtigtes Interesse daran haben sollte, zuverlässig zu erkennen, welche Inhalte er unterzeichnet („What you see is what you sign"...). Erste Initiativen zu einer (einschränkenden) Profilierung von XMLSignature und XMLEncrpytion, insbesondere auch in Richtung von ISIS-MTT, zeigen Wege für mögliche praxistaugliche Lösungen auf.

Eine für das eGovernment mindestens in Deutschland sehr wichtige Entwicklung auf der Ebene von Web-Services und Web Services Security ist die **OSCI-Spezifikation** („Online Services Computer Interface"), auf die wir bereits weiter oben in diesem Kapitel eingegangen sind. OSCI wurde im Rahmen des Media@Komm-Projektes der Freien Hansestadt Bremen entwickelt. Der Standard und seine Weiterentwicklung liegen inzwischen in der Hand einer ebenfalls derzeit in Bremen angesiedelten öffentlichen OSCI-Leitstelle (Informationen über die OSCI-Spezifikation und die aktuellen Entwicklungen rund um OSCI finden sich unter http://www.osci.de).

Unter dem Namen OSCI firmieren im Grunde zwei zwar miteinander eng verknüpfte, aber in ihrer Zielrichtung doch sehr unterschiedliche Teilspezifikationen. Im Teil A – auch als **OSCI-Transport** bezeichnet – werden auf der Basis des durch SOAP vorgegebenen „Vokabulars" Steuerungs- und Transportmechanismen für eGovernment-Transaktionen definiert. Entsprechend den im eGovernment typischerweise vorkommenden Kommunikationsbeziehungen wird hier von offenen – also nicht in einer einheitlichen Datenbank „administrierbaren" Nutzergruppen ausgegangen. Aufgrund des offenen Szenarios ist unter anderem eine Plattform- und Anwendungsunabhängigkeit der Lösung von großer Bedeutung, weshalb eine Lösung auf XML-Basis ein nahe liegender, erfolgversprechender Ansatz ist. Ebenso müssen aufgrund der rechtlichen Rahmenbedingungen die Signaturstufen bis hin zur qualifizierten Signatur ebenso wie – schon aus Datenschutzgründen – eine ausreichende Verschlüsselung implementierbar sein. Durch die konsequente Anwendung des aus der SOAP-Welt übernommenen „Prinzips der Briefumschläge" können die Nachrichten über intern oder extern positionierbare sog. „Intermediäre" transportiert werden. Hierdurch ist eine wesentliche Steigerung der

Technische Rahmenbedingungen 8

Service-Qualität der Dienstleistungsabwicklung und eine spürbare Entlastung der „Kommunikationsendpunkte" also Bürger und behördliches Fachverfahren von rein administrativen Aufgaben der Kommunikationsabwicklung erreichbar.

OSCI-Transport konzentriert sich wie eigentlich alle SOAP-Entwicklungen auf die reine Übertragung und Absicherung der Kommunikation und beschäftigt sich – entsprechend der gewünschten und erforderlichen Anwendungsneutralität – nicht mit Inhalt und Aufbau der eigentlichen Nutzdaten. Dieser nicht minder wichtige Bestandteil der Standardisierung von eGovernment-Transaktionen ist Inhalt von Teil B der OSCI-Spezifikation. Hierbei ist der Name „Spezifikation" eigentlich gar nicht angemessen. Präziser wäre es von einem „Programm" zur Standardisierung von Inhaltsdaten, d.h. zur Festlegung von Datenformaten für wichtige Anwendungsfälle des eGovernment zu sprechen. Bei der Umsetzung dieses Programms, das unter der Koordinierung der OSCI-Leitstelle von verschiedenen Projektgruppen bearbeitet wird, setzt man konsequenterweise ebenfalls auf Formulierungen in XML. Wichtige Ergebnisse dieser Bemühungen sind bisher **XMeld** zur länderübergreifenden Standardisierung der Datensätze bei der einwohnerrechtlichen Ummeldung sowie die Spezifikation **XBau,** die Datensätze für die automatisierte Abwicklung von baurechtlichen Genehmigungsverfahren definiert. Für die Zukunft sind weitere Festlegungen derartiger Datenformate zu erwarten.

Mancher Leser der vorangegangenen Zeilen mag sich angesichts der Vielzahl von Abkürzungen, die jederzeit noch fast beliebig erweitert werden könnte, gefragt haben, wie Verwaltungspraktiker und Entscheider in diesem „Dschungel" von Standardisierungen, Formaten und Protokollen den Überblick behalten und die richtigen Weichenstellungen für eine wirtschaftliche und effiziente Ausgestaltung der neuen eGovernment-Dienstleistungen treffen. In der Tat dürfte nur noch eine kleine Anzahl professioneller Beobachter – wenn überhaupt – in der Lage sein, einen vollständigen Überblick über die unterschiedlichen und teilweise auch miteinander konkurrierenden Standardisierungsbemühungen zu behalten und deren Praxisrelevanz und -tauglichkeit zuverlässig zu beurteilen. Um diesem Missstand abzuhelfen, hat sich das Bundesministerium des Innern dazu entschlossen, als „flankierende Maßnahme" zu den BundOnline 2005-Aktivitäten eine Sammlung von geeigneten informationstechnischen Standards und Architekturprinzipien unter dem Namen **SAGA** („Standards und Architekturen für eGovernment-Anwendungen") zu erstellen und in enger Kommunikation mit Praktikern laufend erweitern zu lassen. Diese unter der URL http://www.kbst.bund.de/saga abrufbare Sammlung (an deren Fortentwicklung sich jedermann über Foren beteili-

8 Technische Rahmenbedingungen

gen kann) klassifiziert die einzelnen Standards und Architekturprinzipien nach dem Grad ihrer Relevanz und ihrer Praxisakzeptanz und -tauglichkeit (soweit sich diese im Einzelnen bereits beurteilen lässt) als „obligatorisch", „empfohlen" und „unter Beobachtung". Obwohl diese Klassifikation nur für die Förderung innerhalb des Bundesbereichs unmittelbar maßgeblich ist, zeigt sich, dass die in SAGA getroffenen Festlegungen auch deutlich in die Länder und den kommunalen Bereich hineinwirken. In jedem Fall bietet SAGA einen sehr guten Überblick der für den Bereich des eGovernment relevanten Standards und Architekturen. Die Lektüre sollte zum Pflichtprogramm vor der Entscheidung über relevante Weichenstellungen bei der Ausgestaltung von eGovernment-Dienstleistungen gehören.

9 Ausblick

9.1 Abbau von Barrieren und Risiken

Wenn man die Vielzahl sich fast lückenlos abwechselnden Veranstaltungen mit dem Signalwort eGovernment betrachtet und dazu noch die Berichterstattung in einschlägigen Fachzeitschriften und den Sonderrubriken der Tages- und Wochenzeitungen, sollte man meinen, dass die Lage geklärt sei, die Umstellung in vollem Gang und nur noch fachliche Feinheiten einer abschließenden Erläuterung bedürfen. Die Realität ist anders, nicht nur in der öffentlichen Verwaltung, sondern auch in der privaten Wirtschaft. Auf dem Hintergrund einer im internationalen Vergleich gut beleumundeten deutschen Verwaltung stellt sich für einige schon die Frage: Warum muss sich etwas ändern? Der Stand der Anwendungstechnologie ist nicht identisch mit den fachlichen Anforderungen. Das kann auch so lange nicht sein, wie zwischen Auftraggeber (die Verwaltung) und Auftragnehmer (die IT-Wirtschaft) keine abschließenden und verlässlichen Aussagen getroffen werden, welche Lösungskomponenten benötigt werden, damit passgenaue Produkte entwickelt und angeboten werden können. Standards müssen nicht nur gewollt und formuliert werden, sie müssen in Produkten abgebildet und gelebt werden.

In der Praxis wird vielerlei gemacht, dennoch ist das in der Summe nicht viel, wenn man der öffentlichen Beurteilung folgt. Die Aufforderung „multum, non multa agere" ist noch nicht Standard.

Die wichtigste Barriere ist abgeräumt, wenn die durch das Internet ausgelöste Veränderung in ihrer Dimension begriffen und akzeptiert wird. Das heißt konkret, dass nicht nur Technik und Organisation bewältigt werden müssen, sondern dass sich eine neue Kultur der Verwaltung und in der Kommunikation zwischen den beteiligten Akteuren entwickelt. In den voraufgegangenen Kapiteln sind entsprechende Hinweise im Kontext zu den fachlichen Aspekten gegeben worden.

 ACHTUNG!

In der nachfolgenden Übersicht sind die Dinge noch einmal zitiert, die, wenn sie nicht oder nicht gut gelöst werden, die Barrieren von eGovernment darstellen und eine positive Entwicklung zumindest verzögern, wenn nicht gar blockieren.

Das sind:

- ▶ *das generelle Leitbild und die Gesamtstrategie des eGovernment, als Antwort auf die Frage, wie sieht die Verwaltung der Zukunft aus,*

9 Ausblick

- *die politische Unterstützung der Umsetzung,*
  als Signal der Identifikation, dass die Verwaltung nicht allein gelassen wird,
- *der gesellschaftspolitische „Ruck" zur Flankierung von eGovernment,*
  als Antwort auf die Frage, ob wir uns noch weiterentwickeln wollen,
- *die Entwicklung fachbezogener Umsetzungskonzepte,*
  das sind die konkreten Lösungen für den Alltag,
- *die Systematisierung der Geschäftsprozesse,*
  als Grundlage von Transparenz und Ressourcenschonung,
- *die Entwicklung neuer Kooperationen zwischen den staatlichen Ebenen und der Wirtschaft,*
  das ist der erfolgsgetriebene Abbau von Vorbehalten und eine neue Verlässlichkeit,
- *die Förderung der Medienkompetenz,*
  als Schlüssel zur Beherrschung des Systems durch alle Beteiligten.

Eine nicht nur für eGovernment zu nennende Barriere ist die Kunst, eine Sprache zu finden, die nicht nur von Experten verstanden wird, sondern von allen, die es angeht und die von der neuen Entwicklung betroffen sind.

9.2 eGovernment – eine europäische Perspektive

Die Internationalität des Internets hat eine europaweite Entwicklung von eGovernment ausgelöst, unabhängig davon, ob die einzelnen Länder über eine föderative oder zentralistische Staatsform verfügen. Das bedeutet z. B. unter dem Stichwort „Standortsicherung", dass die deutsche Verwaltung einer europäischen Konkurrenz ausgesetzt ist. Maßgebliche Komponenten des eGovernments werden auf europäischer Ebene rechtlich geregelt, so die elektronische Signatur und das Vergaberecht. Europarecht gilt auch dann schon, wenn eine nationale Umsetzung noch nicht erfolgt ist. Ein beachtenswerter Aspekt ist die Tatsache, dass nationale Rechtsnormen und Regeln im eigenen Land zu beachten sind, aber für das Ausland nicht bindend sind. Das heißt in der Verwaltungspraxis, dass lokale Standards und Regeln einer Kommune bei der Benutzung der elektronischen Kommunikation aus dem Ausland keine Bedeutung haben; ganz im Gegenteil, bei einem Internetzugang aus dem europäischen Ausland würde das Diskriminierungsverbot gelten, wenn eine nationale Norm die europäische Norm überschreiten würde.

Ausblick **9**

Grenznahe Verwaltungen kooperieren seit langem in Fachbereichen, wie Versorgung, öffentlicher Nahverkehr, Schule und Kultur. eGovernment führt im Verwaltungsvollzug zur weiteren Annäherung, erst recht dann, wenn in Entwicklungsprojekten gemeinsame Lösungen entstehen, oder wenn Lösungen europaweit ausgetauscht werden. Aus der politischen Bewertung hat Europa nicht nur Folgen für eGovernment, sondern eGovernment kann auch Motor für neue Kooperationen sein.

9.3 eGovernment als Bestandsschutz einer leistungsfähigen, verlässlichen und bürgerfreundlichen Verwaltung

Zum Abschluss noch einmal die Frage: Für wen und warum?

Bei allen Differenzen und Spannungen, die die Verwaltung eines Gemeinwesens fast unausweichlich auslöst, weil sie es nicht allen gleichzeitig und in allen Punkten recht machen kann, haben der Bürger und die Wirtschaft eine klare Vorstellung von Verwaltung in dem, was sie von der Verwaltung erwarten. Sie wünschen sich eine zuverlässige und rechtssichere Verwaltung, die überschaubar und leistungsfähig arbeitet.

Beispiel Elektronische Kommunikation:

An einem praktischen Beispiel der elektronischen Kommunikation lässt sich belegen, dass beide Seiten voneinander profitieren können, indem die Verwaltung in ihrem Dokumentenmanagement, im Sinne eines öffentlichen Registers, die Dokumente sichert, damit sie dem Bürger beim Verlust seines Systems nicht verloren gehen. Aus Verwaltungssicht könnte aus dieser Tresorfunktion, andere nennen es Bürgerakte, neben dem Aspekt Sicherheit zusätzlich ein Business-Modell werden für neue Einnahmen.

Eine andere Perspektive, die auch für eine Verwaltung bedeutsam ist, wenn in Zeiten der Finanznot über Kerngeschäft und Privatisierung oder Einstellung von nicht mehr finanzierbaren Leistungen diskutiert wird, ergibt sich aus der strategischen Planung und dem Leitbild für die Zukunft. Wie beschrieben, sind neue Kooperationen und Partnerschaften ein elementarer Bestandteil von eGovernment und sorgen dafür, dass Veränderungen weniger aus tagespolitischen Überlegungen ausgelöst werden. Aus diesem Blickwinkel müssten die Beschäftigten im Sinne von Bestandsschutz sehr motiviert sein, die Anstrengungen, die mit der Umstellung verbunden sind, als eine Chance von eGovernment wahrzunehmen.

9 Ausblick

9.4 Schlussbemerkung

Seit Beginn der Verwaltungsautomation und dem Einsatz der elektronischen Medien gibt es ein vom Grundsatz konstantes Phänomen. Die Geschwindigkeit der Technologieentwicklung in Hardware und Software war der tatsächlichen Anwendung immer voraus. Die neuen Produkte wurden wegen ihrer Überlegenheit schon eingesetzt, bevor die vorhandenen einen hundertprozentigen Ausnutzungs- und Beherrschungsgrad erreicht hatten. Trendbeschleuniger war neben der technischen Verbesserung das verbesserte Preis/Leistungsverhältnis der Systeme. Daneben bestand bei jedem Technologiesprung – von der Batchverarbeitung zur Dialogverarbeitung; von den Großsystemen über die dezentralen Systeme bis zum PC; von der proprietären Programmierung zu den Standardsystemen – der Eindruck, jetzt haben wir alles, was wir eigentlich brauchen, um die Anwendungsprobleme zu lösen. In Wahrheit hat jeder Technologiesprung ein neues Defizit offen gelegt. Dieser Zustand wird auch in Zukunft erhalten bleiben. Während der Umgang mit der E-Mail weder organisatorisch noch rechtlich abschließend geregelt ist, steht die SMS (Short Message Service) schon in voller Blüte, und das nicht nur bei Schülern, sondern in ernsthaften Anwendungen.

Die Einsicht dieser Entwicklungen müsste es sein, dass die Verwaltung nicht nur auf neue Entwicklungen reagiert, sondern die Technologie- und Anwendungsentwicklung strategisch beobachtet, um sich frühzeitig auf erkennbare Veränderungen einzustellen. Das bedeutet nicht, das Neue einzusetzen, nur weil es das Neue gibt.

Literaturverzeichnis

Quellen zur weitergehenden Information

Digitale Signatur auf der Basis multifunktioneller Chipkarten. Ein Leitfaden (nur elektronisch verfügbar): Deutscher Städtetag (1999)

Begründung zum dritten Gesetz zur Änderung verwaltungsverfahrensrechtlicher Vorschriften, Stand 5. 4. 2002

Schritte auf dem Weg zum digitalen Rathaus: Deutscher Städtetag (2000)

Online ins Rathaus: Der Weg der Städte zum eGovernment: Der Städtetag 6/2002, Köln

Welche elektronische Signatur braucht die Kommunalverwaltung? Deutscher Städtetag (2000)

Wo ist der Schlüssel zum digitalen Rathaus? Keymanagement und Infrastrukturen im kommunalen E-Government: Deutscher Städtetag (10/2002)

Eröffnung des Zugangs für die elektronische Kommunikation, Teil 1 – Grundsätzliche Ausführungen (5/2003) Teil 2 – Empfehlung für Sofortmaßnahmen (12/2003) Deutscher Städtetag

Gesellschaft für Informatik e. V. / Informationstechnische Gesellschaft im VDE (2000): Memorandum „Electronic Government als Schlüssel der Modernisierung von Staat und Verwaltung", September 2000

Städte auf dem Weg zum virtuellen Rathaus: Grabow, Busso (2000) Deutsches Institut für Urbanistik, Berlin, März 2001

E-Government in Deutschland – Profile des virtuellen Rathauses: Drücke, Berlin (2003) Deutsches Institut für Urbanistik

Portale in der öffentlichen Verwaltung: Reinermann/von Lucke, Speyer (2000) Speyerer Forschungsberichte Bd. 205

Der öffentliche Sektor im Internet: Reinermann, Speyer (2000) Speyerer Forschungsberichte Bd. 206

Electronic Government in Deutschland: Reinermann/von Lucke Speyerer Forschungsberichte Bd. 226

Erfolgsfaktoren – Was bei der Gestaltung virtueller Rathäuser zu beachten ist: Bundesministerium für Wirtschaft und Technologie, Berlin (2002)

Rechtskonformes E-Government – Antworten auf Kernfragen beim Bau eines virtuellen Rathauses: Bundesministerium für Wirtschaft und Arbeit, Berlin (2003)

Literaturverzeichnis

Kooperative Erstellung von eLearning-Bildungsangeboten in Bildungsnetzwerken, in Informationsmanagement – Neue Herausforderungen in Zeiten des E-Business: Wienand/Bohl, Köln (2003)

Unsere Homepage soll schöner werden – Handlungsfeld für Führungskräfte?: KGST (2003)

Nicht die Homepage im Internet ist E-Government, sondern die technikinduzierte Verwaltungsreform: KGST (2003)

Regionale Kooperationen im Internetmarketing (Fachartikel): ExperPraxis 2003/2004

E-Government-Handbuch, BSI Schriftenreihe zur IT-Sicherheit, Band 11: Bundesamt für Sicherheit in der Informationstechnik (BSI) Bonn

Public Private Partnership (PPP) – Chance für eGovernment: Wirtschaftskammer Österreich (2000)

Zum Wohle der Bürger – AWV-Unternehmerworkshop diskutiert über Chancen und Risiken von Public Private Partnership: AWV-Inormationen 2/2001

KDN – Report Mai 2003: Kommunale Datenverarbeitung Nordrhein-Westfalen (2003)

Entwicklung einer tragfähigen E-Government-Strategie (Fachartikel) ExperPraxis 2003/2004

Call-Center: Stadtverwaltung Köln (2002)

CallCenter – Erreichbare Verwaltung (Fachartikel): Kommune 21,8/2001

Öffentliche Verwaltungen auf dem Weg zu Dienstleistungsunternehmen: Computerwoche 40/2000

Datenschutzgerechtes e-government – Handlungsempfehlungen: Der Landesbeauftragte für den Datenschutz Niedersachsen, Hannover 2002

Datenschutzbericht 2003-07-30: Die Landesbeauftragte für den Datenschutz und Beauftragte für das Recht auf Information Nordrhein-Westfalen, Düsseldorf 2003

Das elektronische Rathaus: Reinermann, Deutsche Zeitschrift für Kommunalwissenschaften Band 2/2002

E-Government in Kommunen: Kommunalpolitische Texte, Band 23

E-Learning im Rahmen der Einführung von E-Government (Vortrag im Rahmen der Initiative cooperation E-Learning Cologne) Steinmetz, Köln (2003)

Literaturverzeichnis

E-Public: Blaschke, Karrlein, Zypries, Berlin Heidelberg (2002)

Durch E-Government zu mehr Bürgerbeteiligung? (Vortrag zum Forum e-government – Chancen für die kommunale Selbstverwaltung) Wind, Köln (2001)

Moderner Staat – Moderne Verwaltung, Leitfaden zur Gesetzesfolgeabschätzung: Bundesministerium des Innern, Berlin (2000)

Bund Online 2005, Umsetzungsplan für die eGovernment Initiative: Bundesministerium des Innern, Berlin (2002)

Praxis der Schuldrechtsreform, Hensler/Graf von Westphalen (Hrsg.) 2. Aufl. Köln (2003)

Recht der Multimediadienste, Roßnagel, Kommentar, Loseblattsammlung, Stand 2003

Multimediarecht, Hoeren/Sieber, Handbuch, Loseblattsammlung, Stand 2003

Europäischer Verbraucherschutz im Fernabsatz, Pützhoven, München (2001)

Vertragsrecht der Internetprovider, Spindler, Köln (2000)

Fernabsatzgesetz, Herting, Kurzkommentar, Berlin (2000)

Links

Informationen über den Stand des Wettbewerbs Media@Komm: www.mediakomm.net

Linksammlung der Zeitschrift Datenschutz und Datensicherheit zum Thema deutsches und internationales Signaturrecht: www.datenschutz-und-datensicherheit.de

Liste der von der Regulierungsbehörde für Post und Telekommunikation zertifizierten Trust-Center sowie zum Thema „Sicherheit von Signaturen": www.regtp.de/

Teletrust Verein, Informationen zur Kryptographie: www.teletrust.de

Initiative Deutschland 21 (D21): www.initiatived21.de

Information der Bundesregierung zum Stand der Verwaltungsmodernisierung: www.staat-modern.de

Das Portal des Bundes: www.bund.de

Übersicht über europaweit prämierte Kommunalportale in 2002: www.eec-award.com

Herausgeber- und Autorenverzeichnis

Die Herausgeber:

Dr. rer. pol. Hansjürgen Bals, Stadtkämmerer a. D., ehemaliger Hauptgutachter bei der KGSt, hat sich in Praxis und Wissenschaft durch viele Gutachten, Aufsätze und Vorträge als Experte im kommunalen Haushalts- und Rechnungswesen ausgewiesen. Zurzeit ist er als Berater und freier Mitarbeiter am Kommunalwissenschaftlichen Institut der Universität Potsdam tätig.

Dr. Hans Hack ist seit 1974 als Hauptgutachter bei der KGSt tätig. Seine Schwerpunkte liegen in den Bereichen Personalmanagement, Bürgernähe und Qualitätsmanagement. Zudem verfügt er über jahrelange Lehr- und Beratungstätigkeiten im In- und Ausland.

Prof. Dr. Christoph Reichard lehrt Public Management an der Universität Potsdam und leitet dort das Kommunalwissenschaftliche Institut. Er lehrt und forscht seit vielen Jahren vor allem auf dem Gebiet der Kommunalen Verwaltungsmodernisierung.

Der Autor und seine Kollegen:

Willy Landsberg war u. a. Leiter der Stabsstelle für Informations- und Kommunikationsstrategie bei der Stadt Köln. Zudem leitete er die Geschäftsführung der Anwendergemeinschaft Kommunale Datenverarbeitung Nordrhein-Westfalen (KDN). Beim Deutschen Städtetag war er u. a. Vertreter des Städtetages im Kommunalen Koordinierungsausschuss ADV des Landes NRW, Mitglied der Arbeitsgruppe EURO und Leiter des Arbeitskreises Digitale Signatur und Chipkarte (Digitales Rathaus). Er ist Mitglied in der Lenkungsgruppe im Fachbereich Verwaltungsinformatik und Recht der Gesellschaft für Informatik (GI) und hat an Publikationen des Forschungsinstitutes für öffentliche Verwaltung bei der Deutschen Hochschule für öffentliche Verwaltung in Speyer zu Verwaltungsautomation und eGovernment mitgewirkt. Ferner ist er Vorsitzender der European Society for eGovernment (ESG) e. V., einer Vereinigung von privaten Unternehmen und öffentlicher Verwaltung zur Förderung von eGovernment.

Klaus M. Birsch ist Rechtsanwalt in Köln (Kanzlei Graf von Westphalen, Bappert & Modest). Er hat sich auf Software-, Internet-, Multimedia- und Telekommunikationsrecht spezialisiert und vertritt u. a. verschiedene Organisationen und Verbände im Bereich des Rechts der Neuen Medien. Darüber hinaus ist er Mitglied in verschiedenen Ausschüssen, u. a. im

Herausgeber- und Autorenverzeichnis

Arbeitskreis „Digitales Rathaus" des Dt. Städtetages, Lehrbeauftragter an der FH Köln und durch Publikationen und Vortragstätigkeit bekannt.

Dr. Christian Mrugalla ist Physiker und seit 1998 Referent im Bundesamt für Sicherheit in der Informationstechnik (BSI) in Bonn. Dort ist er im Referat „Anwendungstechnik und Beratung", und u. a. Leiter des BundOnline 2005-Projektes „Virtuelle Poststelle" und Berater von Bundesbehörden beim Einsatz von elektronischen Signaturen. Darüber hinaus ist er beratendes Mitglied im Arbeitskreis „Digitales Rathaus" des Dt. Städtetages.

Wolfgang Naujokat ist seit 2002, nach verschiedenen Führungsfunktionen bei Siemens und Siemens Nixdorf Informationssysteme sowie Siemens Business Services (Public Services), selbständiger Unternehmensberater, vorwiegend im Bereich eGovernment tätig. Darüber hinaus ist er in verschiedenen Fachgremien tätig und aus Publikationen bekannt.

Ulf Steinmetz ist seit 1980 bei der Stadt Köln in der Zentralen Informationsverarbeitung tätig und Leiter zahlreicher Projekte (z. B. der „Leuchtturm KölnCard"). Seit 2002 ist er Projektleiter in der Stabstelle strategisches Informations- und Kommunikationsmanagement mit dem Schwerpunkt eGovernment-Strategie und betreut den zuständigen Fachausschuss des Rates der Stadt. Er ist bekannt durch einschlägige Veröffentlichungen sowie Vortrags- und Lehrtätigkeit und z. B. Mitglied beim AK „Digitales Rathaus" des Dt. Städtetages.

Stichwortverzeichnis

Die fetten Zahlen beziehen sich auf die Seiten.

A

Abfrage des Bearbeitungsstatus **88**
Abgleich mit der Gesamtstrategie **104**
Ablagestruktur **50**
Ablauforganisation **49**
Abschließende Sachbearbeitung **99**
Administrations- und Bedienungsaufwand **126**
Adresse **69**
Aktenmäßigkeit **190**
Allgemeine Geschäftsbedingungen (AGB) **169**
Anbieterkennzeichnung **181**
Änderung von Bearbeitungsabläufen **100**
Anglizismen **142**
Anscheinsbeweis **204**
Antivirenprogramme **79**
Antragsformulare **99**
Antragsteller **201**
Anwendergemeinschaften **94**
Anwendungsszenarien **109**
Anwendungsunterstützung **142**
Arbeitsformen **140**
Archivierung **74**
Asymmetrische Verschlüsselung **216**
Aufbauorganisation **49, 50**
Aufbewahrungsfristen **191**
Aufbewahrungspflichten **113**
Ausbildung der Mitarbeiter **139**
Ausdrückliche Zustimmung **113**
Ausfallversicherungen **177**
Ausgabeseite der Kommunikation **73**
Außenkommunikation **6, 83**
Austauschformate **196**
Ausweisfunktion **107**
Authentisierung **124, 129, 241**
Authentisierungsverfahren **124, 218**
Authentizität **241**
Automatische Weiterleitung **126**
Autosignaturen **82**

B

Back-Office Bereich **100**
Barrieren **283**
Basisdienste **71, 73, 74**
Basisdienste zur Kommunikation **71**
Basiskomponente **96, 127**
Bausteine **105**
Bearbeitungsstatus des Vorgangs **100**
Bedürfnisse der Portalnutzer **117**
Behindertengleichstellungsgesetz **166**
Beispiel Dienstreise **85**
Berechtigungskonzept **97**
Beschaffungen **207**
Bestandssicherung **62**
Betreibermodell **91**
Betriebsform eines Web-Auftritts **90**
Betriebsvereinbarungen **187**
Bezahlfunktion **109**
Bezahlgarantie **107**
Binnenkommunikation **6**
Blended Learning **139**
Budget und Finanzierung **63**
Budgetierung **61**
Bürgerbeteiligung **161**
Bürgerfreundlichkeit **2**
Bürgerkarte **108**

Stichwortverzeichnis

Bürgernachricht **122**
Bürgernähe **64, 66**
Bürgschaften **177**

C

Cashfunktionen **106**
Chat **143**
Chipkarte **126**
Chipkartenlesegerät **109**
City-Card **105**
Content-Provider **155**
Cross-Border-Leasing **38**
Customer Care Center **101**

D

Datawarehouse **134**
Datenbankbegriff **180**
Datenschutzrecht **167**
Datensicherheit und Datenschutz **79**
Datensicherung **191**
Datenveredler **154, 155, 156**
Datenzentralen **78, 92**
Deeplinks **184**
Deregulierung des Telekommunikationsmarktes **93**
Designs **117**
Dezentralisierung **9**
Dienstanweisungen **187**
Dienste der Informationsgesellschaft **146**
Dienstleistungen **49**
Dienstleistungen aller Bundesbehörden **96**
Dienstleistungen des eGovernment **115**
Dienstleistungen gegen Entgelt **94**
Dienstleistungsangebote **118**
Digitale Signatur **217**
Digitale Spaltung **144**
Direktionsrecht **186**
Dokumentenmanagement **74**

Dokumentenmanagement-System **125**
Drittstaaten **202**
Dual Chipkarte **108**

E

eDemocracy **88**
eGovernment **5**
eGovernment-Masterplan **87**
eGovernment-Module **71**
eGovernment-Strategie **120**
Eigene Inhalte **181**
Eigener Kommunikationsserver **125**
Einfache Melderegisterauskunft **99**
Einflussfaktoren **102**
Eingangsportal www.bund.de **96**
Einheitlicher Zugang **119, 120**
Einheitliches Informationssystem **120**
Einheitlichkeit der Verwaltung **75**
Einkaufsportale **116**
eLearning-Angebot **141**
eLearning-System **142**
Elektronische Abwicklung **68, 85**
Elektronische Archivierung **190**
Elektronische Betriebsprüfung **111**
Elektronische Form **192**
Elektronische Geschäftsprozesse **50**
Elektronische Kommunikation **7, 68, 69, 75, 76, 128**
Elektronische Post **71**
Elektronische Postfächer **129**
Elektronische Rechnungserstellung **73**
Elektronische Signatur **85, 87, 90, 122, 229**
Elektronische Unterschrift **73**
Elektronische Zeiterfassungssysteme **107**
Elektronischer Geschäftsverkehr **7**
Elektronischer Posteingang **80**
Elektronischer Versand **68**

Stichwortverzeichnis

Elektronischer Zugang **72**
Elektronisches Postfach **193**
E-Mail **75, 83, 104, 128, 129**
E-Mail-Adresse **67, 68, 69, 80, 128**
E-Mail-Adressregister **69**
E-Mail-Anfragen **81**
E-Mail-Empfangsadresse **69**
Empfangsadresse **67**
Ende-zu-Ende-Kommunikation **125, 126, 127**
Ende-zu-Ende-Sicherheit **121, 122, 127**
Ende-zu-Ende-Verschlüsselung **126**
Ende-zu-Server-Kommunikation **125**
Ende-zu-Server-Sicherheit **121, 122, 127**
Entgegengesetztes Betriebsmodell **90**
Entscheidungsprozesse **153**
Entschlüsselung **72**
Erfahrungsaustausch **143**
Erfolgsfaktoren **62**
Erfolgskontrolle **102, 103, 104**
Erfolgskriterien **102**
Erklärung der Zugangseröffnung **73**
Erste Prozessanalyse **100**
ex-ante-Überprüfung **244**
Experimentierklauseln **8**
ex-post-Überprüfung **244**
Externe Zielgruppen **141**

F

Fachportale **119**
Fachrechenzentren **52, 95**
Fachspezifische Internetauftritte **118**
Fakturierung/Payment **73**
Fernmeldegeheimnis **182**
Filterfunktionen **116**
Filtersysteme **79**
Finanzielle Rahmenbedingungen **62**

Finanzierung **53**
Firewall-Systeme **126**
First-Come, First-Serve **172**
Flatrate **168**
Flexible Kommunikationsstrategien **127**
Förderung der Selbstlernkompetenz **142**
Foren **140**
Formfehler **203**
Formularbasierter Datenaustausch **121**
Formulare **67, 72, 119**
Formularserver **96**
Formularservice **72, 85**
Fortgeschrittene Signatur **230**
Frage der Zugangseröffnung **68**
Frames **185**
Free-Mail-Bereich **129**
Freie Mitarbeiter **179**
Freiwillige Akkreditierung **231**
Fremde Informationen **181**
Fremde Inhalte **182**
Fremdsprachen **142**
Front-Office Bereich **99, 100**

G

Gängiges Kommunikationsmodell **123**
Ganzheitliche Prozesse **62**
Ganzheitlicher Geschäftsprozess **89**
Gattungsbezeichnung **174**
Gegendarstellungsanspruch **166**
Geldkarte **105**
Gemeindeteile **174**
Genehmigungsworkflow **87**
Generelle Zielsetzung **82**
Geodateninfrastruktur **154, 156**
Geographische Informationssysteme **153**
Geoinformation **119, 152, 153, 156**

Stichwortverzeichnis

Geoinformationsmarkt **155**
Geoinformationspolitik **156**
Geoinformationswirtschaft **155, 156**
Gesamtprozess **52**
Geschäftsmodell **89, 90**
Geschäftsprozess **1, 50, 51, 52, 53, 64, 67, 68, 70, 71, 78, 84, 85, 87, 88, 97, 118**
Gestaltung der Prozesse **83**
Gestaltungsprozess **66**
Gestaltungswissen **140**
Gesteuerte Wissensvermittlung **143**
GPS **153**
Grobanalyse **85**
Grundsätze zum Datenzugriff und zur Prüfbarkeit digitaler Unterlagen – GDPdU **111**
Grundschutz **212**

H

Haftungsprivilegierung **182**
Handlungsfelder **67**
Harmonisierung der Geschäftsprozesse **71**
Hash-Algorithmus **217**
Hausinterne Verschlüsselung **123**
Hintergrundsysteme **108, 116**
Hinterlegung des privaten Schlüssels **122**
Hinweispflicht **203**
Hoheitsverwaltung **91**
Holschuld **117**
Horizontale Kooperation **51, 52**
Host-basierte Verfahren **94**
Hosting-Leistungen **182**
Hotelbuchungssystem **103**
Hybrid Learning **139**
Hybride Verschlüsselung **216**
Hyperlinks **184**

I

Identifikation **108**
Identifikation solcher Prozesse **84**
Identifizierung **71**
Im Ausland registrierte Domain **173**
Information **21, 53**
Informationseingang **71**
Informationskanal **119**
Informationsmanagement **28**
Informationspflicht **180**
Informationsquelle **100**
Informations-Sicherheits-Management-System (ISMS) **212**
Informationsüberflutung **117**
Infrastrukturfestlegungen **140**
Insourcing **177**
Integration von elektronischen Geschäftsprozessen **88**
Integrität **245**
Interaktion **21**
Internationale Domain-Streitigkeiten **174**
Interne Pilotierung **86**
Interne Zielgruppen **141**
Interoperabilität **96**
Intranet **116**
Investitionen **99**
ISIS-MTT **277**
IT-Grundschutzhandbuch **212**

K

Kartellrecht **175**
Kieler Beschlüsse **94**
Klassische Verwaltungskommunikation **123**
Kommunale Datenzentralen **51, 92**
Kommunale Internetauftritte **118**
Kommunale Portale **116, 117**

Stichwortverzeichnis

Kommunaler Sitzungsdienst **158**
Kommunalpolitik **52**
Kommunalverwaltung **52**
Kommune **52**
Kommunikation **1, 67, 68**
Kommunikationskanal **98, 120**
Kommunikationsordnung **80**
Kommunikationspartner **120, 127**
Kommunikationsserver **123**
Kommunikationssicherheit **120**
Kommunikationsstruktur **3**
Kommunikationstechnologien **51**
Kommunikationstypen **120**
Kompetenzzentrum **78, 99**
Konkludente Zustimmung **113**
Konkrete Dienstleistung **125**
Kontextanreicherung **154**
Kooperation **51, 52, 96, 101, 118, 141, 143**
Kooperation der Datenzentralen **78**
Kooperation der Kommunen **54**
Kooperationen **91, 94, 129**
Kooperationsausschuss ADV (KoopA ADV) **96**
Kooperationsfelder **52**
Kooperationsform **53, 92**
Kooperationsmöglichkeiten **93**
Kooperationspartner **93**
Kooperative Arbeitsformen **140**
Kosten- und Leistungsrechnung **61**
Kosten-Nutzen-Verhältnis **92**
Kreditinstitute **110**
Kunde **148**
Kundenbindungskarten **105**
Kundenorientierte Veränderung **64**
Kundenorientierung **83**

L

Landesinitiativen **95**
Landesspezifische Informationen **119**
Langzeitprojekt **86**
Lebenslage **76, 88, 117**
Lebenslagenprinzip **77**
Lebenslanges Lernen **139**
Leitbild von eGovernment **54**
Lern- und Wissensgemeinschaften **141**
Lernende Portale **116**
Lernformen **139**
Lernnetzwerke **143**
Lesegeräte **126**
Links **184**
Lokale Kooperationen **91**
Lokale Netzbetreiber **93**

M

Mailadresse **122**
Mail-Anwendungen **128**
Marketing **47**
Markt für Geodaten **155**
Marktbarrieren **155, 156**
Markthindernisse **154**
Marktpotenzial **154, 155**
Maßnahmen der Legislative **94**
Medienauftritt **9**
Medienbruchfreier Prozess **88**
Medienkompetenz **53, 116**
Mehrwert **65, 87**
Mehrwertsteuerharmonisierungsrichtlinie **112**
Metainformationen **261**
Migrationskonzept **86, 88, 118**
Mischformen der Kooperation **97**
Mitarbeiterorientierung **140**
Mitarbeiterportal **116**
Mittlere Datentechnik **92**

Stichwortverzeichnis

Modelle der Kooperation 78
Moderierte Diskussionsforen 104
Multifunktionale Chipkarte 105, 106, 109
Musterdienstanweisungen 82

N

Nachfrageorientierte Markt- und Versorgungsstrukturen 155
Namensgleichheit 171
Navigationsstrukturen 76
Netmeeting 143
Netzplan 209
Neue Geschäftsmodelle 64
Neue Geschäftsmöglichkeiten 63
Neue Märkte 153
Neue Steuerungsmodelle 61
Newsticker 117
Nutzung der Kommunikationsform 127

O

Öffentliche Ausschreibung 150
Öffentliche Bereitstellung von Zugängen 75
Öffentlicher Schlüssel 72, 73, 122, 216
Öffentliches Zertifikat 123
Öffentlich-private Kooperation 93
Öffentlich-rechtliches Handeln 106
Online-Bezahlverfahren 87
Online-Fragebogen 104
Online-Geschäftsprozess 109
Organisation 62
Organisationsänderungen 61
Organisationsbezogene Kommunikation 120
Organisatorische Festlegungen 71
Organisatorische Regeln 80
Organisatorische Regelwerke 78, 80
Organisatorische Umsetzung 67

Organisatorische Zuständigkeiten 74
Orientierungsunterstützung 116
Örtliche Zuständigkeit 49, 74
Ortsgebundenheit 77
OSCI (Online Services Computer Interface) 223, 280
Outsourcing-Vertrag 176

P

Paradigmenwechsel 9, 53
Partizipation 53, 161
Partnerorientierung 31
Passwortverfahren 244
Personalisierter Zugang 117
Personalisierung des Angebotes 117
Persönliche E-Mail-Kommunikation 122
Persönliche Kommunikation 120, 122
Pflichtaufgaben 103
Pflichtenheft 178
Phasenplan 206
Pilotierung 82, 84, 143
PIN/TAN-Verfahren 244
Planungs- und Geschäftsprozesse 156
Plattform 54, 95
Portale 116
Portaltypen 116
Postausgang 128
Posteingang 128
Postfachlösung 129
Postfachserver 129
Potential 154
Präsenzseminar 139
Private Mitbenutzung 70
Private Nutzung 80
Privater Schlüssel 216
Privatrechtliches Handeln 106
Produktorientierung 34
Projekt Media@komm 94

Stichwortverzeichnis

Prozess **62, 77, 82**
Prozesse der politischen Willensbildung **88**
Prozesse in Wirtschaft und Verwaltung **156**
Prozessketten **50**
Prozesskosten **103**
Prozesssicht **102**
Prüfung der Zugangseröffnung **73**
Public Key Infrastructure (PKI) **220**
Public Procurement **145**

Q

Qualifizierte Aufgabenlösungen **84**
Qualifizierte elektronische Signaturen **73**
Qualifizierte Signatur **124, 230**
Qualifizierte Weiterleitung **98**
Qualifiziertes Zertifikat **230**
Qualifizierung **139**
Qualifizierungsbedarf **140**
Qualifizierungsziel **141, 142, 143**
Qualitätskriterium **103**
Qualitätsmerkmale **103**

R

Rankinglisten **76**
Ratioeffekte **63**
Rationalisierung **15**
Ratiopotenziale **63**
Ratsarchiv **158**
Ratsinformationssystem **156**
Ratsportal **119, 156**
Raumbezogene Daten **153**
Realisierungsphase **88**
Rechtliche Rahmenbedingungen **62**
Rechtliche Vereinbarungen **93**
Rechtliche Zuständigkeit **50**
Rechtsfolgen **67**

Rechtsverbindlichkeit **191**
Rechtsvorschriften **66**
Redaktionssystem **87, 92, 99**
Regelbetrieb **82**
Regeln und Methoden der elektronischen Kommunikation **70**
Regelungsbedarf **69**
Regelungsrahmen **81**
Regelwerk **70, 78, 79**
Regelwerk zur Kommunikation **80**
Regionalportal **95**
Richtlinie über den elektronischen Geschäftsverkehr **145**
Risiken **283**

S

Sachliche Zuständigkeit **49**
SAGA **281**
SAGA-Papier des Bundes **194**
Schlüsselmanagement **125, 126, 128**
Schlüsselverwaltung **72**
Schnittstellendienste **123**
Schriftform **191, 192, 246**
Schriftformerfordernis **192**
Schutzbedarfsfeststellung **212**
Serviceorientierung **63**
Servicequalität **62**
Sichere und anonyme Zahlung **107**
Sicherheit und Datenschutz **82**
Signatur **73, 83, 121**
Signaturanwendungen **110**
Signaturbündnis **96, 110**
Signaturen ausländischer Zertifizierungsdiensteanbieter **202**
Signaturfunktion **109**
Signaturgesetz – SigG **108, 228**
Signaturkarten **110**
Signaturprüfung **123**

Stichwortverzeichnis

Signaturverordnung **108**
Signaturzertifikat **124**
Signierung **124**
SOAP **279**
Sportportale **116**
Sprachen **142**
Sprachkommunikation **93**
SSL **220**
Stadtweites Redaktionssystem **74**
Standardisierung **71, 105**
Standortmarketing **54**
Standortwettbewerb **64, 66**
Steuersenkungsgesetz **110**
Steuerungsgewalt **90**
Steuerungsgruppe **54**
Stichtagsmodell **87**
Strategie **54**
Strategische Partnerschaften **141**
Strategisches Vorgehen **82**
Strukturierter Zugang zu den Verwaltungsdienstleistungen **95**
Studentenkarte **107**
Symmetrische Verschlüsselung **215**

T

Team-Services **74**
Technische Festlegungen **71**
Technische Rahmenbedingungen **62, 79**
Technische Regelwerke **78, 79**
Technologie **62**
Teledienstedatenschutzgesetz **194**
Telefonverzeichnis **100**
Teleteaching **139**
Test **209**
Themenbezogene Portale **118**
Themengebundene Fachportale **95**
Top-Level-Domain **173**

Touristenkarte **107**
Trägermedium **107**
Transaktion **21**
Transparenz **25**

U

Überregionale Gesichtspunkte **76**
Überregionale Kooperationen **91**
Umbau der Verwaltung **83**
Umsetzung von Pilotierungen **84**
Umsetzungsstufen **87**
Umsetzungsszenarien **67**
Unified Messaging **239**
Uniform Domain Dispute Resolution **174**
Unstrukturierter Mail-Verkehr **121**
Unterschriftsregelungen **81**
Unterstützte Zahlsysteme **74**
Urheber **179**
Urheberleugnung **184, 185**
Urheberrecht **178**

V

Veränderte Kooperationsform **91**
Veränderung des Prozesses **86**
Verbesserung der Qualifizierungsstruktur **140**
Verbesserung der Servicequalität **84, 98**
Verbindliche Regeln **51**
Veredelung **155**
Verfügbarkeit **240**
Vergaberecht **175**
Verhaltenskodex **149**
Verifizierungsstelle **71**
Verkehrsauffassung **172**
Vermarktung der Geodaten **154**
Vermittlung von Rechtswissen **143**
Vernetzung **50**

Stichwortverzeichnis

Versand von E-Mails **81**
Verschlüsselte Kommunikation **128**
Verschlüsselung **73, 121, 122, 123**
Verschlüsselungsprogramme **189**
Verschlüsselungsverfahren **195**
Vertraulichkeit **122, 240**
Vertriebsagenturen **154**
Verwaltungsautomation **53**
Verwaltungseffizienz **64**
Verwaltungsfremde Dienstleistungen **118**
Verwaltungsgliederungsplan **49**
Verwaltungsprozess **50, 103**
Verwaltungsqualität **52**
Verwaltungsstruktur **49**
Verwaltungsverfahrensrecht **1**
Verwaltungsvorgang **51**
Verwechslung und Zuordnungsverwirrung **171**
Verzeichnisdienste **71, 129**
Virtuelle Poststelle **72, 95, 123, 127, 128**
Vorgehensmodell **84**

W

Web-Anwendungen **128**
Webbasierte Kurse (WBT) **139**
Web-Services **278**
Weiterqualifizierung **139**
Werk **179**
Wertschöpfungskette **154, 155**
Wertschöpfungspotentiale **154**
Wettbewerbsfaktoren **54**
Wirtschaftlichkeit von IT-Vorhaben **96**
Wirtschaftlichkeitsbetrachtung **86**
Wirtschaftsförderung **103**
Wirtschaftsgut **156**
Wirtschaftsstandort Deutschland **156**
Wissensdatenbank **98**

Wissensgesellschaft **139**
Wissensmanagement **134**
Wissensrecherche **100**
Workflowprozess **85**
Work-Flow-Systeme **74**
World Intellectual Property Organisation (WIPO) **174**

X

XML **278**

Z

Zahlungsplattform **96**
Zeitpunkt des Eingangs **72**
Zeitstempel **124, 125, 200**
Zeitstempeldienst **72, 73, 95**
Zentrale Eingangsstelle **123**
Zentrale E-Mail-Adresse **80**
Zentrale Kommunikation **122, 123**
Zentrale Posteingangsstellen **127**
Zentrale Steuerung **74**
Zentraler Kommunikations-Server **128**
Zentraler Zeitstempeldienst **72**
Zentrales Security-Gateway **128**
Zertifikat **219**
Zertifizierungsdiensteanbieter – (ZDA) **230**
Zielgruppe **77, 141, 142**
Zugang **167, 193**
Zugang zur Verwaltung **71, 72**
Zugangseröffnung **1, 69, 72, 73**
Zugangsgewährung **168**
Zugangsmedium **108**
Zugangsportale **115**
Zugangsseite zur Verwaltung **76**
Zusammenarbeit **50**
Zusatzfunktionen **105**
Zuständigkeit **21, 49, 76**
Zwischenhändler **155**

In der Reihe „Die neue Kommunalverwaltung" sind bereits folgende Bände erschienen:

Band 1: Verwaltungsreform: Warum und wie
Leitfaden und Lexikon
Von Dr. Hansjürgen Bals und Dr. Hans Hack
2. Auflage
ISBN 3-7825-0449-6
Bestell-Nr.: 54290

Band 2: Gebäudemanagement
Transparenz schaffen, Kosten optimieren
Von Reinhard Redmann
ISBN 3-7825-0414-3
Bestell-Nr.: 54201

Band 3: Führung und Organisation
Möglichkeiten erkennen, Strategien entwickeln und umsetzen
Von Prof. Dr. Johannes Fischer und Dr. Walter Unger
ISBN 3-7825-0419-4
Bestell-Nr.: 54202

Band 4: Qualitätsmanagement in der öffentlichen Verwaltung
Von Loes Broekmate, Katharina Dahrendorf und Prof. Klaus Dunker
ISBN 3-7825-0430-5
Bestell-Nr.: 54209

Band 5: Die produktorientierte Kosten- und Leistungsrechnung
Von Bernd Klümper und Ewald Zimmermann
ISBN 3-7825-0431-3
Bestell-Nr.: 54210

Band 6: Berichtswesen und Controlling
Von Manfred Pook und Günter Tebbe
ISBN 3-7825-0432-1
Bestell-Nr.: 54211

Band 7: Grundlagen des kommunalen Beteiligungsmanagements
Kommunale Unternehmen gründen, steuern und überachen
Von Dietmar Hille
ISBN 3-7825-0445-3
Bestell-Nr.: 54212